남북한의 창군(創軍)

미·소의 역할을 중심으로

한미안보연구회 총서 제1집

남북한의 창군(創軍)

미·소의 역할을 중심으로

한용원 지음

The Formation of Armed Forces in South and North Korea

Focusing on the Role of the U.S. and Soviet Union

HAN, Yong Won

ORUEM Publishing House
Seoul, Korea
2008

책을 내면서

　건군 60주년을 맞아 『남북한의 창군(創軍)』에 관한 저서를 낼 수 있게 되어 매우 기쁘게 생각하는 바이다. 대한민국 국군은 1948년 8월 15일 대한민국 정부수립 선포와 더불어 창설되었으며, 따라서 올해는 국군이 창설된 지 60주년이 되는 뜻 깊은 해인 것이다.

　군사사(軍事史)는 과거를 통해서 현재를 이해할 뿐 아니라 미래를 위한 지혜를 습득하는 데 매우 유용한 실용적 학문으로 일컬어지고 있다. 다시 말하면 군사사는 민족으로서 삶을 영위하는 데 필요한 거의 모든 행위양식·판단양식·구체적인 처방을 포함하고 있을 뿐 아니라 새로운 변화에 대응하는 방식을 포함하고 있는 것으로 알려지고 있다.

　이처럼 군사사의 학문적 가치는 매우 높은 것인데 반해, 그 진수(眞髓)를 파악하기는 매우 어려운 것이다. 그것은 역사와 전통이 명시적으로 존재하는 것이 아니라 암시적으로 존재하는 것이므로 이를 이해하기 위해 애쓰는 자만이 그 진수를 파악할 수 있기 때문인 것이다.

　이러한 맥락에서 현재 군에 몸담고 있는 장병들은 말할 것도 없고 군사학과 교육과정을 이수하는 학생들도 군사사 연구에 관심을 가져야 할 필요가 있는 것이다. 저자는 1965년 육군사관학교 전사학과 교관요원으로 차출되어 서울대학교 문리과대학 사학과 3학년에 편입되면서 군사사 연구에 관심을 갖게 되었다.

그 결과 「한국군의 창군과정과 미군의 역할」에 관해 박사학위논문을 제출한 데 이어 1984년 『창군』이라는 저서를 내놓았고, 1992년 『국군의 맥』저술에도 참여하였다. 한편 1985년 전역과 동시에 한국 교원대학교 윤리교육과 교수로 전직하면서 북한연구에 관심을 갖게 되어 1989년 『북한연구』와 1998년 『북한학』을 저술한 데 이어, 충남대 및 경기대 대학원에서 「북한군사」에 관한 강의를 맡게 되면서 북한의 창군문제 연구에도 특별한 관심을 가졌다.

이렇게 해서 저자가 한국의 현대사를 관통하는 군사사에 연구관심을 가지고 살아온 지도 43년이라는 긴 세월이 흘러가게 되었다. 그러나 저자는 군사사 연구를 통해 역사와 전통의 진수를 파악했다고 자부할 수 없음을 유감으로 생각하는 바이다. 그럼에도 한국군의 창군 연구에 이어 북한군의 창군에 관한 연구를 일단락지었기 때문에 남북한의 창군을 비교하는 맥락에서 이 책을 내놓기로 하였다.

이 책이 나온 데는 세 분의 연구결과가 많은 도움을 주었다. 육군사관학교 군사사학과 온창일 교수와 나종남 교수 그리고 군사편찬연구소 양영조 박사의 저서와 논문은 전쟁과 창군의 상관관계에 관한 저자의 인식지평을 확대·심화시켜 주었다. 이에 대해 저자는 세 분께 감사의 말씀을 드리는 바이다.

아무쪼록 저자의 이 연구도 군사사에 연구관심을 가진 독자들께 도움을 줄 수 있기를 기대하는 바 크다. 끝으로 이 책의 출판을 흔쾌히 맡아주신 도서출판 오름 부성옥 사장과 편집 및 교정에 애써주신 편집부 여러분께 감사드린다.

2008. 8. 1

강남원에서 저자 한용원

차례…

:: 책을 내면서 _5

서장 _9
　　Ⅰ. 탈식민지사회의 국가기구 형성 11
　　Ⅱ. 미·소의 대한반도정책 및 전략 추진 14
　　Ⅲ. 남북한 군대창설의 비교 연구 27

제1장 한반도의 군사적 유산 _33
　　Ⅰ. 상무(尙武)의 전통 33
　　Ⅱ. 무강(武强)의 쇠퇴 43
　　Ⅲ. 국권의 상실 54
　　Ⅳ. 독립운동의 전개 65

제2장 미·소의 대한반도정책 _81
　　Ⅰ. 미국의 대남정책 81
　　Ⅱ. 소련의 대북정책 114
　　Ⅲ. 미·소의 창군정책 139

Contents ...

제3장 **남한군의 창설과정** _155

    Ⅰ. 남한군 창설과정의 전개 155
    Ⅱ. 남한군 간부 자원과 양성 184
    Ⅲ. 미국의 대남 전력증강 지원 227

제4장 **북한군의 창설과정** _243

    Ⅰ. 북한군 창설과정의 전개 243
    Ⅱ. 북한군 간부 자원과 양성 273
    Ⅲ. 소련의 대북 전력증강 지원 299

제5장 **전쟁으로 치닫게 되는 창군** _315

    Ⅰ. 6·25전쟁의 원인 315
    Ⅱ. 6·25전쟁의 성격 339
    Ⅲ. 6·25전쟁의 영향 373

종 장 _395

    Ⅰ. 남북한의 정통성 문제 398
    Ⅱ. 남북한의 민군관계 문제 403
    Ⅲ. 남북한의 동맹관계 문제 413

   ::사항 색인 _422   ::인명 색인 _434

서 장

제2차 세계대전 후 분단된 국가들을 국제적 요인에 의해 분단된 국제형, 민족 내적 요인에 의해 분단된 내쟁형, 그리고 내외적 요인이 복합적으로 작용한 복합형으로 단순화시켜 유형화한다면[1] 한반도의 경우는 복합형으로 분류될 수 있을 것이다. 1945년 8월 미국의 38선 획정과 소련의 동의로 인해 국제적 성격으로 시작된 한반도의 분단에는 인공중심론과 임정봉대론, 찬탁론과 반탁론을 위요한 좌우세력의 대립으로 인해 내쟁적 성격이 가미되었으며, 따라서 해방정국에 한반도에는 국제적 성격이 우세한 복합형 분단구조가 구축되기에 이르렀다.

1945년 8월 15일 일제가 무조건 항복함으로써 일반명령 제1호에 의해 38선을 경계로 남한과 북한에 진주한 미·소 양 점령군은 일본군을 무장 해제시키고 일제로부터 통치권부터 접수하였다. 그러므로 미·소양 점령군은 일제로부터 통치권을 접수한 다음에 점령지에서 치안질서

---

[1] 김학준, "한반도 분단의 대내외적 요인," 『국제정치논총』 27권 1호(1987.9), p.5.

를 유지하기 위해 무장력의 건설을 추진하게 되었다. 즉, 미 점령군은
남한에 경비대를 건설하게 되었고, 소 점령군은 북한에 보안대를 건설하
게 되었다. 그러나 미·소 양 점령군의 점령정책의 목표가 상이하였기
때문에 남한과 북한에 건설된 무장력도 상이할 수밖에 없었으나, 미국과
소련은 그들의 점령군을 철수시킨 후에도 군사고문단을 잔류시키거나
군사사절단을 파견하여 미국은 남한군대의 건설을, 소련은 북한군대의
건설을 각각 지속적으로 지원하였다. 따라서 남북한의 창군과정은 1945
년 8월 광복으로부터 1950년 6월 전쟁 발발 직전까지 전개되었다고 보
아야 할 것이다.2)

  그런데 미국정부는 당초 한반도에 통일한국의 단일정권 수립을 목표
로 미군정(美軍政)에 1945년 10월 13일자 「기본군정지침」을 하달하였
기 때문에 남한에 건설할 무장력을 경비업무 수행 수준의 경비대로 설정
하였다. 즉 미군정은 남한의 정규군은 남북한이 통일되어 한반도에 단일
정권이 수립되어야만 건설할 과제로 인식하였다. 이에 반해 소련정부는
스탈린의 1945년 9월 20일자 「비밀지령문」에 따라 북한에 친소적인 단
독정권부터 수립하라고 소민정(蘇民政)에 지시한 데다가 한반도문제의
해결에는 '군사적 힘'이 중요하다고 강조해 왔었기 때문에3) 북한에 건
설할 무장력을 혁명수출 수준의 정규군으로 설정하였다.

  이렇게 해서 출발한 미군정과 소민정의 남북한에 대한 정책 및 전략과
군사력 건설이 상이하게 전개됨으로써 남북한의 창군은 전쟁으로 치닫
게 되는 결과를 빚게 되었다. 미군정은 소극적인 대한 정책 및 전략에
의해 남한에 경비대 수준의 빈약한 군사력을 건설한데 반해, 소민정은
적극적인 대한 정책 및 전략에 의해 북한에 정규군 수준의 강력한 군사

---

2) 한용원, "남북한 군대의 창설과정 비교," 『남북한정부 수립과정 비교』(한국정치학
   회, 2006), p.57.
3) 가브릴 코로트코프 지음·어건주 옮김, 『스탈린과 김일성』(동아일보사, 1992),
   p.145.

력을 건설함으로써 남북한 간에는 전략적·군사적 불균형이 조성된 데다가 김일성과 그를 지원한 스탈린과 모택동이 공히 전쟁의지를 가지고 북한의 군사력 건설에 협조했기 때문에 전쟁으로 치닫게 된 것으로 볼 수 있을 것이다.4)

한국전쟁은 내전적 성격을 지녔으면서도 국제전적 성격을 지녔으며, 근본적으로는 양자를 혼합한 복합전적 성격을 지녔다고 해야 할 것이다. 한국전쟁은 북·소·중이 전쟁 발발을 모의할 단계에서는 국제전적 성격이 강했으나 발발 직후에는 김일성 혼자 싸우는 내전적 성격이 부각되었고, 미국과 중공이 참전한 후에는 '국제적 성격이 우세한 복합전'으로 형식적으로나 내용적으로 전환되었다5)고 볼 수 있을 것이다. 이상과 같은 논의의 맥락에서 서장에서는 ①탈식민지사회의 국가기구 형성, ②미·소의 대한반도정책 및 전략 추진, ③남북한 군대창설의 비교 연구에 관해 논의코자 한다.

I. 탈식민지사회의 국가기구 형성

서구에서의 국가 형성이나 국가기구의 형성은 시민사회의 계급분화에 의해 내재적이고 점진적인 과정을 거쳐 이루어졌다. 그러나 탈식민지사회의 국가 형성이나 국가기구의 형성은 외세의 개입에 의해 구조적으로 조건 지어지는 경우가 많았다. 다시 말하면 서구의 국가는 시민사회의 반영물로서 형성되었고, 국가기구도 내재적·점진적 과정을 통해 형성된 데 반해, 탈식민지사회의 국가는 외세의 개입에 의해 사회의 기본적 특징과 계급들이 형성되고 국가기구도 외생적·급진적 과정을 통해 형성되

---

4) 온창일, 『한민족전쟁사』(집문당, 2000), pp.460-464.
5) 이완범, "한반도 분단의 초기 성격과 6·25전쟁의 성격," 『한국전쟁의 성격과 맥아더 논쟁의 재조명』(한국전쟁학회, 2006), p.48.

었다. 사울(J. S. Saul)은 탈식민지국가는 식민시대의 억압과 착취의 기제는 물론 행정관행까지 식민지배의 유산으로 물려받게 되어 과대성장 국가체제를 형성하는 데다가 독립과 더불어 국가역할에 대한 사회적 요구의 증대로 인해 국가기구의 팽창은 물론 패권계급의 부재와 국가의 정통성 빈곤을 극복하고 국가통합을 강화하기 위한 이데올로기의 강조로 인해 국가의 자율성도 증대된다고 주장했다.6)

이와 같이 탈식민지사회는 해방과 더불어 형식상으로 정치적 독립을 획득하게 되지만 식민시대에 비대화된 국가기구들을 유산으로 물려받게 되며, 그러한 유산은 중심부국가의 자본과 권력의 개입에 의해 탈식민지 사회를 개편하는 힘으로 작용하게 되어 사회의 계급까지도 변형시키게 되는 것이다. 그러므로 탈식민지사회의 국가형성은 기본적으로 외생적 형성이라고 할 수 있을 것이다. 그러나 국가형성은 외적 요인과 내적 요인의 상호작용은 물론 구조적 조건과 행위자의 동기간의 상호작용에 의해 좌우되는 것이다. 한반도는 19세기 후반 자본주의적 생산관계가 태동하려 할 무렵 일제의 침략으로 인해 근대적 의미의 국민국가 형성 시도가 좌절되고 일제의 식민지가 되었다. 따라서 한민족은 50여 년간에 걸쳐 국권회복을 위한 독립전쟁을 치렀지만 해방이 지니는 타율적 논리로 인해 38선을 경계로 3년간에 걸친 미·소의 군정통치를 받고 분단국가를 형성하지 않을 수 없었다.

해방의 역사적 과제는 민주주의적인 통일자주독립국가를 수립하는 것이었으나 38선 이북에 먼저 진주한 소련군이 친소적인 정권적 조직을 수립하는 데 점령정책의 목표를 두고 혁명전략을 추진하자, 남한의 정정이 혼란해진 가운데 진주한 미군은 공산주의의 확산을 저지시키기 위한 반혁명전략을 추진함으로써 민족의 분열이 촉진되었다.7) 일반적으로 제

---

6) John S. Saul, "The State in Post-colonial Societies: Tanzania," *Socialist Register* (1974), pp.349-372.
7) 한용원, 『북한학』(오름, 1998), p.20.

3세계 국가들의 민족국가 형성은 식민지적 파행성으로 인해 어려움을 겪는 것인데, 남북한도 일제의 식민지배 속에서 사회가 파행적으로 왜곡·분열되었기 때문에 1945년 비록 식민지에서 해방되었으나 38선을 경계로 이북에 진주한 소련군의 혁명전략과 이남에 진주한 미군의 반혁명전략을 한국사회의 역량으로는 극복할 수가 없었다. 더욱이 38선 이북에서는 혁명전략을 수행하는 소민정과 민족진영 간에 대결하는 양상이 전개되었고, 38선 이남에서는 반혁명전략을 수행하는 미군정과 좌익진영 간에 대결하는 양상이 전개되어 미·소 공동위원회가 한국의 정당·사회단체와 협의하여 통일정부를 수립하려고 한 모스크바 3상회의의 결정은 이루어질 수 없는 상황으로 치닫게 되었다.

　나아가 국제적 수준에서 냉전시대의 형성시기와 한반도 수준에서 분단국가의 형성시기가 일치하여 한반도에서는 진영차원에서의 수직적 위계와 남북관계 및 남북한 각각의 내부차원에서의 수평적 관계가 복합적·동태적으로 작용했기 때문에 남북의 분단을 재촉하였다.8) 이러한 맥락에서 한국의 국가 형성과 국가기구 형성에는 식민유산이라는 내적 변수와 외세의 개입이라는 외적 변수뿐만 아니라, 점령권력을 중심으로 한 외세와 자생적 권력기구를 중심으로 한 내세가 상호작용함으로써 국가 형성과 국가기구 형성 과정이 파행적으로 전개되는 한편 외생적인 형성으로 귀결되게 만들었다. 그런데 당시 남북한의 주민들이 외국원조에 의존하여 생존을 유지한 데다가 자생적 권력보다 점령권력이 사회질서를 좌우하는 주요한 요인이 되었기 때문에 이러한 외세의 자본과 권력의 힘은 한반도에 분단국가가 형성되도록 작용하였다.

　그러나 남북한의 분단국가가 외세의 개입에 의해 구조적으로 형성되었기 때문에 남북에 각기 수립된 분단국가의 성격은 상이하였다. 소민정은 북한에 친소·공산정권을 수립하기 위해 혁명전략을 구사하였기 때문

---

8) 같은 책, p.21.

에 식민유산을 청산하고 인민위원회를 정치의 장(場)으로 만들었으나, 미군정은 남한에 친미·반공정권을 수립하기 위해 반혁명전략을 구사하였기 때문에 식민유산을 온존시키고 자생적 기구들을 해체시켰다. 그리고 소민정이 북한에 사회주의와 공산주의를 이식시킨데 반해, 미군정은 남한에 자본주의와 자유민주주의를 부식시켰다. 그러므로 소련은 북한을 공산주의국가로, 미국은 남한을 자유주의국가로 성장할 수 있도록 각각 이념과 체제는 물론 인적 자원을 형성(사회계급의 형성)하였다.

그리고 분단정권을 수립한 직후 남북한은 공히 국가기구를 팽창시키고 이데올로기를 강화하였다. 이는 분단정권의 수립이 국가이념과 민족이념의 괴리 계기를 조성하고 자주적 발전을 저지하는 계기를 조성한데다가 남북의 사회구성체의 기본 원리가 상이하여 국가가 불안한 상태에 놓였기 때문이었다. 그러므로 남북한은 공히 과대성장 국가체제를 형성하게 되었을 뿐 아니라 병영국가(garrison state)로 치닫게 되었다. 라스웰(H. Lasswell)이 지적한 '병영국가 가설'은 한 국가가 심각한 불안상태에 놓여 있어 국가안전을 최우선의 목표로 간주할수록 폭력의 전문가와 관료진이 권력엘리트로 등장할 가능성이 높다는 것인데,[9] 남북한이 모두 무력통일을 지향하여 군사력을 증강시키고 이데올로기를 강화시킴으로써 동족상잔의 전쟁까지 치르게 되었다.

II. 미·소의 대한반도정책 및 전략 추진

제2차 세계대전 후 냉전시대의 도래로 인해 미·소의 정책 추진 실상이 대외적으로 상당히 차단되어 왔다. 그러나 흐루시초프의 회고록과 소

---

9) Harold Lasswell, "The Garrison State," *American Journal of Sociology*, Vol.XLVI, No.4(Jan., 1941).

련공산권 인사들의 증언에 이어 1990년대 초 구소련의 해체를 계기로 러시아에서 언론·출판의 자유를 보장하는 법률이 제정됨으로써 구소련의 외무성과 국방성은 물론 크렘린과 공산당중앙위에 관련된 비밀문서들이 발굴됨으로써 그동안 잃어버렸던 역사의 복원이 어느 정도 가능케 되었다. 그리고 이는 한국의 분단과 전쟁에 관한 전통주의자들의 입장을 보완시켜줄 수 있는 효과도 가져왔다. 하지만 구소련 측의 정책 실상이 완전히 규명되지 못한 채 신냉전 기운이 농후해짐에 따라 1990년대를 마감할 무렵 소련 문서고의 비밀자료는 다시 차단되고 말았다. 그러나 그동안 발굴된 자료에 비추어 볼 때 종전 직전후 미·소의 대한반도정책은 상당히 대조적인 양상을 시현했음을 알 수 있는 것이다.

우선 미국의 대한반도정책은 일본의 종속변수로서의 한반도와 반공보루로서의 한반도라는 시각에서 추진된 것으로 볼 수 있을 것이다. 미국은 1905년 7월 일본과 태프트·가쓰라 밀약(Taft-Katsura Agreement)을 체결함으로써 대한제국멸망의 묵시적 방조자가 된 이래 이러한 한·미관계를 제2차 세계대전이 종전될 때까지 지속하였다. 이처럼 미국이 일본에 대해 호의적이었던 이면에는 미·일이 소련의 남진을 저지해야 한다는 이해관계를 공유하고 있었기 때문이었다. 그러므로 트루먼(H. S. Truman) 행정부는 스탈린(Joseph V. Stalin)이 "홋카이도(北海島)의 북부를 소련에 할양한다."는 내용으로 「일반명령 제1호」의 수정을 요구하자 이러한 스탈린의 요구를 잠재우고 일본을 지켜주기 위해서 한반도의 분할 점령이라는 대안을 스탈린에게 제시하였다.

이같은 미국의 대일본 보호측면은 1945년 5월 8일 합동전쟁기획위원회(JWPC)가 대한반도 점령 우선순위를 결정할 때 이미 시현되었다. 합동전쟁기획위원회는 미국이 한반도에 상륙작전을 전개할 경우 수도 서울을 먼저 점령하거나 또는 수도로 진입하는 항구(인천)를 먼저 점령해야 함에도 일본인들의 무사 귀국을 보장하기 위해 일본인들의 귀국 집결지로 예정된 부산을 서울의 진주에 우선하여 점령하기로 결정하였다.10)

미국은 한국의 공산화가 일본의 방위에 치명적일 수 있다는 우려로 인해
남한을 소련의 팽창주의를 저지시키기 위한 반공의 보루로 육성시키고
자 하였고, 따라서 미군의 남한 점령 초기에 미국 행정부와 주한미군사
령부에서는 "미국의 일차적 목표는 한국에서 소련의 지배권을 저지하는
것이며, 한국의 독립은 부차적인 것"으로 인식하였다.

특히 미군부에서는 한반도가 공산화되면 그것은 일본에 치명적인 상
처가 될 뿐 아니라 더 이상 태평양이 미해군의 내해(內海)가 되지 않을
것이라고 인식하였다. 미 점령군 지휘부의 뇌리를 지배하고 있던 가치는
반공이었으며, 따라서 미군정의 설치 목적도 공산주의에 대한 방파제를
형성하는 데 두었지 한국을 독립시키는 데 둔 것은 아니었다. 당시 미군
정은 경비대의 방위능력 강화, 반공진영으로 사법부의 재편, 각급 학교
의 반공교육 실시 등을 행정정책으로 추구하였는데,11) 이는 맥아더
(Douglas MacArthur) 장군이 "아시아에서의 대공전쟁에서 승리할 때
유럽은 전쟁을 피할 수 있을 뿐 아니라 자유를 보장할 수 있을 것"이라
고 믿고 있던 데다가 하지(John R. Hodge) 장군 또한 "한국을 당장 독립
시키면 2년 이내에 소련에 병합되고 말 것"이라고12) 확신을 갖고 있었
는데, 이러한 지도부의 생각이 정책으로 반영된 데 기인한 것이었다.

더욱이 제2차 세계대전 중에 미국의 조야에서는 미국식 민주주의를
신생국에 확산시키기 위해 식민지로부터 해방된 국가에 대해 개명(開明)
을 구실로 강대국에 의한 신탁통치를 받아야 할 것이라고 역설하였다.
그런데 나라가 없는 한국은 일본으로부터 분리되면 경제적·법적 진공상
태(economical-legal vacuum)의 존재가 되기 때문에 즉시 독립이 불가

10) 신복룡, "미국의 대한반도정책 평가: 1945~1948," 『남북한정부 수립과정 비교』
    (한국정치학회, 2006.12), pp.226-227.
11) 조병옥, 『나의 회고록』(민교사, 1959), p.187.
12) C. L. Hoag, *American Military Government in Korea* (Washington, D.C.:
    OCMH, 1970), p.345.

능하므로 신탁통치가 절실하다는 주장이 제기되었다. 이러한 주장을 배경으로 루스벨트(Franklin D. Roosevelt) 대통령은 1945년 2월 8일 얄타 회담에서 스탈린에게 "필리핀에서의 경험에 비추어 볼 때 한국의 경우에는 20~30년간 신탁통치가 필요할 것이다."라고 하였다. 하지만 이같은 미국의 대한반도정책은 냉전시대의 개막으로 인해 수정이 불가피해졌다. 즉 미·소 공동위원회에서의 갈등이 구체적 현실로 나타나게 되어 미국의 정책수립가들과 미군 지휘관들은 소련의 팽창주의적 강경노선이 한반도의 공산화를 획책할 것이라고 판단하기에 이르렀다.

그러므로 하지 장군은 "한국이 소련의 지배를 받아서는 안 된다는 확고한 결의와 소련의 지배로부터 한국을 보호하기 위해서 필요하다면 이 결의를 고수할 것이라는 점을 소련에게 보여 주어야 한다."13)는 정책건의서를 작성하여 본국에 보고하였다. 그리고 미군정으로 하여금 좌우합작을 통해 여운형을 박헌영과 유리시킴으로써 좌익을 약화시키게 했을 뿐 아니라 반공의 구체적인 현실적 방법으로 25,000명 규모의 경비대 창설에 박차를 가하도록 하였다. 그런데 미국의 대한반도정책 추진에 있어 역설적으로 미군부는 소극적이었는데 반해 미국무성은 적극적이었고, 상호 갈등과 충돌을 빚고 있었기 때문에 트루먼 대통령은 1946년 6월 배상조사에 관한 특사로 극동을 순방하는 폴리(E. Pauley)에게 진상 보고를 지시하기에 이르렀다.

폴리는 "한국은 아시아에서 미국의 전면적 승리가 걸려 있는 이념의 대결장이다. … 한국을 하나의 국가로 수립한다는 우리의 약속을 지키기 위해 우리는 적절한 인력과 충분한 자금을 갖추어야 하고, 그러한 과업을 수행하기에 충분한 기간 동안 한국에 머무를 필요가 있다."는 보고서를 제출하였고, 이러한 폴리의 의견은 1947년 2월 17일자 「한국의 군정에 관한 잠정 지침」에 반영되었다. 동 지침에는 "한국이 소련의 지배를

---

13) *Ibid.*, pp.444-445.

받게 되면 그것은 만주와 중국과 일본에 대하여 정치적으로나 군사적으로 매우 심각한 위협이 될 것이다. … 지금 한국은 세계에서 미국과 소련이 얼굴을 마주 대하고 있는 유일한 지역인 동시에 소련의 이념에 대한 비교개념으로서의 미국 민주주의의 효과를 위한 시험장이기도 하다. 그러므로 향후에 한국에서 미국의 민주주의가 좋은 평가를 받을 수 있도록 충분히 지원해주지 않는다면 전 세계의 국민과 국가는 미국 민주주의의 효과에 대하여 의심을 갖게 될 것이다."고 강조하였다.

그러므로 미국 행정부는 냉전시대의 서막과 함께 잠재적 적국으로 등장하고 있는 소련에 대한 대응논리로서 한국을 미국 민주주의의 전시장으로 만들고자 하였다. 따라서 주한미군정은 한국의 반공화와 민주화 그리고 한국화를 병행하여 군정통치정책을 구사하였다. 한반도에서 '유일한 정부'라고 표방한 미군정은 초창기에 혼란을 피하고 조속히 행정적 공백을 메우기 위해 기존의 일본 통치체제를 그대로 혼용키로 결정하였다.14) 이는 소련이 38선 이북에서 지방인민위원회의 권위를 인정한 것처럼 38선 이남에서 미국이 똑같이 할 경우 인공지도자들의 급진적 사상 때문에 남한이 소련의 지배하에 들어갈 공산이 크다고 우려한 때문인데다가 당초 군정계획 수립 시 중앙집권화된 행정원칙을 세웠기 때문이었다. 이처럼 미군정이 식민유산을 방불케 하는 집권화된 통치체제를 구비하고 있었음에도 불구하고 치안질서의 유지를 위해 77,000여 명의 미 전술군에 의존하기보다는 한국인들의 자생적 단체들에 의존했을 뿐 아니라 점차 이들을 미군정의 경찰과 경비대의 조직으로 흡수하는 전략을 채택·추진하였다.15) 이러한 미군정의 대한정책 추진으로 인해서 남한 사회에서는 반공과 민주가 동등한 가치로 확산되어 가게 되었다.

14) 한용원, 『창군』(박영사, 1984), pp.156-157.
15) John P. Lovell, "The Military and Politics in Post War Korea," *Korean Politics in Transition,* Edward Reynolds Wright, ed. (Washington Univ. press, 1975), p.155.

하지만 한반도의 공산화를 우려하고 있는 미군부가 군사적 점령이 엄청난 군사비의 부담을 초래할 뿐 아니라 남한의 전략적 중요도가 낮다고 인식하여 1947년부터 철군의 목소리를 높여가기 시작하였다. 합동민정위원회(JCAC)에서는 "미국이 한국에 군대나 기지를 유지해야 할 전략적 이해관계는 거의 없으며, 극동에서 적대행위가 발생할 경우 현재 한국에 주둔하고 있는 미군은 오히려 군사적 부담이 될 것이다."고 단언했는데, 이는 대소전략계획(MOONRISE)에 미국이 아시아대륙에서 수행코자 하는 공격작전은 어느 모로 보나 한반도를 비켜가도록(by-pass) 입안되었기 때문이라는 것이다.16) 합동참모부(JCS)에서도 한국의 전략적 가치와 관련하여 "아시아에서 전쟁이 일어나더라도 그것은 한국을 비켜갈 것이다.", "아시아의 전쟁은 공군이나 해군에 의해 그 승패가 결정될 것이므로 한국에 지상군의 주둔은 불필요하다."는 견해를 피력하였다.

이상에서 논의한 바와 같은 상반된 미국 조야의 논리로 인해서 미국의 정책결정자들은 한반도에 미국의 지상군을 계속 유지할 수도 없고, 그렇다고 해서 즉시 철군도 할 수 없는 상황에 직면하여 '해·공군우선전략'이라는 묘안을 등장시키게 되었다. 즉, 미국은 아시아대륙에서 전쟁이 일어날 경우 대소지상전을 수행할 만한 능력을 가지고 있지 않기 때문에 미군이 반격을 개시하려면 알래스카, 알류산열도, 일본, 오키나와 등의 대륙연안 도서에 해·공군기지를 설치하고, 이 지역에 확보되는 거점을 기반으로 한국 및 화북에서의 소련의 통신을 방해하며, 여순과 대련 등의 기지를 무력화시키는 전략을 채택·추진해야 한다는 것이다. 더욱이 미국의 군부는 동아시아대륙을 상륙하고 싶지 않은 늪(swamp)과 같은 곳으로 인식하고 있었는데 반해, 미국의 해·공군전력은 대소우위를 확보한 데다가 핵무기까지 보유했기 때문에 동북아에서 해·공군 우선전략을 채택·추진하는 것이 바람직하다고 생각하고 있었다.

---

16) 국방부 군사편찬연구소, 『6·25전쟁사 1』(2004), pp.106-107.

미국은 19세기 이래로 동아시아국가들과의 정치적·외교적·상업적 접촉에서 즐거운 경험을 갖지 못하였고, 따라서 미국에서 동아시아는 상륙하고 싶지 않은 늪과 같은 곳이었다.[17] 그러므로 미국의 전략가들은 마한(Alfred T. Mahan)의 제해권 이론에 주목하여 늪에 빠지지 않고서도 동아시아를 제어할 수 있는 길을 '섬의 고리(Chain of Island)' 논리에서 찾았다. 즉 마한의 제해권 이상은 '섬의 고리' 논리로 발전하여 1940년대 말에 맥아더의 태평양호(Pacific Lake) 구상과 애치슨(Dean Acheson)의 방위선 구상을 낳게 되었다. 따라서 미국의 대극동정책의 기조는 '섬의 고리' 논리에 기초를 두고 있는 해·공군 우선전략에 의하여 이곳을 방어한다는 것이다. 이러한 맥락에서 볼 때 1948년 주한미군을 철수시키면서 미국정부가 한국군의 전력증강에 소극적이었던 것은 한국에서 군사적 위협이 발생한다면 해·공군 전략으로 대응할 수 있다는 계산이 깔려 있었기 때문일 것이다.

소련의 대한반도 정책은 팽창주의독트린에 입각하여 북한이 38선 이남으로의 소련 영향력 확대를 위한 교두보 역할을 효과적으로 수행할 수 있도록 북한의 친소화와 군사화를 추구하는 데 중점을 두었다. 소련의 팽창주의독트린은 스탈린이 레닌의 군사독트린에 의해 군사전략의 강화와 군비의 현대화를 추구한데서 비롯되었다고 할 수 있을 것이다. 소련은 수립과정에서부터 부르주아국가에 대한 반대세력이라는 특성을 가졌기 때문에 군사력을 조성하고 강화시키는 것을 필연적 과제로 이해하였다. 더욱이 소련의 역사가 내전(1917~1922)의 발발과 더불어 시작되었기에 소련의 군사원칙은 러시아의 내전기간에 레닌에 의해 확립되었고 스탈린에 의해 검증된 것으로 보지 않을 수 없는 것이다.

레닌은 러시아의 내전기간에 전쟁에 관한 원칙, 군사력에 관한 원칙, 전쟁수행방법에 관한 원칙, 전쟁에 대비한 군사력 양성에 관한 원칙 등

---

17) 신복룡, 앞의 글, p.245.

소련의 군사원칙을 정립하였다.[18] 레닌은 "사회가 계급으로 분열되어 있는 한 전쟁을 피할 수 없는 것이지만 전쟁은 그로 인해 초래되는 참상과 폐해에도 불구하고 인간들의 사회구조 속에서 낡고 썩은 부분을 가차없이 들춰내고 제거해버리는 적잖은 이점이 있다."는 전쟁에 관한 원칙을 제시하였고, "군사력은 국내의 반사회주의세력을 제거하고, 외부로부터의 침략을 억제·저지하며, 다른 국가들을 지원하기 위해 필요하다."는 군사력에 관한 원칙을 제시하였다. 그리고 그는 "군사적 대립상황은 군사력이 아닌 다른 수단으로는 해소할 수 없는 것이며, 소련의 전쟁수행방법은 비타협적 장기전을 전제로 한다."는 전쟁수행방법에 관한 원칙을 제시하였고, "전쟁이 일어나면 승전의 목적을 달성하기 위해 사회주의정신과 세계혁명이념에 따라 행동해야 한다."는 전쟁에 대비한 군사력 양성 원칙도 제시하였다.[19]

그리고 스탈린은 시민전쟁(1918~22) 기간 중 여러 전선에 참전하여 레닌이 제시한 군사원칙을 실천하였다. 그러므로 그의 정치전략은 '무력을 통한 사회주의의 승리'에 가장 우위를 두었고, 따라서 군사전략을 강화하고 군비를 현대화하여 팽창주의정책을 추구하였다. 즉 스탈린은 30년(1922~1953)간에 걸쳐 소련을 통치하면서 세계 곳곳에 사회주의를 전파하기 위해 수없이 많은 크고 작은 전쟁을 일으켰다. 그리고 그는 수많은 전쟁을 치르기 위해 소련사회를 군국주의화하고 적극적으로 군사력을 동원했으며, 그가 일으킨 모든 전쟁은 새로운 영토의 점령과 그에 대한 소련의 통제권 확대로 끝맺음하였다.[20] 소련의 팽창주의 노선은 대조국전쟁(1940~1945) 중에 극동지역으로 확산되었는데, 이는 1940년 소련의 붉은 군대에 극동전선이 창설되면서 본격화되었다.

극동전선은 5개의 통합병과부대, 2개의 공군부대, 수개의 기계화 군단

---

18) 가브릴 코로트코프 지음·어건주 옮김, 앞의 책, p.34.
19) 같은 책, pp.26-49.
20) 같은 책, pp.78-79.

및 사단으로 구성되었으며, 병력은 1941년 말에 130만 명을 초과하였다. 소련군 총사령관 스탈린은 1943년 말부터 히틀러군 이외에 동방문제가 현안으로 떠오름에 따라 참모본부로 하여금 소련의 서부 및 중부지역으로부터 대규모의 병력과 장비를 극동지역으로 재배치하는 계획을 수립토록 하였고, 1945년 2월 대일 참전을 결정하자 3월에는 극동지역에 3개의 방공부대를 배치하고 4월에는 시베리아 간선철도의 수송능력을 개선한 연후에 5~7월의 3개월 동안 육·공군 병력과 장비를 극동으로 이동시켜 재배치토록 했는데, 재배치한 주요장비만 해도 전투기 1,400대, 탱크 1,500대, 자주포 1,840문, 대포 3,600문에 달하였다. 그리고 그는 일본의 패망을 중국, 한국 및 기타 아시아 국가들에 대해 사회주의의 건설을 확장시키려는 원대한 계획과 연관지어 나갔다.

　1945년 4월 7일 일·소 조약의 폐기선언을 한 스탈린 정부는 1945년 8월 8일~9일 몽골국경으로부터 일본해 연안에 이르는 방대한 전선에서 소련군이 군사작전을 전개하여 만주로 돌진하였다. 한편 1945년 8월 5일 미·소 해군력의 작전반경이 무수단 북쪽에서는 소련의 태평양함대가, 남쪽에서는 미국의 해군이 담당하도록 결정됨에 따라 태평양함대 소속의 공군은 북한에 있는 일본해군기지 웅기, 나진, 성진에 대해 대대적 공습을 감행하고 한국연안을 공격 중이던 제25군과 합동작전을 펴나갔다. 이 같은 소련군의 공격작전은 이미 1941년 스탈린이 한국을 포함한 극동지역에 공산주의세력의 확장을 목표로 작성한 계획을 1945년 여름에 부분적 수정을 가하여 중국북동부지역과 북한에 대한 작전을 수행한 것이었다. 1941년 극동전선 군사회의위원이었던 알렉세이 졸토프 대장은 "1941년 당시 조선은 우리의 표적이었다. 당시 계획했던 의도가 1945년 8월에 성공적으로 실행되었다."고 술회하였다.

　히로시마와 나가사키에 대한 원폭투하와 소련의 대일본 참전선언으로 일본은 연합국의 포츠담선언을 수용하게 되었고, 따라서 소련군은 극동지역에서 대일본승리를 쟁취하게 되었는데, 소련군의 대일본승리는 신

생 공산주의 중국군의 성숙과 북한인민군의 창설 및 무장에 극히 중요한
의미를 부여하였다. 우선 공산주의 중국군은 소련군이 제공한 무기와 후
방을 배경으로 하여 국민당군에 공세를 전개, 승리하게 되었다. 스탈린
은 공산주의 중국이 건설될 수 있도록 지원하기 위해 제2차 세계대전
전부터 대중국 원조문제를 직접 관장하였고, 그 결과 모택동군대는 당시
로서는 최첨단의 무기인 소련제무기로 장비할 수 있게 되었다. 그리고
제2차 세계대전 중에는 모택동군대가 소련군이 일본군으로부터 압수한
항공기, 탱크, 대포, 기관총, 함정 등을 넘겨받았을 뿐만 아니라 소련군
이 점령한 만주에서 의용군을 모집함으로써 1945년 11월 1일 현재 52만
여 명의 병력을 확보할 수 있게 되었다.

대전 후 스탈린 정부는 장개석 정부가 여순·대련항을 이용하여 국민
당군을 만주로 이동시키려고 하자 1945년 8월 14일 체결한 소·중 조약
에 따라 병력의 이동을 허용치 않았으며,[21] 일본군의 철수 후 만주지역
에 26개소의 위수사령부를 설치하고 소련공산당 대표부를 주둔시켜 중
국의 공산주의자들이 정착할 수 있도록 지원해 주었을 뿐 아니라 많은
군사전문가들도 양성해 주었다. 소련의 지원과 비호에 힘입어 모택동군
대는 장개석군대에 대한 공세를 전개, 승리함으로써 1949년 10월 1일
중화인민공화국을 건설하였다. 소련군의 대일본 승리는 북한인민군의
창설 및 발전에도 지대한 영향을 미쳤다. 일본의 관동군을 격멸하기 위
해 웅기, 성진, 원산 등 북한의 연안을 공격했던 소련 제25군은 바실리예
프스키(A·M. Vasilevsky) 원수가 1945년 8월 18일 전선사령관들에게
"기동대 및 낙하산 부대를 편성하여 주요 도시와 기지 및 역을 접수,
책임구역 내의 적군을 무장해제시키고 질서를 회복하라"[22]고 지시함에
따라 38선 이북의 북한을 점령하였다.

---

21) 같은 책, pp.86-87.
22) 같은 책, p.111.

이같은 소련군의 북한 점령 목적은 명목상으로는 일본군의 무장해제에 있었으나 실제적으로는 북한지역의 공산화에 있었다. 그러므로 소련군은 '해방군'으로 인정받아 북한의 친소화를 성취해야 했다. 이미 1945년 6월 29일 소련외무성이 작성한 한반도에 관한 보고서에 의하면 "동아시아에서 소련에 압력을 가하려고 기도할 어떤 국가에게도 한반도를 공격의 발판이 되도록 방치해서는 안 된다. 조선독립과 동아시아에서의 소련의 안보를 위한 가장 확실한 담보는 소련과 조선 간에 우호적이고 긴밀한 관계를 확립하는 것이다. 이 점이 장래 조선정부를 세우는 데 필히 반영되도록 해야 할 것이다."고 강조하였다.23)

그리고 8월 8일 '제1극동군 군사소비에트의 담화문'을 통해 "이제 범죄적이고 침략적인 일본을 징벌하여 극동에서의 폭압과 전쟁의 근원지를 정리하여야 할 순간이 도래하였다. ···붉은 군대 전사들이여! 서양에서 그대들을 '해방자'로 여기듯이 동양 — 중국, 만주, 조선 — 에서도 귀관들을 그렇게 알도록 해야 한다."고 강조했던 스티코프(T. F. Shtykov) 대장은 1946년 3월 20일 '미·소 공동위원회 소련 측 대표연설'을 통해 "소련은 조선이 우호적이며 건실한 민주주의적 독립국가가 되기를 기대한다. 그리하여 소련은 조선이 미래에 소련을 침범함에 필요한 요새지와 근거지가 되지 않을 것을 기대한다."고 하여 노골적으로 한반도에 소련에 우호적 정권이 수립되어야 한다고 역설하였다.24)

더욱이 소련군 총사령관 스탈린은 「비밀지령문(1945.9.20)」을 통해 "북조선에 반일적인 민주주의 정당·단체들의 광범위한 블록을 토대로 한 부르주아 민주주의 정권을 수립하라"고 지시했는데, 이는 소련의 점령지역(북한)에 친소적인 단독정권을 수립토록 하라는 의미를 담고 있었으나 제대로 관철되지 못하자 소련군 총정치사령관 슈킨(Joseph Schikin)

23) 이정식, 『대한민국의 기원』(일조각, 2006), p.184.
24) Carl Berger, *The Korea Knot* (Univ. of Pennsylvania Press, 1978), p.63.

대장은 「북한의 정치상황(1945.12.25)」이라는 비밀보고서를 통해 "북한에 세워질 부르주아 민주주의 정권은 '소련의 국가이익을 보장할 수 있는 정치·경제적 교두보'가 되어야 하고, 그러기 위해 최단 시일 내에 정권의 중앙집권화와 농지개혁을 추진해야 할 것이라고 강조하였다.[25] 이로 미루어 스탈린의 비밀지령문과 슈킨의 비밀보고서는 소련의 점령지역에 친소화된 정권이면서 공산화된 정권의 수립을 주문한 것이었다.

소련은 모스크바 3상회의의 결의안에 따라 미·소 공위를 통해 한반도에 단일 임시정부를 세워 한반도 전체를 친소국가로 만들려고 하였다. 소련은 런던 외상회의(1945.9.11~10.2)에서 미국에게 대일본 전후통치에 미국과 공동으로 참여하기를 강력히 요구했으나 미국으로부터 거절당한 상황에서 모스크바 3상회의(1945.12.16~26)에 참가하게 되었다. 소련은 한반도에서 자신의 이익을 보호해 줄 친소적인 단일 임시 조선정부의 수립에 관심을 갖지 않을 수 없었다. 따라서 소련은 신탁통치에 관해 부정적인 생각을 가지고 있었음에도 미·소 공위를 구성하여 조선의 제정당·단체와 협의, 임시 조선정부를 수립하여 미·소·영·중, 4대국의 5년간에 걸친 신탁통치로 '조선문제'를 해결하는 방안에 합의하였다. 그러나 임시 조선정부는 미·소 양국이 합의하지 않으면 수립될 수 없는 것이었고, 미·소관계와 미군정의 반혁명전략으로 인해 임시 조선정부를 친소정부로 만들기는 더욱 어려운 것이었다.

이에 스탈린은 조선문제를 해결함에 있어 소련의 외교수단의 구사나 조선공산주의자들의 활동만으로는 불가능하고 군사적인 힘이 가장 중요한 무기라고 인식하였으며,[26] 따라서 북한의 군사력을 강화시켜 무력통일을 통해 전 조선의 공산화를 도모하는 방향을 추구하게 되었다. 이러한 맥락에서 백학순은 종전 후 소련의 대한반도 정책은 "한편으로는 점

---

25) 이지수, "북한체제 형성과 소련의 영향," 「한국행정학회 2001년도 추계학술대회 발표논문집」 참조.
26) 가브릴 코로트코프 지음·어건주 옮김, 앞의 책, p.45.

령지인 북한에서 소비에트화를 급속하고 확실하게 진행시켜 북한정권을 친소국가로 굳히면서도, 동시에 미·소 공위를 통하여 한반도 전체를 친소국가로 만들고자 하는 노력을 지속한 양궤전략 혹은 이중전략을 추구하였다."고 평가하였다.[27] 하지만 소련은 북한에 단독정권을 수립하는 데 우선권을 둔 것으로 보인다. 이는 소련이 점령지인 북한에서 외부의 간섭 없이 자율성을 확보하여 단독정부를 수립하기가 용이했을 것인데다가 이렇게 한다면 한반도 전체를 관장하는 임시 조선정부가 친소정부로 되지 않는 한 소련이 북한지역을 포기할 필요도 없어지기 때문임을 감안할 때 설득력이 있어 보인다.

소련의 지도자 스탈린은 신생 북한의 지도자로서 극동군 88여단의 제1대대장인 김일성(진치첸) 대위를 선정하였다. 김일성은 1945년 9월 초 "의논할 일이 있으니 하바롭스크로 오라"는 극동군 군사소비에트의 연락을 받고 출두하여 총정치사령관 슈킨 대장으로부터 "여러 분야의 한인 전문가들을 북한으로 보내고 있는데, 귀관에게 북한에 일하러 가라고 제안한다면 어떻게 할 것인가?"라는 질문을 받고, "세계혁명과업에 도움이 될 수 있는 곳이면 항상 일할 준비가 되어 있다."는 답변을 한 바 있었는데, 9월 중순 모스크바에서 하바롭스크로 "김일성 팀을 신속히 북한으로 보내라"는 전문이 하달되자 스티코프 대장은 스탈린이 김일성을 북한의 지도자로 결정했음을 간파하고 빠르게 김일성 팀을 구성하여 이들을 푸가초프호에 태워 1945년 9월 19일 원산에 도착되게 하였다.[28] 이러한 연유로 인해 이후 스탈린은 김일성의 교부역할을, 스티코프는 김일성의 정신적 스승역할을 하게 된 것으로 보인다.

나아가 스탈린은 1945년 가을에 38선 이남으로의 소련 영향력 확대를 위한 교두보로서 북한을 준비시키기로 결정하여 북한을 소련의 새로운

---

27) 백학순, "소련의 대한반도 정책 평가," 『남북한정부 수립과정 비교』(한국정치학회, 2006.12).

28) 가브릴 코로트코프 지음·어건주 옮김, 앞의 책, pp.175-188.

군사동맹국으로 준비시키는 작업을 소민정이 추진토록 하였다. 소민정은 민족자생적 무장력인 자위대, 치안대, 적위대를 해산시키고, 치안유지용 보안대를 창설한데 이어 이와는 별도로 정규군 지향의 철도 보안대를 창설했으며, 간부의 양성을 위해 평양학원과 중앙보안간부학교를 설립·운영하였다. 스탈린은 1946년 7월 스티코프 대장에게 김일성과 박헌영을 모스크바로 소환하여 이들에게 조선군대의 조속한 창설과 붉은 군대 경험의 전수 필요성을 역설하였다. 모스크바로부터 돌아온 김일성은 보안간부훈련대대부를 창설하여(1946.8.15) 보안대를 정규군으로 전환시키는 작업과, 정규군인 인민집단군을 형성하고(1947.5.17), 1948년 2월 8일 조선인민군의 창설을 선포하였다.

조선인민군은 1948년 12월 소련군이 철수하면서 북·소·중 3국 군사대표자회의를 통해 결정한 정책에 따라 전력이 급증함에 따라 1950년 여름에는 평양 지도부의 관리하에 18만여 명의 장사병으로 구성된 10개 보병사단과 4개 독립여단이 존재하게 되었고, 1개 항공사단과 3개의 위수사령부도 존재하게 되었다. 더욱이 1950년 여름 당시 극동지역에는 소련의 육군 200만 명이 배치된 데다가 태평양함대가 버티고 있었고, 중화인민공화국에는 수백만 명에 달하는 인민해방군이 존재하고 있었다. 이러한 북한의 내부 전력과 우방의 주변 전력을 배경으로 하여 1950년 4월 김일성은 모스크바를 방문, 스탈린에게 남침전쟁 승인을 간청하여 승인을 득하게 되었다.

III. 남북한 군대창설의 비교 연구

남북한의 창군과정은 1945년 8월 광복으로부터 1950년 6월 전쟁 발발 직전까지 미·소의 점령정책과 철군정책을 배경으로 하여 전개되었다고 볼 수 있을 것이다. 즉 38선을 경계로 남한과 북한에 각각 주둔한

미·소 양 점령군은 그들의 점령정책의 목적에 따라 남북한의 군대창설을 각각 지원하였고, 점령군을 철수시킨 후에는 군사고문단을 잔류시키거나 군사사절단을 파견하여 미국은 남한군대의 건설을, 소련은 북한군대의 건설을 각각 지속적으로 지원하였다. 따라서 탈식민지사회의 국가형성과 국가기구의 형성이 중심부국가의 권력과 자금에 의해 급진적으로 형성된다는 점을 감안한다면 미군정이 남한군대를 창설하고, 소민정이 북한군대를 창설할 때에 미·소 양 점령군의 역할 특성이 많이 작용할 수밖에 없었다.

그런데 미·소 양군 역할의 특성은 점령군의 성격에 비추어 미·소의 점령정책면, 군정통치정책면, 군사정책면과 군사력건설면, 간부양성면 및 전력증강지원면에 의해 좌우된 것으로 볼 수 있을 것이다. 즉 점령정책면, 군정통치정책면, 군사정책면은 남북한 군대창설의 환경여건을 형성하고, 군사력건설면과 전력증강지원면은 남북한 군대창설의 전개과정을, 간부양성면은 남북한 군대간부의 특성 형성을 각각 좌우한 요소로 볼 수 있을 것이다. 다시 말하면 이러한 요소들은 남북한의 군대 창설을 좌우한 요인과 남북한의 군대특성을 형성한 요인이 될 뿐만 아니라 군대창설의 환경요인 및 전개과정과도 그 맥락을 같이하는 것이다. 따라서 이러한 요소들을 남북한의 군대창설 방향과 군대창설의 전개과정 및 군대간부의 양성과정을 포함한 남북한의 창군과정을 비교하는 기준으로 삼을 수가 있을 것이다.[29]

그러므로 미·소 점령군의 남북한 군대의 창설과정을 비교하는 방법론으로 미국의 남한군대의 창설 방향과 소련의 북한군대의 창설 방향을 비교한 연후에 남북한의 군대창설의 전개과정과 군대간부의 양성과정을 비교하는 방법을 적용하는 것이 바람직할 것이다. 그런데 남북한 군대창설의 환경여건을 형성한 주요한 요인인 미·소의 점령정책, 군정통치정

---

29) 한용원, 앞의 글, p.57.

책, 군사정책 등은 미국의 대남정책과 소련의 대북정책을 좌우하는 요인
이 되어 미국의 남한군대 창설과 소련의 북한군대 창설의 방향을 좌우하
는 요인으로 작용하였다.

우선 미·소의 대한반도 점령정책은 대조되는 목표 특성을 지니고 있
었다. 미국은 당초 한반도에 통일한국의 단일정권 수립을 목표로 삼았
으나 미·소 공위가 실패로 돌아가자 1947년 9월 한국문제를 유엔으로
이관시킨 후에는 남한에 친미적인 단독정권을 수립하는 정책으로 전환
하였다. 이에 반해 소련은 스탈린의 지령에 따라 북한에 친소적인 단독
정권부터 수립하고, 이를 기반으로 하여 무력통일을 통해 전 한반도에
공산단일정권을 수립하는 정책으로 전환시키려 기도했던 것이다. 그러
므로 이러한 미·소의 대조적인 점령정책은 남북한의 군대창설에 각각
대조적인 영향을 주어 그 방향을 좌우하였고, 따라서 남한에는 경비대
가, 북한에는 정규군이 각각 창설되었다.

그리고 미·소의 대한반도 군정통치정책과 군사정책도 대조되는 목표
특성을 지니고 있었다. 즉 미국은 남한에 좌익세력의 활성화를 저지키
위해 반혁명전략을 추진한 데 반해, 소련은 북한에 공산세력의 활성화를
도모하기 위해 혁명전략을 추진했으며, 미국은 소련의 팽창주의를 저지
하기 위해 봉쇄정책을 추진한 데 반해, 소련은 혁명수출을 도모하기 위
해 팽창주의를 지향하였다. 그러므로 이러한 대조적인 미·소의 군정통
치정책과 군사정책은 남북한의 군대창설에 각각 대조적인 영향을 주어
남한에는 치안유지에 적합한 방어형 성격의 무장력을, 북한에는 혁명수
출에 적합한 공격형 성격의 무장력을 각각 건설하게 되었다.

다음으로 남북한의 군대창설의 전개과정과 군대간부의 양성과정을 비
교하기 위해서는 군사력의 건설과 군간부의 양성 그리고 전력의 증강지
원에서의 대조되는 목표 특성이 분석되어야 할 것이다. 미군정은 남한의
치안유지를 위해 경비대를 창설한데 반해, 소민정은 혁명수출을 위한 무
장력으로서 정규군을 북한에 창설하였다. 또한 미군정은 기술주의에 충

실한 경비사출신을 선호한데 반해, 소민정은 ML(마르크스-레닌)주의로 교양된 빨치산파를 중용하였다. 그리고 미·소 양군이 철수한 후에 미국은 극동방위선에서 남한을 제외시켜 전력증강지원을 외면한데 반해, 소련은 북·중·소 3국 군사대표자회의를 통해 북한의 남침을 위한 전력증강지원에 박차를 가하였다.[30)]

이상에서의 논의와 같이 미·소의 군사력건설면, 간부양성면, 전력증강지원면에서의 대조되는 목표 특성은 남북한의 창군의 전개과정과 간부의 양성과정에 영향을 주어 군대와 간부의 특성을 대조적으로 형성되게 했으며, 따라서 남한군은 기술군대의 특성을 지닌 경비군으로 성장한데 반해, 북한군은 혁명군대의 특성을 지닌 정규군으로 성장했을 뿐 아니라 남한군의 간부는 비계획적·분산적·소극적으로 육성된데 반해, 북한군의 간부는 계획적·조직적·전투적으로 육성되었다고 할 수 있을 것이다. 이러한 맥락에서 이 글은 미·소의 남북한의 창군과정을 비교하는 기준으로 점령정책, 군정통치정책, 군사정책과 군사력의 건설, 간부의 양성, 전력의 증강지원 등으로 설정하여 남북한 군대창설의 방향과 남북한 군대창설의 전개과정 및 남북한 군대간부의 양성과정을 재조명함으로써 남북한의 창군과정을 비교하려고 한다.

이상에서 언급한 '미·소의 남북한 창군'에 관한 연구의 틀을 통해 창군 관련 쟁점들을 논의하되, 논자는 다음의 쟁점들을 이 책에서 논의의 주 대상으로 삼고자 한다. 제1장에서는 '한반도의 군사적 유산'을 남북한 군대창설의 환경여건의 일환으로 다루되, 특수성과 가변성의 차원에서 논의코자 한다. 군사적 유산은 범세계적 군대에 공통적으로 적용되는 보편성과 특별한 민족이나 국가에 적용되는 특수성이 있지만 일반적으로 군대는 이러한 보편성과 특수성 내지는 항속성과 가변성을 공유하는

---

30) 북한연구소, "소련은 어떻게 북한인민군을 건설했는가?" 『북한』(1988년 6월), pp.51-65.

것이다. 무릇 군대는 군인생활방식의 기초가 되는 '전투공동체의 권위'를 항속적 성격으로 가지는데, 이 전투공동체의 권위야말로 단결의 핵심을 이루고 개개 군인의 책임과 의무를 완수케 하는 것이다. 아울러 군대는 항속성과는 모순되는 것 같지만 그 시대와 민족과 정치적 이데올로기를 반영하는 것이다. 즉 군대가 시대를 반영한다는 것은 군대의 장비가 다른 시민사회의 장비와 마찬가지로 그 시대의 시민사회문화의 일부분이라는 것이요, 민족을 반영한다고 함은 병사의 생활방식이 민족의 생활방식을 답습·견지한다는 것이다. 그리고 정치적 이데올로기를 반영한다는 것은 군대의 윤리를 확립하기 위한 사상적 주입으로서 정치적 이데올로기는 군사적 이데올로기와 군대의 직업주의에 영향을 주게 되는 것이다.31) 이를 감안하여 우리 민족의 군사적 유산을 상무의 전통, 무강의 쇠퇴, 국권의 상실, 독립운동의 전개 맥락에서 논의할 것이다.

제2장 '미·소의 대한반도정책'은 남북한 군대창설의 환경여건 차원에서 다루되, 미국의 대남정책과 소련의 대북정책 그리고 미·소의 창군정책에 중점을 둘 것이다. 미국의 대남정책은 미국의 대남점령정책, 대남통치정책, 대남군사정책의 차원에서 논의하고, 소련의 대북정책은 소련의 대북점령정책, 대북통치정책, 대북군사정책의 차원에서 논의하며, 미·소의 창군정책은 미·소의 군사목표, 창군의 환경여건, (남과 북의) 창군과정의 전개 차원에서 논의할 것이다. 이처럼 논자는 제1장 '한반도의 군사적 유산'과 제2장 '미·소의 대한반도정책'을 남북한 군대창설의 환경여건 차원에서 다룬 바탕 위에서 남한군과 북한군의 창설과정을 논의코자 한다.

제3장 '남한군의 창설과정'에서는 창설 과정의 전개와 간부의 육성 그리고 전력 증강 지원에 관해서 다루되, 창군과정의 전개는 창군운동단체의 난립 및 해산, 미군정 경비대의 창설과 증편, 대한민국 국군의 창설 순으로 논의할 것이며, 간부의 육성은 간부 자원의 소재와 양성기관의

---

31) 한용원, 『군사발전론』(박영사, 1969), pp.17-20.

운영 실태를 검토하여 간부양성의 특성을 논의하는 데 중점을 둘 것이다. 그리고 미국의 대남 전력증강 지원은 점령군 주둔하의 지원과 철수시의 지원을 위주로 논의할 것이나 그 지원 수준이 빈약하기 짝이 없었기 때문에 6·25전쟁 중의 지원도 포함시켜 논의할 것이다.

제4장 '북한군의 창설과정'에서는 창설과정의 전개와 간부의 육성 그리고 전력 증강 지원에 관해서 다루되, 창군과정의 전개는 무장단체의 대립 및 해산, 보안대의 창설, 보안간부훈련대대부 창설과 인민집단군 형성, 조선인민군 창설 순으로 논의할 것이다. 그리고 간부의 육성은 간부 자원의 소재와 양성기관의 운영 실태를 검토하여 간부양성의 특성을 논의하는 데 중점을 둘 것이다. 나아가 소련의 대북 전력증강 지원은 점령군 주둔하의 지원과 철군시의 지원은 물론 점령군 철수후의 지원에 관해서도 논의할 것이다.

제5장 '전쟁으로 치닫게 되는 창군'에서는 남북한의 대조적인 창군으로 말미암은 6·25전쟁의 원인, 미·소의 역할과 좌·우의 대립으로 빚어진 6·25전쟁의 성격, 그리고 주변 강대국과 남북한에 미친 6·25전쟁의 영향을 다루되, 6·25전쟁의 원인은 미·소의 대한반도 정책 차이, 남북한의 군사적 불균형 조성, 북·소·중의 전쟁도발 결정 차원에서 논의할 것이다. 그리고 6·25전쟁의 성격은 전쟁에서의 미국의 역할과 소련의 역할 차원은 물론 국제적 요인이 우세한 복합전 성격의 차원에서 논의할 것이다. 끝으로 6·25전쟁의 영향은 6·25전쟁이 미·일에 미친 영향과 소·중에 미친 영향은 물론 남북한에 미친 영향을 논의할 것이다.

끝으로 종장에서는 미국의 남한군대 창설과 소련의 북한군대 창설의 영향이 60여 년의 세월이 흐르고 탈냉전의 시대를 맞게 된 오늘날까지도 남북한 주민의 의식과 삶의 방식 속에 비록 변화된 모습이기는 하지만 잔존하고 있음을 감안하여 대표적인 3가지의 쟁점인 남북한의 정통성 문제, 남북한의 민군관계 문제, 남북한의 동맹관계 문제에 관해 논의할 것이다.

제1장

한반도의 군사적 유산

I. 상무(尚武)의 전통

한민족은 중국의 고전에서 동이족(東夷族)으로 지칭될 정도로 상무적 기질이 강한 민족으로서 한반도는 물론 만주를 강토로 삼았는데, 상고시 대에는 한족(漢族), 몽골족, 터키족과 더불어 아시아의 유수한 4대종족 의 하나였다. 위지 동이전(東夷傳)에 의하면 "부여인은 활과 창·칼로써 무기를 삼고 집집에 갑옷과 무기를 준비하고 있었다."고1) 하여 부여에 서는 모든 성년들이 평화시에도 항상 유사시에 대비하여 무장을 하고 있었음을 증언해주고 있다. 부여는 고조선을 계승한 나라로서 고조선인 의 기상과 고조선의 군사제도를 이어받은 나라이며, 고구려, 백제, 신라 를 낳은 모국이기도 했다. 그러나 부여가 멸망할 때 부여의 모든 문헌들 이 병화(兵火)를 입어 소실되었기 때문에 동이전과 같은 중국의 문헌을

---

1) 국사편찬위원회, 『중국정사 조선전』 역주 1, p.179.

통해서 그 편모를 살펴볼 수 있는 것이다.

동이전에 의하면 부여에서는 "적이 침공해 왔을 때 모든 벼슬아치들은 스스로 나아가 싸웠으며, 백성들은 군량을 운반하여 병사들을 먹였다."고2) 하여 전쟁이 일어나면 모든 국민이 전투원이 아니면 준전투원으로 참전하는 군사제도를 가졌음을 말해주고 있다. 나아가 부여인은 '씩씩하고 용맹스러운 민족'으로서 국가나 관가에 일이 일어나면 성곽을 쌓고 모든 젊고 씩씩하고 용맹스러운 자를 뽑아서 단련하였을 뿐 아니라3) 다른 민족이 갖지 못한 새로운 무기를 개발하여 장비했다는 것이다. 환웅(桓雄)이 나라를 다스림에 있어 군사를 맡은 치우(蚩尤)는 창, 칼, 활, 도끼 등의 무기를 만들어 외적의 침입에 대비했는데, 특히 그가 만든 활은 이웃 민족들이 두려워하는 바가 되었으며, 삼국시대에는 더욱 발전하여 "그 힘이 쇠뇌와 같이 강했던 활이 등장했을 뿐 아니라 화살촉은 철판을 뚫는 청석(靑石)으로 만들어지게 되었다."4)는 것이다.

삼국유사와 제왕운기(帝王韻紀)에 기록된 고조선의 역사를 통해서 우리는 고조선시대에 우리 민족의 군신(軍神)숭배사상이 발전해왔음을 알 수 있다. 군신신앙이란 곧 장수를 신으로 모시는 신앙을 말하는데, 우리 민족이 군신신앙을 가졌다는 사실은 우리 민족이 무(武)를 숭배하였다는 것을 말해주는 것이다. 그리고 고조선의 역사를 통해서 우리는 고조선이 국중대회(國中大会)라는 큰 무술대회를 유산으로 남겼음을 알 수 있다. 3국시대에 이르러 고구려, 백제, 신라는 국중대회라는 무술대회를 개최하여 백성들에게는 무(武)를 숭상하는 정신을 배양케 하였고, 우승자에게는 선비, 수사, 화랑이라는 칭호를 각각 주고 군사(軍士)로 삼았다. 그러므로 고구려는 선비군, 백제는 수사군, 신라는 화랑군을 각각 보유하여 국가안전과 국가발전의 토대로 삼았던 것이다.

---

2) 같은 책, p.179.
3) 같은 책, p.194.
4) 이동화, 『조선의 궁술』(조선궁술연구회, 1929) 참조.

　그러나 군신숭배사상 못지않게 고대에 우리 민족이 견지했던 주요한 삶의 양식은 모든 백성이 곧 농민이자 군인이었다는 점이다. 다시 말하면 우리의 선대는 병농일치사상을 생활화해 왔다는 점이다. 고조선으로부터 병농일치사상은 물론 천민·천군(天民·天軍)사상을 견지하였던 우리 민족은 전시(戰時)에는 평상시에 농구로 쓰던 연장을 병기로 휴대하고 하늘의 도움을 받아 승리하는 천병이 될 것이라고 확신하면서 싸움터로 나갔던 것이다. 그러므로 고구려의 강성은 선비군의 창설에서 비롯되었고, 백제의 전성과 해외진출은 수사군의 덕분이었으며, 신라의 발전과 3국통일의 원동력은 화랑군에서 비롯되었다. 따라서 단재 신채호는 "한국을 한국답게 하여 온 자는 곧 선비, 수사, 화랑이었다."[5]고 칭송했던 것이다.

　환웅의 신시시대를 계승하여 단군조선이 건국되었는데, 환웅은 태백산(지금의 백두산) 단목(檀木) 아래에서 신시(神市)시대를 열었으며, 군사를 맡은 치우가 중국의 중원을 정벌하여 황하(黃河) 이북의 땅을 차지하였다. 그리고 신시를 계승한 단군조선이 기원전 2333년에 왕검성(지금의 만주 하얼빈)에서 건국되어 세력이 강성해지자, 상경, 중경, 남경 등 삼경을 두어 만주와 한반도에 걸친 넓은 광역을 통치하였다. 이러한 연고로 인해 환인(桓因), 환웅, 단군의 세 분을 모시고 제사 드리는 삼신교(三神敎)가 민족신앙으로 정착되었을 뿐 아니라 치우를 군신으로 숭앙하는 전통이 '천하대장군·지하여장군'의 민속으로 계승되었다. 그리고 단군조선의 전성기에는 그 강역이 북쪽으로는 흑룡강에 이르고, 남쪽으로는 한강에 이르렀으며, 서쪽으로는 난하(灤河), 동쪽으로는 동해에 이르러 동서남북이 1만 리에 달히였다.

　그러나 지정학적 요인으로 인해 이웃 중국 및 북방민족과 전쟁이 빈번함에 따라 우리 민족 중에는 이웃 강국과의 화친노선을 선호하는 세력이

---

5) 신채호, "조선상고문화사," 『단재 신채호전집, 상』, p.395.

늘어나거나 수도를 남쪽으로 옮겨 안주하려는 세력이 증대되어 우리의 영토였던 만주 땅을 잃게 되었을 뿐 아니라 민족의 상무전통도 쇠퇴하게 되었다. 우선 고구려의 남진주의(南進主義)는 동천왕이 요동을 상실하고 수도를 지금의 평양에다 옮기면서부터 시작되었다. 그러므로 고구려의 전성기인 광개토대왕과 장수왕 때에 고구려가 북토남정(北討南征)의 눈부신 활동으로 한때 잃었던 영토를 되찾았을 뿐 아니라 한층 더 넓은 강역을 차지하여 일대 제국을 이루었음에도 장수왕은 북수남진(北守南進)정책을 고수하여 적극적인 대륙진출정책을 쓰지 않았다. 이는 당시에 삼국이 한반도의 중심부인 한강유역을 장악하기 위해 필사적인 노력을 추구하는 상황이 전개되었기 때문이었다.

그러므로 삼국의 한강유역을 장악하기 위한 투쟁은 삼국의 대륙진출정책을 저해시켰고, 따라서 고구려와 백제의 영토였던 요동과 요서를 거란민족이 차지하게 되는 사태가 발생하고 말았다. 다음으로 고구려는 수·당과 70년간을 싸우면서 무신들은 주전파로, 문신들은 주화파로 분열·대립하게 되었고, 따라서 주전파를 대표한 연개소문이 쿠데타를 일으켜 주화파로서 친당정책을 선호한 영류왕(건무)을 폐하고 보장왕을 옹립하는 사태가 발생했을 뿐 아니라 연개소문이 스스로 막리지가 되어 병마대권을 장악하는 사태가 발생하였다.[6] 이로 인해서 문신과 무신 간 '민군관계가 악화되었을 뿐 아니라 무신들의 부패와 타락이 조장되어 고구려의 무신은 물론 백성들의 상무정신을 좀먹게 되었다.

이러한 와중에 신라에 의한 삼국의 통일이 이루어지게 되었으나 통일신라는 문약(文弱)에 빠져 사회적 모순이 대두하게 되었다. 즉 신라는 고구려와 백제가 요동과 요서의 영토문제로 인해 당나라와 대결상태에 있음을 이용하여 당나라와 군사동맹을 체결하고 나·당연합군을 형성하여 고구려와 백제를 협공함으로써 삼국을 통일하였다. 그러나 통일신라

---

6) 『삼국사기』 권49·열전9, 연개소문.

는 문약에 빠져 사회적 모순이 대두되었고, 사회적 모순으로 인해 호족
세력이 대두되고 양민(良民)들이 호족들의 노예로 전락했으며, 양민들이
호족들의 노예로 전락함으로써 나라에는 군인이 되고 세금을 낼 백성이
줄어들게 되어 국력의 쇠퇴를 초래하게 되었다. 이러한 상황하에서 왕건
이 후삼국을 통일하여 고려를 건국하게 되자 양민의 해방문제에 관심을
갖지 않을 수 없었다.

　고려 태조 왕건은 후삼국의 전란으로 인해 많은 양민들이 노예가 된
것을 가슴 아프게 생각하고 호족들의 반대에도 불구하고 국고로 양민들
의 몸값을 갚아 주고 노비신분으로부터 해방시켜 준 바 있었다. 그리고
태조 왕건은 그가 고려를 건국했을 때 그와 같은 부족인 고구려의 유민
들이 수립한 발해가 이미 거란 땅이 되어버려 실지회복이 불가능하자
훈요십조(訓要十條)를 지어 후대의 왕들이 교훈으로 삼도록 하였다. 이
같은 태조 왕건의 뜻을 받들어 3대 정종과 4대 광종은 광군(光軍) 30만
을 창설하고, 광종은 광군을 유지하기 위한 양민(養民)의 수단으로 노비
안검법을 제정하였다.[7] 이 노비안검법은 억울하게 노비로 편입된 양민
만을 가려서 해방시켜 준다는 것이었으나 문약에 빠진 문신들과 지방의
호족세력들의 끈질긴 반대에 직면하였다. 그러므로 6대 성종은 해방시
켜 주었던 노비를 양인에서 다시 노비로 환원시키는 노비환천법을 제정
하기에 이르렀다.

　따라서 고려에는 대군(大軍)의 유지를 위한 양민(養民)의 수단이 없어
지게 되었을 뿐 아니라 노비제도가 고려시대를 거쳐 조선시대에 이르기
까지 없어지지 않고 한층 더 강화되어져 갔다. 따라서 이에 비례하여 국
력은 약화되어 갔고, 조정은 문약에 빠졌으며, 백성들에게 있어 상무정
신은 쇠퇴해 졌다. 이렇게 해서 고려에 사회적 모순이 증대되자 무신반란
이 일어나 60여 년간 무신정권이 지속되었다. 무신정권 기간 중인 1231

---

7)『東史綱目』6上, 光宗 7年.

년부터 1273년까지 42년간 7차례에 걸쳐 몽골과 대전쟁을 치루었는데, 몽골군은 최씨 무신정권이 1232년 강화천도를 단행하여 1258년 출륙할 때까지 고려 군민(軍民)의 저항의지를 박탈하고 고려정부의 항복을 유도하기 위해 약탈, 살생, 납치를 자행하였고, 따라서 고려의 일반백성들은 30여 년간 고통을 감수해야만 했다. 더욱이 무신정권이 선종을 정치적으로 이용하여 공생관계를 유지함으로써 사원이 대중지배와 토지지배를 하게 되는 모순마저 야기하는 부작용을 낳았다.8)

그러나 우리 역사상 상무의 기상과 군사체제가 치명적으로 약화된 것은 중국대륙에 성립된 강력한 통일왕조에 종속되어 군사주권을 포기하거나 무장해제를 자초한 조선이 성립한 이후라고 할 수 있을 것이다. 즉 조선왕조는 중국대륙에 명(明)이라는 강력한 통일왕조가 성립하여 동아시아 전역에 일종의 중심부국가 내지 세계국가로 등장하자 이러한 초강대국에 대항하기보다는 그 질서 속에 포함되어 군사주권의 행사를 사실상 포기한 대중사대교린정책을 구사하였다. 더욱이 위화도 회군이라는 쿠데타적 수법을 통해 권력을 장악한 이성계는 정적(政敵)이 무장세력화되는 것을 막기 위해 화통도감을 없애버렸기 때문에 조선왕조의 화기발달이 정체되고 말았다. 그리고 조선왕조 초기에 채택한 병농일치제가 군포제(軍布制)의 실시로 인해서 군포로 직업군인을 고용하는 용병제로 전환되고 말았다.

나아가 고려왕조의 창설로부터 개항전의 조선왕조에 이르기까지 중세의 우리 군사체제에서 상비군은 사실상 왕실의 친위대에 불과하였다. 고려군은 중앙군과 지방군으로 편성되어 중앙군은 직업군으로, 지방군은 예비군으로 각각 조직했는데, 중앙군은 친위대가 중심이 되었기 때문에 외침이 격화되면 별무반이나 삼별초 같은 정예부대를 별도로 창설하여 대응해야만 했다. 그리고 조선군 또한 중앙군과 지방군으로 편성되어 중

---

8) 민병하, 『사원경제』(민족문화사, 1983), p.15.

앙군은 태반이 왕실 친위대였기 때문에 잔여병력만이 상징적으로 북방 변방의 경비군이 되었으며, 지방군은 그 군사조직이 일종의 진관체제(鎭管体制) 즉 자전자수(自战自守)체제였기 때문에 대군의 침입에 대처할 수 없었고, 따라서 정묘·병자호란 후 군제를 개혁하여 속오군(束伍軍)을 창설했으나 대역제(代役制)로 인해 속오군이 천민집단화됨에 따라9) 유사시에는 포수군을 별도로 동원하여 대처해야만 했다.

더욱이 문약에 빠진 조정대신들은 성리학이 중국 중심의 국제관계와 국제질서를 강조한 주리적(主理的) 정치이념이었음에도 조선의 특수성을 고려하지 않고 주자(朱子)의 논리를 그대로 수용하여 명 및 청과 사대교린 노선을 지향하였다. 이러한 상황이었기 때문에 조선의 국방은 허술하였고, 군인들은 상무정신을 결여한 겁자(怯者)들이 대종을 이루었을 뿐 아니라 노비나 천민 중심으로 충원되어 싸우기에 부적절한 집단으로 변모되어 갔다. 이상에서 논의한 바와 같이 고대의 우리 군대가 견지했던 상무정신은 중세의 군대에 이르러 쇠퇴되어 갔으며, 중세시대에 우리 민족의 상무전통이 쇠퇴될 수밖에 없는 구조적·문화적 조건 속에서 우리나라는 근대로 진입하였다. 따라서 중세에 형성된 구조적·문화적 조건으로 인해 우리나라는 근대에 이르러 일제의 식민지로 전락하는 단초가 되었다고 볼 수 있을 것이다.

그럼에도 우리민족은 상무전통을 이어받아 역사의 단절의 위기 시마다 "고국을 다물(多勿 – 光復)하자"는 구호 아래 의병운동을 전개하였다. 우리나라 최초의 의병운동은 기원전 2세기 말 한무제(漢武帝)가 요동의 위만조선 침공 시에 발생하였다. 한무제가 군사적 공격이 실패한 후, 위만조선의 중신들을 매수하는 전략으로 전환함에 따라 한나라군내에 포위된 채 1년간이나 버티었던 왕검성에서 매국노가 된 재상 참(參)은 우거왕을 죽이고 성문을 열어 투항하였다. 이에 성기(成己)라는 충신이 참

9) 박성수, "중세의 우리군대," 『국군의 맥』(육군본부, 1992), p.254.

의 매국행위를 규탄하고 의병운동을 전개하여 왕자 장(長)을 왕으로 추대하였다. 그러나 어리석은 왕자 장이 성기를 죽이고 적에게 투항함으로써 위만조선은 망하고 요동땅은 한나라의 땅이 되고 말았다. 그러므로 고조선과 위만조선의 유민들은 다물운동을 전개하였고, 고구려는 다물운동을 통해 건국되었다.

이렇게 하여 다물이 고구려의 건국이념이 되었기 때문에 고구려의 백성들은 의용(義勇)으로 나라에 봉사하는 것을 으뜸가는 사명으로 생각하고, 다물흥방가(多勿興邦歌)를 제창하여 애국심을 길렀다고 하는데, 전해오고 있는 다물흥방가의 가사는 다음과 같다고 한다.[10]

> "다물(多勿)은 나라를 일으킨다네.
> 흥망은 고로 불언지교(不言之敎)를 행하는 것이네
> 집에 돌아가면 효도하고 밖에 나가면 충성하자
> 백성의 정의는 오로지 나라를 중히 아는 것이며
> 나라가 없으면 어찌 내가 태어났으리
> 우리 자손들은 뭉쳐서 우리 스승의 가르침을 따르자
> 그럴 때 우리 모두가 살 것이네."

우리나라 역사상 두 번째 의병운동은 북부여 의려왕의 아들 의라(依羅)에 의해 전개된 것으로 전해오고 있다. 의려왕 41년에 선비족의 모용의가 침입하여 북부여의 서울 아사달을 함락시키자 의려왕이 자결했는데,[11] 그는 자결 시 태자인 의라에게 "너에게 왕위를 물려주니 국권을 회복하라"는 유서를 남겼다고 한다. 이에 의라는 부하들을 이끌고 서갈사나(西曷思那) 밀림 속으로 망명하여 그곳에서 군사를 모집하고 선비군을 공격하는 의병운동을 전개하다가 일본으로 건너가 이도국(伊都国)을

10) 박성수, "고대의 우리국군," 『국군의 맥』, p.55.
11) 신채호, 『조선상고사 全集, 上』, p.188.

건설했다고 한다. 다물을 지향한 의병운동은 백제에서도 추구되고 전개되있다. 5세기 중엽 고구려의 장수왕이 불교승 도림(道琳)을 백제에 보내 개로왕에게 접근하여 국력을 토목공사에 탕진하도록 계략을 구사한 연후에 3만 명의 군대를 파견하여 백제의 서울 신위례성을 공격케 하였다. 이에 개로왕은 태자 문주(文周)를 불러 "도림에게 속아 나라살림이 이 모양이 되어 백성을 대할 면목이 없다. 너마저 나와 같이 죽는다면 백제가 망하니 너는 남쪽으로 내려가 의병을 모아 나라를 다시 일으키도록 하라"고 일렀다 한다.[12]

그리고 660년에 백제의 서울 소부리(지금의 부여)가 나당연합군에 의해 함락되자 곳곳에서 의병이 일어났다. 백제의 의병은 전라도 금산·진안 지방과 충청도 연지·길주 지방에서 일어났는데, 그 중에서 가장 유명한 의병장은 복신(福信)이었다. 복신은 백제 무왕의 조카로서 임존(任存) 성주를 하다가 충신 성충이 축출될 때 그 일당이라 하여 해임되었는데, 수도가 함락되자 임존성 군사들이 새 성주를 몰아내고 옛 성주(복신)를 추대함으로써 의병운동을 하게 되었다. 이때 당은 공주에 웅진도독부를 두고 유인궤로 하여금 지키게 하고 신라와 연합하여 백제 의병에 대한 토벌작전을 전개했으나 복신의 항전으로 인해 대패하여 경주와 공주 간의 통로가 끊기고 공주가 고립되었다. 복신은 왕자 풍(豊)을 옹립하여 왕으로 추대하고 고구려에 원군을 요청하여 웅진도독부를 압박해 들어갔으나 그의 전공을 시기한 자진(自進)을 처형한 일로 풍왕과 사이가 벌어지게 되었고, 따라서 풍왕은 결국 그를 체포·처형하기에 이르렀다.

복신이 죽자 당의 침략군은 백제 수도 함락 시 당에 투항해온 백제 왕자 융을 허수아비 백제왕으로 내세워 "풍왕은 잔인한 인물이므로 그를 위해 싸워보았자 죽음밖에 기다리지 않는다."면서 백제 장수들에게 융왕을 섬기라고 설득하였다. 이러한 꾐에 빠진 남부의 의병장 흑치상지

---

12) 『삼국사기 백제본기 3』.

는 풍왕이 의병장 복신을 죽인 데 앙심을 품고 있었기 때문에 그가 관할하던 200여 성을 열어 항복하고 말았다.[13] 한편 668년 고구려의 수도 평양이 나당연합군에 의해 함락되어 고구려의 700년사가 막을 내렸으나, 당은 백제와 고구려에 도독부라는 식민통치기구를 두고 그 땅을 신라에 넘겨주기를 거절함으로써 나·당전쟁이 일어나 신라가 삼국을 통일했지만 고구려의 옛 땅을 모두 회복하지 못하고 만주 땅을 잃게 되었다. 이와 관련하여 한백겸은 "신라가 통일했을 때 곧바로 도읍을 국토의 중앙에 옮겨 사방의 국경을 제어했었더라면 고구려의 옛 강토를 수복할 수 있었을 것인데, 신라의 군신들이 남의 힘으로 삼국을 쉽게 통일했기 때문에 한 쪽 모퉁이에서 안일을 탐하고 서북쪽의 큰 땅을 버렸다."고 평가하였다.

그러나 불행 중 다행으로 고구려의 장수 대조영(大祚榮)이 말갈의 장수 걸수비우(乞囚比羽)와 거란의 장수 이진영(李盡榮)과 손잡고 당나라 장수 이해고를 대파하고 군현을 설치하는 한편, 고구려의 유민들을 보호·정착케 함으로써 백성의 신망을 얻어 698년 대진(大震)을 건국하고 연호를 천통(天統)이라고 하였으니 이 나라가 926년까지 220년간 존속한 발해인 것이다. 발해는 제2대 무단왕 때 중국·일본에 외교사절을 보내 "발해는 고구려의 옛 땅을 회복하고 부여의 유속을 계승하였다."고 선언하여[14] 발해가 다물을 지향한 의병운동을 통해 건설된 국가임을 과시하였다. 국가가 외침을 받아 위기에 처했을 때 의병운동을 전개한 것은 중세시대에도 지속되었다. 임진왜란 때에 곽재우는 경상도에서, 조헌은 충청도에서, 고경명은 전라도에서, 김천일은 경기도에서, 정문부는 함경도에서 각각 의병활동을 전개하였고, 불승인 사명당(유정)과 서산대사(휴정)는 금강산과 묘향산에서 의병활동을 전개하였다.

---

13) 박성수, 앞의 글, p.143.
14) 『旧唐書』 北狄列傳 발해·말갈, 『新唐書』 北狄列傳 발해.

인조반정 직후 이괄(李适)의 난이 일어난 데다가 1627년(정묘년) 후금 군이 침공해오자 조선의 관군은 힘없이 무너져 황해도 평산(平山) 이북의 땅을 잃고 말았다. 이에 정봉수, 이립 등이 의병을 일으켜 적의 배후를 교란시킴으로써 적군이 평산 이남으로 진군하지 못하도록 압력을 가하여 강화조약이 체결되게 하였다. 이러한 의병활동은 근대에도 지속되었다. 1895년 10월 7일 명성왕후가 시해되는 사건이 발생하자 을미의병전쟁이 일어났으며, 1905년 11월 17일 을사5조약이 강제로 체결되자 을사·병오의병전쟁이 일어났고, 1907년 8월 1일 대한제국의 국군을 해산시키자 정미의병전쟁이 전개되었다. 의병과 국군이 합세하여 전개한 정미의병전쟁은 일제의 조선군총사령부가 6년간 초토작전을 전개하면서 진압해야만 하였고, 북천대장정에 오른 의병들은 만주와 연해주로 이동하여 독립군기지를 건설, 독립군으로 전환하였다.

II. 무강(武强)의 쇠퇴

무사의 시대가 가고 문사의 시대가 전개되자 무강의 나라는 문약의 나라로 바뀌어갔다. 통일신라 이전이 무사의 시대였다면 그 이후에는 문사의 시대로 점차 변화되어 갔을 뿐 아니라 문약에 빠져들게 되었다. 이는 호족세력과 양반세력 등 집권세력이 안일을 추구하여 노블레스 오블리주 정신을 결여한 데다가 농민중심의 양인들이 외침·민란·흉년 등으로 인해 몸을 팔아 노비로 전락함으로써 강력한 군사력의 유지가 불가능했기 때문이었다. 더우이 삼국시대 후반기에 접어들어 남진주의와 남천으로 인해 북방의 수비가 허술해진 데다가 중원을 차지한 중국의 지배세력이 한반도에 대해 문화식민주의정책을 구사하자 한반도의 지배세력은 사대주의와 평화주의로 흘렀기 때문이었다.

중세의 특성상 고려왕조 때에는 대중지배와 토지지배의 양면을 담당한 주체는 왕실, 호족, 사원 등으로 다원화되어 있어 군대의 중추를 이룰 양민의 노예화가 용이할 수 있는 구조적 조건이 형성된 데다가 42년간에 걸친 몽골과의 전쟁(1231~1273)으로 인해 양민들이 노비로 전락되는 상황적 조건도 성숙하였다. 후삼국시대로부터 지방의 호족세력들이 가신과 노비를 두어온 데다가 사원에서도 노비를 활용하고 있었기 때문에 고려의 제4대 광종은 광군 30만 명을 유지하기 위한 재정적·군사적 수단으로서 평시에는 생산자·납세자가 되고, 전시에는 군인(전사)이 될 양민을 육성·확보할 수 있는 노비안검법을 956년에 제정하였다. 이렇게 되자 호족세력과 문신들의 연합세력에 의해 노비안검법이 공격의 대상이 되었다. 노예제도를 옹호하는 자들은 기자의 8조금법 시행 이후 범죄자를 노비로 삼게 함으로써 사회기강이 확립되어 대문을 닫지 않고도 살 수 있는 세상을 이루었다고 주장하였다.

제6대 성종 원년에 문신 최승로가 「시무(時務) 28條」라는 상소를 통해 "종이 주인을 능멸하는 풍토를 쇄신하는 길만이 오늘의 시국을 수습하는 길이라"고 역설하자 어리석게도 성종은 최승로의 건의를 받아들여 노비환천법을 982년에 제정하고 말았다. 이같은 구조적 조건하에서 몽골과의 기나긴 전쟁을 치르게 되는 상황적 조건이 형성되자 고려사회에는 노비가 양산될 수밖에 없었다. 몽골이 침략했을 때 무인정권의 실력자 최우(崔瑀)는 수전(水戰)에 약한 몽골군을 따돌리고 무인중심의 지배세력이 권력을 계속 유지하기 위해 강화도로 천도하였다.[15] 이에 몽골침략군은 고려국왕의 몽골입조와 환도를 요구하면서 방화·약탈·살생 등으로 30여 년간 고려백성을 괴롭혔을 뿐 아니라 20만 명의 고려백성을 몽골로 끌고 가 노비로 활용하였다. 그러므로 생계를 유지할 수 없었던 육지의 많은 양민들은 몸을 팔아 호족 또는 사원의 노비가 되거나 부원배(附元輩)의 노비로 전락하였다.

15) 박창희, 『무신정권시대의 문인 7인』(국편위, 1973), p.288.

조선왕조에 이르러서는 중세적·봉건적 지배체제의 강화·유지를 목적으로 농본주의, 억상(抑商)주의, 쇄국주의 성책을 추구하였을 뿐 아니라 군사제도도 의무병역제를 원칙으로 하는 병농일치제를 추구하였으나 전정, 군정, 환정 등 삼정(三政)이 문란해진 데다가 왜란과 호란으로 인해 이농현상이 증대되어 농본주의가 저해되고 민란(民亂)이 빈발하게 되었다. 더욱이 군사제도도 군포제(軍布制)의 실시로 인해 군포로 직업군인을 고용하는 용병제로 전환된 데다가 병역의무자가 포(布)를 내면 군역(軍役)은 남이 대신해 줄 수 있는 제도인 대역제(代役制)가 합법화되었고, 나아가 노블레스 오블리주 정신이 결여된 양반들은 "양반이 군역을 지게 되면 반상의 구분이 없어진다."고 빙자하여 양반불역론(兩班不役論)을 주장, 군포 부담에서 제외되었기 때문에16) 군대는 점차 양인집단으로부터 천민집단으로 변모되어 갔다.

조선시대에 전정·군정·환정 등 삼정이 문란해진 데다가 장기간에 걸친 임진·정유왜란과 정묘·병자호란으로 인해 농민중심의 양인이 이농하거나 몰락하게 되었다. 더욱이 일부 농민의 이농현상은 잔류 농민의 부담을 가중시켜 농민의 이농현상을 심화시키고 양인의 노비화를 가속화시켰으며, 특히 전세(田稅)의 5배에 달하는 공부(貢賦)는 농민의 이탈로 인해 잔류 농민의 부담을 가중시켰기 때문에 조정에서는 민호(民戶) 기준의 과세를 토지 기준의 과세로 바꾸었으나 이러한 수취체제의 개혁으로 양인들의 불만을 해소시킬 수가 없었기 때문에 조선왕조 지배체제는 16세기부터 민중세계의 저항을 받기 시작하였다. 그러므로 양인의 노비화로 인해 조선시대에는 양인 15명에 노비가 50명이라는 비율로 늘어나게 되었고,17) 따라서 이에 비례하여 국력이 약화되고, 군사력 또한 약화되었다.

---

16) 강만길, 『한국근대사』(창작과 비평사, 1994), pp.33-34.
17) 박성수, "중세의 우리국군," 『국군의 맥』, p.184.

그리고 조선시대의 군사제도는 군대를 질적으로 저하시켰을 뿐 아니라 지배세력은 "양병(養兵)은 곧 양화(養禍)"라고 인식하였다. 즉 조선왕조의 군역제는 초기의 병농일치적 개병제(皆兵制)에서 납포제(納布制)와 일종의 용병제인 모군제(募軍制)로 나누어진 데다가 양반마저 양반불역론을 내세워 군포부담에서 제외됨으로써18) 군대는 질적으로 저하되어 갔다. 더욱이 문약에 빠진 조정대신들은 유교의 평화사상을 잘못 수용하여 오륜적 윤리체계를 사회에 확립함으로써 평화를 실현할 수 있다고 보았다. 그러나 유교의 평화사상의 원리는 수신을 근본으로 하며, 수신의 결과물인 평천하(平天下)는 인간에게 주어진 최고의 의무가 평화세계의 실현이라는 것을 강조한 것에 불과한 것이었다. 그러므로 이퇴계는 '수신제가치국평천하'의 유교 평화관에 대해 "백성을 평안하게 하고 천하를 화평하게 하는 외부적 평화의 성립 계기가 수기(修己)와 득공(篤恭)의 덕으로부터 주어진다."고 강조하였다.19)

그럼에도 문약에 빠진 조선왕조의 중신들은 오륜적 윤리체계를 사회에 확립하여 평화를 실현하려고 하였다. 나아가 이들 중신들은 힘으로 남을 굴복시키려 하거나 강병(強兵)을 추구하게 되면 화평을 깨뜨리게 된다고 보고 '양병은 곧 양화'라고 믿어 국방을 등한시하였다. 그러므로 국방태세가 문란해져 돈을 주고 장수가 되는 일이나 군적의 인원수를 채우기 위해 걸인까지 등재하는 일이 야기되었을 뿐 아니라 군인들은 10명 중 1~2명을 제외한 대부분이 상무정신을 결여한 겁자(怯者)들로 구성되기에 이르렀다. 따라서 이율곡이 1574년에 10만의 상비군(서울에 2만과 8개도에 각각 1만씩 도합 10만)을 두자고 상소를 올렸지만 조정의 중신들을 "평화 시에 군을 기르는 것은 화를 기르는 것과 같다."고 반대하였고, 율곡의 사후 그의 제자 조헌(趙憲)이 "나라의 근본을 튼튼

---

18) 강만길, 앞의 책, p.110.
19) 윤사순, "한국유학의 평화사상," 이호재 편, 『한반도 평화론』(법문사, 1989) 참조.

히 하자"고 상소를 올리자 중신들은 처음에는 미치광이 취급을 하다가 나중에는 반란을 꾀한다고 모함하여 길주로 유배시키기까지 하였다.

그런데 우리의 군사적 유산 가운데 무강의 쇠퇴는 양인의 노예화 및 군대의 천민화 외에도 민족의 남진주의 및 남천과 중국지배세력의 문화 식민주의정책 구사에 기인한 것이었다. 선비족이 북부여를 멸망시킨 뒤 고구려를 침공함으로써 고구려는 3세기 말에 최대의 위기를 맞았으나 100년 후 광개토대왕 때에는 북으로 만주땅과 요동을 회복하고 남으로 백제와 가야 그리고 왜(倭)까지 원정함으로써 북으로는 거란, 평량(平涼, 중국 감숙성) 등으로부터, 남으로는 백제, 신라, 가야 등으로부터 각각 조공을 받았고, 일본의 임나와 이왜 등은 칭신하여 옴으로써 고구려는 무강의 나라로 그 위용을 떨쳤다.[20] 그러나 장수왕은 중국이 분열되어 침략해 들어갈 호기인데도 북수남진(北守南進)정책을 고수하였고, 서울을 평양으로 옮겼는가 하면 북중국에서의 연과 위의 싸움에 개입하기도 꺼려 했다. 이렇게 해서 형성된 고구려의 남진주의는 한반도의 중심부인 한강유역을 장악하기 위한 삼국의 대결주의로 전환되고 말았다.

고구려와 백제의 무강은 요동지역과 요서지역을 차지하려는 고구려와 백제 그리고 수 및 당 등 세 세력의 충돌 속에서 이루어져 왔고, 따라서 항상 전시체제를 유지하고 정예부대를 상비하고 있어야 했다. 그러나 평양으로의 남천 후 고구려는 한반도의 중심부를 장악하는 데 필사적인 노력을 기울임으로써 북방의 수비태세가 견고하지 못하였다. 다산 정약용은 "국운이 장구하게 되는 것은 도읍을 어디에다 정하는가에 달려 있다."고 하면서 백제는 처음 서울 근방에 수도를 정하여 근 500년간이나 국운을 누렸는데 남천하여 수도를 공주와 부여로 옮긴 뒤에는 겨우 185년 밖에 지탱하지 못했고, 고구려도 당초 압록강 이북에 수도가 있었을 때에는 425년간이나 국운이 계속되었으나 장수왕 때 남천하여 평양으로

---

20) 박성수, "고대의 우리국군," p.46.

수도를 옮긴 뒤에는 불과 239년 밖에 지탱하지 못했다고 평가하면서, 이러한 맥락에서 수도를 경주에 둔 채로는 통일신라가 이 작은 한반도조차 지키기가 어려울 것인데, 하물며 삼국의 옛 강토를 회복할 수가 있었겠느냐고 반문하였다고 한다.

신라에 의한 삼국의 통일은 고구려의 옛 땅을 회복하지 못하고 압록강 이북의 땅을 잃게 만들었다. 신라는 당나라 세력을 이용하여 백제와 고구려를 차례로 멸망시켰으나 당은 백제를 멸망시킨 뒤 공주에 웅진도독부를 두고 군대를 주둔시켰으며, 고구려를 멸망시킨 뒤 평양에 안동도독부를 두고 군대를 주둔시켰다. 그러므로 신라는 무력으로 당의 군대를 몰아내는 데 성공하였으나 고구려의 옛 땅 북부에 발해가 건국됨으로써 삼국의 완전 통일에는 실패하였다. 그 후 신라정부에 대항하는 세력이 나타나 후삼국시대가 연출되고 고려를 개창한 왕건이 통일전쟁을 통해 후삼국을 통일했다고는 하나 발해가 거란에게 망하여 그 영토가 고스란히 거란 땅이 되고 말았기 때문에 영토는 한반도에 국한되고 말았으며, 고려는 요, 금, 원 제국을 건국한 북방민족인 거란, 여진, 몽골의 계속된 침략을 극복하는 데 급급하였다.

고려 말 홍건적의 침입에 이어 원나라 군대가 침략하자 이를 격퇴하는 과정에서 최영·이성계 등 무장세력이 정치 전면에 등장케 되었는데, 명 태조의 철령위 설치에 대응하여 최영이 주도한 요동정벌을 위해 출정을 단행했던 우군도통사 이성계는 위화도에서 회군하여 우왕을 폐위시키고 그 어린 아들 창왕을 옹립했는데,[21] 이때 이성계는 압록강 너머의 옛 땅을 이미 우리 땅이 아니라고 포기하였다. 그리고 권력을 잡은 이성계 일파는 정적(政敵)이 무장세력화되는 것을 막기 위하여 화통도감을 없애고 그 기능을 군기사에 통합해 버리고 말았을 뿐 아니라 모든 사병(私兵)

---

21) 박원호, "고려 말 조선 초 대명외교의 우여곡절," 『한국사 시민강좌』 제36집(일조각, 2005), pp.69-86.

단체를 해체하고 삼군부(三軍府)에 흡수하여 중앙군으로 조직하였다. 나아가 중앙군은 세조 때에 가서 5위(五衛)로 개편되었으나 총병력이 12,500명 정도에 지나지 않아 외침을 막을 길이 없었고, 따라서 국토방위를 위해 별도의 지방군을 편성했는데, 이를 진관제도라고 하였다.

한편 통일신라, 고려, 조선이 문약의 나라로 변화되게 한 데는 한반도에 대해 문화식민주의정책을 구사해 온 중국 역대 왕조의 노력이 있었다고 보여진다. 무강의 나라가 문약의 나라로 변화된 데는 삼국을 통일한 문무왕(661~680)이 죽음에 임하여 행한 유언의 탓도 없지는 않을 것이다. 그는 유언을 통해 "나는 국운이 어지러운 전쟁시대에 왕위를 이어받아 백제와 고구려를 무찔러 나라를 편안하게 했다. … 이제 우리는 창칼을 녹여 농기구를 만들고 평화를 즐길 수 있게 되었다."고 하였다. 그러나 삼국을 통일한 문무왕이나 삼국사기를 쓴 김부식 등은 공히 중국 역대왕조의 문화제국주의정책에 영향을 받은 것으로 보인다.[22] 다시 말하면 중국의 문화제국주의정책의 영향을 받아 문무왕은 평화주의로, 김부식은 사대주의로 각각 흐른 것으로 보인다. 문화제국주의적 성격을 지닌 중화주의가 주변국에 수용된 것은 물리적·강제적 요소 못지않게 자발적·동의적 요소가 개재된 데 있었다.

중화주의는 근본적으로 유일한 중심인 중국을 상정하고, 이를 정점으로 주변국가와의 위계적·불평등적인 국제질서관을 전제로 한다. 이러한 맥락에서 우리의 역사 속에 시현된 중국의 문화제국주의적 성격은 한편으로는 물리적·강제적 요소를, 다른 한편으로는 자발적·동의적 요소를 지니게 되었다. 전자의 예로는 나당연합군이 백제를 침공할 때에 소정방이 자결을 시도하여 미처 동맥이 끊어지지 않은 상태로 당군의 포로가 되어 끌려온 의자왕의 목을 찌르고 "이래도 너는 감히 대국에게 항거하겠는가?" 하면서 웃었던 것처럼 중국의 문화제국주의적 성격이 물리

---

22) 박성수, 앞의 글, p.158, p.169.

적·강제적 요소를 지닌 채 한반도에 수용되어 중국에 대해 사대주의 외교를 지향케 하였으며, 후자의 예로는 조선의 지배세력이 성리학은 중국 중심의 국제관계와 국제질서를 강조한 주리적(主理的) 정치이념이었다는데도 조선의 특수성을 고려하지 않고 주자의 논리를 그대로 수용한 것처럼, 중국의 문화제국주의적 성격이 자발적·동의적 요소를 지닌 채 조선에 수용되어 명 및 청과 사대교린노선을 지향케 하였다.

나아가 민중세계의 저항으로 중세적 지배체제가 붕괴되고, 장기 지속된 전쟁으로 지배계층과 피지배계층의 신분질서가 붕괴되자 상무전통은 영향을 받게 되었다. 조선왕조 지배체제는 삼정의 문란으로 인해 16세기부터 민중세계의 저항을 받기 시작하였고, 19세기까지 3세기간에 걸쳐 지속적으로 민란(民亂)에 직면하여 임꺽정난, 정여립난, 홍경래난, 임술(1862)민란, 갑오농민전쟁 등을 겪게 되자[23] 중세적 지배체제는 붕괴의 길로 들어서게 되었다. 특히 왜란과 호란으로 인해 지배계층인 양반의 권위가 떨어진 데다가 빠른 분해작용을 일으켰으며, 피지배계층인 양인은 분해되고 노비는 신분이 해방되어 지배계층과 피지배계층의 신분질서는 붕괴되기에 이르렀다. 우선 양반사회의 변화부터 살펴보면 조선왕조 사대부계급은 재조사대부층(훈구파)과 재야사대부층(사림파)으로 분열되어 이로 인한 대립·갈등이 사화·당쟁으로 연결되어 조정의 중신들이 국방을 외면하고 당쟁에 몰두하게 되었다.

그리고 왜란과 호란으로 인해 양인층 일부가 양반신분으로 상승함으로써 양반의 권위가 추락하게 되었다. 즉 공명첩으로 인해 재력 있는 양인들이 양반신분을 획득하거나 군량미 조달 기회에 서얼과 향리층이 양반으로 신분상승함으로써 양반의 권위는 실추되었다. 또한 재야 사대부층에서는 '몰락하는 양반(殘斑)'이 발생하여 자영농 내지 전호(머슴)로

---

23) 임술민란 후부터 갑오농민전쟁이 일어나기까지 40여 건의 크고 작은 민란이 계속되었다(강만길, 앞의 책, p.53).

떨어져 농민이 되거나 도시로 이사하여 상공업으로 생계를 유지하거나 중인신분으로 실학자가 되거나 19세기 이후에 전봉준처럼 민란의 지도층으로 참여하였다. 이와 같이 17세기부터 양반계급은 빠른 분해작용을 일으켜 ①벌열(閥閱)화·귀족화한 집권양반층, ②지역사회의 실권을 장악한 토반, ③피지배층과 일체화된 잔반으로 3대별 분해되어24) 중세적 지배체제를 뒷받침할 수 있는 능력을 잃어가게 되었다.

다음으로 양인 중심의 농민층의 분화에 관해 살펴보면 직파법으로부터 모내기와 이모작으로 전환된 영농기술의 발전으로 인해 광작(広作)이 가능해지자 자작농은 부농으로 소작농은 자소작농으로 상승하고, 일부 부농은 양반으로 신분상승하였다. 그러나 광작이 가능하여 노동력의 수요가 줄어듦으로써 많은 농민의 토지 이탈을 초래하여 도시의 상공업 인구로 전환되거나 농촌의 농업노동자(임금노동자)로 전락되어 갔다.

끝으로 노비계급의 변화에 관해 살펴보면 노비들은 왜란과 호란을 겪으면서 신분해방의 길이 열리게 되었고 갑오개혁 시에 사노비제도가 혁파되었다. 즉, 노비들은 왜란과 호란 중에 ①전쟁 공로를 인정받아 양인으로 신분상승하거나, ②전화로 노비문서가 소실되어 신분해방되거나, ③전시에 무과에 합격하여 양인신분을 획득하거나, ④군영에 들어가 면천되거나 군량미 500섬을 바치고 면천되기도 했다. 이러한 면천과정을 거쳐 1886년에 노비의 신분세습제가 폐지되고, 1894년 갑오개혁 시 노비제도는 폐지되었다.25)

이상과 같이 지배계층과 피지배계층의 신분질서가 붕괴되자 상무전통은 영향을 받지 않을 수 없었다. 즉 지배계층이 국방을 외면하고 당쟁을 일삼는 동안 피지배계층이 대종을 이룬 군대의 천민집단화·겁자집단화가 촉진되었기 때문에 삼전도의 굴욕적 항복이 불가피하여 조선의 국제

24) 강만길, 앞의 책, pp.129-132.
25) 강만길, 앞의 책, pp.137-142.

적 위상이 실추될 수밖에 없었다. 조선 조정의 중신들이 양병론(養兵論)을 반대하고 당쟁에 몰두했기 때문에 임진왜란 직전 일본에 통신사로 갔다 온 정사 황윤길과 부사 김성일의 귀국보고가 서로 엇갈리는 사태가 발생하여 정사는 "일본이 반드시 전쟁을 일으킬 것이다."고 보고했으나 부사는 "일본이 전쟁을 일으킬 기미는 전혀 찾아 볼 수 없었다."고 정반대로 보고하였다. 그러나 풍신수길(豊臣秀吉)은 1591년 육·해군 30만의 대병력으로 조선을 침략해 왔고, 문약에 빠져 있던 조선의 조정은 대비책을 강구하지 못했기 때문에 왜군은 파죽지세로 관군을 물리치고 북상하여 20일 만에 서울을, 40일 만에 평양을 각각 점령하였다.[26]

이는 군포부담이 가중된 양인의 이농현상이 심화되어 군적의 인원수를 걸인 등 천민으로 채운 데다가 장병들 대부분이 겁자들이었기 때문에 정부군이 전쟁을 감당할 수 없었던 데다가 지방군은 자전자수 체제인 진관제도를 채택하여 대군을 감당할 수 없었기 때문이었다. 그러므로 전국적으로 의병이 일어나 적의 후방을 교란시키는 민병활동이 전개되었다. 즉 경상도 곽재우, 충청도 조헌, 전라도 고경명, 경기도 김천일, 강원도 사명당, 평안도 서산대사, 함경도 정문부 등이 중심이 되어 의병을 일으켜 왜군을 반격했기 때문에 평양까지 진격한 왜군 주력의 발을 묶을 수 있었다. 왜군은 명나라 원병의 공격을 받게 되자 평양에서 후퇴하지 않을 수 없었고, 이후 정유재란을 일으켰으나 조·명연합군에 패배한 데다가 풍신수길이 죽자 철수하였다. 7년간에 걸친 임진·정유왜란으로 국력이 쇠퇴되었음에도 인조반정으로 집권한 서인(西人) 또한 국방안보를 소홀히 함으로써 이괄(李括)의 난과 정묘호란 및 병자호란을 맞게 되었다.

이괄의 난이 일어나자 관군이 맥없이 무너져 반군이 서울을 점령함으로써 왕이 공주로 피신하는 사태가 벌어진 데다가 후금군이 침략해오자 국경수비대는 제대로 싸워보지도 못하고 평산(平山) 이북의 땅을 내어주

---

26) 박성수, "중세의 우리국군," pp.222-223.

고 말았다. 이에 정수봉·이립 등이 의병을 일으켜 적의 배후를 교란시키
자 후금군은 평산 이남으로 진군하지 못한 채 형제의 맹약을 맺고 철군
하였다. 하지만 후금이 강성해지자 형제의 맹약을 파기하고 군신의 관계
로 바꿀 것을 요구해 왔고, 국호를 청으로 고친 뒤에는 태종이 대군을
이끌고 침공해 옴으로써 인조는 삼전도(三田渡)에서 굴욕적인 '성하의 맹
(城下의 盟)'을 행하지 않을 수 없었다. 즉 조선은 ①청에 대해 군신의
예를 다하고, ②명과의 국교를 단절하며, ③왕자를 볼모로 청에 보내고,
④청이 명을 칠 때 원군을 보내며, ⑤성곽을 짓거나 보수하지 않는다는
등의 항복조건을 수락해야만 했다.

  이처럼 관군이 맥없이 패배한 데다가 굴욕적 항복을 함으로써 조선의
국제적 위상은 실추되고 말았다.[27] 그러므로 조선은 정묘호란(1627)·병
자호란(1636) 후 군제를 개혁하여 속오군(束伍軍)을 창설하였다. 속오군
제도는 진관제도의 허점을 보완한 지방군제로서 봉급을 주는 일종의 직
업군인제도였으나 대역제가 합법화되어 있었기 때문에 속오군은 천민이
나 사노들이 들어가는 곳으로 완전히 변하고 말았다. 그러므로 다산 정
약용은 『목민심서』에서 "속오군이라는 것은 사노와 천민의 집단으로서
심지어 어린이와 늙은이들까지 섞여 있었다. 백 년이나 묵은 칼은 칼날
도 없고, 3대를 내려온 총은 화약을 넣어도 소리가 나지 않는다."고 혹평
하였다. 한편 노비의 종모·종부법(從母·從父法)이 노비의 수를 증가시
킨 반면, 양인의 수를 감소시켜 군역의 부담 인구를 줄이는 결과를 초래
했기 때문에 1886년에 노비의 신분세습제를 폐지시켰고, 1894년 갑오개
혁 시에는 아예 사노비제도를 폐지하였다. 그러므로 민중세계가 활성화
될 수 있는 소지가 마련되었으나 지배체제는 개화기의 역사적 과제를
외세에 의존하여 수행함으로써 외세에의 식민지화를 자초하고 말았다.

---

27) 박성수, 앞의 글, p.247.

III. 국권의 상실

조선 말 보수정치세력은 쇄국주의를 강행하여 자율적 문호개방의 기회를 잃고 결국 일본의 강요에 의해 문호를 개방하게 되었다. 일본의 강요에 의해 대비 없이 문호를 개방한 민씨정권은 이후 청나라에 의탁해서 정권을 유지하려고 하였다. 우리의 민족사에서 근대는 대외적인 자주와 대내적인 진보의 추구를 요구했으나 개항 후 조선의 정국은 보수와 개화의 두 갈래로 갈리어 전개되어 1882년 임오군란과 1884년 갑신정변이 발생하였고, 지배층의 개화정책은 정권유지를 목적으로 했기 때문에 외세 의존적이고 몰주체적인 성격이 강했고, 보수유생층의 척사위정론은 중세적·전제주의적 정치·경제·사회·사상체계를 그대로 유지하려는 데 목적이 있었다.[28] 민씨정권의 개화정책에 대한 불만으로 구식군인들이 임오군란을 일으키자 일본은 거류민 보호를 내세워 조선에 군대를 파견할 것을 결정하였고, 청국은 일본군의 파견이 조선에 대한 일본세력의 확대 기회가 될 것을 우려하여 4척의 군함으로 3,000여 명의 군대를 조선에 파견하여 재집권한 대원군을 청나라로 납치하고 조선에 대해 정치·경제·외교면의 간섭을 강화하였다.

군란을 진압한 청나라는 조선에 대한 종주권을 한층 더 강화하기 위해 국왕을 폐위시키고 한반도를 청나라의 성(省)으로 만들자는 주장이 있었는가 하면 조선에 고급관리를 상주시켜 정치·군사적으로 조선의 실권을 장악하자는 주장도 있었다.[29] 그러나 청나라는 결국 조선왕조를 그대로 두고 내정간섭을 강화하는 방향으로 결정하였다. 이에 김옥균, 홍영식 등 개화파세력은 조선의 청나라와의 종속관계를 끊기 위해 일본의 후원을 기대하면서 갑신정변을 일으켰다. 그러나 갑신정변은 조선주둔 청국

---

28) 강만길, 앞의 책, p.182.
29) 같은 책, pp.183-184.

군의 개입으로 실패하였고, 정권은 계속 친청보수세력에 의해 장악되었다. 조선을 둘러싼 청나라와의 경쟁에서 다시 불리한 처지에 빠진 일본은 이토 히로부미(伊藤博文)를 이홍장에게 보내 1885년 천진조약을 체결케 하였고, 이 조약으로 일본은 조선문제에서 청나라와 같은 파병권을 얻게 되었으며, 따라서 1894년 동학농민전쟁이 일어난 조선에 일본은 군대를 파병하였고, 일본군의 파병은 청일전쟁으로 비화되었다.

청일전쟁을 계기로 실시된 갑오개혁은 멀리는 실학자와 민란농민, 가깝게는 개화당과 갑오농민군 등이 계속 주장해온 낡은 조선왕조적 지배체제에 대한 근본적 개혁요구가 밑받침되어 이루어졌으나 온건한 시무(時務)개화파가 개혁의 주체가 된 데다가 그 과정에서 침략목적을 가진 일본의 힘이 작용함으로써 근대 민족국가 수립으로 연결되는 개혁이 되지 못하고 오히려 청일전쟁에서 이긴 일본의 한반도 침략을 본격화하는 데 도움을 주는 제도적 개혁의 성격이 강해지게 되었다.[30] 이에 민비세력이 청일전쟁 후 요동반도 반환문제를 둘러싼 3국간섭이 성공하자 러시아에 접근함으로써 1895년 을미사변이 야기되었고, 을미사변으로 인해 유생들이 주도하는 의병운동이 야기된 틈을 타서 국왕이 1896년 러시아 공사관으로 피신한 아관파천 상황이 전개되자 독립협회와 유생들의 왕의 환궁과 건원칭제(建元稱帝) 요구가 드세지면서 1897년 10월 12일 대한제국(大韓帝國)이 성립하였다.

조선왕조가 대한제국으로 바뀐 데는 근대국가로 전환해야 한다는 시대적 요청이 있었음에도 수구적인 정치세력이 대한제국을 지배하면서 독립협회를 중심으로 하는 민중의 개혁요구를 거부했기 때문에 근대국가 수립운동은 좌절되었다. 그리고 청일전쟁 후 약 10년간 유지되어오던 한반도를 둘러싼 러시아와 일본 사이의 일종의 세력균형을 영국과 미국이 일본을 편듦으로써 깨어지게 되었다. 일본은 영국과 미국의 도움을

---

30) 같은 책, p.196.

받아 러·일전쟁을 벌이고 또 이들 두 나라의 중재로 전쟁을 유리하게 끝낼 수 있었으며, 역시 이들 두 나라의 승인을 받아 한국 보호국화의 길을 재촉할 수 있었다. 즉 일본은 1902년 영일동맹을 체결하여 영국 및 미국의 지지와 전비부담으로31) 러·일전쟁을 수행하였고, 태프트·가쓰라 비밀협약(1905.7.29)으로 일본이 한국에 보호권을 확립하는 데 동의한 미국의 중재에 의해 포츠머스조약을 체결(1905.9.5)하고 전쟁을 종결했으며, 포츠머스조약으로 일본의 한국 보호국화계획은 국제적 승인을 받게 됨으로써 일본은 대한제국의 보호국화 및 식민지화의 길을 재촉할 수가 있었다.

러·일전쟁 중 서울을 점령한 일본침략자들은 대한제국을 강박하여 한일의정서를 체결케(1904.2.23) 한 데 이어 개전(1904.2.10) 3개월 만에 일본각의는 대한제국을 보호국으로 만들기로 결의하고 각종 침략적인 조약을 강요하다가 1905년 11월 17일 을사5조약을 강제로 체결케 하였다.32) 즉 일제는 대한제국의 보호국화 및 식민지화를 위해 제1단계로 일본군대의 본격적인 한국 주둔과 일본의 한국 외교 및 재정 감독 그리고 한국 교통기관 및 통신기관 장악 등을 규정한 한일의정서를 체결하였고(1904.2.23), 제2단계로 한국정부에 대해 그들이 추천하는 재정고문·외교고문의 채용과 중요한 외교안건에 대한 협의를 강요한 「제1차 한일협약」을 체결했으며(8.22), 제3단계로 대한제국의 외교권을 박탈하고 통감통치를 규정한 을사5조약 즉 한일협상조약을 체결하였다(11.17). 보호조약이 체결된 후 대한제국의 황실에서 그것이 강제로 체결되었음을 외국에 알리려고 노력하자 일제는 고종을 퇴위시키고(1907.7.20) 순종을 즉위시켜 한일신협약 즉 정미7조약을 체결하여(7.24) 식민지화 제4단계로 진입하였고, 드디어 한일합방을 관철시켜 공포함으로써(1910.

---

31) 일본의 러·일전쟁 비용 총 19억 8천만 엔 중 12억 엔을 미국과 영국이 제공하였다.
32) 박성수, "근대의 우리국군," 『국군의 맥』, p.272.

8.29) 대한제국을 일본의 식민지로 만들었다.

이상과 같이 일제가 침략정책을 통해 대한제국을 식민지화한 정치적·외교적 과정의 대강을 살펴보았지만 이제는 경제적·외교적 과정의 대강과 군대의 위상 변화의 대강을 살펴보려고 한다. 서구 열강과 일본의 문호개방 요구를 강력히 반대하여 쇄국주의를 고수하던 대원군정권이 무너지고 등장한 민씨정권은 권력의 유지를 위해 일본의 문호개방 요구에 응할 수밖에 없어 1876년 강화도조약을 체결하였다. 일제는 명치유신 과정에서 도태된 사무라이 층의 불만을 밖으로 돌릴 필요가 있었던 데다가 구미 각국과 맺은 불평등조약을 개정하기 위한 방법의 하나로 조선의 문호개방을 강요할 필요가 있었기 때문에[33] 운양호사건을 빌미로 하여 군함 8척 및 병력 800명을 동원한 무력의 위협하에 조선의 문호개방을 요구하였다. 강화도조약은 조선이 외국과 체결한 최초의 근대적 조약이며 타율적으로 맺어진 불평등조약이었고, 이 조약을 계기로 조선은 세계자본주의체제 속에 강제로 편입되었다.

1858년의 영일조약을 모방한 이 조약에 의해 조선은 일본에 대해 부산·인천·원산 등 3개 항구를 개방하고 치외법권을 인정했으며 무관세 무역을 인정하였다. 그러므로 이 조약은 전형적인 불평등조약이었을 뿐 아니라 경제적 침략조약이었다.[34] 조선은 ①대비 없는 문호개방으로 인해 해관요원을 외국인으로 활용하고 외국화폐도 혼용함으로써 문호개방은 외국(일본 및 청국)의 상권 확장에 기여하는 결과를 초래했으며, ②관세자주권을 상실하여 국내시장의 보호가 불가능했기 때문에 외국상품의 침투로 인해 국내 수공업구조가 공장제로 발전되지 못하고 붕괴됨으로써 자주적 식산흥업을 통한 민족자본의 육성이 불가능케 되었고, ③갑오개혁 시 외국화폐의 혼용을 허용한 신식화폐조례를 일본상인들은 악용

---

33) 강만실, 앞의 책, p.179.
34) 박성수, 앞의 글, p.261.

하여 환시세(換時勢)를 조작, 식량 등 수출품을 염가로 매입할 수 있었기 때문에 조선은 일본의 초기 자본주의를 위한 중요한 식량공급지로 자리매김하게 되었다.

문호개방 후 일본상인이 급증하자 개항장을 중심으로 일본인 금융기관이 생겨나 일반은행업무의 수행은 물론 조선의 세관업무를 위탁받고, 우편환 자금의 보관업무를 담당케 되자 일제의 조선에 대한 금융지배과정이 전개되었다. 그리고 문호개방 후 자본주의 열강이 철도 부설권과 지하자원 채굴권 획득에 혈안이 되자 일제는 러·일전쟁을 계기로 조선의 토지약탈을 본격화하였다. 더욱이 1900년대에 들어와 일본이 독점자본주의 단계에 접어들게 되자 미쯔이(三井), 미쯔비시(三菱), 수미토모(住友), 야스다(安田) 등 대재벌이 형성되어 이들 재벌들과 일본군벌이 결탁함으로써 일본의 제국주의는 군국주의와 침략주의를 지향케 되었다.35) 1894년 갑오개혁 시 외국화폐의 혼용을 허용한 신식화폐조례를 채택케 함으로써 일본화폐의 합법적 국내유통이 보장되게 해왔던 일제는 화폐정리사업과 토지조사사업을 벌여 대한제국의 산업부르주아·농촌부르주아의 성장을 봉쇄시키고 일본의 자본축적을 적극 뒷받침하였다.

1897년 일본의 금본위제 화폐개혁으로 인해 조선에 대한 일본화폐의 공급이 두절되자 일본의 제일은행 부산지점(국립 제일은행지점)은 1엔, 5엔, 10엔짜리(소전) 화폐를 발행하여 조선 전국에 유통시켰으며, 따라서 제일은행은 대한제국의 중앙은행 구실을 하게 되었다. 그리고 대한제국이 1905년에 일본의 보호국화되자 제일은행은 화폐정리사업을 담당하여 먼저 백동화를 정리하고 다음 엽전을 정리한 후 새 화폐를 발행하는 순으로 진행하였고,36) '화폐정리' 이후에는 제일은행권이 자연히 본위화폐가 되었다. 그런데 화폐정리 과정에서 '돈 품귀현상'인 전황(錢荒)

---

35) 같은 글, pp.270-271.
36) 강만길, 앞의 책, p.259.

이 초래되어 조선인의 도산을 유발시켰다. 즉 ①화폐교환과정에서 조선인의 화폐자산을 수탈하였고, ②전황을 이용하여 일본인이 고리대방법으로 부동산을 매집했으며, ③식민지적 통화·금융제도 정비과정에서 신화발행과 부동산 담보 대부의 형태로 한층 더 본격적인 일부 자본주의의 원시적 축적의 길을 닦았기 때문에 조선인의 도산을 유발시켰다.

나아가 일제는 토지조사사업을 벌여 조선인의 토지를 약탈했을 뿐 아니라 많은 농민들을 농촌에서 축출하여 노동시장으로 방출, 일제의 산업노동자화하였다. 특히 일제가 독점한 철도 부설공사는 조선 농민의 희생에 의해 세계에서 가장 헐값으로 완성되었다. 즉 일제는 ①조선농민의 토지를 헐값으로 수용하였고,[37] ②조선농민을 강제로 동원하여 공사를 추진했으며, ③산림을 남벌하거나 농우를 징발하는 등 조선인의 재산을 임의로 사용하여 철도를 부설하였다. 그리고 일제는 ①철도용지(역 설치 등)의 확보 핑계로 토지를 약탈하고, ②군용지의 확보 핑계로 토지를 약탈하며, ③국유미간지의 개간과 철도역의 둔토를 빙자하여 동양척식회사를 설립, 조선인의 토지를 수탈했는데, 특히 동양척식회사는 일본 농민의 조선이주에 큰 몫을 담당하여 일본농민에게 각종 특전을 부여했지만 일본인들은 자영을 포기하고 할당받은 농토를 조선농민에게 소작시켰을 뿐 아니라 고리대 등을 통해 농토를 확장시켜 나갔다. 이상과 같이 일제가 조선의 금융을 지배하고 토지를 약탈함으로써 조선의 민족자본 축적과 자본주의 발전은 저해받을 수밖에 없었다.

한편 왜란 및 호란과 민란으로 인해 중세적 신분질서가 붕괴된 데다가 갑오개혁 시 문벌과 양반·상놈의 신분제 타파, 과거제 폐지와 능력에 의한 인재등용, 문무존비와 공사노비법의 폐지, 조혼금지와 과부의 재혼 허용 등 사회면의 개혁이 이루어졌다. 그러나 갑신정변 이후 독립협회운

---

37) 조선정부가 경부철도용지 매입 시 일본인 소유지는 1평당 0.7엔에서 1.2엔으로 평가 매입한 데 반해, 조선인 소유지는 평균 0.07엔으로 평가하여 매입하였다.

동과 애국계몽운동으로 이어진 운동들은 중간층에 의해 추진된 부르주아 민족운동의 성격을 시현한 데 반해, 갑오농민전쟁과 을사보호조약 이후의 의병전쟁은 농민층에 의해 추진된 반외세·반봉건 민족운동의 성격을 시현함으로써 계층별로 상이한 민족운동이 전개되었음을 보여주고 있다. 독립협회를 설립하여(1896.7.2) 새로운 형태의 개화자강운동을 벌여나간 독립협회운동은 문호개방 후 20여 년간의 부르주아적 사회계층의 성장을 바탕으로 하여 나타난 부르주아적 사회계층의 개혁운동이었다.38) 독립협회운동은 국권수호운동과 민권신장운동의 성격을 함께 지니고 있었으나 민권신장운동은 제한되고 국권수호운동이 대종을 이루었으며, 주권수호운동은 ①국가체제를 황제국으로 바꾸어 독립국의 체제를 갖추고, ②국민 일반에게 독립의식을 고취시키며, ③이권양여 반대운동 전개에 중점을 두었다.

독립협회운동을 계승하여 애국계몽운동이 전개되었는데, 애국계몽운동은 1904년 일본의 토지약탈계획에 반대한 보안회의 활동으로 시작했으나 일제의 압력으로 보안회가 해산되자 1905년 헌정연구회를 조직, 의회제도를 연구하여 실천을 기도하였고, 헌정연구회를 계승하여 1906년 대한자강회를 조직했으며, 대한자강회는 1907년 천도교세력과 합세하여 대한협회를 조직하였다. 그런데 애국계몽운동은 부국강병을 위한 실력양성의 긍정적 측면이 없지 않았으나 운동의 한계성과 허점이 개재하고 있었다. 우선 이 운동의 한계성으로는 ①지식인층 중심의 애국계몽운동은 배일성에 일정한 한계를 내포했다는 점이다. 즉 대한자강회나 대한협회는 일본인을 고문(오카키)으로 두어 지도를 받았을 뿐 아니라 친일단체인 일진회(一進會)와 유착관계를 유지하였다. ②이 운동의 이론적 기초였던 사회진화론이 일본을 맹주로 한 동양평화론을 수용한 점이다. 즉 사회진화론의 약육강식·적자생존의 논리는 강자인 일본의 제국주의

---

38) 강만길, 앞의 책, pp.220-224.

가 약자인 식민지(조선)를 지배하는 것은 당연하다고 보고 약자의 처지에서 약육강식·적자생존의 논리를 수용한 애국계몽운동은 극복책으로 부국강병론을 강조하였다. ③따라서 이 운동은 국권상실의 원인을 국민대중의 우매함으로 보고 대중계몽을 통한 실력양성을 추구한 점이다. 즉이 운동은 국민대중을 계몽의 대상으로만 인식했기 때문에 국민혁명운동이나 무장저항운동으로 발전시키지 못했다.

더욱이 애국계몽운동가들은 독립협회가 갑오농민군을 동비(東匪)로, 의병은 토비(土匪)로 보았듯이 의병을 비도(匪徒)로 봄으로써39) 애국계몽운동과 의병운동은 한일합방 때까지 결합되지 못하였다. 다음으로 이 운동의 허점으로는 ①일제의 아시아 3국공영론에 동조하여 조·중·일 3국의 황인종이 협력하여 백인종과의 투쟁에서 이겨야 한다고 생각하는 자들이 있었는가 하면, ②강자에 대한 패배를 불가피한 숙명으로 보고 패배주의로 전락한 자들도 있었다는 점이다. 개화기의 시대적 요청이라고 할 자주독립, 계급타파, 민권신장 등을 표방했던 신소설 『혈의 누』, 『귀의 성』, 『은 세계』의 작가 이인직을 예로 들면 그는 이완용의 비서로서 한일합방과정의 실무역할을 담당했는데, 이는 개화주의가 민족적 허무주의나 투항주의로 전락했음을 의미하는 것이다. 결론적으로 대한자강회나 대한협회는 친일단체 일진회와 유착관계에 있었던 데다가 일진회가 한일합방촉진성명을 내는 등 노골적인 친일활동전개로 치닫고 있는 상황이었기 때문에 애국계몽운동은 단순한 계몽운동이나 실력양성운동에 그쳤을 뿐 무장저항운동이나 국민혁명운동으로는 발전하지 못했다.

그러면 이제 문호개방 이후 군대의 위상 변화의 대강을 살펴보기로 한다. 민씨정권은 군대의 근대화를 위해 별기군(別技軍)이라는 신식군대를 조직하여 일본군 장교(굴본예조)에게 훈련교관을 맡기면서 구식군대의 5군영을 5,000명 규모의 2군영으로 축소시켜 나머지는 폐지시켰을

---

39) 강만길, 같은 책, p.237.

뿐 아니라 1년이 넘도록 지급하지 않던 봉급미를 지급하면서 썩은 쌀을 지급하게 되자 임오군란이 발생하였다. 당시 구식군대에는 서울의 빈민들이 용병으로 많이 고용되어 있었기 때문에 군인폭동에 도시빈민이 가세하는 사태로 비화되었고,[40] 그 결과 신식군대인 별기군이 해체된 데 이어 폭동을 일으킨 구식군대도 해체되고 청국군제에 따라 5,000명 규모의 신건친군영(新建親軍營)이 창설되었다(1882.11.3).[41] 이러한 상황에서 1894년 동학혁명이 일어나자 조정에서는 관군을 투입하여 진압시키려 했으나 중앙군(京軍)은 이동 중 절반 정도가 이탈하여 보부상으로 충당시켜야만 했고, 지방군(鄕軍)은 죽창을 들고 싸우는 농민군에 불과한 동학군에게 패배하여 무기력하기 짝이 없었기 때문에 진압작전의 수행에 청국군의 지원을 받게 되었다.

그러나 동학혁명을 구실로 한반도에 파병한 청·일 양국군 간에 청일전쟁이 발생하여 서울에 입성한 일본군이 조선군의 무장해제를 강요하는(1894.7.23) 한편, 조선군을 두되 "국내의 민란을 진압하고 안녕을 유지하는 데 필요한 병비만을 갖추도록 하라"고 전제하고, 일본군장교를 군사고문으로 삼아 구식군대를 폐지하고 신식군대를 조직·훈련토록 하라는 군제개혁안을 제시하였다. 이러한 군제개혁안은 청일전쟁에서 일본군이 승리한 데다가 하관조약의 체결(1895.4.17)을 통해 조선의 청국에 대한 종속관계를 완전히 단절시켰기 때문에 친일내각에 의해 추진될 수밖에 없었다. 즉 친일내각은 일본공사관 무관 구스노세 중좌를 교관으로 초빙하여 신식군대인 훈련대(訓練隊)를 조직하였다. 하지만 명성왕후 측에서는 훈련대를 견제하기 위해 미국인 다이(W. M. Dye) 장군의 도움을 받아 시위대를 창설함으로써 훈련대와 시위대 간에 마찰이 야기되었을 뿐 아니라 명성왕후가 시해되는(1895.10.7) 을미사변이 야기되었

---

40) 강만길, 앞의 책, p.182.
41) 육군본부, 『창군전사』(1983), p.22.

다. 민비의 시해사건으로 인해 훈련대와 시위대가 공히 해체되고, 진위대와 친위대로 개편되었으며, 친위대는 1896년 아관파천 후 한때 러시아의 군사고문단(단장 푸티아타 대령)에 의해 러시아식 군사훈련을 받기도 하였다.

이러한 상황하에서 1897년 내각과 유생들은 물론 독립협회에서도 고종에게 칭제건원할 것을 요구함으로써 대한제국이 성립하게 되었으며 (1897.10.12), 대한제국이 성립되자 새로운 면모를 갖춘 대한제국의 국군이 태동하였다. 대한제국의 국군은 황제가 직접 통수하는 체제를 갖추어 군부(軍部) 외에 원수부(元帥部)를 황궁 안에 설치하여 용병은 물론 군령을 장악하였다.[42] 이로써 군주권이 강화되고 국군의 사기가 앙양되었을 뿐 아니라 1897년 12월에는 무관학교를 설치하여 군관을 양성할 수 있었다. 그러나 대한제국 국군은 그 무기가 열악하여 외침을 막는 데는 역부족이었는데, 이는 일제의 고의적인 술책에 의한 것으로서 현대화된 무기는 구입조차 하지 못하도록 막았기 때문이었다. 더욱이 일제는 러·일전쟁을 수행하면서 대한제국 국군의 원수부를 해체시키고(1904. 2.10) 2만여 명에 불과한 병력을 1만 명으로 감축시켜 버림으로써[43] 대한제국의 식민지화 기도를 노골화하였다.

포츠머스조약의 체결(1905.9.5)로 일본의 한국 보호국화 계획이 국제적으로 승인을 받게 되자 일제는 일본헌병의 호위하에 대한제국이 내각회의를 개최(11.17), 을사보호조약을 체결토록 함으로써 외교권을 박탈하였다. 이에 대한제국의 황실이 을사보호조약은 일제의 강제에 의해 체결되었음을 외국에 알리려고 노력하자 일제는 고종을 퇴위시키고(1907. 7.20) 순종을 즉위시켜 한일신협약(정미 7조약, 7.24)을 체결함으로써 고문정치를 차관정치로 바꾸었을 뿐 아니라 대한제국의 국군을 해산시

---

42) 박성수, 앞의 글, p.266.
43) 박성수, 앞의 글, p.267.

컸다(8.1). 일제가 친위대와 시위대를 통틀어 8,800명에 불과한 대한제국의 국군을 해산시키자 서울의 시위대·친위대 병사들은 박승환(朴昇煥) 참령의 자결총성을 신호로 일본군과 시가전을 벌였으며, 원주 진위대 병사들은 특무장교 민긍호(閔肯鎬)의 지휘하에 항일전쟁에 참여했는데, 이를 제3차 의병군전쟁이라고 한다.

제1차 의병군전쟁은 1895년 명성왕후가 시해된 데 이어 단발령이 내려지자 충북의 유인석 의병을 비롯하여 경기도, 충청도, 강원도, 경상도, 전라도 등지에서 유생들의 주도로 거병했으나 고종황제가 아관파천을 단행하자 의병군은 자진해산하였다.

제2차 의병군전쟁은 1905년 일제가 을사보호조약을 강제로 체결한 데다가 1906년 서울에 통감부를 설치하자 야기되었다. 이 의병군전쟁에는 경기도의 원용석 의병, 충북의 정운경 의병, 충남의 민종식 의병, 호남의 최익현·임병찬 의병, 영남의 정용구·정환직 의병, 영해의 신돌석 의병 등이 봉기하여 일제와 관군에 항거했는데, 1907년 일제가 대한제국의 국군을 해산시키자 제3차 의병군전쟁으로 확대발전하였다.44)

제3차 의병군전쟁에는 신돌석, 이강년, 문태서, 민긍호, 허위 등이 이끄는 13도의 창의군(倡義軍) 1만여 명이 양주에 집결·연합하여 서울탈환작전을 시도하였다. 총대장 이인영은 서울공격을 앞두고 서울에 주재하는 각국 공사 및 영사에게 사자를 보내 의병들의 서울 공격은 국권을 회복하기 위한 투쟁이니 각국은 이를 이해하고 국제공법에 의거 교전단체로 인정하고 지지해줄 것을 호소하였다.45) 이 창의군 속에는 신식소총을 휴대한 3,000여 명의 대한제국의 국군이 포함되어 있었으나 총대장 이인영이 친상을 당해 귀향한 데다가 군사장인 허위의 의병대가 서울근교에 접근했다가 일본군의 포화를 맞고 패퇴함으로써 서울탈환작전은

44) 박성수, "의병전쟁," 『현대사 속의 국군』(전쟁기념사업회, 1990), pp.25-30.
45) 『창군전사』, p.52.

수포로 돌아가고 말았다. 그러나 의병전쟁은 지속되어 일본군의 초토화 작전에도 불구하고 1911년까지 계속되었다. 하지만 한일합방 후 국내에서의 저항활동이 어려워지자 의병들은 간도와 연해주 지방으로 이동하여 독립군기지를 건설하였다.

IV. 독립운동의 전개

일제는 한일합방(1910.8.29)을 성취하자 한반도에 대해 1910년대(1910~1919)에는 무단통치를, 1920년대(1919~1931)에는 문화정치를, 1930년대(1931~1945)에는 파쇼통치를 자행하였다. 한일합방이 이루어지자 통감부가 총독부로 바뀌어 완전한 식민지지배가 시작되었는데, 조선총독은 일본천황에게 직속되어 행정권·입법권·사법권·군대사용권을 모두 행사하는 절대권력자로서 일본의 육·해군 대장 중에서 임명하였다. 그리고 '조선총독부 경찰관서 관제'가 공포되어 일본군의 조선주둔 헌병사령관이 경무총감이 되고, 각도의 일본군 헌병대장이 경찰부장을 겸임하였다. 무단통치에 일제는 헌병경찰과 군대를 동원하여 의병부대에 대해 토벌작전을 전개하고 애국계몽운동가들을 탄압하였다.[46] 즉 헌병경찰은 1911년에 헌병의 비율이 경찰의 비율을 상회한 데다가 하급요원의 절반 이상이 조선인들로 구성되어 합방반대운동을 탄압하였으며, 군대는 2개 사단이 파견되어 용산과 나남에 본부를 두고 주요도시에 병력을 배치했을 뿐 아니라 진해와 영흥만에 해군기지를 두어 한반도를 장악하고 의병부대에 대한 토벌작전을 전개하였다.

그러나 1919년에 3·1운동과 같은 거족적인 만세독립운동이 일어나자 일제는 겉으로 유화정책을 구사하여 민족운동전선을 분열·약화시키

---

46) 강만길, 『한국 현대사』(창작과 비평사, 1984), pp.19-23.

는 '문화정치'로 전환하였다. 일제는 문화정치를 표방하고서도 1~2년 사이에 경찰기구 및 병력을 3배로 증가하여 1군(郡) 1경찰서, 1면(面) 1주재소 제도를 확립하여 독립운동가에 대한 감시를 강화하는 한편, 일본에게 절대충성을 다하는 자로서 관리를 강화하는 등 친일파를 양성하였을 뿐 아니라 독립준비론·실력양성론 등을 문화운동·자치론 등으로 유도하는 공작을 통해 독립운동전선을 분열시켰다.[47]

1930년대에 들어와 일제의 식민지 통치체제는 1931년 만주사변, 1937년 중·일전쟁, 1941년 태평양전쟁으로 침략전쟁을 확대시켜 나가면서 군국주의 파쇼체제로 바뀌어갔다. 파쇼체제의 강화는 ①경찰력과 군사력의 증강에서 시작되어 태평양전쟁 발발 시 조선에 경찰은 35,000명으로 증강되었고, 태평양전쟁 말기에 23만 명의 일본군대가 조선에 배치되었으며, ②철저한 사상통제를 지향하여 '조선사상범보호관찰령'이 제정(1936.12)되고, '전선(全鮮)사상보국연맹'이 결성(1938.8)되었으며, ③'국민정신총동원조선연맹'이 결성(1938.7)되어 전시체제하의 주민생활 전반을 철저히 통제함으로써 달성하였다.

일제는 파쇼체제를 통해 민족말살정책을 추진했는데, ①'내선일체(內鮮一体)'를 강조하여 조선민족의 황국신민화를 본격화하고, ②창씨개명을 단행했으며, ③일본어 교육을 강화하고, ④'일선동조동근론(日鮮同祖同根論)'을 내세워 조선인에게 일본정신을 주입시켰다.[48] 그리고 전쟁인력의 부족을 느낀 일제는 ①지원병의 형태로 조선청년을 이용키 위해 '육군특별지원병령'을 공포(1938.2)하여 1943년까지 18,000명의 조선인을 일본군에 지원케 하였고, ②태평양전쟁이 막바지에 이른 1944년 징병제도를 바꿔 1945년 8월까지 약 20만 명을 징집하였으며, ③1943년 학도지원병제도가 강행되어 4,500여 명의 대학생이 전쟁터로 끌려갔다.[49]

---

47) 같은 책, pp.25-34.
48) 같은 책, pp.32-37.
49) 이선근, 『대한국사 10』(신태양사, 1973), pp.326-335.

이와 병행하여 일제는 노동력을 강제로 동원하기 위해 1939년 '국민징용령'을 실시하여 1945년 전쟁이 끝날 때까지 일백만 명이 넘는 조선인을 강제동원하여 금속광산, 토건공사, 군수공장 등에 투입하였고, 1944년 8월 '여자정신대근무령'을 만들어 12세부터 40세까지의 여자 수십만 명을 강제동원하여 군수공장에서 일하게 하거나 일선지구에 보내 위안부 노릇을 하게 한 만행을 자행하였다.

이상과 같은 일제의 식민지 통치정책에 대응하여 항일독립운동이 추진되었는데, 합방에서 광복까지 35년간 간단없이 계속된 항일독립운동의 전 과정은 ①합방반대운동의 결실인 3·1운동 및 그 결과로 일어난 임시정부의 활동과 만주·노령 지방의 무장항쟁, ②사회주의운동 및 그 영향하에 있었던 노동운동·농민운동, ③좌우익의 대립을 해소하고 통일된 독립운동을 지향하면서 해방 후의 민족국가 건설방안에도 어느 정도 합일점을 이루어가던 민족유일당운동 및 민족연합전선운동의 순(順)으로 전개되었다.50) 이를 무장독립투쟁전선의 측면에서 보면 의병군전쟁 20년(1895~1915), 독립군전쟁 25년(1915~1940), 광복군전쟁 5년(1940~1945) 순으로 이어져 왔다고 하겠다.51) 합방 이전에 의병전쟁과 애국계몽운동의 두 갈래 방향으로 진행되어 온 민족운동은 합방 이후에도 독립전쟁론과 실력양성론의 두 갈래로 나타났다.

합방 후 1910년대에는 의병전쟁을 수행하던 잔여의병과 애국계몽운동계의 독립전쟁론자들이 만주와 연해주를 중심으로 독립운동기지를 건설하는 동안에 애국계몽운동계의 국내 잔여세력은 민족운동을 펼 기회를 기다리다가 일제의 무단통치가 극에 달하자 민족대표 33인의 명의로 독립을 선언하여 3·1운동을 야기시켰다. 3·1운동은 민족대표의 독립선언에 이어 학생 및 지식인의 중개로 주요도시의 노동자 및 상인층에 확

---

50) 같은 책, p.39.
51) 박성수, "결론," 『현대사 속의 국군』(전쟁기념사업회, 1990), p.404.

산되었다가 다시 주요도시로부터 전국의 각 농촌지방으로 확산되었는데,[52] 국내의 3·1운동을 계기로 그동안 만주와 연해주에서 독립전쟁 준비를 해온 50여 개의 독립군단이 일제히 봉기함으로써 3·1운동은 무장독립운동을 본격적으로 유발하는 계기가 된 것으로 볼 수 있다. 그러나 독립운동전선에는 상이한 독립운동의 방법론이 전개되었다. 즉 만주·연해주의 독립운동기지를 중심으로 하는 독립전쟁론과 초기의 임시정부를 중심으로 하는 외교독립론으로 구분되었는가 하면 다른 한편으로 절대독립론과 실력양성론·독립준비론으로 구분되었다.[53]

3·1운동의 결과로 상하이에 임시정부가 수립되었으나 상하이에 국민과 국토가 있는 것이 아니었기 때문에 임시정부는 국내 및 간도지방과의 연락을 취하기 위해 연통제(聯通制)를 실시하는 한편, 외교독립론을 지향하여 국제연맹과 연합국에 대해 승인받기 위한 외교활동에 주력하였다. 이같은 임정의 위치나 독립운동의 방법론으로 인해서 임정이 민족독립운동을 주도하기가 곤란하였고, 특히 만주나 연해주 지방에 있는 많은 독립군 단체들을 통어하기가 곤란하였다. 만주나 연해주로 이주한 독립전쟁론자들은 한일합방으로부터 3·1운동에 이르기까지 독립군을 양성하고 독립전쟁기지를 건설하는 데 주력하였다.

애국계몽운동계열의 인사들은 서간도 삼원보(三源堡)로 이주하여 경학사(耕學社)라는 항일단체를 조직하고 신흥강습소(후에 신흥무관학교로 개칭)라는 군사교육기관을 설치하여 독립전쟁기지로 발전시켰다.[54] 북간도 용정에서는 이상설이 서전의숙(瑞甸義塾)을 세웠고, 신민회원 이동휘는 밀산사관학교를, 북로군정서의 김좌진은 사관연성소를 설립하여 독립군을 양성하였다. 만주와 연해주 방면으로 이동한 의병부대들은 유인석을 13도의군도총재로 추대하여 본토회복작전 준비를 하였고, 홍범

---

52) 강만길, 『한국 현대사』, pp.44-45.
53) 같은 글, p.47.
54) 『창군전사』, p.65.

도는 연길현 명월구를 중심으로 독립군을 양성하였다.

1919년부터 홍범도가 인솔하는 대한독립군을 비롯한 간도지방 각 독립군의 국내 진공작전이 빈번하게 전개되었을 뿐 아니라 1920년 전반기에는 독립군의 통합활동도 전개되어 5월에 최진동의 군무도독부군, 홍범도의 대한독립군, 안무의 국민회군이 대한독립군으로 통합하는 데 합의를 보았다.[55] 국내로 진공한 독립군(일부는 황해도 지방까지 침투)이 무장활동을 전개하고 전과를 올린 다음 만주지방으로 철수하는 상황을 연출하자 이를 추격하는 일본군이 국경을 넘었다가 독립군의 반격을 받아 피해를 입는 경우가 빈발하였다. 이러한 상황전개로 인해 1920년 3월부터 5월까지 독립군과 일본군 간에 30여 회의 교전이 있었고, 6월에는 일본군 제19사단 1개 대대 병력이 침공해오자 최진동·홍범도가 지휘하는 독립군이 봉오동으로 유인·급습함으로써 157명을 사살하고 300여 명을 부상케 했다. 이렇게 되자 조선총독부에서는 간도지방에 약 3만 명으로 추산되는 독립군을 토벌하기 위한 계략으로 훈춘사건(琿春事件)을 조작, 만주를 다스리던 장작림과 협상하여 일본군의 만주출병을 달성했는데, 이때 출병한 일본군과 독립군 간에 청산리 대전이 전개되어 독립군이 대승하였다.

김좌진의 북로군정서군 1,500여 명이 일본군의 압력을 받은 중국군의 요청에 따라 장백산 쪽으로 옮겨가던 도중 청산리에서 1920년 10월 일본군토벌대를 만나 10여 회의 전투를 벌인 끝에 독립군은 60여 명이 전사한데 반해 일본군은 1,200여 명이나 사살되었다. 청산리전투를 고비로 하여 일본군의 만주출병으로 인한 교포들의 피해를 막는 한편, 동삼성에 산재한 30여 개의 독립군부대가 통합을 이룩하기 위해 독립군은 국경지대인 밀산(密山)으로 집결하였고, 여기에서 서일·홍범도·김좌진·조성환·최진동·이청천 등의 부대병력 약 3,500여 명을 통합하여 대한독립

---

55) 같은 책, p.96.

군단을 조직함으로써 독립군은 일단 통일조직을 이루었다. 그러나 밀산
이 독립군의 근거지로서는 부적당하여 교포들이 많은 연해주로 이동했지
만 그곳에서 독립군 내부에 군사지휘권을 둘러싼 분쟁이 야기되어 1921
년 6월 자유시참변을 겪게 되었는데, 이는 독립운동전선에 파급된 사회
주의운동의 내분 때문이었다. 상하이 임정의 국무총리 이동휘는 약소피
압박민족의 해방투쟁에 대해 적극적인 지원을 공언하는 코민테른에 기대
를 걸면서 1920년 소련정부와 공수(攻守)동맹을 체결하고, 공산주의 선
전에 협조하는 대신 40만 루블의 독립자금을 제공받았다.

그러나 조선공산주의운동은 처음부터 두 갈래의 대립관계 속에서 출
발하였다. 그 하나는 1918년 1월 이르쿠츠크에서 김철훈 등 러시아에
귀화한 교포들이 중심이 된 이르쿠츠크 한인공산당이었고, 다른 하나는
1918년 6월 하바롭스크에서 노령지방의 독립군 지도자 이동휘를 중심으
로 조직된 한인사회당이었는데, 이 두 단체는 소련정부와의 관계 및 독
립운동의 주도권을 위요하고 심한 대립경쟁을 벌여왔기에 「이만」시와
자유시에 집결한 독립군부대를 서로 자기편에 끌어넣으려고 공작과 암
투를 벌였으며, 그 결과로 독립군이 자유시참변(일명 흑하사변)을 겪게
되었다. 즉 공산당의 노령파에 속한 자유대대의 오하묵과 상하이파에 속
한 사할린부대의 박일리아 간에 야기된 군권쟁탈전은 사할린대대와 독
립군부대의 무장해제로 비화되어 실력전으로 확대됨으로써 사망자 272
명, 익사자 31명, 행방불명자 250여 명의 참변을 낳았다.[56] 참변 후 간
도계 독립군을 포함한 고려혁명군 1,745명은 무장해제된 채 1921년 8월
말 이르쿠츠크로 이동하여 고려혁명군여단을 편성(여단장은 카른다라시
윌린을 임명했다가 오하묵으로 교체)하였고, 사관학교도 창설되어 교장
에 이청천이 임명되었다.

그러나 독립군은 레닌 정부로부터 고려혁명여단에 대한 공산주의 사

---

56) 같은 책, pp.155-156.

상전환교육의 실시를 강요받았을 뿐 아니라 일본군이 시베리아 철군의 조건으로 고려혁명여단의 무장해제를 고집하여 궁지에 몰리게 되었으며, 따라서 고려혁명여단은 이르쿠츠크로부터「치타」북방의 금광지대로 이동(은신)하였고, 이를 계기로 이청천·홍범도·최진동·안무 등이 여단을 이탈하자 간도계 독립군들이 연해주나 만주로 탈출함으로써 고려혁명여단은 와해되었다.57) 그리고「이만」시에서 1921년에 이용과 이범석이 조직한 한인의용군과 1922년에 김좌진과 오광선이 재편성한 고려혁명군은 소련극동공화국 정부군의 무장접수 기도와 만주수비대의 무장해제 요구에 직면하여 1922년 7월과 10월에 각각 부대를 해산하지 않을 수 없었다. 이처럼 독립군이 시베리아에서 무장부대로 활동할 수가 없었기 때문에 다시 간도지방으로 잠입하였으나 간도지방에서는 일본군이 각처에 주둔하여 경계를 펴고 있기도 했지만 일본 측이 만주동북정권의 장작림을 강압하여 한인무장독립군의 활동을 불법화하였기 때문에 독립군은 설 땅이 없어지게 되었다.58) 더욱이 상하이임시정부는 영도력을 잃고 일개 정당의 위치를 벗어나지 못하는 형편으로 전락하고 있었다.

이는 상하이임시정부 내에서 이승만, 안창호, 김구 등은 민주주의를 지향했으나 이동휘, 김립, 여운형 등은 공산주의를 지향함으로써 내분이 야기되어 1921년 1월 대통령 이승만과 국무총리 이동휘가 사임하는 사태가 발생한 데서 비롯되었다. 이에 1921년 2월 박은식, 원세훈 등은 국민대표회의의 소집을 추진하였고, 의견조율과 자금문제를 해결하여 상하이 법조계 내에서 국민대표회의가 개최되자(1923.1.3) 제39차 회의에서 임시정부와 의정부의 개조안이 상정되었다(1923.3.13). 그러나 임시정부를 그대로 두고 개혁하자는 개조론과 임시정부를 해산하고 새로운 정부를 조직하자는 창조론이 대립하게 되어 만주와 상하이의 대표들

---

57) 같은 책, p.171.
58) 같은 책, pp.162-163.

은 임시정부의 개조를, 북경과 시베리아의 단체들은 창조를 각각 주장하
였고, 미국계인 박용만파는 창조를, 안창호파는 개조를 각각 내세웠으며,
공산주의자도 상하이파는 개조를, 이르쿠츠크파는 창조를 각각 고수하
였다.59)

이에 국민대표회의 의장 김동삼 등 서간도의 대표들이 회의에서 탈퇴
하자(1923.5.15) 부의장이던 윤해가 의장이 되어 창조파 독주회의를 진
행, 6월 3일 창조파는 국호를 '한(韓)'으로, 연호를 '단군기원'으로 각각
정하여 새로운 정부를 조직키로 하고 6월 7일 창조파정부를 탄생시켰다.
윤해, 원세훈, 김규식, 신숙 등이 정부를 창조하여 8월에 블라디보스토크
로 이전해 가자 국민대표회의가 연합전선으로서 성공하기를 기대하고
막대한 자금까지 지원했던 소련정부는 국민대표회의를 결렬시키고 단독
으로 신정부를 만들어 온 이들을 축출해버렸다.60) 이러한 상황에서
1924년부터 남만주지방의 교포사회는 정의부와 참의부가 통치하고, 북
만주와 북간도의 교포사회는 신민부가 통치하는 3부시대가 전개되었다.
참의부는 상하이임시정부와 연결하여 1924년 3월 조직된 독립운동단체
(의장 백시관)로서 집안·무송·장백·통화·유화 등의 교포사회 15,000
호를 통할했는데, 민정조직과 함께 군사조직(군사위원장; 일본육사 27기
출신 이종혁)을 갖추어 5개 중대의 병력을 가지고 있었으며, 교포사회에
재향군인단을 만들어 농촌청년들에게 군사교육도 실시하였다.

정의부는 서로군정서와 대한독립단 등이 통합·발전하여 조직된 대한
통의부가 분열되자 이를 수습하기 위해 결성된(1925.1.25) 독립운동단
체(의장 김동삼)로서 남만주지방의 교포사회를 통괄했으나 실제로는 길
림성과 봉천성에 거주하는 교포를 통치하였다. 정의부는 3권이 분립된
정부기구를 갖추고 의무병제를 실시하여 8개 중대의 상비군(군사위원장

59) 같은 책, p.173.
60) 같은 책, p.174.

이청천)을 가지고 있었다. 신민부는 자유시참변을 겪고 북만주로 돌아온 대한군정서의 김혁, 조성환과 북로군정서의 김좌진 등이 중심이 되어 결성한(1925.3.15) 독립운동단체(중앙집행위원장 김혁)로서 3권분립체제를 갖추었을 뿐 아니라 김좌진이 이끄는 군사위원회가 사관학교(성동사관학교)를 설립하여 간부를 양성하였고, 둔전제를 실시하여 18세 이상 40세 이하의 장정에게 군사훈련을 실시하였다.61) 이들 3부는 교포사회가 선출하는 임원으로 행정부와 입법부·사법부를 구성했으며, 교포사회에서 징수한 세금으로 정부를 운영하고 독립군을 양성하였다. 그러므로 어떤 의미에서 상하이에 있던 임시정부가 국민과 영토가 없는 정부였다면 3부야말로 주권과 국민과 영토, 그리고 군사력까지 갖춘 실제적인 정부였으며, 공화주의적 자치정부였다62)고 할 것이다.

그러나 조선총독부 경무국장 미쓰야와 동삼성 정권수반 장작림 간에 재만한인취체를 위한 미쓰야(三矢) 협약이 이루어짐으로써(1925.6.11) 만주에서 활동하던 독립군의 보충과 재정의 뒷받침이 어려워져 독립운동은 위축일로에 빠지게 되었다. 그러므로 이를 타개하기 위한 유일한 방법은 독립운동단체의 통합에 있다고 보아 1927년 8월 정의부는 3부의 통합을 제의하였다. 따라서 1928년 5월 18개 단체 39명의 대표가 반 달간에 걸친 회의를 통해 통합의 실마리를 찾았지만 3부 공히 내분이 지속되었기 때문에 타협점은 찾지 못하였다. 즉 정의부는 촉성회파와 협의회파가 대립하여 촉성회 측 이청천·김동삼 등이 탈퇴하였고, 신민부는 군정파와 민정파가 대립하여 김좌진·황학수 등 군정파가 이탈했으며, 참의부도 주력(김희산 등)은 촉성회를, 기타(심용준 일파)는 협의파를 지지했기 때문에 3부는 ①정의부 잔류파(현익철 등)·신민부 민정계(송상하 등)·참의부 심용준파 등 협의회계가 통합하여 국민부를 창설하고, ②정

---

61) 같은 책, pp.176-181.
62) 『한국 현대사』, p.60.

의부 탈퇴파(이청천 등)·신민부 군정파(김좌진 등)·참의부 주력파(김희산 등) 등 촉성회계가 통합하여 '재만유일당책진회(일명 혁신의회)'를 조직함으로써 1929년에 2부(국민부와 혁신의회)로 재편성되는 데 그치고 말았다.

그 후 국민부는 1929년 9월 민족유일당으로서 조선혁명당을 결성하고 조선혁명군(총사령관에 이진탁, 부사령에 양서봉)을 편성하여 독립운동을 전개하고, 혁신의회는 1930년 7월 한족자치연합회를 모체로 한국독립당을 창당하고 소속 독립군으로 한국독립군(총사령관 이청천, 부사령관 남대관)을 편성하여 독립전쟁을 추진하였다.[63] 그러나 이같은 만주의 독립운동전선에 공산주의자들이 침투하여 항일운동의 추진에 지장을 초래하였다. 조선공산당 만주총국이 1926년 7월 길림성 영안에 설치된 이래 만주지방에는 욱일승천의 기세로 공산주의가 확산되어[64] 신민부에는 김찬과 주종건, 정의부에는 신일용 등이 책임자로서 세뇌공작을 추진, 독립운동전선이 민족파와 공산파로 분열되었고, 따라서 ①조선혁명당의 경우 공산파에서 현익철(중앙집행위원장)과 김문거(혁명군 중대장)를 습격하여 김문거를 사살하자 민족파가 반격하여 이진탁(혁명군 총사령관)과 현정경(남만학원장)을 습격, 이진탁을 사살하고 현정경을 체포하는 사건이 발생하였고, ②김좌진이 김봉환의 사주를 받은 박상실에 의해 살해된(1930.1.24) 이래 김종진, 이을규, 김규식 등이 이백호에게 참살당했으며, ③한인공산당원 2,000여 명이 중국공산당의 조종을 받고 당성을 과시하기 위해 북간도의 중심지 용정을 중심으로 폭동을 일으켜(1930.5.30) 11월 진압될 때까지 많은 동포들을 학살함으로써 일제에 지향할 투쟁력을 소진시켰다.[65]

---

63) 『현대사 속의 국군』, pp.158-159.
64) 국내 공산당이 4차에 걸쳐서 일제의 검거선풍으로 1928년 7월 완전히 해체된 데 반해, 만주에서는 만주총국 설치 이래 그 세력이 급속히 팽창되었다.
65) 『창군전사』, pp.185-192.

이상과 같이 상하이임시정부가 민족독립운동전선 전체를 통괄하는 지도력을 발휘하지 못하게 되었을 때 그 대책으로 민족유일당운동이 전개되었으나 해외에서는 공산주의의 확산으로 인해 독립운동전선이 민족파와 공산파로 분열된 데 반해, 국내에서는 자치운동에 반대하는 우익세력과 좌익세력이 연합하여 신간회를 조직(1927.2), 노동자·농민운동과 학생운동을 효과적으로 지도해 왔으나, 코민테른의 정책변경에 따라 좌익세력이 신간회의 해체를 주장함으로써 결국 유일당운동은 좌절되고 말았다. 그러나 1930년대 이후 국내의 민족독립운동은 침체해간 반면에 해외에서는 일제의 대륙침략으로 인해 한중합작투쟁이 활성화되었다. 만주사변이 일어나자 북간도지방에서는 대한독립군(총사령 이청천)이 길림자위군(총사령관 李杜)과 합세(연합군 결성)하여 1932년 9월과 11월에 쌍성공략전을 전개·대승한 데 이어 중국의용군(제14사장 채세영)과 합작하여 동경성전투(1933.5.3)와 대전자전투(1933.6.30)를 승리로 이끌었다. 서간도지방에서는 조선혁명군(총사령 양세봉)이 중국의용군(사령관 이춘윤)과 연합군을 형성, 영능가전투(1932.3.11)를 승리로 이끈데 이어 요녕민중자위군(사령관 당취오)과 연합군을 형성, 1935년 8~9월 통화전투에서 대승을 거두었다.

그러나 1933년 10월에 대한독립군의 이청천·오광선·공진원·신숙 등 36명은 임정의 김구 주석 지시로 일·만 군경의 삼엄한 경계를 뚫고 중국 관내로 이동하였고,[66] 조선혁명군은 양세봉을 이은 총사령 김활석이 일제에 체포되자(1938.9.6) 동북항일연군에 가담하게 되어 만주에서의 독립군의 단체 활동은 종말을 고하게 되었다. 하지만 이봉창 의사의 의거(1932.1.8)와 노구교사건(1932.7.7)이 중·일전쟁으로 비화되어 한·중 연합작전이 긴요해지자 독립군은 무장투쟁의 새로운 기지를 중국대륙에 마련할 수 있었다. 독립군은 의거사건이 연발했던 1932년 11월에

---

66) 『창군전사』, pp.216-220.

한국대일전선통일동맹을 결성하고, 중국정부의 협조를 받아 독립군의 간부를 양성하였다. 즉 한국동지회 대표 김규식의 노력으로 한국독립당 (대표 이유판)·한국혁명당(대표 윤기섭)·조선혁명당(대표 최동오)·의 열단(대표 김원봉) 등 5당이 1932년 11월 한국대일전선통일동맹을 결성 하여 1935년 7월에는 민족혁명당으로 발전시켰으며, 그 과정에서 김원 봉은 중국군 군정부장 하응흠의 지원을 받아 1932년 10월 남경온산에 설립한 중국중앙군 간부훈련반에 '조선혁명간부학교'를 설치하여 조선 의용군의 간부를 양성했으며, 김구 주석은 장개석 주석의 지원을 받아 1934년 11월 낙양에 있는 중앙군관학교 낙양분교에 '한인군관훈련반'을 설치하여 임정군대의 간부를 양성하였다.

이러한 가운데 1930년대 후반기 중국전선을 중심으로 하는 연합전선 이 일단 좌파와 우파의 두 연합체로 통일되었고, 곧이어 이 두 연합체가 통일되어 단일전선을 이루게 되었다. 즉 1939년에 김구 중심의 '한국광 복운동연합체'와 김원봉 중심의 '조선민족전선연맹'이 합쳐 '전국연합전 선협회'를 성립시켰다.[67] 그러나 좌파와 우파의 군사력 건설 경쟁은 지 속되어 1938년 10월 김원봉이 좌파를 중심으로 '조선의용대'를 조직하 자 임정은 우파를 중심으로 1939년 10월 '한국청년전지공작대'를 편성 한 데 이어 중국정부의 협조를 받아 광복군창설계획을 추진, 광복군 성 립전례식을 갖게 되었고(1940.9.17),[68] 광복군 성립을 계기로 김원봉의 조선의용대가 광복군에 편입되고, 사회주의단체인 조선민족혁명당·조 선민족해방동맹·조선혁명자연맹이 임정에 참여함으로써 비로소 임정은 군사적 통일과 정치적 통일을 달성할 수가 있었다.

1940년대에 들어와 임정은 광복군 창설 1년 후에 3개 사단을 편성하 여 연합군에 교전단체로 참가할 계획을 수립·추진했을 뿐 아니라 "국토

---

67) 『한국 현대사』, p.62.
68) 한용원, "현대의 우리 국군," 『국군의 맥』(육군본부, 1992), pp.318-325.

와 주권을 완전히 광복하여 정치·경제·교육의 균등을 기초로 하는 신
민주공화국을 건설한다."는 대한민국 건국강령도 제정하였다. 그러나 광
복군 3개 사단 편성계획은 조선의용대의 이탈, 전지 초모 자원의 제한,
중국군의 의도적 지원 회피 등으로 인해서 실현되지 못했다. 조선의용대
는 1941년 4월 결성된 화북조선청년연합회(회장 무정)로부터 태행산으
로의 이동 공작 제의를 받게 되자 제1지대장 박효삼, 제3지대장 김세일,
그리고 정치위원 석정 등 120여 명이 1941년 5월부터 6월 초 사이에
연안으로 이탈해 버렸다.69) 그리고 광복군은 3개 지대를 편성하여 전지
에서 초모활동을 적극적으로 전개하였으나 연간 300명의 자원밖에 확보
하지 못했기 때문에 사단 병력의 확보는 요원하였다. 이는 근본적으로
광복군이 중국군의 지휘를 받도록 하기 위해서 중국군이 의도적으로 광
복군의 지원을 회피했기 때문에 야기된 것이었다.

　　김구 주석은 중국국민당 서은증에게 "광복군의 군사행동에 대해서는
중국군사당국에 복종하지만 행정관리는 자주권을 유지토록 해달라"고
요구했으나(1940.5.23) 중국 측은 「한국광복군 행동준승 9개항」 속에
①광복군총사령부는 중국 군사위원회에 예속되어 인사·경리·훈련·공
작 등 일체 사항에 관해 중국군의 명령 내지 준허를 받아야 한다, ②광복
군은 중국 영토 내에서 뿐 아니라 한국 내지에 진공했을 때에도 중국군
사령부의 명령계통에 복종해야 한다고 규정하였다. 이같은 굴욕적인 규
정에도 임정은 광복군의 유지비용을 획득하기 위해 어쩔 수 없이 통수권
을 중국의 군사위원회에 양도하는 「한국광복군 행동준승 9개항」을 승인
하지 않을 수 없었으나(1941.11.11) ①광복군을 중국군의 보조군이 아닌
임시정부의 국군으로 발전시키고, ②건국강령을 이념으로 하는 군대로
육성시키기 위해 「한국광복군 공약」과 「한국광복군 서약」을 만들어(1941.
12.28) 정신교육을 통해 행동준승 9개항에 대응케 하였다. 그러나 중국

69) 고정훈, 『군(상)』(동방서원, 1967), pp.363-364.

의 각 전선에 투입된 광복군이 일본군에 대한 심리작전에서 큰 성과를 올리자 연합군측은 광복군의 활용문제에 관심을 갖게 되었다.

영국군은 미얀마의 탈환작전에 광복군을 투입·활용키 위해 1943년 6월 「한영군사상호협정」을 체결하고, 「한국광복군인면지구공작대」를 편성·파병해 줄 것을 요청함으로써 임정은 1943년 8월 공작대를 인도주둔영국군 동남아 전투사령부에 파견하였다. 그리고 한·미 합동작전에 관한 막후교섭도 1943년 초부터 시작되었다. 미국정보전략처(OSS)와 광복군사령부 간에 군사합작문제가 활발히 전개되어 한국광복군에게 OSS 특수훈련을 실시하여 한반도에 잠입시키기로 합의가 이루어지게 되었다. 이같은 한·미 군사합작합의를 지켜본 중국정부는 "한국광복군이 중국의 국경 내에서 작전할 때에는 중국군사위원회의 지휘를 받지만 국내로 정진 시에는 독자성을 보장받는다."는 요지의 「관어한국광복군중한쌍방상정판법」에 동의하지 않을 수 없었으며(1945.4.4), 광복군에 대한 중국의 원조도 임정을 거쳐서 전달할 뿐 아니라 원조를 차관형식으로 대체함으로써 임정의 국제적 위신도 제고시켜 주었다.

한·미 군사합작합의에 따라 1945년 중순부터 광복군 제2지대 90명과 제3지대 58명이 3개월 과정의 미 OSS 무선·정보·파괴 등의 특수훈련을 받았으며, OSS 특수훈련이 종료되자 김구 주석과 도너반(William Donovan) 소장 간에 「한·미 양국 간의 일본에 항거하는 비밀공작의 전개」를 약정(한·미 합동작전 약정)하였다(1945.8.7).[70] 그러므로 광복군은 국내정진군(총사령관 이범석 장군)을 편성하여 국내잠입준비를 완료했으나 8월 15일 일제가 무조건 항복함으로써 광복군의 국내진입계획은 실현되지 못하고 말았으며, 미군용기편으로 이범석 사령관 등 20여 명의 국내정진군이 여의도 비행장에 도착(1945.8.18), 일제로부터 항복을 접수코자 했으나 이 또한 일반명령 제1호에 저촉되어 실현되지 못하였다.

---

70) 『독립운동사 제6권, 독립군 전투사(하)』, p.499.

그러나 한국광복군은 그 규모와 활동 면에서 태평양전쟁에 참전한 28개
연합국의 군대 중에서 중간 이상의 위치를 차지한 것으로 평가되고 있다
고 한다.[71)]

---

71) 신재홍, "독립군과 광복군," 『민족 독립운동과 국군의 맥락』(삼균학회, 1989),
   p.33.

제2장

미·소의 대한반도정책

I. 미국의 대남정책

1880년대 초엽에 미국은 미국의 선박들이 조선의 근해에서 조난을 당할 경우 선원의 박해를 면할 뿐 아니라 청 및 일본과의 통상을 위한 왕래 시에 식수와 식량을 조달할 기항지를 획득하기 위해 대한 접근 정책을 추구하였으며, 그 결과 1882년에 한미수호조약을 체결할 수 있었다. 그러므로 1905년 을사조약이 체결될 때까지 미국의 대한반도 정책은 미·중관계의 개막을 위한 중간 기항지의 의미 이상 수준을 벗어나지 않았으나 1905년 7월 태프트·가쓰라 밀약(Taft-Katsura Agreement)을 체결한 이후에는 미국이 대한제국 멸망의 묵시적 방조자가 되었다.[1] 즉 태프트·가쓰라 밀약을 맺은 미국이 중재 역할을 한 포츠머스조약으로 인해서 일본의 한국 보호국화 계획은 국제적 승인을 받게 되었고, 그 결

---

1) 신복룡, "한미수교의 시말과 교훈," 『한국정치사』(박영사, 2003), pp.233-235.

과 한일합방이 이루어짐으로써 조선은 일본의 식민지가 되었는데, 이러한 미국의 묵시적 방조자 정향은 1941년 태평양전쟁이 발발할 때까지 지속되었다.

일본의 진주만 기습으로 야기된 태평양전쟁으로 인해서 초기에 고전하던 연합군은 미국의 적극적인 참전으로 인해 1942년 중반부터 수세에서 공세로 전환하였다. 이처럼 전황이 바뀌어 전세가 연합국에게 유리하게 전개되자 연합국의 수뇌들은 연합군의 최종적인 승리를 예상하면서 차후 구축국과의 전쟁 수행을 위한 전략과 종전 이후의 평화 및 안전 보장에 관한 문제를 논의하기 위한 회담을 열게 되었다. 전후처리문제와 관련하여 루스벨트 미국 대통령은 카사블랑카회담(1943.1)이 끝난 직후인 1943년 3월 백악관을 방문한 영국의 외상 이든(Anthony Eden)에게 "만주와 대만을 중국에 반환하고, 한국과 인도차이나는 신탁통치를 하되, 한국은 중국과 미국 그리고 2개국이 더 참여하는 국제신탁통치하에 두는 처리구상"을 피력하였다.[2]

이처럼 제2차 세계대전 중 미·영의 수뇌부에서 최초로 공식적으로 논의하게 된 한국의 전후처리문제는 같은 해 11월에 개최된 카이로회담에서 연합국의 수뇌 간에 본격적으로 논의케 되었다. 카이로회담에는 루스벨트 미국 대통령, 처칠(Winston S. Churchill) 영국 수상, 장개석(蔣介石) 중화민국 총통이 참여하여 전후 일본 점령지 처리에 대한 기본 구상과 한반도 문제에 관하여 논의하고 카이로선언(Cairo Declaration, 1943. 11.27)을 발표하였다. 이 선언에는 "제1차 세계대전 이후 일본이 점령한 태평양 상의 모든 도서, 중국으로부터 탈취한 그 밖의 영토로부터 일본을 추방한다."는 내용과 함께 "한국은 한국인이 처해 있는 노예상태에

---

2) C. Leonard Hoag, *American Military Government in Korea — War Policy and the First Year of Occupation — 1941~1945* (OCMH Department of the Army, 1970), p.5.

유의하여 적절한 절차를 거쳐서(in due course) 자유롭고 독립된 국가가 되도록 한다."는 내용이 포함되었다.3)

결국 카이로회담에서는 연합국의 수뇌들이 일본이 패망하면 한국 땅을 일본 영토에서 분리하여 일정 기간 신탁통치를 한 다음 독립시켜 주기로 합의하였다. 이는 미국정부 내에서 "한국인의 절대다수는 문맹상태이며 가난하고 정치적 경험이 없어 독립과 신정부 수립에 대한 역량 및 준비를 갖추지 못하고 있기 때문에 한국이 근대국가로 발전하기 위해서는 강대국들에 의해 보호·지도되어야 할 것"이라고 평가하고 있는 데다가 헐(Cordell Hull) 국무장관이 "소련의 영향력을 견제하기 위해서도 한반도에 신탁통치를 적용하는 것이 가장 바람직하다."고 보았기 때문에 루스벨트 대통령이 처칠 수상과 장개석 총통에게 "한국은 일제로부터 해방된 이후 일정 기간 정치적 수습과정을 밟아야 할 것"이라고 역설한 데서 연유한 것으로 보인다. 그리고 카이로회담 직후 미·영 수뇌들은 동 회담에 참석치 않은 스탈린 수상을 초청하여 테헤란회담을 지속하고 카이로선언에 관해 논의하였다.

테헤란회담에서 스탈린은 카이로선언을 지지하는 입장을 밝히고, 특히 한국을 신탁통치한 후에 독립케 한다는 루스벨트의 제안에 찬동을 표명하였는데, 이러한 스탈린의 입장은 1945년 2월 미·영·소 3국 수뇌들이 회동하여 패전국의 처리와 식민지의 독립문제를 논의한 얄타(Yalta)회담에서도 변함이 없었다. 동 회담 중 루스벨트와 스탈린 간에는 전후 한반도의 신탁통치에 관해 의견을 교환하고 잠정 합의한 것으로 알려졌으며, 신탁통치 기간과 관련하여 루스벨트가 "필리핀의 경험에 비추어 한반도에서는 20~30년이 좋을 것 같다."는 의견을 제시하자 스탈린은 "그 기간이 짧을수록 좋다."는 의견을 내놓았다고 한다.4)

---

3) *Foreign Relations, Conferences at Cairo and Teheran, 1943* (USGPO, 1951), p.449.

4) 외무부 외교연구원, 『한국외교 20년 부록』(1966), pp.251-252.

그러나 루스벨트 대통령이 사망하자(1945.4.12) 미국정부는 홉킨스 (Harry Hopkins) 특사를 소련에 파견하여 루스벨트의 전후정책은 트루먼 행정부에서도 지속된다는 점을 주지시키는 한편, 스탈린을 만나 "한국에 대해 미·영·중·소 4대강국에 의한 신탁통치는 바람직한 것으로 동의한다."는 확답까지 받는 외교적 노력을 전개하였다.[5] 그리고 제2차 세계대전 중의 마지막 연합국 수뇌회담이 1945년 7월 하순 포츠담 (Potsdam)에서 개최되어 일본에 대한 전후처리 방침과 소련의 대일참전 시기 및 작전협조 문제를 논의하고, 7월 26일에는 일본의 무조건 항복을 요구하는 포츠담선언(Potsdam Declaration)을 발표했는데, 이 회담에서 미국정부는 소련의 대일참전을 촉구하면서도 한국의 독립을 보장한 카이로선언을 소련이 포츠담선언에서 재확인케 함으로써 소련의 대일참전에 따른 단독행동을 묶으려고 노력하였다. 또한 포츠담회담 기간 중 개최된 미·영·소 3개국 군사수뇌회담(1945.7.24)에서 마샬(George C. Marshall) 미 육군총장은 안토노프(Antonov) 소군참모장에게 "한국에 대한 상륙작전은 계획하지 않았고, 가까운 미래에도 그럴 계획이 없으며, 큐수 상륙 후에나 검토할 것이다."고 말했는데,[6] 이는 미국이 일본본토의 점령작전에 가용병력을 우선적으로 집중해야 하기 때문에 한반도에 대한 작전은 소련의 지상군에게 묵시적으로 일임할 수밖에 없다는 점을 시사한 것이었다.

그러나 소련군의 대일작전은 트루먼을 비롯한 미국의 수뇌부에 소련이 일본의 분할점령을 요구할 공산이 크다는 점을 예견케 하였다. 그러므로 미국의 수뇌부에서는 이같은 난관의 타개책으로 일본의 분할을 저지시키되, 한반도에서의 분할 정책을 채택키로 하였다. 그리고 일본이

---

5) *Foreign Relations, The Conference of Berlin(Potsdam Conference), 1945*, Vol.I (USGPO, 1960), p.47.
6) *Foreign Relations, The Conference of Berlin(Potsdam Conference), 1945*, Vol.II, p.351.

미국의 원폭투하와 소련의 대일참전 충격으로 인해서 미국에 무조건 항복할 의사를 표시해옴(1945.8.10)에 따라 미국의 정책결정자들은 한반도에서의 군사작전 전개라는 종전의 계획을 바꾸어 이곳에서의 일본군 무장해제와 군사적 점령이라는 전략을 추구하기 위해 일본군의 항복을 접수할 주체와 극동에서의 작전한계선을 신속히 정하기로 하였다. 이 작업을 담당한 3부조정위원회(SWNCC)는 소련군이 한국으로의 진격을 위해 웅기, 나진 등을 폭격하고 있는데 미군은 한국으로부터 1,000km나 떨어진 오키나와에 있다는 사실을 감안하여 북위 38도선을 극동에서의 작전한계선으로 선정하고 국무·육군·해군 장관의 동의를 얻은 후 트루먼 대통령의 재가를 받았다.

이러한 전략 개념에 입각하여 미국정부가 작성한 「일반명령 제1호」를 소련정부의 동의를 얻기 위해 전달되었을 때 스탈린은 미국의 수뇌부가 예견한 대로 "홋카이도 북부를 소련에 할양한다."는 내용으로 수정해 줄 것을 요구하였다. 그러나 미국정부는 포츠담선언이 규정한 일본영토[7]는 미군이 점령하고, 그 대신 38도선을 경계로 한반도를 미·소가 분할 점령하는 것이 한국의 신탁통치에 대비하여 합리적이라고 주장하였다. 38선과 관련한 일반명령 제1호의 내용에는 ①만주, 북위 38도선 이북의 한국, 사할린, 쿠릴열도에 있는 일본군의 선임지휘관과 모든 육군·해군·공군 및 보조부대는 소련극동군 사령관에게 항복하라. ②일본국과 일본 본토에 인접한 모든 소도, 북위 38도선 이남의 한국, 류큐(琉球)열도 및 필리핀제도에 있는 일본의 선임지휘관과 모든 육군·해군·공군 및 보조부대는 미국 태평양 육군최고사령관에게 항복하라고 규정하였다.[8]

이상에서의 논의와 같이 연합국의 전후처리정책 중 대한반도정책은 일정기간 신탁통치를 한 다음 독립시켜주기로 미·영·중·소의 수뇌들

---

7) 포츠담선언에는 "일본의 주권은 혼슈(本州), 홋카이도(北海道), 규슈(九州), 시코쿠 (四國)와 연합국이 결정하는 소도들에 국한된다."고 규정하였다.

8) 조선일보사 엮음, 『한국 현대사 비자료 125건』(월간조선, 1996), pp.78-80.

이 합의했기 때문에 한국에 대한 신탁통치문제는 제2차 세계대전 후 한국문제 처리의 기본전제가 되었다. 따라서 미 합동참모본부는 3부조정위원회가 38도선을 극동에서의 작전한계선으로 선정하자 "서울을 확보할 수 있는 데다가 신탁통치 시에 영국과 중국에 할애할 지역적 공간도 있게 되었다."고 하면서 승인하였을 정도였다. 하지만 일본군의 항복 접수를 목적으로 미·소가 군사점령지역의 경계선으로 설정한 38선이 한반도의 분단을 굳히는 계기를 제공하였다. 그러므로 38선은 민주주의 체제와 공산주의 체제의 경계선으로 변하여 이 선의 양편에 각각 이념과 사상을 달리하는 이질적인 체제를 성립시켰다.

   미국의 3부조정위원회는 맥아더 장군에게 전달된 「대한초기기본지령」을 통해(1945.10.17) 군정의 통일 협상을 주문하고 신탁통치의 형태와 기능을 하달하였다. 그러나 소련군사령관이 군정의 통일협상을 거부함으로써 1945년 12월 모스크바 3상회의를 개최하고 한반도의 신탁통치문제를 논의한 결과 미·소 양군 사령관이 협의하여 미·소 공위를 구성하면 미·소 공위는 한국의 정당·단체와 협의하여 한국임시정부 수립안을 작성하고, 미·소·영·중 4개국이 이 안을 검토하여 한국에 통일임시정부를 수립하면 미·소 공위는 임시정부와 협의하여 신탁통치협정을 작성, 신탁통치를 실시하기로 결정하였다. 이러한 맥락에서 볼 때 전후 미국은 한반도에 단일정부를 수립코자 하였다. 그러나 냉전시대가 도래함에 따라 미국의 대한반도정책을 일본의 종속변수로서의 한반도와 반공보루로서의 한반도라는 시각에서 추진하였다. 다시 말하면 미국은 한국의 공산화가 일본의 방위에 치명적일 수 있다는 우려로 인해 남한을 소련의 팽창주의를 저지시키기 위한 반공의 보루로 육성시키고자 하였다. 그러면 이제 미국의 대남점령정책, 미군정의 대남통치정책, 미국의 대남군사정책 순으로 미국의 대남정책을 살펴보기로 한다.

1. 미국의 대남점령정책

하지 장군은 미군이 소련군보다 1개월 늦게 한반도에 진주했음에도
상부로부터 군정에 관한 지침을 받지 못하자 일본총독부체제를 잠정기
간 유지시켜 이를 관리 감독하다가 일정기간 경과 후 미국인으로 그 직
무를 대행케 하면서 점차 한국인으로 대체시켜 군정체제를 발전시켜 나
가겠다는 복안을 수립하였다.9) 그러나 일본인 관리들을 유임시킨 처사
에 대해 한국인들의 반발이 심하자, 군정청을 발족시켜(1945.9.12) 미군
이 직접 관장하는 군정업무를 시작하게 되었다. 하지만 한반도 점령 초
기 미국의 대한정책은 미국무성보다 주한미군사령부와 동경의 맥아더
사령부가 주도하여 추진하였다. 미군정은 군정청의 조직을 발표하면서
그 서두에 "미군정청은 '인민의, 인민을 위한, 인민에 의한 민주주의 정
부'를 건설하기까지 38선 이남의 지역을 통치·지도·지배하는 과도정부
이며, 남한의 유일한 합법정부이다."고 주장하였다.

그러나 미점령군이 소점령군에 비해 진주는 1개월 정도 늦어졌기 때
문에 해방공간에서 정치적·행정적 공백의 장기화로 인해 남한사회에 좌
익세력의 성장 기회를 제공함으로써 혁명적 상황이 확산되었고, 따라서
미군정은 치안질서를 유지하기가 어려웠다. 그러므로 하지 장군은 정치
고문 베닝호프(H. Merrell Benninghoff)의 건의에 따라 '한민당을 중심
으로 한 보수주의자와 중경 임정요인의 적절한 활용'을 미국무성에 건의
하는(1945.9.15) 한편, 김성수, 송진우, 여운형 등 11명의 고문단을 임명
하여 자문위원회를 구성하였고(1945.10.5), 맥아더 장군과 협의하에 자
문위원회를 군정통치에 대한 단순한 행정자문이 아닌 군정주도의 과도
정권을 위한 권력기관으로 진전시켜 나갔다. 이러한 때에 미국의 3부조

---

9) James F. Schnabel, *Policy and Direction: The First Year* (Washington, D.C.:
USGPO, 1972), pp.14-15.

정위원회는 미국의 「대한초기기본훈령(1945.10.13자)」 즉 미국의 「기본
군정지침」을 합동참모본부를 경유하고 맥아더 장군을 거쳐 하지 장군에
게 하달하였다.

동 지침에 의하면 "한국에서 미국의 최종 목표는 자유독립국가를 수립
하고, 나아가 책임 있고 평화를 애호하는 국가의 일원이 될 수 있는 여건을
형성하는 것이다. … 미·소에 의한 잠정군정기로부터 미·소·영·중에
의한 신탁통치를 거쳐 최종적으로 유엔회원국으로서 독립국가에 이르는
단계적 발전을 계획하고 있는 미국의 정책을 유념해야 한다."10)고 강조
하였다. 그러므로 전후 미국의 대한점령정책은 미국의 기본군정지침에
비추어 보면 전 한국에 걸쳐 미·소·영·중 4대국에 의한 신탁통치를
실시하여 독립적이고 민주적인 통일국가를 수립하는 데 두었다. 따라서
3부조정위원회는 주한미군사령관 하지 장군에게 신탁통치 교섭이 타결될
때까지 미·소 군정의 통일을 꾀하도록 지시하였다.11) 그러나 미·소가
남북을 분할점령한 상황에서 미·소 군정의 통일을 실현할 수가 없었기
때문에 베닝호프를 이은 하지 장군의 정치고문 랭던(William Langdon)은
'신탁통치안의 기각'을 주장하였다.

또한 랭던은 정무위원회(Governing Commission) 구상을 밝혔는데,
이 구상은 임정의 김구로 하여금 정치그룹의 대표들로 정무위원회를 조
직케 하여 정무위원회와 군정을 통합·운영함으로써 정무위원회가 과도
정부로서 군정을 승계케 한다는 것이었다.12) 그런데 이의 수순을 ①자
문행정기구의 설치, ②미군감독 아래 과도 정권의 수립, ③선거에 의한
정식 정부의 수립으로 설정함으로써 하지 장군이 맥아더 장군에게 자문
행정기구를 ①이승만·김구를 주축으로 하는 확대된 통합자문위원회, ②

---

10) James F. Schnabel, *op.cit.*, p.19.
11) 최상용, "분할점령과 신탁통치," 『현대한국정치론』(법문사, 1986), pp.117-121.
12) 김국태, 『해방 3년과 미국 I: 미국무성 비밀외교문서』(돌베개, 1984), pp.150-
153.

군정감독 아래 자문위원회 주도의 과도정부, ③총선을 통한 국민정부의
단계로 발전시킬 계획을 제시한 것과 일치하였다. 그러나 미국의 대한반
도정책은 신탁통치를 성공적으로 실시한 후 자주적·민주적인 통일정부
를 수립하는 데 목표를 두었기 때문에 모스크바에서 미·영·소 3상회의
를 개최하여(1945.12.16~26) 이 문제를 논의하였다.

　동 회의에서 미국은 "신탁통치체제가 수립될 때까지 미·소 양군 사령
관을 우두머리로 하는 통일행정부를 설치하여 입법·사법·행정의 3권을
장악케 하자"고 제외하였으나 소련은 "미·소 양군 사령관에 의한 통일
행정부 설치 대신 미·소 공동위원회를 만들어 한국의 정당·사회단체와
협의하여 한국 임시정부 수립 문제를 논의하고, 미·소·영·중의 4대강
국을 행정권자로 하는 신탁통치 행정부 대신 한국인이 수립한 임시정부
를 4대강국이 지원하는 형식의 신탁통치를 실시하자"고 수정·제안하였
다. 그러므로 타협안으로 ①미·소 양군사령관이 협의하여 미·소 공동
위원회를 구성하고, ②미·소 공위는 한국의 민주적 정당·단체와 협의
하여 한국임시정부 수립에 관한 권고안을 작성하며, ③미·소·영·중 4
개국은 이 권고안을 검토하여 통일임시정부를 수립하고, ④미·소 공위
가 임시정부와 협의하여 구체적인 신탁통치 협정을 작성하면, ⑤이 협정
을 공동심의하여 5년간의 신탁통치를 실시토록 하였다.13)

　그러나 모스크바 3상회의의 결정이 보도되자 임정 주도로 '신탁통치
반대 국민총동원위원회'가 결성되어 임정의 절대수호와 외국군정의 철
폐를 행동강령으로 삼았으며, 따라서 한국 우익의 반탁운동 전개로 인해
미군정은 지지세력을 결여하여 난관에 봉착하게 되었다. 이에 하지 장군
은 맥아더 장군의 후원하에 미군정이 미·소 공위가 개최되기 이전에 과
도정부를 위한 연합전선 즉 자문행정기구의 구성에 매진토록 하되, 새로

---

13) *Department of State, Moscow Meeting of Foreign Minister: December 16~26,*
　　1945 (USGPO, 1955), pp.14-16.

이 부임한 그의 정치고문 굿펠로우가 이를 담당토록 하였다. 굿펠로우의 자문행정기구 구상은 원래 남한의 공산당과 북한의 조선민주당을 포함하여 주요 정당에서 4명의 대표를 선발하여 하지 장군 및 미·소 공위와 함께 일할 통일된 자문단(united advisory group)을 구성하는 것이었다. 이를 위해 그는 1946년 1월 한 달 동안 이승만·김구·김규식 등 우익지도자와 박헌영·여운형 등 좌익지도자들과 접촉하였다.

그러나 그의 공작에 박헌영과 여운형은 걸려들지 않았고, 임정의 김구와 이승만은 비상국민회의를 통해 독자의 정부수립운동을 추진하고 있었다. 이에 미군정은 자문행정기구의 구도를 벗어나는 우익의 독자적 정부수립을 결코 허용할 수가 없었기 때문에 굿펠로우는 "과도정부를 수립하기 전에 임정을 분쇄하자"[14]고 제의하였고, 하지 장군은 비상국민회의의 최고정무위원회를 남조선대표 민주의원으로 전환시켰다. 하지만 제1차 미·소 공위가 개최되어(1946.3.20) 반탁운동에 따른 한국임시정부 협의 대상 문제가 주요 쟁점으로 제기되자 미군정은 우익인사들로만 구성된 민주의원을 미·소 공위 국면에서 계속 존속시켜야 할 것인가? 하는 문제에 직면하였다. 그러므로 미군정은 이승만을 민주의원의 의장직에서 사퇴시키고 김규식을 의장 직무대리로 내세웠으며, 미·소 공위가 결렬되고(1946.5.8) 미국무부가 민주의원의 운영을 정지시켰다(1946.6.6).

미국무부는 대한정책의 기본목표인 "한국을 공산주의의 영향권하에 들어가지 않도록 하려면 이는 소련과의 협정을 통해서만 달성될 수 있다."고 전제한 다음 '현재의 난국'을 타개하기 위해 미국의 원칙 및 실제 행동에 대한 적극적인 대중적 지지를 획득하여 소련 측으로 하여금 현재의 입장을 수정케 만들어야 한다고 강조하고, 그 구체적인 계획으로서 ①대한민국대표민주의원보다 모든 한국의 정치 여론을 더욱 진정으로 대표할 수 있는 입법자문기구를 위한 선거를 실시하고, ②이승만과 김구

---

14) HUSAFIK, part 2, ch.2, p.89.

를 정계에서 일시적으로 은퇴시켜 중도파를 입법자문기구의 중심에 놓음으로써 미군정의 체계 속에 포괄시키도록 하라고 지시하였다.15) 이에 미군정은 좌우합작과 과도입법의원의 창설을 커플 프로젝트(couple project)로 추진키로 함으로써 중도좌파 여운형과 중도우파 김규식을 내세워 좌우합작운동을 추진하여 중간파를 지원했을 뿐 아니라 남조선과도입법의원의 설립을 확정지어(1946.10.12) 10월 하순 민선입법의원 45명의 선출을 위한 선거를 남한 전역에서 시행하였다.

좌우합작을 추진하면서 미군정이 이승만과 김구를 배제의 대상으로 삼았으나, 이승만은 남조선과도입법의원 선거에서 한민당과 더불어 승리하여 우익세력이 주도권을 장악토록 하였다. 그리고 그는 1946년 12월 도미하여 단독정부수립론을 미국의 조야(朝野)에 호소했는데, 이때 미국정부에서 트루먼독트린이 나옴으로써 그는 크게 고무되었다. 이러한 와중에서도 미군정은 한국화정책을 적극 추진하여 1947년 2월 안재홍을 민정장관으로 임명하고, 법령 161호로(1947.5.17) 남조선과도정부를 수립하여 6월 3일 출범시켰다. 그러나 제2차 미·소 공위(1947.5.21)에서도 소련 측이 반탁위원회에 참여하고 있는 우익정당의 배제를 끈질기게 요구함으로써 1947년 7월 미·소 공위가 결렬되고 말았다. 그러므로 미국의 대한정책은 중대한 전환점에 도달하게 되었다.

이에 하지 장군의 새로운 정치고문 제이콥스(Joseph E. Jacobs)는 워싱턴에 전문을 보내 여운형의 암살로 한국의 정치상황이 완전히 한 쪽으로 기울게 되었으며, 향후 남한에 단독정부가 수립된다 해도 진정한 온건연합이 지배세력으로 등장할 희망은 사라져 버렸고 그동안 미행정부가 극우세력에 대신하는 정치적 대안을 모색해 옴으로써 이승만과 멀어지게 되었고, 그리하여 우익세력은 미국의 영향력과 충고에 전혀 귀를 기울이

---

15) 김국태, 앞의 책, pp.296-299(이 문서는 1946.6.6 미국무부 점령지역 담당차관보 힐드링(John H. Hilldring)이 육군부 작전처에 보낸 비망록이다).

지 않게 되었다고 지적하고, "만일 미국이 38선 이남에서의 점증하는 폭력과 불안정에 대처하기를 원한다면 이승만과 동반자 관계를 맺는 것이 남아 있는 유일한 대안이다."고 주장하자 미행정부는 한국에 좌익정부의 등장을 막기 위해 이승만을 지지하는 차선책을 채택하지 않을 수 없었다.16) 그리고 미행정부는 소련과의 협력을 통해 한반도에 통일된 정부(단일정부)를 수립하겠다는 기존의 방침을 포기하고 한국의 독립문제를 유엔 제2차 총회에 제기하였다(1947.9.17).

그러므로 1947년 10월 유엔총회에서는 "조선에서 미·소 양국 군대를 1948년 초에 동시 철거하자"는 소련안과 "유엔의 감시하에 남북총선거로 통일정부를 만들고 그 통일정부 스스로 치안군을 편성한 후 그 치안군이 전 한국의 치안을 보장하기를 기다려 미·소 양군이 철퇴하자"는 미국안이 동시 상정되었으며,17) 유엔총회는 소련안을 부결시키고 미국안을 가결하여(1947.11.14) 유엔한국임시위원단(UNTCOK)을 구성, 한국에 파견하였다. 하지만 이는 미·소의 협조가 완전히 붕괴되어 한반도에 통일된 단일정부를 수립할 수 없게 되었기 때문에 미국은 기존의 '분할정책'에 의한 세력균형을 선택하지 않을 수 없게 되었고,18) 따라서 미국은 점령정책을 종료해야 할 시점에서 남한에 친미·반공 단독정권을 수립하는 정책방향으로 전환시키지 않을 수 없었다.

결론적으로 전후 미국의 대한점령정책은 「기본군정지침(1945.10.13자)」이 말해 주듯이 미·소·영·중 4대국에 의한 신탁통치를 실시하여 독립적이고 민주적인 통일국가를 수립하는 데 두었다. 그러므로 미행정부는 1945년 12월 모스크바에서 3상회의를 개최하여 미·소 공동위원회

---

16) 이철순, "미국과 소련의 정치세력 지원정책 비교,"『남북한정부 수립과정 비교』(한국정치학회, 2006), p.32.

17) 신복룡 편,『한국 해방 전후사 논저 I』(선인문화사, 1998), p.390.

18) 김계동, "한반도 분단·전쟁에 대한 주변국의 정책,"『한국정치학회보』35-1 (2001), p.355.

를 구성, 한국의 민주적 제정당·사회단체와 협의해 한국임시정부를 수립하고 4대강국에 의한 신탁통치를 실시하기로 결정하였다. 그러나 1946년부터 1947년까지 미·소 양국은 한편으로 미·소 공위 협상을 진행시키면서도 다른 한편으로 미국은 결론 없는 협상과 이에 수반된 남한사회 내부의 갈등관리에 전념한 반면에, 소련은 북한지역의 분리를 진행시켜 단독정권을 수립할 시간을 버는 데 매진하였다. 이러한 가운데 1947년 7월 제2차 미·소 공위가 결렬되자 미행정부는 소련과의 협력을 통해 한반도에 통일된 정부를 수립하겠다는 기존 방침을 포기하고 한국의 독립문제를 유엔총회에 제기했는데(1947.9.17), 이는 남한에 친미·반공 단독정권을 수립하려는 정책방향의 전환을 의미하는 것이었다.

2. 미군정의 대남통치정책

일본이 무조건 항복 의사를 표명(1945.8.10)해 옴에 따라 3부조정위원회는 한반도에 대한 군사작전계획을 군사점령계획으로 변경시키고 38선을 경계로 미·소가 분할 점령하도록 결정하였으며,[19] 따라서 인천에 상륙한(1945.9.8) 미제24군단은 77,000여 명의 소수병력을 축차적으로 투입하여 10월 20일까지 남한 전역에 대한 군사점령을 완료하였다. 그러므로 미군의 군정통치 실시절차는 전술부대가 지방행정기능을 접수하면 군정청에서 도 단위 군정지사를 임명하고 군정요원을 파견하는 형식으로 이루어지게 되었다. 그리고 한국에 파견된 미군정요원은 일본에서 군정요원으로 활용키 위해 육성된 자들이 중심이 되었다. 1942년 창설된 미육군군정학교에서는 버지니아, 예일, 하버드, 스탠포드 등 민간대학기관을 활용하여 외국어교육과 외국지역연구를 수행해 왔는데, 일본어교육과 일본지역연구를 해온 2,000여 명의 장교들은 맥아더 장군이 1945

---

19) Leonard Hoag, *op.cit.*, p.46.

년 9월 초 일본에서는 기존행정기구를 그대로 사용하고 사실상의 군정을 설치하지 않기로 결정함에 따라 그 일부가 대한군정을 위해 한국으로 오게 되었다.20)

한국에 온 미군정요원들은 언어숙달요원을 확보하지 못한 데다가 군정의 실시에 필요한 정보가 부족하여 군정통치에 어려움이 많았으나 로벨(John P. Lovell)이 지적했듯이 질서유지를 위해 기존단체들에 크게 의존하고, 점차 이들을 군정경찰과 군정경비대 조직으로 흡수하는 전략을 채택하여21) 어려움을 극복해 나갔다. 하지만 해방정국의 남한사회의 상황은 ①38선을 경계로 미·소 양군이 주둔하여 미국은 혁명세력의 확산을 저지하는 반혁명전략을, 소련은 혁명세력의 대두를 부채질하는 혁명전략을 각각 구사하고 있었고, ②민족 내부적으로 인민공화국을 지지하는 좌익진영과 임시정부의 봉대를 내세운 우익진영이 찬탁과 반탁으로 분열·대립하여 국내외 냉전이 심화되고 있었으며, ③사회현실은 경제기능이 극도로 마비된 데다가 귀환동포의 식량, 주택, 실업문제 등으로 인해 가혹하게 전개됨으로써 대중적 요구가 드세게 표출되고 있었다. 그러므로 미군정은 남한사회의 심각한 좌·우익 대결문제는 물론 생존과 질서의 문제에 직면하게 되었다.

좌·우익 간의 힘의 투쟁은 ①1945년 8월부터 12월까지 좌익 선제기, ②1946년 1월부터 5월까지 좌우익 대치기, ③1946년 5월부터 1947년 9월까지 우익 득세기, ④1947년 9월부터 1948년 8월까지 단정수립기 순으로 전개되었는데,22) 이는 비상국민회의가 개최되어(1946.2.1) 범우익이 결집되고, 민주주의 민족전선이 발족하여(1946.2.15) 범좌익이 결

---

20) Bruce Cummings, *The Origins of the Korean War, Liberation and Emergence of Separate Regimes, 1945~1947* (Princeton Univ. Press, 1981), p.128.
21) John P. Lovell, "The Military and Politics in Postwar Korea," *Korean Politics in Transition* (Washington Univ. Press, 1975), p.155.
22) 김영명, 『한국현대정치사』(을유문화사, 1992), pp.152-161.

집함으로써 본격화되었고, 1946년 5월 좌익세력이 정판사 위폐사건 수사를 계기로 궁지에 몰리자 이에 대한 반격으로 1946년 10월 추수폭동을 일으킴으로써 미군정은 궁지에 몰리게 되었다. 즉 미군정은 정판사 위폐사건의 수사를 통해 공산당이 소련 당국과 결탁하였다는 것을 보여주는 문서들이 많이 적발되자[23) 공산당과 그 외곽단체의 불법행위에 대한 규제를 강화하기 시작했으며, 좌익세력은 미군정의 규제를 실력으로 저지키 위해 전평·전농 등에 총파업과 폭동 공세를 단행하도록 지령함으로써 남한 전역에서 25만여 명의 노동자들과 학생들이 9월 하순에 벌인 파업과 시위는 10월과 11월에 농민들의 추수폭동으로 확대되어 200명 이상의 경찰관이 살해되고 관리·폭도·양민 1,000여 명이 사망했으며, 10,000여 명이 체포되는 사태로 비화되었다.[24)

그러나 좌·우익 간의 무력투쟁은 이미 1946년 1월 19일과 20일 서울의 태고사 부근에서 야기되었고, 미헌병대가 장갑차로 도로를 차단하고 포위하여 쌍방의 무장을 해제시킨 바 있었다. 이는 김일성이 김두환을 이용하기 위해 1945년 10월 초순 '남반부인민해방군사령관'이라는 감투(소장 계급장 및 군복 포함)와 공산당원증을 보내면서 "국군준비대와 협력하여 남한주둔 미군을 축출하라"는 지령을 보냈으나 김두환은 독립투사로부터 김좌진 장군이 공산당원에게 암살되었다는 사실을 알게 되어 삼청동 학병동맹본부와 국군준비대 본부 및 태릉훈련소를 급습하였고(1946.1.19),[25) 이에 국군준비대 경기지부 대원들이 김두환 부대를 반격함으로써 쌍방간 교전사태로 비화되었고, 따라서 미군정은 모든 좌·우파 창군운동단체들을 해체시키고(1.21) 그들의 에너지를 1946년 1월 15일에 창설한 경비대로 흡수코자 하였다. 하지만 1945년 말에 조선공산

23) 이정식·스칼라피노, "미군정기의 한국공산주의,"『한국 현대사의 재조명』(돌베개, 1982), p.286.
24) Bruce Cummings, *op.cit.*, p.379.
25) 김두환,『피로 물들인 건국전야』(연우출판사, 1963), p.101.

당이 대중투쟁을 위해 조직한 외곽단체는 35개에 달했으며, 그 대표적인
단체는 노동조합전국평의회(전평), 전국농민조합총연맹(전농), 조선민주
청년동맹(민청), 전국부녀총동맹(부총), 공산청년동맹(공청), 문학가동맹
등이었으며, 이들 단체는 1946년의 찬탁운동과 파업 및 폭동운동을 주
도하였다.26)

1946년 추수폭동의 결과 ①인민위원회가 완전 해체되고, 군정경찰과
우익청년단체들이 밀접한 관계를 유지하게 되어 질서는 점차 잡혀가는
대신, 공산주의자들이 지하로 들어가(일부는 경비대로 잠입) 간헐적인
테러활동을 전개했으며, ②파업과 폭동으로 물가가 급상승하여 도매물
가지수를 보면 1945년 8월의 지수를 100으로 할 경우 1947년 2월에는
3,000으로 급상승했으며, 쌀값의 경우 1946년 2월부터 1947년 2월 사이
에 8배로 뛰어 경제적·사회적 혼란상태가 심화되었고,27) ③미군정의
반혁명전략 수행으로 인해 그동안 공산당이 축적해온 역량은 1948년에
들어와 5·10 총선거 실시와 주한미군 철수가 단행되자 파업, 폭동, 반란
의 형태로 분출되었다. 그러므로 미군정은 창설 이래 반혁명전략의 수행
을 통해 우익세력을 신장시키는 통치정책을 구사해 왔고, 1948년 좌익
주도의 파업, 폭동, 반란 등이 분출되자 그동안 신장시켜온 우익세력을
활용하여 이에 대응하는 통치정책을 구사하였다.

우선 미군정은 ①보수주의자 중심으로 구성된 한민당 요원들을 미군
정의 행정고문으로 임명하고, 이들 행정고문들이 추천하는 자들을 미군
정의 관리로 임용하였다. ②임정요인들을 개인자격으로라도 귀국을 허
락하는 것이 공산주의 확산 저지에 바람직하다고 미국무부에 건의하여
관철시킴으로써 귀국한 임정요인들이 남한정치세력의 통합운동을 전개
하도록 만들었다. ③좌익세력에 대항할 우익세력의 조직화를 지원하였

---

26) 한용원, "5·10 총선거를 둘러싼 좌우익 간의 투쟁," 『한국사 시민강좌 38』(일조
각, 2006), p.110.
27) 한용원, 『창군』(박영사, 1984), p.23.

다. 즉, 미군정은 우익청년단체인 민족청년단, 대동청년단, 서북청년회 등을 지원하여 친미·반공세력으로 육성하였다. 특히 미군정은 출범 후 3개월간에 걸쳐 75,000명에 달하던 일본인 관리들을 한민당계 친미인사들과 일제에 복무했던 한인관리들로 충원하여 대체시켰다.[28] 다음 미군정은 군정법령 제28호로 자치기구의 해산을 명령하고(1945.11.13), 군정경찰과(12.27), 경비대를(1946.1.15) 각각 창설하여 자치기구요원들을 흡수하였다.

이는 로벨이 지적했듯이 군정 초기에 질서유지를 위해서 제도권 밖의 자치기구에 의존했다가 점차 이들 자치기구요원들을 제도권 내의 조직(미군정 내의 기구)으로 흡수하여 반혁명전략 수행의 도구로 활용하는 방식이었다. 나아가 미군정은 정당등록을 의무화하고(1946.2.23), 동년 4월『인민보』,『자유신문』,『현대일보』등 좌파신문을 폐간시켰을 뿐 아니라 정판사 위폐사건을 수사 처리하여(5.15) 미군이 점령한 지역에서 공산주의의 확산을 저지코자 하였다. 그리고 미군정은 반혁명전략의 수행과정에서 우익청년단체들을 경찰의 보조기관으로 만들어 활용하였다. 대구10·1폭동을 계기로 태동한 학련, 월남한 반공청년 중심의 서북청년회, 환국한 광복군 출신 중심의 민족청년단과 대동청년단, 5·10 총선거시 결성된 향보단 등은 기존 우익지지단체이던 대한노총, 대한농총, 국민회, 부인회, 독립촉성청년동맹, 대한민주청년동맹 등과 연대하여 공산당 외곽단체에 맞서기도 했지만 미군정은 이들 청년단을 제주4·3사건의 진압작전 등에 투입키도 하였다.[29]

더욱이 미군정은 한인화정책의 추진을 통해 남한에 친미·반공 정권이 수립될 수 있는 토대를 구축코자 하였다. 미군정의 한인화정책은「한인고문회의」를 중앙과 지방에 두어(1945.10.15) 중앙과 지방의 관리들

---

28) Bruce Cummings, *op.cit.*, p.156.
29) 한용원, "5·10 총선거를 둘러싼 좌우익 간의 투쟁," pp.114-115.

을 한국인으로 추천케 하면서 시작되어 「남조선과도정부」를 설치·출범
하면서(1947.6.3) 제도적으로 마무리했는데, 한인화정책의 결과 행정권
을 가진 상위직 관리는 영어구사력이 있는 한민당계 친미인사들이 충원
되었고, 중하위관리는 테크노크래트로 인정된 일제 복무관리들이 충원
되었다. 그러므로 ①고위직 관리의 상당수가 한민당 출신이어서 군정관
리와 한민당의 관계는 후원-수혜(patron-client) 관계를 형성하게 되었고,
②하위직 관리의 대부분은 일제복무자들이어서 그들의 생존을 위해 혁
명적 상황의 도래를 저지하고, 그들의 처지를 이해하는 한민당을 지지하
였다.

그러므로 미군정관리들은 한민당을 비롯한 우익세력과 협력하여 군정
정책을 집행하면서 이들 우익세력의 신장을 지원해줌으로써 남한에는
친미·반공 정권이 수립될 수 있는 토대가 구축되었다. 이러한 가운데
1947년 3월부터 한반도에도 트루먼독트린(Truman Doctrine)이 적용되
자 남한사회에는 득세한 우익세력에 의해 반공적인 단정의 수립이 불가
피해지는 상황이 전개되어 가고 있었다. 이러한 가운데 미행정부가 소련
과의 협력을 통해 한반도에 통일된 정부를 수립하려던 기존 방침을 포기
하고 한국의 독립문제를 유엔총회에 제기하자(1947.9.17) 미국 조야에
서는 소련이 1947년 2월에 이미 북한에 반제·친소 정권을 수립했기 때
문에 미국도 남한에 반공·친미 정권을 수립해야 할 것이라는 여론이 득
세하였다. 이러한 상황이 전개되자 남로당은 우익의 득세와 단정의 수립
을 저지하고 조직을 수호하기 위해 2·7총파업사건, 제주4·3사건, 여순
10·19사건, 6연대반란사건 등을 도발했는데,[30] 이 중 전 2자는 미군정
하에서 발생하였다.

2·7총파업사건은 유엔한국임시위원단(UNTCOK)이 유엔소총회에
'가능한 지역에서의 총선안'을 제의하자 남로당 중앙이 각 도위원회에

---

30) 같은 글, p.117.

전국적으로 총파업투쟁(1948.2.7)을 전개할 것을 지령함으로써 야기되었다. 그러나 2·7총파업사건 같은 투쟁은 유엔위원단의 입경 소식이 전해진 1월 7일부터 5·10 총선거가 종료될 때까지 파업, 테러, 살인, 방화 등의 폭력적 수단에 의존하여 남로당과 좌익단체가 군경과 우익단체에 대항하는 양상으로 전개되었다. 하지만 이전의 투쟁과 비교되는 2·7총파업사건의 주요한 특징은 ①한편으로 단독선거를 반대하면서 다른 한편으로는 인공 수립을 지지하는 양면 투쟁의 성격을 지녔고,[31] ②소규모 무장대를 조직하여 관공서와 기관을 공격하고, 경찰관과 우익인사에 대해 테러와 암살을 자행한 것인데, 남로당이 이때 내세운 투쟁구호는 ①국제연합조선위원단을 반대한다, ②남조선 단독정부 수립을 반대한다, ③미·소 양군의 동시 철퇴로 조선통일민주주의 정부수립을 우리 조선인에게 맡겨라, ④정권을 인민위원회에 넘겨라, ⑤지주의 토지를 몰수하여 농민들에게 무상으로 나누어주라 등이었다.[32]

2·7총파업사건에는 엄청난 폭력이 수반되어 2월 7일부터 20일 사이에만 파업 30건, 맹휴 25건, 시위 103건, 방화 204건이 발생하였고,[33] 미군정이 검거한 인원만 해도 8,479명에 달했다. 이는 남로당 중앙이 2·7총파업투쟁을 벌이면서 북조선최고인민회의가 2월 11일 발표한 '조선민주주의인민공화국 임시헌법 초안'을 지지하고 나섬으로써[34] 2·7총파업투쟁의 성격이 단순한 단독선거 반대투쟁이라기보다는 인공수립이라는 목표도 동시에 갖고 있었기 때문이었다. 그러므로 남로당 중앙은 전평을 비롯한 모든 공산당 외곽조직과 행동대에게 "공장에서는 파업, 학교에서는 동맹휴학과 데모, 농촌에서는 부락대회를 개최하여 유엔배격, 양군철퇴, 5·10 총선거 반대를 결의하고, 소규모 무장대를 조직하여 관공서,

31) 김남식, 『남로당 연구』(돌베개, 1984), pp.307-308.
32) 대검찰청수사국, 『좌익사건실록』 제1권(대검찰청, 1965), p.372.
33) 한국 반탁·반공 학생운동기념사업회, 『한국학생건국운동사』(1986), p.305.
34) 김남식, 앞의 책, pp.307-308.

통신 및 운송기관과 언론기관을 공격하며, 입후보자·우익인사·경찰관을 테러·암살하고 야간에는 봉화를 올릴 것 등을 지령하였다.[35) 따라서 남로당을 비롯한 좌익진영에서는 시위, 전단살포, 전주절단, 철도파괴, 지서습격 등 격렬한 선거반대캠페인을 전개하였을 뿐 아니라 백골대, 유격대, 인민청년군 등 소규모 무장대를 조직하여 선거등록사무의 방해 및 입후보자에 대한 테러, 선관위원에 대한 사퇴 압력 및 테러, 선거인명부의 탈취 및 소각, 투표함의 파괴 및 방화, 주민들의 선거 보이콧 유도 등의 활동을 전개하였다.

그러나 미군정과 우익단체에서는 좌익과 단선반대 정파들의 시위·테러에 의한 선거방해를 저지하고, 5·10 총선거가 정당성을 갖는 선거임을 과시하기 위해 보다 많은 유권자들을 투표에 참여시키려고 노력하였다. 우선 미군정은 주한미군 병력의 경계태세를 강화하고, 국회의원선거법에 부일협력자의 선거권과 피선거권을 박탈하여 선거의 정당성을 제고하며, 군정경찰의 선거업무 지원활동 및 보호활동을 강화하였다. 다음 우익단체는 향보단을 조직하여 경찰을 도와 좌익세력의 선거방해를 저지하고, 유권자의 선거인 등록을 적극 권장하는 역할을 수행하였다. 그러므로 선거를 감시했던 유엔위원단은 유권자들의 약 90%가 선거인으로 등록하였고, 그 중 93%가 대체로 자유로운 분위기에서 투표했다고 평가하였다. 5·10 총선거가 끝나자 남로당 중앙은 5·10 총선거 이전의 단선저지 및 인공수립투쟁에서 정부전복 및 인공수립투쟁으로 전환하는 양상을 시현하였다.[36)

제주4·3사건은 1947년 3월 1일 경찰의 발포사건을 계기로 남로당 제주도위원회가 당원확장운동을 전개하여 조직이 확대되자 이를 기반으로 1948년에 2·7총파업투쟁과 그 연장선상에서 4·3무장봉기를 주도함으

---

35) 김남식, 『실록 남로당』(신현실사, 1975), pp.386-394.
36) 한용원, "5·10 총선거를 둘러싼 좌우익 간의 투쟁," p.120.

로써 야기되었다. 남로당 제주도위원회는 1948년 2월에 개최된 신촌회의에서 강경파(김달삼)가 온건파(조몽구)를 누르고 무장투쟁안을 12대 7로 결정한 바에 따라 전남도당 오르그가 참여한 가운데 상임위원회를 개최(1948.3.15), '조직의 수호와 방어의 수단으로서 그리고 단선·단정을 반대하는 구국투쟁'으로서 무장투쟁을 최종결정하여 한라산 정상과 주요 고지에 일제히 봉화가 오르는 것을 신호로(1948.4.3 새벽 2시) 도내 16개 경찰지서 중 12개 경찰지서에 민애청요원들로 구성된 유격대와 자위대 및 특경대요원 350명을 투입하여 습격을 감행, 경찰관과 우익인사들을 살해하였다. 이같은 사태가 발생하자 미군정청 경무부는 제주비상경비사령부(사령관 경무부 공안국장 김정호)를 설치하고 각도 경찰국에서 1개 중대씩 8개 중대 1,700명의 경찰을 제주도에 급파하는 한편, 서북청년회 및 대동청년단과도 협조하여 청년단원들을 특파하였다.[37] 그러나 경찰력만으로 사태를 진정시키는 데 한계를 느끼자 국방경비대 총사령부는 제주주둔 제9연대에 대해서 4월 17일부터 진압작전을 실시하도록 지시하였다.

한편 딘(W. F. Dean) 미군정장관은 제주도에서 5·10선거를 제대로 치루기 위해 안재홍 민정장관, 조병옥 경무부장, 송호성 경비대 총사령관을 대동하고 제주도를 방문하여(1948.5.5) 비밀회의를 개최한 데 이어 제주사태를 조기 진압하기 위해 제9연대장을 김익렬 중령에서 박진경 중령으로 전격 교체하였다. 그러나 제주사태가 진정되지 않았을 뿐 아니라 향보단이 주민들의 선거인 등록을 독려했음에도 제주도 등록률은 64.9%에 머물러 전국 최하위를 기록한 데다가 무장대가 선거를 보이콧하는 방법으로 주민들을 산으로 올려 보냈기에 투표율이 북제주군 갑구는 43%, 을구는 46.5%로서 과반수에 미달함으로써 2개 선거구의 선거

---

37) 제주4·3사건 진상 규명 및 희생자명예회복위원회, 『제주4·3사건 진상조사보고서』(2003), pp.188-189.

는 무효로 선포되었다. 제주4·3사건은 1947년 3월 1일부터 1954년 9월 21일까지 지속된 것으로 보는데, 이 기간 중 여순10·19사건이 발생, 제주도에도 계엄령이 선포되어(1948.11.17) 강경진압작전이 전개됨으로써 수많은 중산간마을이 초토화되었을 뿐 아니라 많은 주민들이 희생당하였다. 하지만 제주4·3사건을 남로당 제주도위원회가 단독선거 반대와 인공수립지지의 양면투쟁을 무장투쟁의 방식으로 전개하여 남한의 5·10 총선거를 반대하고 북한의 8·25선거에 참여하는 결과를 낳았는데, 이는 김달삼이 해주대회의 보고를 통해 제주지역주민 72,000여 명이 8·25선거에 참여(지하선거에 백지날인)했다고 강조한 데서도 엿볼 수 있다.[38]

이상과 같이 반혁명전략을 중심으로 한 미군정의 대한통치정책을 논의하였는데, 이러한 미군정의 통치정책은 결국 남한에 대소방파제를 구축하기 위해 경제적으로 미국을 중심으로 한 세계자본주의체제에 남한을 편입시키고, 정치적으로 미국식 자유민주주의체제의 수립 토대를 마련하는 데 기여하였다. 이러한 토대를 마련하기 위해 미군정은 남한 내 총자산의 80%에 달하는 일본인 소유 농지, 공장, 기업을 적산으로 접수·관리하면서 친미상공인들에게 불하하여 자본축적의 기회를 부여하였고, 한민당 등 우익세력과 협력하여 군정정책을 집행하면서 이들의 세력신장을 지원하였다. 그리고 혁명적 상황의 대두를 예방하기 위해 미군정이 비록 토지개혁, 친일파처리 등 민중의 개혁요구를 외면했으나 좌익에 대항할 우익청년단의 훈련을 지원하고, 우익세력 중심의 한인화정책을 추진하여 남한에 친미·반공정권 수립의 토대를 구축하였다. /

3. 미국의 대남군사정책

루스벨트 행정부가 카이로회담을 전후하여 연합국의 전후처리정책을

---

38) 『남조선인민대표자대회 중요문헌집』(인민출판사, 1948), pp.102-109.

입안하면서 마샬(George C. Marshall)을 중심으로 하는 군부에서는 한
반도가 그 자체로서 중요한 것이 아니라 소련이 부산항을 원하고 있고
이를 기지로 삼아 대련과 연결할 수 있다는 사실로 인해서 반사적으로
한반도의 전략적 중요성을 인식하기 시작하였다.[39] 그러므로 군부에서
는 한반도가 몽땅 소련의 세력권에 들어가거나 사할린을 점령한 소련군
이 홋카이도에 상륙한다면 패전 후 일본이 사회주의 국가가 될 가능성이
있음을 우려하였다. 따라서 아이젠하워 장군도 "일본이 미국 세력권 안
에 있으면 태평양은 '미국의 호수'가 되지만, 일본이 대륙의 사회주의권
으로 들어가면 태평양은 '붉은 호수'가 된다."고 했다. 이같은 인식이 미
국의 군부에 보편화되었기 때문에 미국의 군부는 한반도의 전략적 중요
도를 낮게 평가했으면서도 남한만이라도 미국 세력권 안에 두어 소
련·중국 등 대륙세력으로부터의 방파제 역할을 하도록 해야 일본이 안
정되게 미국의 세력권 안에 있을 수 있을 것이라고 보았다.

  그러나 미국은 반전의식이 점증하는 상황에서 일본 본토 침공으로 야
기될 인명피해를 부담스럽게 생각하였고, 따라서 육군부장관 스팀슨
(Henry L. Stimson)은 일본의 무조건 항복을 받기 위한 전략임을 내세
워 극동에서의 소련의 참전을 요구하였다. 하지만 포츠담회담이 개최되
기 직전에 원폭실험이 성공했다는 보고를 받은 그는 '인류 역사상 가장
가공할 무기'의 개발과 더불어 대일전의 단독 승리가 가능하다고 판단되
자 소련의 참전을 요구해온 자신의 입장을 후회하기 시작하였다.[40] 이러
한 맥락에서 트루먼 행정부의 수뇌부에서는 소련이 대일참전의 대가로
일본의 분할점령을 요구할 공산이 크다고 예견하였고, 따라서 그 타개책
으로 일본의 분할은 저지시키되, 한반도에서의 분할점령을 양보하는 정

---

39) "Minutes of President's Meeting with JCS," *FRUS,* 1943; *The Conferences at
    Cairo and Teheran* (USGPO, 1961), p.257.
40) Henry L. Stimson & McGeorge Bundy, *On Active Service in Peace and War*
    (London: Hutchinson & Co., 1947), p.376.

책을 채택하였다. 그러므로 전후에 미국은 소련이 한반도 전체에 대해
배타적 지배권을 행사하도록 내버려두지 않았을 뿐 아니라 미국이 한반
도에서 지배권을 포기하는 것은 곧 한반도에서의 소련에 대한 패배를
인정하는 것이나 다를 바 없다고 인식하였는데, 이러한 인식은 소련정부
의 수뇌부에서도 마찬가지로 공유하고 있었다.

물론 한국의 전략적 가치에 대하여 미국 국무부와 군부의 인식은 상이
했으나 한국에서의 미국의 이익을 포기할 수 없다는 점에서 그들은 기본
적으로 견해를 같이 하였다. 그러므로 미국 행정부는 한반도에서 미국의
영향력이 균형을 잃을 정도로 약화되거나 감소되는 것을 용인할 수는
없었다. 그러므로 종전 직전 합동참모본부는 루스벨트에게 "국가방위의
차원에서 우리 군대로 점령한 태평양상의 일본이 통치하던 섬들은 유엔
의 신탁통치하에 둘 것이 아니라 미국의 주권하에 놓도록 해야 한다."고
까지 제의하였다. 하지만 미국 행정부가 소련에 대해 극동에서의 대일참
전을 요구하였기 때문에 미국과 소련 어느 한 쪽이 한반도를 배타적으로
지배하기는 불가능해진 상황이 전개되었다.41) 그러므로 이러한 문제들
을 동시적으로 해결하기 위해서 미군은 충분한 기간 동안 한국에 머무를
필요가 있었는데, '일반명령 제1호'에 의해 미·소 양군이 38선을 경계
로 분할점령이 결정되었기 때문에 한반도에 군대를 주둔시켜야 한다는
요구는 충족되었지만 그것이 결코 미국에게 바람직한 것일 수만은 없
었다.

미국의 군부가 판단할 때 한국에 군대를 주둔시키는 것은 '밑 빠진
독에 물 붓기'와 같은 것이었다.42) 그러므로 철군론이 대두되어 1947년
에 미군부에서는 한반도로부터의 철군론이 일반적인 분위기로 자리 잡

---

41) "Briefing Book Paper," *FRUS,* 1945; *The Conference of Berlin: The Potsdam Conference,* Vol.I(USGPO, 1960), pp.311-312.

42) "General Wedemeyer's Testimony," *MacArthur Hearings* (USGPO, 1951), pp.2395-2396.

기 시작하였다. 따라서 1947년 2월 초에 마샬 국무장관과 패터슨(Robert P. Patterson) 육군장관은 한반도문제를 전담하기 위한 특별위원회 설치를 합의하기에 이르렀다. 한편 맥아더 장군에게 38선의 제거, 신탁통치안의 포기, 한국의 조속한 독립 공개 약속을 건의한(1945.12.16) 바 있던 하지 장군은 1947년 2월 미국 언론인들에게 "북한의 무장해제 없이 미·소 양국의 점령군이 철수한다면 남북한 사이에 치열한 내전이 발생할 것이며, 만약 미군이 남한에 계속 주둔하면 한반도는 2개의 이질적인 집단으로 분단될 것"이라고 하였다. 그리고 그는 3월 3일 육군부 고위관리들과의 회의에서 미 점령군이 철수한다면 소련이 한반도 전체를 지배하게 될 뿐 아니라 '처참한 내란' 상태가 발생할 것이라고 하는 한편, 미국이 아시아의 민주주의 발전을 위한 의지가 있다면 남한만의 단독정부 수립이 필요할 것이라고 하였다.[43]

이러한 와중에 트루먼독트린이 선포되자(1947.3.12) 한국문제특별위원회에서는 "소련의 입지가 강화되지 않도록 하기 위해서라도 한국에서의 소련의 팽창을 억제시키는 것이 중요하다."고 했으나 육군부에서는 트루먼독트린이 한국에까지 확대 적용되어서는 안 된다고 판단하였으며, 패터슨 장관은 한국문제를 유엔에 이관하거나 아니면 남한에 단독정부를 수립하는 것이 명예롭게 퇴진할 수 있는 좋은 대안이라고 적시하였다.[44] 이는 "시기를 놓치지 말고 가능한 빨리 한반도에서 철수해야 한다."는 육군부의 주장을 반영한 것이었다. 트루먼 행정부는 대외적 신뢰도와 군사적 가치라는 두 개의 원칙을 모두 수용할 수 있는 묘책을 강구해야 하는 상황에서 1947년 9월 하순 한국문제를 유엔에 이양하기로 결정함으로써 한반도에서 명예롭게 퇴진할 수 있는 길을 마련하였다. 이제 미국이 전시 동원체제를 해제하고 안보체제를 개편한 연후에 봉쇄정책

---

43) 차상철, "미국의 대한정책, 1945~1948," 『한국사 시민강좌』 38(일조각, 2006), pp.8-9.
44) Patterson to Acheson, *FRUS*, 4 April 1947, Vol.6, pp.625-628.

의 추진과 극동전략의 추진에 관해 고찰키로 한다.

전후 세계는 미국과 소련을 중심으로 하는 민주진영과 공산진영 체제로 분열되어 갔으며, 소련은 제2차 세계대전에서의 군사적 공헌도를 앞세워 국제사회에서의 지위 및 입지를 강화해 나가는 대외 팽창정책을 추진하였다. 특히 소련은 국경을 맞대고 있는 동독, 폴란드, 헝가리, 루마니아, 불가리아, 유고슬라비아, 체코슬로바키아, 알바니아 등 동유럽 국가들과 만주 및 북한에 소련군을 주둔시키면서 이들 지역에서 공산정권 수립을 위해 적극 지원하고 있었다. 소련의 이러한 팽창 위협에 대해 영국의 처칠이 웨스트민스터대학에서 「철의 장막」 연설을 통해 "소련은 팽창주의 국가이다. 발틱해의 슈제친(Stettin)에서부터 아드리아해의 트리에스터(Triestte)까지 철의 장막이 대륙을 가로질러 내려오고 있다."고 비난하자(1946.3.5) 미국의 고위 정책수립가들은 스탈린이 세계적화를 노리고 있다고 믿고, 전후 미국의 막강한 경제력과 군사력 그리고 책임감만이 소련의 팽창을 막고 제3차 세계대전을 방지할 수 있다고 확신하였다.[45] 그러므로 미국의 고위정책 수립가들이 이러한 전후 유럽의 총체적 위기상황과 소련의 팽창주의에 적극 대처하기 위해 수립한 정책이 트루먼선언(Truman Doctrine)과 마샬플랜(Marshall Plan)이었다.[46]

트루먼독트린의 직접적인 배경은 터키와 그리스에 대한 소련의 위협에서 비롯되었다. 특히 내란상태에 있던 그리스는 미국의 즉각적인 지원이 없으면 소련의 위성국가로 전락하게 될 운명에 처하게 되었다. 이에 트루먼 대통령은 미국 상하 양원 합동회의에서 공산주의 위협을 받고 있는 그리스와 터키에 대해 원조를 요청하면서(1947.3.12) "소련의 팽창주의 위협에 대해 향후 미국이 지향해야 될 정책은 소수의 무장 세력이

---

45) James L. Gormly, *From Potsdam to the Cold War: Big Three Diplomacy, 1945~1947* (Wilmington: A Scholarly Resources Inc., 1990), p.221.

46) John Lewis Gaddis, *Russia, The Soviet Union, and the United States: An Interpretive History*, 2nd ed. (New York: McGraw-Hill, 1990), p.186.

나 외부의 압력으로부터 굴복하지 않으려고 투쟁하는 자유민들의 노력
을 지원하고, 자유민들이 그들 자신의 운명을 결정할 수 있도록 도와주
어야 할 것이다."고 강조하고, "미국의 원조는 경제적 안정과 평화적인
정치적 발전에 필수적인 경제적·재정적 측면에서 이루어질 것이며, 미
국이 이러한 긴박한 사태를 맞아 세계 강대국으로서 지도력을 발휘하지
못한다면 세계평화를 위태롭게 할 뿐 아니라 미국의 복지도 위태롭게
될 것이다."고 경고하였다.47) 그러므로 트루먼독트린은 공산주의의 위
협에 직면한 자유우방에·대하여 미국이 취하는 고도의 정치적·전략적
차원의 해결책이었다.

　트루먼 대통령의 그리스와 터키에 대한 원조 요청은 상·하 양원으로
부터 초당적 외교정책으로 호응을 얻어 그리스에는 3억 달러의 경제 및
군사원조와 함께 군사 및 민간 전문가를 파견할 수 있었고, 터키에는 1
억 달러의 군사원조를 실시할 수 있었다. 이렇게 시작된 미국의 원조는
지중해 해역에서 뿐만 아니라 전 세계적으로 소련의 팽창을 막는 가장
효과적인 수단이 바로 봉쇄정책임을 입증하였다. 그러나 트루먼독트린
이 지닌 정치적·군사적 성격만으로 혼란에 빠진 유럽을 치유할 수가 없
었기 때문에 마샬계획(Marshall Plan)으로서 보완시켜야 했다. 마샬 국
무장관이 소련문제 전문가인 케난(George F. Kennan)에게 유럽의 위기
적 상황을 해결하고 소련의 침략을 저지하기 위한 대책 마련을 지시함에
따라 케난은 미국무부의 정책기획 부서로 새로 설치된 정책기획국의 국
장으로 취임하여 미국의 장기적이면서도 전략적 정책으로 유명한 마샬
계획을 수립하게 되었다.48)

　마샬 국무장관은 하버드대학 연설을 통해(1947.6.5) "세계경제가 건

---

47) "Truman Doctrine," *Public Papers of the Presidents, Harry S. Truman, 1947*
　　(USGPO, 1963), pp.176-180.
48) George F. Kennan, *Memoirs 1925~1950* (New York: Panchon Books, 1967), pp.
　　325-326.

강하지 않고서는 정치적 안정도 확실한 평화도 있을 수 없기 때문에 미
국의 정책은 세계경제가 원활하게 작동할 수 있도록 다시 소생시켜야
한다."고 역설하였고, 이같은 완전한 치료책의 성격을 지닌 마샬계획으
로 인해서 유럽은 놀라운 경제성장을 이룩하여 전쟁 이전의 상태를 회복
함으로써 전후 만성적인 달러 부족에서 허덕이던 유럽 국가들을 구제할
수 있었다.[49] 한편 미국은 소련의 공산주의 세력이 더 이상 팽창하지
못하도록 소련의 주변부를 막아야 한다는 개념의 봉쇄정책(Containment
Policy)을 수립하였다. 소련 전문가인 케난이 1946년 2월 「소련 행동의
원천」이라는 논문을 통해 "소련의 행동은 전통적인 팽창주의와 공산주
의 이데올로기에서 비롯된 것"이라고 단정하고, 소련의 팽창주의 정책을
막을 방도는 봉쇄정책만이 소련 공산주의자들의 도전을 효과적으로 저
지할 수 있는 최상의 조치라고 생각하게 되었다. 미국의 봉쇄정책은 트
루먼독트린과 마샬플랜처럼 주로 경제원조와 군사고문단을 지원하는 방
식으로 수행되었으나 점차 소련의 위협이 가중됨에 따라 군사적인 지원
성격으로 발전하게 되었다.[50]

　소련의 공산주의의 확장을 막기 위한 봉쇄정책은 트루먼독트린과 마
샬플랜, 그리고 북대서양조약기구(NATO) 등으로 실현되었는데, 이같은
정책의 배경에는 태평양전쟁에서 그 진가를 발휘했던 원자폭탄이 있었
던 것이다. 즉 미국의 봉쇄정책은 핵무기를 군사적 수단으로 채택하는
전략적 개념에 기반을 두고 있었다. 트루먼 행정부가 군사전략으로 수립
했던 주변기지전략도 대소우위인 미공군력과 핵무기를 결합시켜 소련의
주변지역에 전략공군기지를 설치하고 핵무기를 이용하여 소련의 세력
확대를 봉쇄한다는 전략이었다.[51] 이는 미행정부가 비용이 적게 들면서

---

49) Thomas G. Paterson, "The Marshall Plan Revised," in Paterson, *The Origins
　　of The Cold War* (Lexington: D. C. Heath and Company, 1974), pp.171-172.
50) Arthur Krock, "A Guide to Official Thinking about Russia," *New York Times*,
　　July 8, 1947.

효과가 큰 핵무기 개발과 함께 핵무기의 투발 수단인 전략공군에 기초한 군사전략을 수립한 것과 그 맥을 같이한 것이다. 특히 미국은 전후에 아시아대륙에서 전쟁이 일어날 경우에 대소지상전을 수행할 만한 능력을 가지고 있지 못했기 때문에 미군이 반격을 개시하기 위해서는 일본·오키나와·알래스카·알류산열도 등의 대륙연안도서에 해군·공군기지를 설치하지 않을 수 없었다.

　그러면 이제 미국의 극동전략에 관해 살펴보기로 한다. 미국이 극동방위를 위해 채택한 도서방위전략은 알류산열도에서 일본·필리핀을 연결하는 도서방위선상의 도서들이 제공하는 해·공군기지를 활용하여 전략공군과 핵무기로 전쟁을 수행해 나간다는 개념에 입각하고 있다. 미국의 군부가 극동에서 도서를 연결하여 방위선을 구축한다는 개념은 1947년 중반 대소전쟁계획에 반영되었고, 미극동군 사령부가 1948년 3월에 작성한 대소작전계획은 거의 대소전쟁계획(MOONRISE)을 그대로 반영한 것이었다.52) 미극동군은 아시아대륙에서 소련의 팽창에 대처해야 할 지상 전력이 부족하기 때문에 극동방위는 일련의 도서방위선 상에서 해·공군의 우위 군사력을 활용한다는 개념을 갖고 있었다. 이같은 미국의 도서방위전략이 대외적으로 공포된 것은 애치슨(Dean G. Acheson) 국무장관이 전국기자클럽에서 행한 '아시아의 위기'라는 연설에서(1950. 1.12) 미국의 방위선은 알류산열도 – 일본본토 – 오키나와 – 필리핀을 연결하는 선이라고 밝히면서였는데,53) 이 선언이 제시한 방위선에서 한국과 대만은 제외되었다.

　전후 미국이 채택한 핵무기와 전략공군에 의한 세계적 규모의 대소전

51) James F. Schnabel, *History of the Joint Chiefs of Staff: The Joint Chiefs of Staff and National Policy 1945~1947* (Washington, D.C., 1996), p.69.
52) 국방부 군사편찬연구소, 『6·25전쟁사 I: 전쟁의 배경과 원인』(2004), pp.106-107.
53) 같은 책, p.109.

쟁계획에 한반도가 위치한 극동지역은 미국의 안보에 상대적으로 덜 중
요한 지역으로 분류되었다. 더욱이 미국은 소련에 비해 지상군병력이 열
세에 있었기 때문에 전략적 중요성에 의거하여 자원배분을 하지 않을
수 없었고, 따라서 미국은 극동지역에서 지상군보다 우세한 해·공군력
을 이용하여 전쟁을 수행한다는 도서방위전략을 채택하게 되었다. 그런
데 극동지역에서의 미국의 대소전쟁계획인 MOONRISE에 의하면 ①전
쟁이 발발하여 소련이 한반도로 진격할 경우 미군은 이를 저지시킬 수
없을 뿐 아니라 소련군은 20일 이내에 한반도 전체를 점령할 것이다.
②일본의 방위는 도서방위선을 중심으로 해·공군력을 이용해 보장할
수 있기 때문에 남한에 주둔하고 있는 주한미군은 일본으로 철수시킨다.
③한국은 전략적 가치가 별무하기 때문에 설사 극동지역에서 공세이전
의 기회가 주어진다고 해도 한반도를 우회하여(by-pass하여) 중국대륙을
공격한다는 등의 전략개념을 갖고 있었다.54)

끝으로 미국의 한국에 대한 전략적 평가와 철수정책을 중심으로 하여
미국의 대한군사정책의 전개를 살펴보기로 한다. 미국의 국가안전보장
회의(NSC)가 주한미군 철수정책을 최종적으로 결정할 때에 미 합동참
모본부의 전략적 평가와 웨드마이어 사절단의 비밀보고서가 많은 영향
을 주었다. 미합동참모본부는 산하의 합동전략분석위원회(Joint Strategic
Survey Committee)가 작성한 「국가안보 면에서 본 미국의 대외원조」라
는 보고서(1947.4.29)를 통해 한국을 미국의 국가안보의 중요도에서 주
변지역으로 분류하였다. 즉 한국은 미국의 지원을 필요로 하는 우선순위
에서는 16개국 가운데 5위를 차지하지만 미국 안보의 중요성에서 본 우
선순위는 16개국 가운데 15위에 불과하고, 양자를 종합적으로 보면 한
국은 16개국 가운데 13위라는 낮은 순위를 차지한다는 것이다. 이처럼
미 합동참모본부가 한국을 주변지역으로 분류한 것은 전쟁이 일어날 경

---

54) 같은 책, p.106.

우 한국은 군사적 관점에서 미국과의 전략적 이해관계가 매우 낮다고 평가하였기 때문이었다. 그리고 동 보고서는 한반도에서 미국이 소련과의 이념전쟁에서 패배한다면 미국의 국가위신이 크게 손상될 뿐 아니라 미국이 세계의 지도자로서의 책임 감당을 꺼려 한다는 부정적인 인상을 줄 우려가 많다고 지적했다.

그러나 동 보고서는 미국이 전 세계의 모든 지역에서 이념적 적국과 맞붙어서 싸울 수는 없기 때문에 만약 미국이 보다 더 중요한 지역에 원조를 집중하기 위하여 한국에 대한 더 이상의 원조를 중단한다고 공개적으로 선언한다면 외부의 우려를 불식시킬 가능성이 많다고 강조하였다. 나아가 동 보고서는 "만약 현재의 외교적·이념적 전쟁이 실전으로 변한다면 한국은 미국의 국가안보를 유지하는 데 공헌할 수 있는 것이 거의 없다. 따라서 일차적으로 매우 중요한 국가들에게 충분한 원조를 제공한 후에도 여력이 남아 있을 경우에 한해서 한국에 대한 지원이 이루어져야 한다."고 결론지었다.[55] 이러한 전략적 평가에 근거해서 미합동참모본부는 미국무부의 '한국의 군사전략적 가치'에 대한 평가 요구(1947.9.15)에 관해 "군사적 관점에서 미국은 한국에 군대나 기지를 유지해야 할 전략적 이해관계가 거의 없다. 만약 극동지역에서 적대행위가 발생할 경우 현재 한국에 주둔하고 있는 미군은 미국에게 오히려 군사적 부담이 될 것이다."고 회신하였으며, 더욱이 "장차 미국이 아시아대륙에서 수행하게 될 어떠한 지상작전도 한반도를 우회하게 될 것"이라는 점을 명확히 하였다.[56]

다음으로 웨드마이어 사절단의 비밀보고서에서는 극동에서 전쟁이 일어난다면 주한미군은 군사적 부담이 될 가능성이 많다고 하면서 소련과

---

55) Report by Joint Strategic Survey Committee, "U.S. Assistance on Other from the Stanpoint of National Security," *FRUS,* 1947, Vol.Ⅵ, pp.734-736.
56) Report by the State-War-Navy Coordinating Subcommittee for the Far East, SANACC 176/34, p.294.

협상하여 미군이 소련군과 동시에 철수하는 방안을 강구하도록 건의하였다.57) 이 보고서는 트루먼 대통령이 1947년 7월 웨드마이어 장군에게 2개월간에 걸친 중국 및 한국에 대한 현지실정 조사 임무를 부여함으로써 작성되었다. 웨드마이어 장군은 보고서를 통해 "소련이 북한을 점령하고 있는 한 미국은 남한에 부대를 계속 주둔시키지 않으면 안 될 것이다. 그렇지 않으면 미국은 이데올로기적 패배를 시인하게 될 것이다."고 하면서 "극동에서 전쟁이 일어날 경우 한국에서는 현재의 병력을 계속 유지할 수가 없기 때문에 군사적 부담이 될 가능성이 많고, 따라서 소련과 협상을 해서 미·소 양군이 동시에 철수하는 방안을 강구할 필요가 있다."고 했다. 아울러 미국은 주한미군을 철수하기 전에 북한으로부터의 위협에 대처하기 위해 한국에 필요한 원조와 한국인으로 편성된 방위부대를 창설하여 훈련시켜야 할 것이라고 강조했다.

이같은 미 합동참모본부의 전략평가보고서와 웨드마이어 조사단의 비밀보고서는 미국무부의 한국문제의 유엔이관과 그 궤를 같이하여 국무·육군·해군·공군의 4부정책조정위원회(SANACC)가 주한미군의 철수정책을 수립하는 데 많은 영향을 주었다. 주한미군의 철수정책은 미 국가안전보장회의에 제출되어(1948.4.2) 「한국에 관한 미국의 입장」이라는 문서(NSC-8)로 채택되어 4월 8일 트루먼 대통령의 최종승인을 받았는데, 동 문서에는 주한미군의 철수에 따른 악영향을 최소화시키기 위해서 ①한국에 대한 미국의 공약의 경감을 촉진키 위하여 실질적으로 달성 가능한 범위 내에서 남한에 수립될 정부에 대한 지원을 확립하고, ②한국의 안전을 수호할 능력을 갖출 수 있도록 한국군대의 훈련 및 장비에 관해 필요한 조치를 취하며, ③한국경제의 붕괴를 방지하기 위해 한국에 대한 경제 원조를 제공해야 한다고 규정하였다.58) 그리고 이 문

---

57) Albert C. Wedemeyer, "Report to the President: Korea" (Washington, D.C.: USGPO, 1951), p.III.
58) NSC-8, *FRUS*, 1948, Vol.VI, p.1164.

서에는 주한미군의 철수에 대한 보완조치로서 국방경비대의 50,000명에 대한 조직과 훈련 그리고 장비이양문제도 규정하였다. 그러나 주한미군이 철수를 개시한 와중에 여순사건이 발생함으로써(1948.10.19) 철수완료 시한은 NSC-8이 규정한 1948년 12월 31일에서 1949년 6월 30일로 연기되어 NSC-8/2에 규정하였다.[59]

NSC-8/2는 NSC-8이 규정한 것보다 15,000명이 더 많은 국방경비대 65,000명에 대한 추가적인 군사원조를 규정하였다. 그러나 이 문서에는 한국이 독자적인 공군과 해군을 보유하지 못하도록 규정하였다. 임시군사고문단(PMAG)은 주한미군사고문단(KMAG)으로 발족하였다(1947. 7.1). 그러므로 대한민국정부 수립과 동시에 미군정청은 해체되었으나 한미 간의 군사협정에 따라 주한미군사고문단은 한국군에 대한 교육훈련 지원임무를 계속 수행케 되었는데, 미 군사고문단의 설치 목적은 육군·해군·경찰을 포함한 대한민국 국방조직 및 훈련에 있어서 대한민국 정부를 조언 및 원조하며, 또한 국방군이 미국의 군사원조를 유효하게 이용하도록 보장함으로써 대한민국의 국방군을 한국경제 범위 내에서 발전시키는 데 두었다.[60]

그런데 미국은 주한미군 철수정책을 수립하는 과정에서 한국에 대한 군사목표를 설정했는데, 미국은 기본적으로 외부의 대규모 침공에 대처하는 군사력이 아니라 내부의 치안유지와 38선에서의 무력충돌 등과 같은 소규모 국경분쟁에 대처할 수 있는 수준의 한국군 육성을 군사목표로 설정하였다.

---

59) NSC-8/2, *FRUS,* 1949, Vol.VI, pp.969-978.
60) 「대한민국정부와 미합중국정부 간의 주한미국군사고문단 설치에 관한 협정」 제1조(1950.1.26 서명, 1949.7.1 소급 발효).

II. 소련의 대북정책

미·소는 제2차 세계대전의 수행 중 연합국의 두 축을 형성했으나 미국은 동구제국을 점령한 소련이 의회민주주의 원칙을 무시하고 독단적으로 공산화정책을 시행하고 있다고 보았고, 소련군이 한반도 전체를 점령할 경우에는 스탈린과 합의한 한반도의 신탁통치 실시가 불가능할 것으로 우려하였다. 이는 스탈린이 1945년 4월 유고의 공산당 지도자인 질라스(Milovan Djilas)와의 대화에서 "소련이 점령하는 지역에는 소련식 체제를 이식할 수 있다."고[61] 한 바가 한반도에서도 현실화될 수 있을 것으로 미국이 보았기 때문이었다. 그러나 트루먼 대통령은 스탈린에게 38선을 경계로 미·소 양측에 의한 일본군의 무장해제를 제의(1945.8.14)한데다가 중국정부가 스탈린이 얄타에서 루스벨트(Franklin D. Roosevelt) 대통령에게 요구했던 만주에서의 이권문제를 모두 수락하여 중·소협약을 체결해주자 스탈린은 트루먼이 소련에 우호적일 수 있다는 생각을 하게 되었고,[62] 따라서 그는 "홋카이도의 북부를 소련에 활양한다."는 내용으로 '일반명령 제1호'의 수정을 요구했다가 미국으로부터 거절당한 바 있으나 일반명령을 수락해주는 여유를 보였다.

하지만 1945년 9월 12일부터 10월 2일까지 열린 런던회의를 기점으로 스탈린의 태도가 급격히 차가워졌다. 이는 소련 해군의 지중해 진출을 갈망하고 있던 스탈린이 패전국 이탈리아가 소유하고 있던 트리폴리타니아(Tripolitania)를 소련에게 넘겨줄 것을 요구했으나 미국과 영국은 이 요청에 귀를 기울이지 않았을 뿐 아니라 소련의 국시가 미·영의 자유주의 및 자본주의와 상충된다고 하여 소련을 우방으로 대접하지 않은

---

61) Milovan Djilas, *Conversation with Stalin* (New York: Harcourt, Brace & World, 1962), p.114.
62) 이정식, "이승만의 단독정부론 제기와 그 전개," 『한국사 시민강좌』(일조각, 2006), p.51.

데서 비롯되었다. 이러한 상황을 배경으로 스탈린의 지령이 북한을 점령한 제25군에 하달되었다(1945.9.20). 스탈린은 소련군의 점령지역에 부르주아 정권을 수립하라고 지시한 것이다. 이 지령은 소련군 총사령관 스탈린과 참모장 안토노프의 공동명의로 연해주 군관구 및 제25군 군사평의회에 발송된 것으로서, 제2항에 "소련군 점령지역에 반일적인 민주주의 정당조직의 광범한 연합을 기초로 한 부르주아적 민주주의 정권을 수립하라"고 하였다. 이 전보에는 남한을 점령한 미국과의 협의나 한반도의 통합 또는 통일문제에 대해서는 일체의 언급이 없었다.

이는 한국문제에 대해서 미국과의 교섭 또는 타협의 결과를 기다리지 말고 소련 점령지역에 단독정부를 수립토록 하라는 의미를 담고 있을 뿐 아니라 남·북한에서의 한국인 정객들의 건국활동과도 아무런 관련이 없이[63] 연해주 군관구 군사평의회에 의해 북한에서의 단독정부 수립에 박차를 가하라는 의미를 담고 있는 것이었다. 그러나 스탈린의 지령이 내포한 '민주주의 통일전선' 전략은 당시 소련이 동유럽의 모든 점령지에서 공산정권을 수립하기 위하여 구사했던 기본정책이었으나 북한의 상황이 지역공산주의자들에 의지하여 소비에트화정책을 추진했던 동유럽의 상황과는 상이했기 때문에[64] 북한에 수립할 단독정권을 소비에트 정권도 아니고 사회주의 정권도 아닌 부르주아 민주주의 정권으로 설정하였고, 따라서 북조선에서 부르주아 민주주의 정권의 결성을 겨냥한 노선이 대담하게 관철되지 못하였다. 그러므로 소련군 총정치사령관 슈킨(Joseph Schikin) 대장은 「북한의 정치상황」이라는 비밀보고서를 통해 (1945.12.25) 북한에 세워질 부르주아 민주주의 정권은 소련의 정치·경제·군사·사회적 이익을 영구적으로 지킬 인물들로 구성된 정권이어야 한다고 강조하였다.[65]

---

63) 이정식, 앞의 글, p.52.
64) 안드레이 란코프 저·김광린 역, 『소련의 자료로 본 북한 현대정치사』(오름, 1995), p.64.

따라서 소련의 점령정책의 목표는 점령지 북한을 남한에서 떼어내어 북한에 그들의 체제를 이식하는 것이었다. 와다 하루키 교수는 "남한을 점령한 미국은 자신의 정책 목적에서 당초부터 전 한반도에 깊은 관심을 표명하고 있었는데 비해, 소련은 처음부터 자신의 정책 목적에서 북한에만 관심을 집중시킨 것이 대조적이다."라고 지적하였다.[66] 즉 미국의 신탁통 치정책의 목표는 남북의 통일정부 수립에 둔 데 반해, 소련의 점령정책은 처음부터 북한에만 소련에 우호적인 단독정권을 수립하는 것이었다. 연해 주 군관구 군사평의회 위원 스티코프(T. F. Shtykov)는 슈킨 총정치사령 관의 비밀보고서가 지적한 바에 따라 ①평안남도 인민정치위원회 위원 장인 조만식을 연금해 버리고 우익세력의 숙청에 나섬으로써 조선민주당 계열 인사들이 대거 월남하였고, ②1946년 2월에 북조선임시인민위원회 를 설립하여 남북의 재통합에는 관심이 없음을 과시하면서도 북조선 영 토 내에서는 정권을 중앙집권화했으며, ③인민민주주의 정권에 반대하는 세력을 제거하기 위해 토지개혁을 단행하였다.

미·소 공위를 3월 20일에 열기로 합의한 상태에서 소련군정이 북조 선임시인민위원회를 조직했을 뿐 아니라 3월 5일 토지개혁법을 공포· 실행한 것은 한반도의 분단 고정화를 전제로 하여 취해진 정책들로서 이는 한반도문제에 관해서 미국과 협상할 의도가 사실상 없다는 소련의 입장을 보여주는 조치였다. 이처럼 소련은 북한에 대한 집중적인 관심과 분단체제의 수립을 내용으로 하는 점령정책을 통해 먼저 북한에 사회주 의 체제를 확립하고, 그런 연후 북한을 전진기지로 삼아 남한의 사회주 의 혁명을 수행코자 하였다.[67] 다시 말하면 소민정은 점령지역에 부르주

---

65) 이지수, "북한체제 형성과 소련의 영향," 『한국행정학회 창립 45주년 기념 국제 학술대회 발표논문집』(2001), p.333.

66) 와다 하루키, "소련의 대북한정책 1945~1946," 『분단전후의 현대사』(일월서각, 1983), p.263.

67) 황수익, "5·10 총선거의 재조명," 『한국사 시민강좌』 38호, pp.82-83.

아 민주주의 정권을 수립하라는 스탈린의 지령에 따라 북한에 친소적인 단독정권부터 수립하고, 이를 기반으로 하여 무력통일을 통해 한반도 전역에 공산단일정권을 수립하는 정책으로의 전환을 기도하였다. 그러면 이제 소련의 대북점령정책, 소민정의 대북통치정책, 소련의 대북군사정책 순으로 소련의 대북정책을 살펴보기로 한다.

1. 소련의 대북점령정책

소련이 극동전쟁에 참전하여(1945.8.9) 한반도에 대한 신속한 통제체제를 구축한 데는 소련의 태평양 함대가 결정적인 역할을 수행하였다. 일본이 항복함으로써 북한에 진주한 소련 제25군(사령관 Chistiakov)은 8월 25일 전투작전을 종료하고 북한전역에 113개의 위수사령부를 설치하여 점령업무를 수행하였다. 그리고 스탈린의 명령에 의해 북한의 민간행정을 지휘하게 된 태평양함대 군사위원회 위원 스티코프 장군은 1945년부터 1947년까지 북한에서 사실상 최고지도자의 역할을 수행하였다.[68] 이는 스탈린이 1945년 가을에 '38선 이남으로의 소련 영향력 확대'를 위한 교두보로서 북한을 준비시키려는 결정을 내림으로써[69] 더욱 본격화되었고, 따라서 북한이 이같은 교두보 역할을 효과적으로 수행할 수 있도록 스티코프 장군은 북한에 친소체제의 구축을 위해 민간행정을 지도하였으며, 소련점령군은 북한을 소련의 새로운 군사동맹국으로 만들기 위해 군사력 건설을 적극 지원하였다.

소련군 총사령관 스탈린은 참모장 안토노프와 공동명의로 연해주 군관구 및 제25군 군사평의회에 지령을 통해 "소련군의 점령지역에 부르주아 민주주의 정권을 수립하라"고 지시하였다(1945.9.20). 동 비밀지령

---

68) 안드레이 란코프 저·김광린 역, 앞의 책, p.59.

69) 가브릴 코로트코프 지음·어건주 옮김, 『스탈린과 김일성』(동아일보사, 1992), p.234.

은 북한점령에 관한 7개 항을 지시하는 바, 그 중요 내용은 다음과 같다.[70]

　①북조선 지역 내에 소비에트 내지 소비에트정권의 기관을 수립하지 말고, 소비에트 질서를 도입하지 말 것.

　②북조선에 반일적인 민주주의 정당·단체들의 광범위한 블록을 토대로 한 부르주아 민주주의 정권을 수립할 것.

　③위 사항과 관련하여 소련군이 점령한 지역에 반일적인 민주주의 단체·정당이 형성되는 것을 방해하지 말고 그 활동을 도와줄 것.

　④현지주민들에게 "붉은 군대는 조선에 일본침략자들을 분쇄하기 위해 진출하였고, 북조선의 사유재산 및 공공재산은 소련군 당국의 보호를 받는다."는 것을 공지할 것.

　⑤주민에 대해서 평시와 같은 일상을 지속케 하고, 산업활동 전반에 걸쳐 평상적인 활동을 보장해주되, 사회질서 협력 유지를 위해 소련군 당국의 명령이나 요구에 따라줄 것을 호소할 것.

　⑥북조선 주둔군 병력에게 규율을 준수함은 물론 주민의 감정을 자극하는 일이 없도록 할 것.

　⑦북조선 민정 지휘는 연해주 군관구 군사평의회가 담당할 것.

　스탈린의 지령은 당시의 북한상황이 지역공산주의자들에 의지하여 소비에트화정책을 추진했던 동유럽의 상황과는 상이하였기 때문에 나온 것이었고,[71] 따라서 "소비에트화정책을 실시하지 말고 부르주아 민주주의를 실시하라"고 지시하였다. 즉 북한 내에 기존 정치세력을 무력화시키고 친소세력을 강화시키기 위해서는 시간을 벌어야 했기 때문에 일단

---

70) 이철순, 앞의 글, pp.5-6에서 재인용.
71) 안드레이 란코프 저·김광린 역, 앞의 책, p.64.

부르주아 민주주의 세력을 포함하는 광범위한 '인민민주주의 정권'을 세우고, 그 다음에 소비에트화를 진행시키려고 한 것이었다. 반 리(E. Van Ree)의 지적처럼 북한에는 소련공산당과의 연계가 별무했으며, 대부분의 공산주의자들이 남한에서 활동하고 있었기에 평양에서의 우익의 영향력은 서울에서보다도 현저하게 강했던 상황이었다.72) 그러므로 스탈린은 소련 점령군 군사평의회에 소련에 대해 호의적인 동시에 조선에서 소련의 정치적 입장을 굳건하게 지켜줄 수 있는 새로운 민주간부를 선발·양성하는 데 관심을 경주하도록 지시하였다.

하지만 ①북한 공산당은 심각한 정치적 좌경화의 오류에 빠져 스탈린의 비밀지령문 제1항에 소비에트 질서를 도입하지 말도록 적시했음에도 부르주아 민주진영 출신의 사회 활동가들을 광범하게 수용하지 못하고 있었고, ②소련 점령군의 철수에 대비하여 북한에 소련의 국가이익을 보장해줄 수 있는 굳건한 정치·경제적 지도, 사회적 관리·통제, 민족간부의 양성 등이 미흡하게 전개되고 있었다. 이에 소련군 총정치사령관 슈킨(Joseph Schikin)은 「북한의 정치사항」이라는 비밀보고서를 통해(1945. 12.25) 북한에 세워질 부르주아 민주주의 정권은 소련의 정치·경제·군사·사회적 이익을 영구적으로 지킬 인물들로 구성된 정권이며, 이러한 정권을 수립하기 위해서는 인민민주주의정권에 반대하는 세력을 제거하기 위해 토지개혁과 중요산업 국유화를 실시하고, 각도 인민위원회를 총괄하는 중앙조직을 건설해야 한다고 주장하였다.73)

북한에 진주를 개시한(1945.8.13) 소련군 제25군(사령관 Chistiakov)은 8월 15일 일제의 항복으로 북한 전역에 걸친 군사적 점령을 완료하고 군정체제를 수립하게 되자 대북한 점령정책을 추진하면서 스탈린과 슈킨의 지령을 수행하는 데 충실하였다. 특히 스탈린의 명령에 의해 북한

---

72) E. Van Ree, *Socialism in One Zone: Stalin's Policy in Korea, 1945~1947* (Munich: Berg, 1989), p.87.
73) 이지수, 앞의 글, p.333.

의 민간행정을 지휘하게 된 태평양 함대 군사위원회 위원 스티코프 장군
은 공식적으로 민정부를 출범시켜(1945.10.3) 1945년부터 1947년까지
북한에서 사실상 최고지도자의 역할을 수행하게 되었는데,74) 이는 스탈
린체제의 이념적 기초를 제공한 레닌그라드 당서기 주다노프(Andrei
Zhdanov)가 그의 정치적 보스였고, 당시 북한에 대한 소련 통치의 명령
라인은 스탈린-주다노프-스티코프로 체계화되었기 때문이었는데,75)
이같은 막강한 정치적 배경을 가진 스티코프였기에 그의 지휘를 받은
소련군정은 스탈린의 지령 구현에 충실했을 뿐 아니라 매우 효과적으로
북한을 통치·변혁시킬 수 있었다.

평양에 조선군사령부를 설치하고(1945.8.26), 북한 전역에 걸친 군정
체제를 수립한 제25군은 군정실시기관으로 민정관리총국을 설치하여 치
안질서부터 확립한 데 이어 북한 전역에 걸쳐 존재해 있던 자생적 조직
이었던 지방인민위원회의 당면한 공통문제를 해결하기 위해 1945년 10
월 8일부터 10일까지 '5도인민위원회 연합회의'를 개최케 하였고, 연이
어 '5도당책임자 및 열성자 대회'를 10월 10일부터 13일까지 개최하여
조선공산당 북조선분국을 설치케 하였다. 나아가 소민정은 '김일성장군
환영 평양시민대회'를 개최하여(1945.10.14) 김일성을 이승만에 대적하
는 소련 측의 대리인으로 부각시킨 데76) 이어 행정 10국(5도행정국)을
민정부의 부서와 대응되게 창설케 하여 각 지방인민위원회들의 산만성
을 극복하고 행정수행의 효율성과 통일성을 도모할 뿐 아니라 소련의
점령업무를 보다 원활하게 수행해줄 수 있는 행정적 대리인의 역할을
담당시킴으로써 스탈린의 지령 구현을 위한 토대를 구축하였다.

이러한 토대 위에서 민정장관 로마넹코(A. A. Romanenko)는 도와 군
의 인민위원회가 관장하고 있는 행정업무를 집중화시킬 필요성을 절감

---

74) 안드레이 란코프 저·김광린 역, 앞의 책, p.59.
75) 양현수, "미군정과 소군정의 지도자 비교," 『남북한 정부수립과정 비교』, p.139.
76) 중앙일보특별취재반, 『조선민주주의인민공화국(상)』(중앙일보사, 1992), p.297.

하고 도자문관을 두었고, 따라서 민정부는 북한 전역과 모든 지방권력체계에 대한 완전한 권위를 확보할 수 있게 되었다. 즉 도자문관들은 해당 도의 대도시에 상주해 있었던 데다가 로마넹코의 지시하에 위수사령부까지 종속시킴으로써 지방인민위원회는 지방위수사령부뿐 아니라 도자문관들의 지시와 감독하에 놓이게 되었다.[77] 이러한 상황하에서 1945년 11월 조선의용군 선발대 1,500여 명이 압록강 대안인 안동에 도착하여 소련군에 입국허가를 요청하자 소점령군은 3만여 명의 병력을 보유한 연안파 정치세력이 들어오게 되면 북한의 정치적 불안뿐 아니라 소련의 대북점령정책 수행에 악영향을 미칠 것을 우려하여 제25군 참모장 펜코브스키(V. A. Penkovsky)를 파견하여 동선발대의 입국은 허가하되, 평북위수사령부에 대해 도강 당일 무장 해제시키도록 지시하였고, 따라서 조선의용군 선발대는 평북보안부장 한웅이 지휘하는 보안대에 의해 기습적으로 무장해제를 당하고 대부분은 안동으로 축출당하였고 일부는 개인자격으로 입북하였다.[78]

한편 김일성은 1945년 12월 17일~18일 사이에 열린 조선공산당 북조선분국 제3차 확대집행위원회에서 책임비서로 선출되자 1945년 11월에 창당된 조선민주당을 조만식의 연금을 계기로 공산당의 위성정당으로 전락시켜 빨치산파 최용건을 위원장으로 선출하도록 하였고(1946.2.24), 북조선 천도교 청우당도 위성정당으로 전락시켰을 뿐 아니라 연안파 주도의 북조선 신민당도 위성정당으로 전락시켰다. 이렇게 되자 김일성은 소민정과 협조하여 '조선공산당북조선분국'을 중심으로 그 위성정당들과의 제휴를 통해 사이비형 연립정부를 출범시켰으니 이것이 바로 1946년 2월 8일 평양에 발족한 '북조선임시인민위원회'였다. 이 기구는 1945년 10월 28일 발족한 북조선5도행정국을 대체했으며, 북한에서 사실상

77) Van Ree, *op.cit.*, p.104.
78) 한용원, 『북한학』(오름, 1998), pp.39-40.

의 단독정부로 기능하였다. 이 위원회의 위원장으로는 조선공산당 북조선분국 책임비서 김일성, 부위원장에는 조선신민당의 김두봉, 서기장에는 조선민주당 임시위원장인 강양욱을 선출하였다.

김일성은 북한에 민주기지를 구축하고 개혁을 강력하게 추진할 수 있는 집행기구가 필요할 뿐 아니라 모스크바 3상회의의 결과 장래 수립될 임시정부를 위한 모델의 설정을 위해 임시인민위원회의 수립 필요성을 역설했으며, 임시인민위원회를 수립하고 위원장으로 선출되자(1946.2.8) 토지개혁법을 공포·실행했는데(3.5), 이는 인민민주주의의 실현에 저항할 소지가 있는 지주 등 유산자들을 해체시키기 위한 것이었다. 더욱이 스탈린의 지시로 1946년 7월 모스크바를 비밀리에 박헌영과 함께 방문했던 김일성은 스탈린으로부터 통일전선의 형성, 산업의 국유화조치, 정규군의 건설 등 지시를 받고 입국하여 ①공산당 주도하의 민주주의 민족통일전선을 결성하여(7.22) 북조선공산당과 북조선신민당의 합당을 선언하였고(7.29), ②1946년 8월부터 일본인 소유의 회사와 일본정부와 협력한 조선인 자본가들의 회사를 대상으로 국유화조치를 단행했으며, ③임시인민위원회 명의로 시·군·면 인민위원회 선거를 1946년 11월 3일 실시할 것이라고 발표하였다.79)

11월 3일 선거가 끝나자 소련극동군 군사위원 스티코프 장군은 1947년 1월 3일부터 6일까지 소련점령군 사령관 치스차코프 대장과 민정사령관 로마넹코 소장, 그리고 김일성을 연해주 보로쉬로프에 있는 그의 사무실로 불러 북한에 소비에트식 공산정권을 수립하는 문제를 검토하였고, 2월 4일 북한주재 소련민정청 주요인사들이 참석한 회의에서 인민위원회대회 소집과 관련된 문제를 검토하였다. 이같은 스티코프의 회의를 바탕으로 하여 2월 17일부터 20일까지 평양에서 도·시·군 인민위원회대회가 열렸고 마지막 날인 2월 20일에 최고입법기관으로 '북조선인

---

79) 안드레이 란코프 저·김광린 역, 앞의 책, pp.83-87.

민회의'를 설치하고, 최고행정기관으로 기존의 북조선임시인민위원회를 '북조선인민위원회'로 개편하기로 결의하였다. 이 대회의 모두에는 북조선임시인민위원회의 활동과 정책들이 합법적이었음을 인정받았다. 즉 토지개혁법령, 노동법령, 국유화법령, 남녀평등권법령, '개인소유권을 보호하고 산업 및 상업에 있어서의 창발성을 발휘시키기 위한 대책에 관한 결정서' 등 주요 법령 및 결정들이 승인되었다. 이어서 1946년 11월의 도·시·군 인민위원회 위원선거와 1947년 1월의 면·리 인민위원회 위원선거에 관한 규정들이 만장일치로 통과되었다.[80]

한편 인민집단군사령부가 창설되어(1947.5.17) 정규군의 모습이 부각된 북한군은 조선인민군으로서의 창군이 발표되었다(1948.2.8). 그러나 이때에는 미·소 공위가 실패하여 한국문제가 유엔으로 이관되어 유엔감시하의 남북총선거를 통한 한국통일안이 유엔총회에서 가결된 데다가 소련이 1948년 초까지 미·소 양군의 한반도로부터의 철수를 제의해 놓은 상황이었다. 이러한 때에 평양에서 열린 남북조선 정당·사회단체 대표자 연석회의 4일째 회의에 참석자들은 남한 단독선거 반대와 미·소 주둔군 철수를 결의했는데(1948.4.23), 이는 소련의 제안과 대동소이한 것이었다. 즉 "우리는 남조선에서의 단독선거 실시를 반대하며, 또 조선인민의 참가 없이 결정한 유엔 총회나 유엔 상임위원회의 어떤 결정도 불법이며 이에 반대하고 항의한다. … 우리는 유엔임시위원회가 조선의 분열에 이용되고 있다는 이유로 조선에서 즉시 추방할 것을 요구한다. … 현재 조성된 상황 속에서 가장 합리적이고 올바른 조선문제의 해결책은 조선에서 동시에 외국군대의 철수를 요구한 소련 제의의 실천뿐이다."[81]

소련군 사령관은 1948년 5월 7일 김일성에게 "소련군은 미군과 동시

---

80) "북조선 도·시·군 인민위원회대회 회의록," 『사료집 8』.
81) 『김일성선집』 제1권(노어판) (평양, 1970), pp.215-216.

에 언제라도 철수할 수 있다."는 입장을 전달하였으며, 이어서 소련군사령부는 1948년 6월 7일 한반도 북부의 소련주둔군을 축소할 것이라고 밝히면서 사령관 크로트코프 상장의 귀국과 메로크로프(Merkulov) 소장의 취임을 발표하였다. 그런데 이같은 소련군의 철수에 관한 언급들은 소련이 이미 북한에 그들의 이익을 관철시킬 수 있는 구조를 확립해 놓은 상황인 데다가 소련군의 철수에 대비하여 북한군의 창설을 완료해 놓은 상황이었기 때문에 대외적인 선전효과를 노린 것으로 볼 수 있을 것이다. 하지만 1948년 후반기에 소민정이 소련군의 철군과정과 북한군의 전쟁준비를 겹쳐지게 진행시킨 증거들이 드러남으로써 소련군의 철수론은 의혹을 자아내게 하였다. 특히 스티코프 장군이 그의 일기에서 동년 9월 6일 ①김일성과 박헌영에게 남조선 군대의 장악에 대해, ②조선인민군 부대의 추가적인 편성에 대해, ③남북조선의 공장들과 농촌에서 무장혁명부대를 창설하는 문제에 대해 각각 설명했다고 기술함으로써 소련군의 철군과 함께 진행시키는 북한군의 정비는 전쟁을 준비하는 일련의 과정으로 이해되고 있다.[82]

그리고 소련최고소비에트 상임위원회가 북조선에서의 소련군 철수를 결정함에 따라(1948.9.18) 소련 내각이 1948년 10월 하순 이전에 철수를 시작하고, 1949년 1월 1일에 철수를 종결시키도록 의결하여 소련국방성이 북조선에서의 소련군의 철군을 진행 중이었는데, 철군이 진행 중이던 1948년 12월 중순에는 북·소·중 3국의 군사대표자회의를 개최하여 북한군의 전력을 남침에 충분한 수준으로 증강시키기로 결정하였고, 1949년 3월 17일에는 조·소 경제문화협정의 이름으로 사실상 조·소 군사 비밀협정을 체결하여 북한군의 전쟁준비를 지원할 태세를 갖춤으로써 이후 북한의 전력은 급속히 증대될 수 있었다. 이상에서의 논의와 같은 상황전개는 소련의 대북한 점령정책이 북한을 남한에서 떼어내어

---

82) 『스티코프 일기』, pp.171-173.

북한에 친소적인 단독정권을 수립하는 것이었으나, 북한에 사회주의체제를 확립한 연후에는 북한을 전진기지로 삼아 남한의 사회주의혁명을 본격적으로 추진하려는 정책의 전환을 의미하는 것이었다.

2. 소민정의 대북통치정책

소련군 제25군이 북한으로 진군할 때 이 부대에는 한반도문제에 정통한 전문가가 없었을 뿐 아니라 북한에의 주둔 임무조차도 받지 못하였다.[83] 그러나 제25군은 15만여 명의 대병력으로 1945년 8월 13일 북한에 진주를 개시하여 8월 25일 군사적 점령을 완료함으로써 정치적·행정적 공백을 최소화시켰다. 하지만 소련이 북한에 대해 신속한 통제체제를 구축하는 데는 태평양함대가 결정적인 역할을 수행하였다. 즉 태평양함대 소속의 공군은 소련이 참전하게 되자 북한에 있는 일본해군기지 웅기·나진·성진에 대해 대대적인 공습을 감행하였고, 육전대는 8월 11일 웅기, 12일 나진, 14일 성진에 각각 상륙작전을 전개하여 관동군의 해안방어선을 완전히 붕괴시켰다.[84] 제25군은 8월 26일 평양에 소련군 사령부를 설치하고 북한 전역에 걸친 군정체제를 수립하여 점령업무를 수행하였다. 그러나 소련군 장교들로 구성된 군정요원들은 북한 현지주민들과의 의사소통을 제대로 할 수가 없었다.

이에 1945년 8월 말 강미하일 소좌, 오기찬 대위 등 전선참모부에 배속되어 있던 소련국적의 한인 집단 12명을 제25군으로 전속시켜 점령군과 현지인의 통역을 담당하고 선전활동을 전개케 했으며, 1945년 9월 초에는 일단의 한인들을 한국어로 발간하던 『조선신문』의 제작 업무를 담당시키기 위해 사령부에 배속시켰을 뿐 아니라 군장교로 복무하던 최

---

83) 안드레이 란코프 저·김광린 역, 앞의 책, pp.61-62.
84) 가브릴 코로트코프 지음·어건주 옮김, 앞의 책, pp.108-114.

동학, 최흔극 등을 제25군에 합류시켰다. 그러나 이러한 소수로 수요를 충족시킬 수 없었던 데다가 통역관과 고문관의 필요를 절감했기 때문에 1945년 9월 소련군사령부는 중앙아시아에 사는 한인들을 징집하여 북한으로 파견, 제25군 소속 통역관이나 고문관으로 활용한다는 결정을 내렸다.[85] 이러한 결정에 따라 1945년 가을 중앙아시아의 군 및 당 기관들은 북한에서 활동할 요원들을 모집하기 시작했는데, 북한에서 활동할 첫 한인 집단은 군사동원부가 1945년 9~10월에 선발한 요원들로서 이러한 선발업무는 모스크바에서 파견되어 온 장교들과 제25군 대표들이 함께 추진하였다.

그러나 소련국적의 한인들은 해방이전 스탈린 정부로부터 수난을 받아 왔다는 사실을 상기해야 할 것이다. 1937년 말 코민테른 조선분과가 해체되면서 조선분과에서 일했던 거의 모든 사람들이 일제의 간첩이라는 죄목으로 체포되어 처형되었고, 이를 계기로 극동에 거주하던 한인들은 중앙아시아로 강제이주 당했을 뿐 아니라 한인 지식인들, 당원들, 공무원들과 장교들에 대한 대대적인 탄압이 전개되었다. 그러므로 해방 당시 소련군에 복무한 한인들은 극소수에 불과하였으며, 따라서 강제이주 시기에 기적적으로 살아남은 한인 중에서 제25군에 파견할 요원을 선발하되, 모집대상을 일정한 정도의 교육을 받았을 뿐 아니라 정치적으로 숙련되고 도덕적으로 건실한 자들로서 교사와 같은 지식인들, 당 및 국가기구 내의 중·하급 간부들로 설정하였다. 그리고 모집한 사람들의 대부분은 사병 또는 하사관의 신분을 부여하고, 허가이(A. I. Hegai), 강상호 등 극소수만 장교의 신분을 부여하였다.[86]

중앙아시아에서 군에 징집된 허가이를 비롯한 12명으로 구성된 첫 한인 집단은 1945년 11월 초순에 북한에 도착하였고, 허가이와 강상호 등

85) 안드레이 란코프 저·김광린 역, 앞의 책, pp.140-141.
86) 같은 책, p.141.

장교를 제외한 대부분은 처음 몇 개월간 통역관으로 근무했으나 1946년
봄부터는 새로이 형성되기 시작한 북한의 당 및 국가기관에서 일하기
시작하였다. 이는 소련의 직접적인 통제하에 1946년 초부터 북한의 정
부기관들이 창설되기 시작하면서 소민정은 일정한 정도의 교육과 조직
상의 경험을 갖고 있을 뿐 아니라 충분한 사상적 신뢰성과 소련에 대한
충성심을 갖고 있는 사람들을 이러한 기관에 충원시킬 필요가 있었기
때문이었다. 당시 소민정은 현지공산주의자들이 수적으로 매우 부족할
뿐 아니라 사상적 신뢰성도 의심되기 때문에 중앙아시아에서 군에 징집
되어 제25군에 파견된 소련 국적의 한인들을 새로이 구성된 통치기관에
활용키로 하였다.[87]

이들은 북한의 국가기관으로 전출되어도 소련의 시민권을 계속 보유
하고 1948년까지 소련군대의 계급도 보유하여 그에 상응하는 권리를 소
유하고 있었기 때문에 소련의 충실한 시민인 동시에 북한체제의 적극적
인 지지세력이 되었다. 이로 인해서 1947년 봄·여름부터 소련 민정당국
과 북한의 당 및 국가기구는 중앙아시아에서 모집되어 온 한인들을 소련
민정의 일을 돕기 위해 파견된 통역 및 고문으로서 뿐만 아니라 북한의
당 및 국가기관들을 이끌어나갈 잠재적인 간부들로 간주하기 시작하였
다.[88] 이는 해방이 되자 1945년 9월 말부터 망명했던 공산주의자들이
귀환하기 시작한 데다가 일제에 의해 검거·투옥되었던 토착 공산주의자
들이 석방되어 북한의 정치정세가 혼란스럽게 전개되었을 뿐 아니라 평
양에서의 우익의 영향력은 서울에서 보다도 현저히 강한 상황이었기 때
문에 소민정이 이를 극복하기 위해 서둘러 스탈린의 지령을 구현한 데서
야기된 산물이기도 하였다.

한편 1946년 말부터 중앙아시아에서는 북한에 파견하는 요원들의 신

---

87) 같은 책, p.72.
88) 같은 책, p.142.

분을 군인신분이 아닌 민간인신분으로 전환하였다. 이는 북한에 파견되는 소련국적의 한인들은 통역 등 소련군의 요구충족을 위해서가 아니라 북한의 정부기구들의 필요를 충족시키기 위해 파견되는 성격으로 전환된 것과 그 맥을 같이하는 것이었다. 이때 중앙아시아에서는 북한에서 활동할 교사들의 선발을 현지 당기구들을 통하여 소련공산당 중앙위원회 위원들이 진행하였으며, 모집된 교사들은 중앙아시아에서 반 년 동안 '특별교사양성소'에서 준비교육을 받은 다음 북한에 파견했는데, 초기에는 북한의 대학이나 상급 교육기관에서 교수활동을 하였으나 능력 있는 전문가와 고수준의 교육인력이 부족했던 당시 북한의 상황으로 인해 이들 중 많은 사람들이 당 및 국가기구로 전출되었다. 이렇게 하여 과거 사마르칸트사범대학 물리·수학부 학장으로서 1947년 교사집단 37그룹의 일원으로 북한에 왔던 남일(南日)은 북조선임시인민위원회 교육국 부국장이 되었을 뿐 아니라 후에 군사분야로 이동하여 한국전쟁 초기 북한군 총참모부장까지 역임하였다.

공식적으로 소련군은 1948년 12월 말까지 북한에서 철수한 것으로 되어 있는데, 이때 북한정부는 국가, 당 또는 군사분야에 계속 남아 있어야 할 한인들의 명부를 작성하여 소민정청에 제출하였고, 소민정청 장관대리 이그나체프(Ignatiev) 대령은 명부에 적힌 한인들을 모아놓고 소련군이 철수한 후 북한에 남아서 북한의 당·군·국가기관을 위해 활동하든지 아니면 소련으로 돌아가든지 자발적으로 선택하도록 권고하였다. 그러자 소련군인 신분인 한인들 중 일부는 소련군과 함께 철수했으나 대부분은 북한에 남기로 결심했다고 한다. 그리고 소련정부는 1949년부터 북한에 한인들을 파견하는 일을 사실상 중단했는데, 1940년대 말 북한에서 활동한 소련파 한인들은 과거 북한 문화부 부부장이었던 정상진이 수집한 자료에 의하면 총 427명으로서 이 중에서 200여 명은 1945년과 1946년 기간 중에 평양에 왔으며,[89] 이들 대다수가 북한 내에서 최고지도자층에 있었고, 따라서 이들이 북한의 정책에 미친 영향력은 매우 컸다고 볼 수 있을 것이다.

한편 소련점령군은 1945년 9월 20일자 스탈린의 지령 중에서 대민행정을 담당할 민정청을 10월 3일 발족시켰다. 소련군사령부는 북한의 점령 시 도와 군 단위에 설치한 위수사령부가 점령업무를 전담해야 하기 때문에 지원업무를 전담할 별도의 기구가 필요하다는 명분을 내세워 민정청(장관 로마넹코, 장관대리 이그나티에프)을 설치, 도 단위에 자문관을 두어 위수사령부와 지방인민위원회를 통제하여 행정의 중앙집권화를 꾀하였고, 민정청에 상응하는 5도행정국(조만식 지도)을 설치하여 행정 및 명령계통을 확립하되, 행정각국에서 공포한 포고령은 소련군사령부의 명령에 의해 채택되도록 했기 때문에 도행정국은 소련군의 점령 업무를 원활히 수행하기 위해 수립된 행정적 대리인의 성격이 강하였다.90) 민정관리총국은 식민지로부터 해방된 북한 주민들에게 혁명전략을 수행하여 공산주의를 확산시켜 나갔는데, 소점령군의 북한에 대한 혁명전략의 수행은 연해주 군관구 군사평의회 스티코프 장군의 지도하에 레베데프(N. G. Liebediev) 제25군 군사위원과 로마넹코 소비에트 민정청장이 주도하였다.

스티코프 장군은 소련공산당 중앙위원회의 정책을 북한공산당에 전달하는 역할을 주로 수행하면서 북한에 가장 큰 영향력을 행사하였고, 레베데프는 북한지역에 각급 인민위원회를 조직케 하고, 이들 인민위원회가 일본인 관료로부터 행정권을 인수토록 하는 등 초기 점령정책의 수행에 주요한 역할을 담당했으며, 로마넹코는 구체적인 점령정책을 집행하는 책임자로서 민정요원들을 관장하여 김일성을 북한의 지도자로 만들어 북한에 친소정권을 수립토록 하는 데 핵심적 역할을 수행하였다.91)

---

89) 『비록 – 조선민주주의인민공화국』(중앙일보사, 1992), p.178.
90) 류길재, "북한정권의 형성과정," 『북한체제의 수립과정』(경남대극동문제연구소, 1991), pp.59-60.
91) 한용원, "남북한 군대의 창설과정 비교," pp.67-68.

소민정은 북한에 반제·친소정권을 수립하기 위해 식민지·반봉건 사회로부터 해방된 북한주민들의 혁명적 열망을 소비에트화로 유도하는 데 점령정책의 중점을 두었다. 그러나 1945년 북한의 상황은 소련이 지역 공산주의자들에 의지하여 소비에트화정책을 추진했던 동유럽 국가들의 상황과는 상이하였다. 즉 북한에서는 공산주의 세력에 비해 민족주의세력의 영향력이 훨씬 강하였다.

그러므로 소민정은 ①민족주의세력에 대항할 공산주의세력의 활성화를 꾀하기 위해 초기에 북한의 정치 엘리트집단을 정치적 경험이 매우 상이한 몇 개의 정파(국내파, 연안파, 소련파, 빨치산파 등)로 형성되게 내버려두었으며, ②현지 공산주의자들보다 외국 망명지로부터 귀환한 공산주의자들에 의지하여 정책을 추진하였고, ③민족주의 세력의 성장을 저지시켜 남한으로의 탈출을 유도했는데, 이는 반탁을 이유로 조만식을 체포하자 민주당의 기간요원을 형성했던 민족주의 세력과 고등전문교육을 받은 엘리트들이 대거 남한으로 이탈함으로써 사실화되었다. 따라서 소민정은 1946년에 북한에 새로이 창설한 당·정 기관의 간부요원들을 중앙아시아에서 모집한 지식인·정당인·공무원 등 한국계 소련인들을 활용해야 했다. 소련이 북한을 점령한 기간에 소련군사령부를 설치하고 북한의 정부기관에 정치장교들을 배치하여 감시·감독을 해왔으나 1946년부터 중앙아시아에서 모집한 한국계 소련인들이 입북하자 북한의 당·정 기관의 요직과 200여 개의 중요한 권력부서에 이들을 배치하였다.

이들은 소련군 정치장교들을 대체하면서 북한의 정치적 문제를 관장하고 기본정책을 결정 및 집행하여 북한에 친소정권이 수립되도록 하였다. 특히 소련군사령부는 스탈린의 명령에 의해 북한에 군대를 창설하고[92] 빨치산파가 헤게모니를 장악토록 하여 김일성의 권력기반이 확고히 다져지도록 하였다. 이를 위해 소련군 사령부는 치안용 보안대를 제

---

92) 가브릴 코로트코프 지음·어건주 옮김, 앞의 책, p.236.

외한 모든 보안대를 정규군으로 전환시키는 작업을 적극적으로 지원하여 인민집단군이 형성되게(1947.5.17) 하였다. 당시 북한에서는 소련군사령부 외에 농업, 임업, 어업, 무역 및 국가안보위원회(KGB) 등 소련정부 성(省)의 지부들이 파견되어 공작업무와 지원업무를 수행하고 있었다. 그리고 각급 인민위원회에서도 소련군 장교를 고문역에 임명하고 소련국적의 한인들을 요직에 배치하여 인민위원회를 지배하도록 하였다. 그러므로 각급 인민위원회는 민족진영세력이 점차 배제되고 공산주의세력에 의해 장악되어 갔다.

해방공간에서 평양시 소련군위수사령부 부사령관으로 임명되어 북한인민과 소점령군 간에 연결고리 역할을 수행하게 된 김일성은 빨치산파 및 소련파의 지원에 힘입어 ①1945년 10월 10일 개최된 5도 책임자 및 열성자대회에서 조선공산당북조선분국을 설치하여 북한의 5개 도당이 서울 중앙과의 직접적인 관련을 끊게 하였고, ②11월 3일 조선민주당(위원장 조만식) 창당 시 공산당과의 협조를 강조하고 그 중개적 역할을 담당한 데다가 그의 좌·우 팔 격인 최용건과 김책을 각각 부위원장과 서기장으로 선출되게 했으며, ③12월 17일 개최된 북조선분국 제3차 확대집행위원회에서 책임비서로 선출되었을 뿐 아니라 1946년 2월 8일 '북조선임시인민위원회'를 설치하고 위원장에 선출되었고, ④7월 22일 북조선공산당이 중심이 된 '북조선민주주의민족통일전선'을 결성하고, 8월 30일 북조선공산당과 북조선신민당을 통합하여 북조선노동당을 창당하였으며,[93] ⑤선거에 의해 구성된 도－시－군 인민위원회 대회를 개최하여 1947년 2월 20일 북조선임시인민위원회를 북조선인민위원회로 개편했으며, 1949년 6월 24일 남로당(위원장 박헌영)을 흡수하여 조선로동당으로 개칭(위원장 김일성)하였다.

이렇게 하여 김일성은 명실공이 북한의 당·정을 공히 장악했는데, 그

---

93) 『조선노동당대회자료집』 제1집, p.26.

의 권력 장악은 소련파의 정치적 지원과 보안대의 무장력을 배경으로 이루어졌다. 그러므로 서대숙은 북한에서 김일성의 권력인수는 '소련의 후견 아래서의 군사적인 접수'로 특징지을 수 있다고 지적했다.94) 논의야 여하튼 북한정권은 소련군의 점령하에서 외생적으로 형성되었다고 볼 수 있을 것이다. 북한에서 소련군은 ①식민지·반봉건사회로부터 해방되어 폭발적으로 분출하는 주민들의 정치적 요구를 각급 인민위원회라는 틀 속에서 체계화하도록 용인하고 고무시킴으로써 혼란을 종식하고 사회적 안정을 유지했으며, ②반제·친소적인 정권적 조직인 북조선임시인민위원회를 창설하고, 토지개혁과 중요산업 국유화 등 사회주의적 개혁에 주민들이 혁명적 열정을 발산하도록 유도했을 뿐만 아니라 인민들이 혁명의 수혜자가 아니라 혁명의 주체가 되도록 유도하였고, ③ 북조선공산당과 북조선신민당을 합당하여 북조선로동당을 창설하도록 종용하여 공산당 일당독재체제를 확립하고, 선거를 통해 중앙정부인 북조선인민위원회를 창설함으로써 북한의 소비에트화를 완성하였다.95) 다시 말하면 소련군의 지원으로 북한의 당·정·군이 성장하고 국가기구가 형성되었을 뿐 아니라 김일성이 북한의 권력을 장악하게 되었다.

3. 소련의 대북군사정책

스탈린은 레닌의 후계자로서 군사이론을 발전시켜 내전기간(1917~22)에 실천해 본 데다가 30년(1922~53)간에 걸친 그의 소련 통치는 세계 곳곳에 사회주의를 전파하기 위한 소련사회의 완전한 군국주의화와 적극적인 군사력 동원을 그 특징으로 하였다. 그러므로 그는 군사력을 동원하여 전 세계를 사회주의화하겠다는 의지를 견지하고 세계팽창주의

---

94) 서대숙, 『북한의 지도자 김일성』(청계연구소, 1989), p.94.
95) 한용원, 『북한학』, p.44.

의 독트린을 구사해 온 것으로 볼 수 있을 것이다.[96] 스탈린은 1943년 말부터 동방문제가 현안으로 떠오름에 따라 소련의 서부 및 중부지역으로부터 대규모 병력과 장비를 극동지역으로 재배치하도록 지시하였고, 따라서 국방위원회는 1945년 3월 14일 극동지역 및 바이칼 동부지역의 방공태세를 강화하고, 4월 23일 극동철도특별관리국을 창설한 데다가 제39군 병력을 110대의 군용열차를 이용하여 몽골인민공화국에 배치하고 공군력도 이동시켰다. 이에 스탈린은 일본의 패망을 중국·한국 및 아시아 국가들에 사회주의 건설을 확장시키려는 원대한 계획과 연관시키게 되었으며, 따라서 소련군의 북한점령 목적은 북한 사회의 공산화에 있었음이 분명한 것이다.[97]

대전 중 미·소 간의 암투는 1943년 12월 테헤란회담부터 나타나기 시작하였고, 1945년 3월 얄타회담에서는 상당히 노골화되었다. 그러므로 일제가 항복하자 미국은 일본군의 무장해제를 지원한다는 명목으로 중국북부의 항만과 공항 등을 장악하였고, 국민당을 공개적으로 지원하여 1946년 중반까지 45개 사단을 창설하도록 도와주었다. 이에 소련도 일본군으로부터 압수한 수백 대의 항공기·탱크와 수천 문의 대포를 중국인민연합군에게 넘겨주었고, 국민당군이 대련항을 통해 만주로 이동하려는 것을 불허하여 만주의 공산군을 보호해 주었다. 이러한 맥락에서 스탈린은 모택동에게 "아시아에는 2개의 종양이 있는데, 그것은 장개석의 대만과 이승만의 남한으로서 신생중국이 나서서 대만문제를 해결하도록 해야 하고 소련이 직접 나서서 남한문제를 처리하도록 해야 한다."고 언급했다 한다. 그리고 스탈린은 남한문제의 해결 열쇠가 조선공산주의자들의 도움이나 소련의 외교수단 구사에 있는 것이 아니라 '군사적 힘'이 가장 중요한 무기라고 강조했다 한다.[98]

---

96) 가브릴 코로트코프 지음·어건주 옮김, 앞의 책, pp.78-79.
97) 같은 책, p.115.
98) 같은 책, p.145.

종전 이후에 표면화되기 시작한 동서냉전은 양 진영 간의 정치·군사적 경쟁을 초래했는 바, 소련은 미국이 1947년에 추진한 트루먼독트린과 마샬플랜에 대해 중대한 위협이라고 비난하고, 이에 대처하기 위해 1947년 코민포름(COMINFORM: 국제공산당정보기관)을 창설한 데 이어 1948년 코메콘(COMECON: 경제상호원조회의)을 발족시켜 동유럽 국가들을 경제적으로 결집, 미국의 봉쇄정책에 적극적으로 대항하기 시작하였다.99) 그러므로 전후 850만 명의 사병과 하사관을 동원 해제하여 민간산업분야에 투입, 경제 부흥을 추구해온 소련은 1946년 2월 2일 당 중앙위원회 선언문을 통해 국방력 강화를 위한 물적·기술적 기반의 지속적 강화, 과학기술의 발전성과를 이용한 국방력 강화, 대외상황을 고려한 군의 감축 및 재조직 등 군사정책의 기본원칙을 천명하여 재무장으로 급선회하였다.100)

그리고 부르체프 장군을 우두머리로 하는 '특수전선' 제7국은 일어, 중국어, 조선어, 영어, 불어 등에 능통하고 한국, 일본, 동아시아 여러 나라의 상황에 밝은 수백 명의 전문장교들을 확보하여 동구라파의 점령지에서 구체적인 선전 임무와 정치목적을 반영하는 데 진력하였다. 1945년 8월 일본군이 북한에서 물러가자 한반도에는 정권의 일시적 진공상태가 발생하였고, 따라서 평양에 진주한 소련 제25군은 도 및 군 단위 위수사령부라고 칭하는 지방통제기구를 재빨리 설치하였다. 그리고 1945.9. 10 제25군 사령관 치스차코프 대장과 군사소비에트위원 레베데프 소장의 명령형식으로 작성한 포고문을 북한에 진주한 소련군 위수사령부의 모든 지휘관들에게 배포하였는데, 그 내용의 요지는 "북한에 민주적 체제를 설립코자 한다."는 것이었다. 그런데 스탈린이 소비에트체제를 '세계에서 가장 민주적인 체제'라고 정의해 왔음을 감안한다면 소련군은 결

99) 김학준, 『러시아사』(대한교과서주식회사, 1971), pp.308-309.
100) 국방군사연구소, 『소련군사정책, 1917~1991』(1997), pp.343-345.

국 북한에 소비에트체제를 설립코자 한 것으로 보아야 할 것이다.

나아가 북한의 점령군사령관 치스차코프 장군은 "새로운 정권이 각 도에 성립한 후에 통일정부를 세울 것이나 신정부의 소재지는 반드시 경성에 한하지 않으며 또한 북위 38도선은 미·소 양군 진주의 경계선에 불과한 것이지 결코 정치적 의미가 있는 것이 아니다."101)는 성명을 통해 조선인을 앞세워 북한을 점진적으로 개혁할 것처럼 선전해왔으나 소련군은 스탈린의 비밀지령서(1945.9.20)와 슈킨의 비밀보고서(1945.12.25)에 근거하여 소련군이 점령·확보한 38선 이북지역에 사회주의체제를 구축하기 위해 노력하는 한편, 38선 이남으로의 소련영향력 확대를 위한 교두보를 북한에 건설함으로써 북한을 소련의 새로운 군사동맹국으로 만들기 위해 노력하였다.102) 즉 소련은 북한에 사회주의체제를 구축하고 군사동맹국으로 만들기 위해 지도자 김일성을 창조하여 북한에 친소체제를 구축케 하고, 북한에 미래의 전쟁무기를 공급하여 김일성의 손에 칼을 쥐어준 것이다.

특히 소련정부는 중앙아시아로부터 북한에 파견하여 통역관, 고문관, 당·정 요원의 역을 맡게 된 소련계 한인들에게 가장 짧은 기간에 북한에 공산주의 작전 근거지를 만드는 임무를 부여하였다.103) 이는 1945년 가을에 스탈린이 '38선 이남으로의 소련 영향력 확대'를 위한 교두보로서 북한을 준비하려는 최종 결정을 내림으로써 본격화되었다. 이같은 스탈린의 결정에 따라 소련정부는 북한의 정규군 창설을 지원하게 되었다. 원래 북한을 점령한 소련군은 점령 초기에 지방인민위원회에 대하여 질서 유지를 담당할 보안대는 승인했지만 기본적인 일체의 무장부대의 존재를 승인하지 않았으나 국민당 군대에 대처하기 위한 한만국경의 경비와 철도의 경비를 위해 기존 질서 유지의 보안대와는 별도의 보안대를

---

101) 중앙통신사, 『조선중앙년감』(1949년 판), pp.57-58.
102) 가브릴 코로트코프 지음·어건주 옮김, 앞의 책, p.234.
103) 같은 책, p.160.

창설하기로 결정하였다(1945.11.27). 이러한 소점령군의 결정은 스탈린의 '38선 이남으로의 소련 영향력 확대를 위한 교두보의 준비' 결정과 연계되어 북한에 장차 정규군으로 전환시킬 목적하에 본부를 평양에 둔 각 도별 철도보안대를 창설(1946.1.11)하게 되었다.

이러한 가운데 스티코프 장군은 1946년 6월 스탈린을 방문하여 향후 소련의 북한에 대한 영향력 강화를 위한 결정 초안으로서 철도경비를 위한 철도경비사단, 간부양성을 위한 군관학교의 창설을 건의하여 승인을 받았다.[104] 그리고 스탈린은 1946년 7월 스티코프 장군에게 김일성과 박헌영을 모스크바로 소환시키도록 하여 이들에게 "조선군대를 조속히 창설하여 붉은 군대의 경험을 전수받도록 하라"고 지시하였다. 이는 스티코프 장군이 한국전 종전 후 10년이 지나 코로트코프(G. Korotkov)와의 인터뷰에서 밝힌 것인데, 당시 김일성과 박헌영의 통역을 담당했던 샤브시나 서울 부영사도 란코프(A. N. Lankov)와의 인터뷰에서 "북한이 상어밥이 되지 않으려면 열심히 소련을 배워야 한다."는 스탈린의 지시사항을 상기하였다. 스탈린의 지시를 받고 모스크바로부터 귀환한 김일성은 '보안간부훈련대대부'를 설치하였고(1946.8.15), 소국방성에서는 스미르노프(Smirnov)를 단장으로 한 '경험 많은 군사고문관'들을 1946년 9월 평양에 파견하였다.

보안간부훈련대대부는 군사력 건설과 유관한 평양학원, 중앙보안간부학교, 철도경비대, 보안훈련소 등을 예하부대로 두었으며, 예하부대 중 철도경비대와 보안훈련소는 몇 차례의 증·개편을 통해 정규사단의 모체로 변모되어 갔다.[105] 그리고 이 과정에서 1946년 9월 스미르노프 소장이 지휘하는 소련군사고문단이 북한에 도착하여 각 훈련소와 군사학교에 배치되어 신병교육과 간부교육에 소련군대의 경험을 전수했을 뿐 아

---

104) 안승환, "주북한 소련군사고문단의 북한군 지원활동(1946~1953)," 군사편찬연구소, 『한국전쟁의 새로운 연구 2』(정문사, 2002), p.404.
105) 장준익, 『북한인민군대사』(서문당, 1991), pp.484-487.

니라 정규군으로의 편성을 촉진시킬 수 있는 장교교육과 군사무기를 지원하였다. 이렇게 하여 북한군이 군대로서의 성격이 부각되자 보안간부 훈련대대부를 '북조선인민집단군사령부'로 개칭하고(1947.5.17), 전 장병에게 소련군 계급장을 모방하여 만든 계급장의 수여식을 일제히 거행했을 뿐 아니라 1947년 1월 북한에 도착한 소련제 무기를 각급 부대에 보급해 줌으로써 북한군 각급부대는 정규군의 모습이 부각되었다.

그러나 미·소 공동위원회가 존재하는 상황하에서 정규군의 창설이 합리화될 수가 없었기에 보안대의 정규군 전환작업은 잠행적으로 추진되었을 뿐 아니라 인민집단군의 창설을 대외적으로 비밀에 부쳤다. 이러한 가운데 제2차 미·소 공동위원회가 실패하여 미국이 1947년 9월 한국문제를 유엔으로 이관시키자 소련은 "유엔은 한국에 대한 관할권이 없으며, 외국군은 통일정부 수립 전에 철수해야 한다."고 주장, 주한미군의 철수를 압박하고 나섰다. 그리고 남한의 단독정부안이 가시화되자 소련은 김일성에게 정규군의 창설 선언(1948.2.8)과 함께 조선인민군으로의 개편과 북한군 총사령부의 설치를 발표케 하였다.106) 이는 '힘의 시위'를 표면화시켜 얻을 수 있는 모든 것을 얻어 보자는 속셈의 발로라고 볼 수 있을 것인데, 조선전사에서도 "1947년 말부터 1948년 초까지 한반도에 조성된 정세는 북한군을 정규무력으로 강화·발전시키는 것을 잠시도 미룰 수 없는 절박한 과업으로 제기했다."107)고 강조하였다.

당시 스티코프나 김일성은 남한에 단독정부가 수립되기 전에 인민군을 창설하여 그 위용을 과시함으로써 남한에 있는 공산당원들의 사기를 높일 수 있을 뿐 아니라 남한의 중도정치인들을 회유하는데도 유리할 것이라고 판단한 것으로 보인다. 그러므로 1948년 5월 1일 평양 역전 광장에서 남북정치협상회의 참석차 방북한 남한의 정당·단체의 대표들

---

106) 육군본부, 『북괴의 6·25남침 분석』(1970), pp.39-41.
107) 북한사회과학원, 『조선전사』 제24권, p.133.

앞에서 인민군의 열병분열식을 거행하였다. 그리고 소련정부는 1948년 9월 북한정권의 외군철수 요구를 받아들이는 형식으로 소련군이 1948년 12월 말까지 철군을 완료할 것이라고 발표하고, 미국도 이에 상응하는 조치를 취해 줄 것을 요청하면서 1948년 10월 19일부터 철수하기 시작하였다. 그러나 소련군이 철수하는 와중에 모스크바에서는 북·중·소 3국의 군사대표자회의를 개최하여 향후 18개월 이내로 북한군을 남침에 충분한 수준으로 증강시키기로 결정하였다.

그런데 소련의 북한군에 대한 대대적인 전력증강지원은 1949년 3월 김일성과 박헌영 일행이 모스크바를 방문한 것을 계기로 본격화되었고, 이때 스탈린은 김일성에게 항공기 150대의 추가지원도 약속하였다.[108] 그리고 당시 스탈린은 김일성이 제의한 무력통일안에 관해 원칙적으로 동의하지만 "북한군이 남한군에 비해 절대적인 우위를 확보하지 못한 상황에서 선제공격을 해서는 안 된다."고 강조하였다. 이는 스탈린이 그 당시 북한군이 보유한 전력으로서 남침을 단행한다면 장기전이 불가피하게 될 것이고, 그렇게 된다면 미국에게 개입의 빌미를 제공할 우려가 있을 것으로 생각했기 때문이었다. 그러나 소련이 핵실험에 성공하고 북한의 전력도 강화되자 1950년 4월에 스탈린은 김일성에게 북한의 대남 선제타격공격을 허용하였다. 그러나 스탈린은 김일성에게 "이 문제의 최종결정은 북한과 중국에 의해 공동으로 이루어져야 하며, 만일 중국 측의 의견이 부정적이면 새로운 협의가 이루어질 때까지 결정을 연기하겠다."고 언급하여 북한이 무력통일전쟁을 도발 시 중공을 내세우고 소련은 빠져나갈 방도를 찾으려는 술수를 구사하였다.

---

108) 소련이 추가 지원한 항공기 150대는 전투기 100대, 폭격기 30대, 정찰기 20대 등으로 구성되었다.

III. 미·소의 창군정책

1. 미·소의 군사 목표

　남한군과 북한군의 창설과정은 1945년 8월 광복으로부터 1950년 6월 전쟁 발발 직전까지 전개되었다. 이는 38선을 경계로 남한과 북한에 각각 주둔한 미·소 양 점령군이 그들의 점령정책의 목적에 따라 남북한의 군대창설을 각각 지원하였고, 점령군을 철수시킨 후에는 잔류시킨 군사고문단 내지 군사사절단의 파견을 통해 전쟁 발발 전까지 지속적으로 군대창설을 지원한 것을 의미하는 것이다. 탈식민지사회의 국가형성은 외세 즉 중심부국가에 의해 구조적으로 조건 지어지기 마련인 데다가 군대와 같은 국가기구는 중심부국가의 권력과 자금에 의해 급진적으로 형성되는 것임을 감안한다면 해방공간에서 미 점령군이 남한군대를 창설하고, 소 점령군이 북한 군대를 창설한데 대해 이견(異見)이 있을 수 없을 것이다.

　미점령군은 해방공간에서 한국의 자생적인 30여 개의 군사단체가 창군운동을 전개하자 5만 명 규모의 한국군(국방군) 창설안을 수립하여 (1945.11.8) 맥아더 장군을 경유, 3부조정위원회에 건의하였다.[109] 미 점령군이 입안한 한국군 창설안에 의하면 육군·공군은 3개 보병사단으로 구성된 1개 군단과 1개 항공수송중대 및 2개 전투비행중대로 편성된 45,000명의 규모로 하고, 해군·해안경비대는 5,000명의 규모로 하자는 것이었는데, 3부조정위원회에서는 찬반논쟁을 벌이다가 1945년 12월 모스크바3상회의의 결정에 영향을 받아 "한국의 정규군은 한국이 독립할 때 창설될 문제"라고 하면서 "미·소 공동위원회가 개최될 시점에서 소

---

109) Robert K. Sawyer, *Military Advisors in Korea: KMAG in Peace and War* (OCMH, 1962), p.10.

련의 오해를 받지 않도록 동 회의가 끝날 때까지 계획결정을 연기한다."
고 하지 장군에게 통고하였다. 이는 당시 미국의 행정부가 대한반도 점
령정책으로 미·소·영·중의 4개국에 의한 신탁통치를 통해 통일한국의
단일정권 수립을 목표로 삼고 있었기 때문이었다.

더욱이 맥아더 장군은 하지 장군으로부터 한국군 창설안을 건의받고
자신의 소관 권한 밖의 사항이므로 워싱턴에 조회해야 한다고 하면서
"우선 점령군의 경비(警備) 부담을 덜기 위해 25,000명 규모의 경찰예비
대(Police Constabulary) 창설안부터 강구하라"고 지시하였고, 따라서
미군정은 필리핀식 경찰예비대 창설계획인 뱀부(Bamboo)계획을 추진하
는 중이었다. 이러한 상황하에서 미점령군은 1945년 12월 3부조정위원
회의 결정을 수용하여 국방군 창설안을 경비대 창설안으로 대체시켜 추
진하게 되었다. 나아가 당시 미국의 조야에서는 "태평양지역의 다수의
국가들이 직접적인 군사적 공격보다는 내부의 경제적 곤란이나 사회적
혼란 때문에 공산권으로부터의 전복행위나 침투행위에 취약할 것이다."
고 판단하고 있었다.110) 당시 군부에서는 한국군에 대한 군사목표를 "외
부의 대규모 침공이 아니라 내부의 전복활동이나 소규모의 국경분쟁에
대처할 수 있는 수준의 무장력 육성"에 두고 있었다.

다시 말하면 미점령군은 한국의 정규군은 한국이 독립할 때에 창설될
문제라는 점을 분명히 하고, 미군정의 경비대를 창설하여 군정경찰의 경
비업무를 분담시키려 하였다. 그러므로 미점령군은 한국의 군사력을 소
규모의 국경충돌 내지는 치안유지에 적합한 방어형 성격의 무장력으로
건설하려고 하였다. 더욱이 미국의 군부는 한국을 미국의 국가안보의 중
요도에서 주변지역으로 분류하여 한국에 군대나 기지를 유지해야 할 전
략적 이해관계가 거의 없다고 판단, 주한미군의 철수론을 드세게 제기하

---

110) 이는 1950년 1월 12일 애치슨 미 국무장관의 연설내용으로서 당시 미국 조야의
정세인식과 그 맥락을 같이하는 것이었다.

고 있었다. 즉 미국의 합동참모본부는 극동에서 적대행위가 발생할 경우 주한미군은 군사적 부담이 될 뿐 아니라 극동지역에서의 지상작전은 어떠한 경우에도 한반도를 우회하게 될 것이라고 판단하여 한국을 전략적으로 낮게 평가하였고, 따라서 미국의 조야에 주한미군 철수론이 확산되었다.

이러한 때에 미국 행정부는 제2차 미·소 공동위원회가 실패로 돌아가자 1947년 9월 한국문제를 유엔으로 이관시켰을 뿐 아니라 주한미군의 철수에 대비하여 경비대를 25,000명으로부터 50,000명으로 증강시키기로 하였다. 다시 말하면 미국은 소련과의 협력을 통해 한반도에 통일된 정부(단일정부)를 수립하겠다는 기존의 방침을 포기하였고, 미국의 국가안전보장회의는 NSC-8에 주한미군의 철수에 대한 보완조치로 조선경비대 50,000명에 대한 조직과 훈련 그리고 장비이양 문제를 규정하였다.111) 그리고 미국 행정부는 주한미군의 철수가 완료되자 1949년 7월 1일 주한미군사고문단(KMAG)을 설치하여 대한민국의 국방군을 한국의 경제력의 범위 내에서 발전시키도록 정책을 구사했을 뿐 아니라 한국군에 대해 공격용 무기가 아닌 방어용 무기로 군사원조를 제공하도록 통제하였다.

이에 반해 소점령군은 북한에 배타적인 친소 단독정권의 수립을 지시한 스탈린의 1945년 9월 20일자 지령을 구현하는 데 충실하였다. 스탈린은 한국문제를 해결하기 위해서는 '군사적 힘'이 가장 중요한 무기라고 믿었으며,112) 따라서 '38선 이남으로의 소련 영향력 확대'를 위한 교두보로서 북한을 준비시킴에 있어 군사력의 건설을 가장 중시하였다. 그러므로 1946년 5월 제1차 미·소 공동위원회가 결렬되자 스탈린은 스티코프는 물론 김일성과 박헌영을 모스크바로 소환하여 "북한주둔 소련군의

---

111) 그 결과 조선경비대는 대한민국정부가 수립될 때까지 5개 여단 15개 연대 병력 50,490명으로 성장할 수 있었다.
112) 가브릴 코로트코프 지음·어건주 옮김, 앞의 책, p.145.

철수 후 상어밥이 되지 않으려면 최단 시일 내에 북한에 정규군을 창설하고 소련군의 경험을 전수받도록 하라"고 지시하였다. 따라서 1946년 후반기부터 소련정부에서는 북한군에 대한 군사목표를 '사회주의 혁명 수출'을 효과적으로 수행할 수 있는 정규군을 육성하는 데 두고 있었다.

물론 북한에서도 1945년 10월 21일 치안용 보안대가 창설되었다. 소점령군은 자위대, 치안대, 적위대 등 자생적 민족무장단체들을 민족세력이 장악하지 못하도록 하기 위해 10월 12일 모든 민족무력의 해산을 명령하였다. 그리고 10월 21일 진남포에 평민들로 구성(빨치산과 공산주의자 중심)된 2,000명 규모의 중앙보안대를 창설하면서 도 단위 인민위원회에 대해 보안대를 조직하여 치안유지에 활용하도록 허용함으로써 보안대를 국내의 치안용 무장력으로 운용해 왔다. 나아가 소점령군은 11월 27일 국경의 경비와 철도의 경비를 위한 보안대의 보완·증강을 결정함과 동시에 이러한 역할을 담당할 보안대는 기존의 치안용 보안대와는 별도로 창설하기로 방침을 확정하였다.113)

이같은 군사력의 건설 방침에 따라 소 점령군은 철도보안대를 편성하여(1946.1.11) 평양에 철도보안대사령부를 설치하고 각도에 중대를 배치했는데, 1946년 7월 현재 13개 중대에 달하였다. 이처럼 철도보안대의 병력과 규모가 커지자 7월 13일 각 도에 배치한 철도보안대를 통합하여 '북조선철도경비대'로 개편해 놓고 있었다. 이러한 상황에서 스티코프와 김일성이 스탈린으로부터 북한에 정규군을 창설하라는 지시를 받고 귀환하여 8월 15일 치안용 보안대를 제외한 모든 보안대를 통합 지휘할 기구로서 보안간부훈련대대부부터 창설하여 정규군으로의 전환작업을 추진토록 하였다. 연이어 스미르노프(Smirnov) 소장을 단장으로 한 경험 많은 소련의 군사고문관들이 훈련대대부와 신병훈련소 및 간부양성소에 배치되어 붉은 군대의 경험을 전수하는 한편, 정규군으로의 개편에 박차

---

113) 국방부 군사편찬연구소, 『한국전쟁사의 새로운 연구 1』(정문사, 2001), p.9.

를 가함으로써 정규군인 인민집단군을 형성하게 되었다(1947.5.17).

그러나 한반도의 통일 문제를 미·소 공동위원회에서 협의하는 질서 하에서 정규군의 창설을 표면화시킬 수가 없었기에 소 점령군은 인민집 단군사령부의 창설을 대외적으로 비밀로 해주도록 요구하였다. 그러나 미국이 한국문제를 유엔으로 이관시키자 소 점령군은 미·소 양군의 동 시 철수를 주장하는 한편, 김일성에게는 '힘의 시위'를 위해 조선인민군 의 창설을 선언할 것을 주문하였다. 즉 그동안 잠행적으로 증강시켜온 혁명의 수출 역량을 이제는 표면화시켜 얻을 수 있는 모든 것을 얻어 보자는 속셈으로 조선인민군의 창설을 선언케 하였고(1948.2.8), 연이어 5월 1일에는 「남북정치협상회의」 참석차 북한을 방문한 남한의 정당· 단체 대표들 앞에서 '힘의 시위' 목적의 열병분열식을 거행하여 남한측 대표들에게 충격을 주도록 하였다. 그리고 소련정부는 북한 주둔 소련군 을 철수시키면서 북한의 군사력을 대대적으로 증강시켰다.

카리노프(Kyrio Kalinov) 중령이 폭로한 바에 의하면 소 점령군이 철 수를 개시한 와중인 1948년 12월 중순 모스크바에서 불가닌 국방상 주 재로 북·중·소 3국의 군사대표자회의가 개최되어 18개월 이내에 북한 군을 남침에 충분하도록 보병 10개 사단과 기갑 2개 사단으로 증강시키 기로 결정하였고, 이를 위해 스티코프 대장을 단장으로 하는 장군 5명, 대령 12명, 중령으로부터 대위에 이르기까지 20여 명 등 40명으로 구성 된 소련특별군사사절단을 평양에 파견했다고 한다.[114] 소련의 특별군사 사절단은 ①50,000여 명의 한국계 중공군을 입북시켜 북한군으로 재편 하였고, ②병력보충을 위해 숙천, 신의주, 회령에 설치한 민청훈련소를 사단으로 개편·승격시켰으며, ③242대의 전차를 제공하여 전차부대를 여단 및 독립연대로 확장시켰고, ④작전용 항공기 150대를 추가로 지원

---

114) Kyrio Kalinov, "How Russia Built the North Korea Army," *The Reporter*, sep.26, 1950; 국방부 군사편찬연구소, 『6·25전쟁사 1』, p.533.

하여 항공사단을 증강시켰다. 그리고 스미르노프 수석군사고문을 바실리예프(Vassyliev) 중장으로 교체하여 남침을 위한 선제타격 작전계획을 입안케 하였다.115)

2. 창군의 환경여건

38선을 경계로 남북한을 점령한 미·소 양군의 존재와 냉전의 심화로 공고화된 양대 진영체제의 존재가 미국에 의한 남한군의 창설과 소련에 의한 북한군의 창설의 구조적 조건을 형성했다면, 미·소 양군이 한반도를 점령한 조건하에서 미·소 양국이 추진한 점령정책, 군정통치정책, 군사정책은 남북한 군대창설의 상황적 조건을 형성한 것으로 볼 수 있을 것이다. 다시 말하면 미·소의 점령정책, 군정통치정책, 군사정책은 남북한 군대창설의 환경여건을 형성했을 뿐 아니라 남북한의 군대창설을 좌우한 요인이 되었던 것이다. 그런데 미·소의 남북한 점령정책, 군정통치정책, 군사정책은 대조되는 목표특성을 지니고 있었고, 따라서 남북한의 군대창설에 대조적인 영향을 주어 그 방향을 좌우하였다.

우선 미·소의 점령정책 면에서 보면 미국은 일본군 무장해제 후 미·소·영·중 4개국에 의한 신탁통치를 실시하여 독립적이고 민주적인 통일한국의 단일정권 수립을 목표로 삼았으나 미·소 공위의 실패로 인해 1947년 9월 한국문제를 유엔에 이관시킨 후에는 남한에 친미·반공적 단독정권을 수립하는 정책으로 전환하였다. 이에 반해 소련은 일본군 무장해제 후 "점령지역에 부르주아 민주주의 정권을 수립하라"는 스탈린의 지령에 따라 북한에 친소적인 단독정권부터 수립하고, 이를 기반으로

---

115) 선제타격계획으로 알려진 남침작전계획은 1950년 4월 민보성 총고문으로 부임한 바시리예프 중장이 작성한 것이라고 당시 민보성 작전국장이었던 유성철이 1990년 10월에 밝혔다.

하여 무력통일을 통해 전 한반도에 공산단일정권을 수립하는 정책으로 전환시키려 기도하였다.

이러한 미·소 간 대조되는 점령정책의 목표특성이 남북한의 군대창설에 영향을 미쳐 미군정은 남한에 경비(警備) 업무를 분담할 25,000명 규모의 경비대를 창설·유지해 오다가 한국문제를 유엔으로 이관하면서 경비대를 50,000명 규모로 증편하였다.116) 이에 반해 소민정은 북한에 치안용 보안대의 창설에 이어 정규군으로의 전환을 위한 보안대를 별도로 창설·유지해 오다가 1946년 7월 스탈린이 "최단 시일 내에 북한에 정규군을 육성하라"고 지시함에 따라 8월 15일 보안간부훈련대대부를 창설, 정규군으로의 전환작업을 추진하여 인민집단군을 형성하였다(1947. 5.17). 그리고 1948년 소 점령군의 철수를 계기로 북·중·소 3국 군사대표자회의를 개최하여 북한군을 남침에 충분한 수준의 군사력으로 증강시키도록 소련과 중국이 지원해 주었다.

다음 미·소의 군정통치정책면에서 보면 미국은 식민지·반봉건 사회로부터의 해방으로 인해 좌익세력이 활성화된 남한에서 미·소 공위를 성공시켜야 했기 때문에 한국의 자생적 단체들을 해체시키고 새로운 군정기구와 지지단체를 결성하여 좌익세력의 활성화를 저지하기 위한 반혁명전략을 추진하였다. 이에 반해 소련은 북한지역의 공산주의자들에 의존하여 소비에트화정책의 추진이 곤란했기 때문에 귀환한 망명공산주의자들을 규합하고, 동원한 소련국적의 한인들을 활용하여 좌익세력의 활성화를 도모하기 위한 혁명전략을 적극적으로 추진하였다.117)

이같은 미·소 간 대조되는 군정통치정책의 목표특성은 남북한의 군대창설에 영향을 미쳐 미군정은 남한에 소련의 오해를 사지 않을 무장력이면서 내부의 전복활동에 대처할 무장력의 건설을 지향하여 경찰예비

116) 한용원, 『창군』, pp.68-102.
117) 한용원, 『북한학』, pp.32-37.

대를 창설·운영하였다. 즉 미국은 한국의 정규군이 통일한국의 단일정부 수립 시 건설될 문제라고 보고, 단일정부가 수립될 때까지는 치안용 무장력인 경비대를 활용할 생각이었다. 이에 반해 소민정은 북한에 혁명의 수출기지 육성을 위해 정규군을 창설하고 선제타격능력까지 부여하였다. 즉 소련은 당초부터 북한에 친소적 단독정부를 수립하여 혁명의 수출기지로 육성코자 했기 때문에 군사·기술 원조를 제공하고 군사전문가 및 고문단을 파견하여 선제타격능력을 갖춘 정규군을 육성하는 데 집중하였다.

끝으로 미·소의 군사정책면에서 보면 미국은 소련의 팽창주의를 저지하기 위해 봉쇄정책을 추진하고, 그 일환으로 도서방위전략을 채택·추진하였다. 그러므로 미국의 극동방위선이 알류산열도 – 일본본토 – 오키나와 – 필리핀을 연결하는 선으로 설정되어 남한이 배제되었을 뿐 아니라 NSC-8/2에 남한이 독자적인 공군과 해군을 보유하지 못하도록 규정하였다.118) 이에 반해 소련은 혁명수출을 도모하기 위해 군사력의 능동적이고 집중적인 활용으로 팽창주의를 지향하였다. 그러므로 소련은 북한에 정규군을 창설하고 군사·기술적인 지원을 제공하여 혁명수출을 위한 교두보를 구축하였을 뿐 아니라 항공기와 전차 등 공격용 무기로 전력을 증강시켜 남침을 감행토록 지원하였다.

이러한 미·소 간의 대조적인 군사정책의 목표특성은 남북한의 군대창설에 영향을 미쳐 미군정은 남한의 군사력을 소규모 국경충돌 내지는 치안유지에 적합한 지상군 중심의 방어형 성격의 무장력으로 건설하였다. 이에 반해 소민정은 북한의 군사력을 혁명수출을 위한 무장력으로 육성하기 위해 대규모의 군사력에 대처할 수 있는 정규군을 창설했을 뿐 아니라 선제타격능력도 부여하였다. 이상에서 논의한 해방공간에서의 미·소의 환경여건이 남북한의 군대창설에 미친 영향을 도표화시킨다

---

118) NSC-8/2, *FRUS* 1949, vol.Ⅶ, pp.977-978.

〈도표 2-1〉 환경여건이 남·북한군대창설에 미친 영향

비교의 요소	대조되는 목표특성(미국/소련)	군대창설에의 영향(남한/북한)
점령 정책면	• 미군정은 당초 한반도에 신탁통치 실시 후 독립적·민주적인 통일한국의 단일정권 수립을 목표로 삼았다가 미·소 공위가 실패하자 한국문제를 유엔에 이관시키고 남한에 친미·반공의 단독정권을 수립하는 정책으로 전환	• 미군정은 남한에 경비업무를 분담할 25,000명 규모의 경비대를 창설·유지해 오다가 한국문제를 유엔으로 이관하면서 경비대를 50,000명 규모로 증강 조치
	• 소민정은 점령지역에 부르주아 민주주의 정권을 수립하라는 스탈린의 지령에 따라 북한에 친소적인 단독정권부터 수립하고, 이를 기반으로 무력통일을 통해 전 한반도에 공산단일정권을 수립하는 정책으로 전환을 기도	• 소민정은 "최단 시일 내에 북한에 정규군을 육성하라"는 스탈린의 지시에 따라 정규군의 창설을 집중적으로 지원해 왔으며, 1948년 소련군의 철수를 계기로 남침에 충분한 군사력으로 증강조치를 단행
군정통치 정책면	• 미군정은 남한의 자생적 단체들을 해체시키고 새로운 군정기구와 지지단체를 결성하여 좌익세력의 활성화를 저지하기 위한 반혁명전략을 추진	• 미국은 남한에 소련의 오해를 사지 않을 무장력이면서 내부의 전복 활동에 대처할 무장력의 건설을 지향하여 경찰예비대를 창설·운영
	• 소민정은 귀환한 망명공산주의자들을 규합하고 동원한 소련국적의 한인들을 활용하여 좌익세력의 활성화를 도모하기 위한 혁명전략을 적극 추진	• 소련은 북한에 혁명의 수출기지 육성을 위해 군사·기술원조를 제공하고 군사고문단을 파견하여 강력한 정규군을 육성
군사 정책면	• 미국은 소련의 팽창주의를 저지하기 위한 봉쇄정책의 일환으로 도서방위전략을 채택·추진하면서 극동방위선에서 남한을 배제	• 미국은 남한의 군사력을 소규모 국경충돌 내지는 치안유지에 적합한 지상군 중심의 방어형 성격의 무장력으로 건설
	• 소련은 혁명수출을 도모하기 위해 군사력의 능동적이고 집중적인 활용으로 팽창주의를 지향하여 북한을 그 교두보의 하나로 구축	• 소련은 북한의 군사력을 혁명수출을 위한 무장력으로 육성하기 위해 선제타격능력을 갖춘 공격형 성격의 무장력으로 건설

면 <도표 2-1>과 같이 대조적으로 비교될 수가 있을 것이다.[119]

3. 창군과정의 전개

미·소의 점령정책면, 군정통치정책면, 군사정책면이 남북한 군대창설
의 환경여건을 형성하여 군대창설을 좌우한 요인이 되었다면 군사력건
설면, 간부양성면, 전력증강지원면은 남북한 군대창설의 전개과정을 좌
우하여 군대특성을 형성한 요인이 되었다. <도표 2-2>의 창군과정이 군
대특성에 미친 영향에서 볼 수 있듯이[120] 미국과 소련이 남한군대와 북
한군대를 각각 창설할 때에 군사력의 건설, 간부의 양성, 전력의 증강지
원의 목표가 대조적이었기 때문에 남북한 군대의 특성이 대조적으로 구
현되었다.

우선 군사력의 건설 목표 면에서 볼 때 미국은 자유주의국가가 그러하
듯이 군대창설은 안전보장의 수단, 질서유지의 수단 즉 자위와 치안의
수단으로 간주한 데 반해, 소련은 공산주의국가가 그러하듯이 군대창설
은 권력의 창출수단, 이념의 확대수단 즉 기존질서의 파괴수단으로 간주
하는 대조되는 목표특성을 지니고 있었다. 그러므로 군사력의 육성수준
으로 미국은 남한의 군사력을 내부의 전복활동에 대처할 수 있는 수준으
로 육성하는 데 목표를 둔 반면, 소련은 북한의 군사력을 혁명수출을 위
한 무장력으로서 충분한 수준으로 육성하는 데 목표를 두었다.

또한 군사력의 건설 과정에서 볼 때 미국은 한국인의 창군운동단체
해산, 미군정 경비대의 창설, 경비대의 증편 순으로 육성한 군사력을 대
한민국정부가 수립되자 대한민국 국군에 편성되게 한 반면에, 소련은 한
국인의 무장단체 해산, 보안대의 창설, 보안간부훈련대대부 창설 및 인

---

119) 한용원, "남북한 군대의 창설과정 비교," pp.71-72.
120) 같은 글, pp.86-87.

민집단군 형성, 조선인민군의 창설 과정 순을 거쳐 군사력을 육성하였다.[121] 그런데 미·소의 남북한 군사력 건설에서의 대조적 특성은 ①미국이 남한에 치안용 경비대를 창설한 데 반해, 소련은 북한에 치안용 보안대에 이어 정규군 전환용 보안대를 별도로 창설했으며, ②대한민국 국군은 대한민국정부가 수립된 후 창설되었으나 조선인민군은 조선민주주의인민공화국이 수립되기도 전에 창설된 점이다.

다음 간부의 양성면에서 볼 때, ①간부양성의 목표를 미국은 경비대의 치안유지능력 배양에 중점을 둔 데 반해, 소련은 북한군의 혁명수출역량 배양에 중점을 두었다. ②간부의 자원을 미·소 공히 군사경력자를 선호했으나 미국은 자원 면에서 풍부한 순서에 준해 일본군 출신·만주군 출신·광복군 출신 순으로 확보한 데 반해, 소련은 권력의 형성 면을 감안하여 빨치산파 출신·연안파 출신·소련파 출신 순으로 확보하였다. ③간부의 양성기관을 미국은 군사영어학교를 기간으로 하여 경비사관학교와 해방병학교를 중심으로 한 데 반해, 소련은 당·정·군의 간부를 육성하는 평양학원을 기간으로 하여 중앙보안간부학교와 해안경비대간부학교를 중심으로 하였다.

끝으로 전력증강지원면에서 볼 때, ①점령군의 철군 전에 미국은 남한군의 전쟁원동력 부여에 관심이 없었기 때문에 군수산업의 육성에 관심이 별무했던 데 반해, 소련은 북한군의 전쟁원동력 부여에 관심이 지대했기 때문에 군수산업의 육성에 적극성을 시현하였다. ②점령군의 철군 시 미국은 남한군에게 방어용 무기를 제공한 데 반해, 소련은 북한군에게 최신의 공격용 무기를 제공하였다. ③점령군의 철군 후에 미국은 남한이 미국의 극동방위선에서 제외되자 전력증강 지원을 거의 외면한 데 반해, 소련은 북·중·소 3국 군사대표자회의를 통해 북한군이 남침을 하

---

121) 남북한의 군대 건설 과정은 전쟁기념사업회, 『현대사 속의 국군』(1990) 제3편 국군(pp.243-342)과 제4편 북한인민군(pp.345-410)을 참조하였다.

는 데 충분한 수준으로 전력증강을 추진하도록 지원하였다.

　이상과 같은 미·소의 군사력건설면, 간부양성면, 전력증강지원면에서의 대조적인 특성은 남북한의 창군과정에 대조적인 영향을 미쳐 남북한 군대에 독특한 특성을 형성시켰다. 우선 군사력의 건설면에서 보면 ①목표차원에서는 미국이 남한의 군사력 건설의 목표를 치안 유지에 두었기 때문에 남한에 경비대(사실상 경찰예비대)를 창설한 데 반해, 소련은 북한의 군사력 건설의 목표를 혁명의 수출에 두었기 때문에 북한에 정규군을 창설하였다. ②수준차원에서는 미국이 남한의 군사력을 내부의 전복활동에 대처할 수 있는 수준으로 육성하는 데 두었기 때문에 남한군에 폭동진압능력의 부여에 중점을 둔 데 반해, 소련은 북한의 군사력을 혁명수출에 충분한 수준으로 육성코자 했기 때문에 북한군에 선제타격능력의 부여에 중점을 두었다. ③과정차원에서는 미국이 한국인의 창군운동단체 해산, 미군정 경비대의 창설, 경비대의 증편 순으로 육성한 군사력을 한국정부에 이관시켰기 때문에, 남한군은 경비대 체제를 정규군체제로 전환시켜야 할 과제를 안게 된 데 반해, 소련은 한국인의 자생적 무장단체 해산, 보안대의 창설, 보안간부훈련대대부 창설 및 인민집단군 형성, 조선인민군의 창설 순으로 군사력을 육성시켰기 때문에 북한 정규군의 전력증강지원에 집중할 수 있었다.

　다음 간부 양성면에서 보면 ①목표차원에서 미국이 경비대의 치안유지능력 배양에 중점을 두어 간부요원의 군사기술주의를 강조한 데 반해, 소련은 정규군의 혁명수출역량 배양에 중점을 두어 간부요원의 사상과 기술을 공히 강조하였다. ②자원차원에서 미·소 공히 군사경력자를 선호했으나[122] 미국이 풍부한 자원 순에 의거해 일본군 출신·만주군 출

---

122) 미군정이 경비대의 간부요원으로 군사경력자를 선호했듯이 소민정도 보안대의 간부요원으로 군사경력자를 선호하여 소련군 및 중공군 출신은 물론 일본군 및 만주군 출신도 참여하였다.

〈도표 2-2〉 창군과정이 군대특성에 미친 영향

비교의 요소		창군과정의 대조적 특성(미국/소련)	군대특성형성에의 영향(남한/북한)
군사력 건설면	목표	• 미국은 남한의 군사력 건설을 치안의 수단으로 간주	• 남한에 경비대(사실상 경찰예 비대) 창설
		• 소련은 북한의 군사력 건설을 혁명의 수출 수단으로 간주	• 북한에 정규군의 창설
	수준	• 미국은 남한군을 내부의 전복 활동에 대처할 수 있는 수준으로 육성 기도	• 남한군에 폭동진압능력의 부여
		• 소련은 북한군을 혁명의 수출에 충분한 수준으로 육성 기도	• 북한군에 선제타격능력의 부여
	과정	• 미국은 남한군을 창군운동단체 해산, 경비대 창설, 경비대의 증편 순으로 건설	• 남한군은 경비대체제를 지속시켜 왔기 때문에 정규군체제로 전환시켜야 할 과제를 부담
		• 소련은 북한군을 무장단체해산, 보안대 창설, 보안간부훈련대대부 창설 및 인민집단군 형성, 조선인민군 창설 순으로 건설	• 북한군은 정규군으로 육성되었기 때문에 전력증강의 집중이 가능
간부 양성면	목표	• 미국은 경비대의 치안유지능력 배양에 중점	• 남한군에 군사기술주의 강조
		• 소련은 정규군의 혁명수출역량 배양에 중점	• 북한군에 사상과 기술을 공히 강조
	자원	• 미국은 자원의 풍부도에 따라 일본군 출신·만주군 출신·광복군 출신 순으로 확보	• 남한군에 일본군 출신이 다수를 차지
		• 소련은 권력의 형성문제를 감안 빨치산파 출신·연안파 출신·소련파 출신 순으로 자원을 확보	• 북한군에 빨치산파 출신이 다수를 차지

비교의 요소		창군과정의 대조적 특성(미국/소련)	군대특성형성에의 영향(남한/북한)
간부 양성면	기관	• 미국은 군사영어학교에 이어 경비사관학교에서 간부 양성	• 남한군에 군영 및 경비사 출신이 헤게모니를 장악, 경비대의 정통성 주장
		• 소련은 빨치산파가 헤게모니를 장악한 평양학원과 중앙보안간부 학교에서 간부 양성	• 북한군에 빨치산파 출신이 헤게모니를 장악, 항일혁명 전통을 확산
전력 증강 지원면	철군전	• 미국은 남한의 군수산업육성에 관심이 별무	• 남한군의 전쟁원동력 부여에 매우 소극적
		• 소련은 북한의 군수산업육성에 관심이 지대	• 북한군의 전쟁원동력 부여에 매우 적극적
	철군시	• 미국은 남한군에 방어용 무기를 제공	• 남한군이 방어군대로 성장하기를 희망
		• 소련은 북한군에 공격용 무기를 제공	• 북한군이 공격군대로 성장하도록 지원
	철군후	• 미국은 남한군의 전력증강 지원을 외면	• 남한군은 기습남침을 당해 대처할 능력을 결여
		• 소련은 북한군의 전력증강 지원 제공에 적극적	• 북한군은 남침에 충분한 수준으로 전력을 제고

신·광복군 출신 순으로 확보했기 때문에 남한군에 일본군 출신이 다수를 점한 데 반해, 소련은 권력의 형성문제를 감안해 빨치산파 출신·연안파 출신·소련파 출신 순으로 확보했기 때문에 북한군에 빨치산파 출신이 다수를 점하였다. ③기관차원에서 미국이 군사영어학교에 이어 경비사관학교에서 경비대의 간부를 양성했기 때문에 남한군에는 군영출신과 경비사출신이 헤게모니를 장악하고 경비대의 정통성을 주장하는 데 반해, 소련은 빨치산파가 헤게모니를 장악한 평양학원과 중앙보안간부학교에서 북한군의 간부를 양성했기 때문에 조선인민군은 빨치산파 출신

이 헤게모니를 장악하고, 빨치산파의 항일혁명전통을 신봉하게 되었다.

끝으로 전력증강지원면에서 보면 ①점령군의 철군 전에 미국은 남한의 군수산업 육성에 관심이 별무할 정도로 남한군의 전쟁원동력 부여에 매우 소극적이었던 데 반해, 소련은 북한의 군수산업 육성에 관심이 지대할 정도로 북한군의 전쟁원동력 부여에 매우 적극적이었다. ②점령군의 철수 시에 미국은 남한군에 방어용 무기를 제공하여 남한군이 방어군대로 성장하도록 바란 데 반해, 소련은 북한군에 공격용 무기를 제공하여 북한군이 공격군대로 성장하도록 지원하였다. ③점령군의 철군 후 미국은 남한군의 전력증강지원을 외면했기 때문에 남한군은 북한군의 기습남침을 당해 대처할 능력을 결여한 데 반해, 소련은 북한군의 전력증강지원 제공에 적극적이었기 때문에 북한군은 남침에 충분한 수준으로 전력을 제고시킬 수 있었다.

제3장

남한군의 창설과정

I. 남한군 창설과정의 전개

1945년 광복직후부터 1950년 6·25전쟁 발발 직전까지 1940년대 후반기를 남한의 창군기로 볼 수 있으며, 창군과정은 창군운동기, 경비대 창설기, 경비대증편기, 국군창설기 순으로 전개된 것으로 볼 수 있을 것이다. 이처럼 남한군의 창설과정이 4단계로 진행되었다고 볼 때 ①민족자생의 창군운동과정에서 국군의 이념과 정신이 형성되고, ②미군정의 경비대 창설 및 증편과정에서 국군의 조직과 훈련이 이루어짐으로써, ③ 대한민국정부의 국군창설과정에서 정신과 조직의 변증법적 통일의 성취가 기대되었다.1) 이러한 맥락에서 본다면 창군운동과정과 경비대 창설 및 증편과정은 국군창설의 준비과정에 해당되는 것이다.

---

1) 한용원, "국군 50년: 창군과 성장,"『국방연구』제41권, 제1호(국방대학원 안보문제연구소, 1998), p.7.

일제의 강압으로 1907년 8월 1일 대한제국의 국군이 해산되자 <도표 3-1>과 같이[2] 일부는 '독립전취론'을 견지하고 독립투쟁전선의 광복군으로 활약하였고, 다른 일부는 '독립준비론'을 견지하고 반독립투쟁전선의 일본군 및 만주군으로 복무했으나 그들은 해방공간에서 함께 만나 창군운동을 전개하였다. 창군운동과정에서 일본군 및 만주군 출신들도 "광복군을 모체로 국군을 편성해야 한다."는데 '공동의 동의'를 하는 분위기가 성숙되어 갔으나 미군정이 경비대를 창설하면서 30여 개에 달하는 민족자생의 창군단체들을 해체시키자[3] 창군운동세력은 분열되었다.

즉 "광복군을 모체로 국군을 편성해야 한다."는 중견층의 명분론과 "경비대는 장차 국군이 될 것"이라는 소장층의 실리론으로 분열되어 소장층은 제도권 내의 경비대에 입대했으나 중견층은 제도권 밖에서 「참전동지회」(후에 육·해·공군출신동지회로 개칭)를 결성하여 국군이 창설되기를 기다렸다. 이러한 가운데 1948년 8월 15일 대한민국정부가 수립되어 국군이 창설되자 경비대가 국군에 편입되고, 「육·해·공군출신동지회」회원들이 국군에 입대함으로써 창군운동세력은 다시 대한민국국군으로 합류하였다.

〈도표 3-1〉 남한군의 창설과정 전개

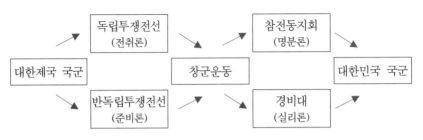

그러나 미군정이 그들의 점령정책의 목표에 따라 남한에 창설한 군대
는 치안유지를 위한 경비대에 불과하였다. 미 점령군은 그들의 경비(警
備)업무를 분담할 25,000명 규모의 경비대(미군정 측에서는 군정경찰을
보조하는 경찰예비대로 지칭)를 창설·유지해 오다가 1947년 9월 한국
문제를 유엔으로 이관한 후 경비대를 50,000명 수준으로 증편하였다. 즉
미군정은 '한국의 정규군은 한국이 독립할 때 창설될 문제'라고 인식하
면서[4] 남한의 질서유지의 수단으로 경비대를 창설하여 활용하는 데 만
족했으며, 한국문제를 유엔으로 이관하면서도 경비대의 숫자를 배로 증
대시켰을 뿐 정규군의 체제로 전환시키지는 않았다.

그러므로 대한민국정부는 국군창설 시에 경비대체제를 정규군체제로
전환시키는 과제를 떠맡게 되었다. 그런데 한국군의 태동 시 경비대는
일본군 출신 소장층이 대종을 이룬 데다가 리더십문제와 사상문제로 인
해 개편론이 대두되고 있었기 때문에 이의 치유를 위한 방편이 곧 경비
대체제를 정규군체제로 전환시키는 방편이 될 수가 있었다. 즉 군사경험
이 풍부한 광복군·일본군 출신 중진군사경력자들을 충원시켜 군대의 리
더십문제를 해결하고, 반탁·반공운동에 앞장섰던 우익청년단 단원들을
충원시켜 군대의 사상문제를 해결한 데다가 미군이 철수하면서 제공해
준 무기(비록 방어용 무기이나 정규군의 무기)로 장비함으로써 한국군은
정규군의 체제로 전환될 수 있는 소지가 형성되었다.[5]

참고로 남한군의 창설 초기에 헤게모니를 장악했던 일본육사 출신(계
림회)이 견지했던 '독립전취론'과 '독립준비론'의 정체에 관해 살펴보고
자 한다. 이들의 행적을 살펴봄에 있어 1910년 한일합방 이전과 이후로
구분하는 것이 온당할 것 같다. 한일합방 이전에는 신사유람단의 수행원
으로 도일한 박유굉이 1886년 일본육사 정규과정에 입교한 이래 1902

---

4) 국방부 전사편찬위원회 편, 『한국전쟁사 – 해방과 건군』 제1권(1967), pp.260-261.
5) 한국군이 정규군체제로의 완전한 전환을 위해서는 부대훈련을 통해 리더십을 확
   립할 수 있는 시간적 여유를 필요로 했으나 전쟁의 발발로 인해 차질이 초래되었다.

년 김응선·유동렬·이갑 등 정규과정 제15기생이 입교할 때까지 ①김옥
균의 주선으로 갑신정변의 행동대원 서재필·신복모 등 14명이 육군호
산학교에 유학한 데 이어, ②조선무관들의 특별과정 입학이 허가되어 이
병무·조성근·이희두 등 11명이 1896년 일본육사에 유학하게 되었는데,
이들은 친러정부의 수립으로 회국(回國)명령을 받고 귀국하였으며, ③박
영효의 주선으로 도일하여 일본육사 정규과정 제11기생으로 1898년 입
교한 노백린·어담 등 21명은 친러정부로부터 관비지급의 중단 등 버림
받는 신세가 되자 혁명일심회를 결성하기에 이르렀다. 즉 21명 중 노백
린·어담·임재덕·윤치성·김성은·김규복 등 6명은 탄원차 귀국했으나
일본에 잔류하고 있던 조택현·장호익·권호진 등 15명은 일본에 망명
중인 유길준과 접촉하여 일본의 세력을 빌려 황제와 황태자를 폐하고
의친왕을 옹립한다는 혁명맹약서에 서명했는데, 이러한 사실이 유길준
의 환국공작으로 탄로나게 되어 조택현·장호익·김홍진은 처형되고 기
타는 사이토오 중좌의 구명운동으로 종신형을 살게 되었으나 1905년 하
세가와 대장의 주선으로 사면특전을 받고 참위로 복직하였다.[6)

  1902년 일본육사 정규과정 제15기로 입교한 김응선, 유동렬·이갑 등
8명은 한말의 유학생 전부를 통틀어 가장 축복받은 행운아들이었다. 이
들은 육사졸업 후 동경 근위사단에 배속되어 견습사관 시 러·일전쟁이
발발하자 종군하게 된 데다가 근위사단장이던 하세가와 장군이 조선주
둔군사령관으로 부임함으로써 일본군부의 비호를 받게 되었다. 이렇게
하여 일본육사출신들은 1904년 군제개혁으로부터 1907년 군대해산의
비운이 도래할 때까지 황금시대를 누리게 되었으나, 그 본산은 무관학교
를 비롯하여 연성학교와 유년학교 등 한말의 3대 군사교육기관에 불과
하였다. 일대의 혁신이 요구되는 군부를 끌고 나가기 위해서는 군정기관
에 진출할 필요가 있었으나 이것을 척족세력이 가로막고 있었기 때문에

---

6) 이기동, 『비극의 군인들』(일조각, 1982), pp.58-107.

8형제배(일본육사 제15기생을 지칭)는 그들의 유대와 단결을 공고화하기 위해서 일심회의 예를 따라 비밀결사 효충회(效忠會)를 결성하였다. 하지만 1905년부터 일본육사출신들이 군정기관에 진출하게 되고, 8형제배도 참령으로 승진하여 군부의 요직에 다수가 등용되었다.

그러나 헤이그밀사사건으로 1907년 7월 6일 어전회의에서 고종의 양위문제가 제기되자 양위를 반대한 효충회 회원들은 송병준, 조중응, 이완용, 이병무 등을 설득했지만 실패함으로써 양위를 저지하는 유일한 길은 양위식에 참석하는 대신들을 암살하는 길밖에 없다는 결론을 내리고 무력봉기계획을 수립하였다.[7] 하지만 7월 19일 예정된 무력봉기계획은 친일대신들이 일본인가의 왜성구락부 혹은 통감부관사로 피신함으로써 실패하였고, 주동자 이희두, 어담, 이갑, 임재덕 등은 일본헌병대에 체포되었다. 이에 조선주둔 일본군사령부는 무력봉기를 획책한 점을 중시하여 양위식이 끝나자마자 군대해산계획을 추진하여 8월 1일 군대해산식을 갖도록 하였다. 군대가 해산되자 일본육사출신 중 일부는 일제에 저항하여 11기생 노백린은 무관학교장에 임명되었으나 군직을 박차고 고향인 황해도에 은거하면서 비밀결사 신민회(新民會)에 관여, 구국활동을 전개하였고, 김의선은 합방직전 국외로 망명하여 광복운동을 전개했으며, 15기생 이갑과 유동렬도 군복을 벗은 다음 서북학회를 중심으로 정치·사회활동을 전개하고 비밀결사 신민회에 관여하였다.

그러나 대다수의 유학생들은 조선보병대(1931.4.1 해산)에 소속되어 총독정치 체제 속에 안주의 길을 택하였고, 일본육사출신들은 일본군인과 동등한 대우를 받으며 진급한 결과 이병무, 조성근, 어담 등은 중장까지 승진하였고, 이희두, 왕유식, 김응선 등은 소장까지 승진하였다. 이렇게 해서 일제에 저항한 노백린·유동렬 등 일본육사출신들은 한일합방직전 망명길에 올라 독립운동전선에 투신하였고, 상하이임시정부 수립

---

7) 같은 책, pp.161-168.

시에 주동적 역할을 담당하여 임정의 개각 시(1919.9.11) 군무총장에 노백린, 군무차장에 김의선, 참모총장에 유동렬 등이 추대되었고, 이갑은 3·1운동이 일어나기 2년 전 러시아의 니콜리스크에서 41세로 병사했기에 임정에 참여할 수 없었으며, 노백린은 그 후 국무총리에도 추대되었으나 1926년 52세로 병사하였다. 이에 반해 군대해산 후 한일합방을 전후하여 관리생활을 시작한 박영철·김관현 등 일본육사출신들은 일제의 비호를 받아 도지사, 부지사 등을 역임하고 중추원 참의로 발탁되었으며, 어담 같은 퇴역장성들도 중추원 참의 등에 발탁되었다.8)

한편 한일합방 후 일본육사를 졸업한 자들은 제26기 및 제27기로부터 산정해야 할 것이나 1933년 제49기로 입교한 채병덕·이종찬으로부터 1945년 해방 당시의 제61기에 이르기까지 12년간에 걸쳐 배출된 계림회회원으로 알려진 72명을 주로 지칭한다. 일본육사 제26기 및 제27기는 대한제국의 유복자들로서 무관학교가 폐교될 때 1·2학년에 재학한 학생의 일부인데, 대한제국정부의 관비생으로 도일하여 동경중앙유년학교 예과 3학년과 2학년에 편입되어 유년학교 졸업과 대부(隊附) 근무 이수 후 육사에 진학, 홍사익·이응준·이청천 등 제26기생 11명은 1914년 5월에 졸업하고, 김석원·이종혁 등 제27기생 20명은 1915년 5월에 각각 졸업하였다. 그러나 이들은 1910년 8월 망국의 비운을 겪게 되자 거취문제가 논의되어 ①전원 퇴학하여 귀국, ②집단자결, ③중위진급과 동시 퇴역 등 방안이 제기되었는데, 지석규(이청천)가 "우리는 군사교육을 배우러 온 것이니 배울 것은 끝까지 배운 다음 장차 중위가 되는 날 일제히 군복을 벗어 던지고 조국광복을 위해 총궐기하자"고 제의하여 집단퇴학이나 집단자결은 피했다고 한다.9)

그러나 제26기 및 제27기 33명 중 3명을 제외한 30명은 반독립투쟁전

---

8) 같은 책, pp.170-187.
9) 같은 책, pp.22-24.

선에서 안일을 추구하였다. 하지만 3·1운동이 발발하자 이청천(池錫奎), 이종혁(馬昌德)은 일군부대를 탈출하여 독립운동에 투신하였고, 조철호(趙喆鎬)는 중위로 예편한 뒤 국내에서 항일운동을 전개하였다. 즉 3·1운동 직후 병가 구실로 서울에 와있던 이청천은 6월에 만주로 빠져나가 유하현 독립군양성소 신흥무관학교로 가서 교성대장으로 후진양성을 시작하였고, 이종혁도 1919년 만주로 망명, 독립운동에 투신하여 군벌 마점산(馬占山)부대 교관으로 일하다가 1920년대 주만참의부(의장 백시관) 군사위원장으로서 독립운동 일선에서 활약했으며, 조철호는 중위로 진급한 1918년에 전역하여 귀국, 오산학교에 교편을 잡고 3·1운동 때 정주에서 반일운동을 지도하고 상하이로 망명했다가 체포되었으며, 출옥 후 사회활동을 전개, 1922년 10월 조선소년군을 창설하여 한국보이스카우트운동의 창시자가 되었고, 1926년에는 6·10만세운동을 배후지도하고 북간도로 망명했다가 귀국하여 동아일보의 수위로 일하기도 했다.

일본육사 제26기 및 제27기 출신들은 일심회와 효충회를 계승하여 전의회(全誼會)라는 친목단체를 결성했는데, 이때 일본육사 제23기생출신 김광서(金光瑞)를 회장으로 추대하였다. 1911년 5월 일본육사를 졸업한 김광서(김현충)는 대한제국 군기창장 김정우의 아들로서 제26기 및 제27기와 친밀하였고, 특히 이청천과 친밀하여 1919년 6월 양자는 신의주를 거쳐 만주로 망명, 서간도의 신흥무관학교로 찾아갔으며, 무기 구입 차 러시아에 들어가게 된 그는 우리 교포들이 시베리아에 출병 중인 일본군에 의해 학살되는 데 분개하여 한국인 청년들을 규합, 일본군에 항쟁하였다. 함경도 북청 출신인 그는 함경도 사람들에 의해 전설상의 김일성 장군으로 구전되어 왔으며, 이명영 교수에 의하면 1920년대 초 노령에서 독립군을 지휘한 김경천이 곧 김광서라는 것이다.[10) 제26기와

---

10) 육군본부, 『창군전사』(1980), pp.75-76(李靑天, 金擎天, 申東天(신팔균)은 南滿三天으로 알려졌다).

제27기가 배출된 이래 1933년 제49기가 육사에 진학할 때까지 20여 년
이상 한국인의 일본육사 유학은 단절된 상태였고, 왕공족과 귀족자제들
이 유학했는데, 그들은 1915년 제29기 영친왕 이근과 조대호, 1916년
제30기 엄주명(이근의 친구), 1928년 제42기 영친왕 조카 이건, 1929년
제44기 이형석, 1930년 제45기 영친왕 조카 이우 등이었다.[11]

이처럼 20여 년간 일본육사 유학이 이루어지지 않은 것은 합방직후
일제의 무단통치에 대한 한국인들의 적개심으로 인해 배일풍조가 만연
된 데다가 한국인을 대상으로 한 고등보통학교에는 교련과목이 없어 일
본육사시험에 곤란을 주었기 때문이었다. 그러나 1932년 5월 조선군사
령관 하야시 대장이 교육총감이 되어 본국으로 가고 그 후임에 교육총감
부 본부장(교육차감)이던 가와시마 중장이 취임하여 중학교 배속장교들
에게 우수한 한국학생의 일본육사지원을 권유토록 함에 따라 평양중학
교 채병덕과 경성중학교 이종찬이 응시·합격하여 제49기생으로 1933년
에 4년제 육사에 입교하였으며, 제50기생으로 평양고등보통학교 이용문
과 군산중학교 지인태가 합격하여 1934년에 일본육사에 입교하였다. 그
리고 1936년 제52기생으로부터 1945년 제61기생에 이르기까지 연속적
으로 한국인의 일본육사 입교가 이루어지게 되었다. 제49기생 채병덕과
이종찬은 영친왕 이근 중좌의 배려로 제26기와 제27기가 생도시절 구락
부로 사용했던 동경 요쓰야 건물을 회관(일요하숙집)으로 사용할 수 있
게 되자 당국에 등록하는 회명을 계림회로 정하였고, 따라서 계림회는
1933년 이후 일본육사에 유학한 한국인들의 친목단체 이름이 되었다.

계림회의 회원들은 대체로 독립준비론을 견지하였고, 따라서 기술병
과를 지원하였다. 제26기 및 제27기 출신 33명 중 30명이 보병과이고
3명이 기병과였음을 감안하여 제49기 채병덕은 포병과, 이종찬은 공병
과를 지망하였고, 이들의 영향을 받아 제50기 이용문은 기병과, 지인태

---

11) 한용원, 『창군』(박영사, 1984), pp.34-35.

는 항공병과를 지망했으며, 제52기 최명하는 항공병과, 박범집은 포병과를 지망하였다. 이처럼 계림회의 회원들은 장차 한국의 군대가 창설될 경우 기술병과 출신자들이 크게 부족할 것이라고 판단하여 대부분 기술병과를 지망했으며, 특히 항공병과를 선호한 경향이 있었다. 하지만 항공병과출신 지인태(50기), 최명하(52기), 노태순(54기), 강석호(54기), 전원상(55기), 최정근(56기), 김영수(57기) 등 전사자가 속출하여 독립준비론을 무색하게 만들고 말았다. 그러나 제2차 세계대전에서 살아남은 대부분의 계림회 회원들은 신생대한민국의 육·공군의 창설에 주역으로 참여했을 뿐 아니라 한국전쟁을 당해 크게 활약하였다. 그러면 이제 남한의 군사력 건설과정에 관해 살펴보기로 한다.

1. 창군운동단체의 난립 및 해산

미군정은 점령정책의 목표에 따라 남한에서의 군사력 건설과정을 ① 치안질서를 유지하기 위해 한국인이 자생적으로 결성한 창군운동단체들을 해산시키고, ②미군정의 경비(警備)부담을 덜기 위한 경찰예비대(경비대)를 창설하며, ③한국문제를 유엔으로 이관시키고 점령군을 철수케 되자 경비대를 증편하고, ④대한민국정부가 수립되어 대한민국 국군이 창설되자 경비대를 국군에 편성시키는 순으로 진행시켰다. 우선 해방이 되자 고국으로 돌아온 군사경력자들은 군사경력과 연고관계를 중심으로 군사단체를 조직하여 건군의 초석이 되고자 했는데, 당시 민족의 구심점을 제시할만한 뚜렷한 주도세력이 없었기에 우후죽순격으로 난립되어 1945년 11월 미군정청에 등록된 군사단체의 수효는 30여 개에 달했는데,12) 그 중에서 주요한 단체는 <도표 3-2>와 같다. 그런데 해방공간의 남한에서는 인민공화국과 치안대를 중심으로 한 한국인 자생적 권력기

---

12) 육군사관학교, 『대한민국 육군사관학교 30년사』(1977), p.60.

〈도표 3-2〉 창군운동단체 현황

단체명	대표	설치 일·장소	비고(특이사항)
조선임시군사위원회 (치안대총사령부) 〈우파〉	위원장: 이응준 부위원장: 김석원	1945.8 말 경기여고	• 계림회 중심의 일본군 장교출신 및 만주군 장교출신 참여 • 국군편성초안을 작성, 미군정청에 제출 • 여운형이 흡수하려 했으나 명관급 반대 • 휘하에 치안대총사령부를 결성, 치안에 기여
학병동맹 〈좌파〉	위원장: 왕익권	1945.9.1 종로 한청빌딩	• 좌익계열이 주류 형성 • 1946.1.18 반탁학생연맹을 습격했다가 1.19 김두환 부대가 습격해 오자 총격전 벌임
학병단 〈우파〉	총사령: 안동준 위원장: 김완룡	1945.12.16	• 학병동맹의 좌경화에 반대하여 탈퇴한 37명이 동지 3,000명을 모아 결성 • 미군정청 팀슨 중령에게 창군요원으로 동 단원을 추천(임선하 등이 추천)
조선국군준비대 〈좌파〉	총사령: 이혁기 부사령: 박승환	1945.8.17 명동	• 간부들이 북한출신 좌익계열 • 최초 귀환장병대였으나 1945.9.17 조선국군준비대로 개칭 • 각도에 지대를 설치 6만여 명 대원 포용(태릉에 훈련소를 설치 15,000명 훈련) • 김두환 부대와 충돌
대한국군준비위원회 〈우파〉	유동렬 (오광선)	1945.11.1 서소문	• 광복군계 중심으로 결성 • 이승만 지도하에 결성·활동 • 광복청년회로 변신
대한민국군사후원회 〈우파〉	총재: 조성환 부총재: 안재홍	1945.12.9 동대문 밖 광복군사령부	• 광복군계인 조선군사후원회, 한국광복군후원회, 한국광복군군사원호회가 통합 • 1945.12.9 은하관 주인 김성자 60만 원 희사

대한무관학교 〈우파〉	김구 (전성호)	1945.11 초 창신동	• 임정의 우파계 군사학교 • 대한군인회 주관 • 1946.1.25 제1기 사관(장경석, 남철 등) 및 하사관 334명 입교
중앙육군사관학교 〈좌파〉	김원봉 (원익상)	1946.1.10 광주	• 임정의 좌파계 군사학교 • 1945.8.18 조선국군학교로 설립되어 1,000명이 훈련 • 1946.1.10 중앙육군사관학교로 개칭
육군사관예비학교 〈좌파〉	오정방	1946.11.1 당인리	• 조선건국청년회 회원훈련목적으로 설치 • 애국자 3명이 현금 800만 원과 전답 2,000만 원 상당 기증
육해공군출신동지회 〈우파〉	고문: 이청천 회장: 김석원 훈련부장: 오광선	1947.11 경운동 천도교당	• 1946.1 군사단체가 해산되자 회원 5,000여 명으로 친목단체를 결성, 참전동지회로 지칭 • 1947.11 육해공군출신동지회로 개칭 • 간부후보생을 양성 정부수립에 대비

구와 미군정과 군정경찰을 중심으로 한 미국의 점령군 권력기구가 병존하고 있었고, 정치세력도 '임정봉대론'을 내세운 우익세력과 '인공중심론'을 내세운 좌익세력으로 분열되어 대립하고 있었다.

당시 창군운동의 전개양상은 광복군의 국내지대(사령관 오광선) 편성과 조선임시군사위원회(위원장 이응준)를 비롯한 군사단체의 결성으로 나타났다.[13] 광복군의 국내지대 편성에는 해방과 동시 개별적으로 귀국한 광복군 출신은 물론 일본군 및 만주군 출신들이 참여하였는데, 이는 1945년 8월 하순 만주로부터 귀국한 오광선 장군이 하지 장군과 접촉하

---

13) 『창군전사』 등에서는 이들 군사단체를 사설군사단체로 보고 있지만 창군운동단체로 보는 것이 더욱 타당할 것이다.

여 미군용기 편으로 상하이에 도착하자 김구 주석과 이청천 사령관은 ①광복군의 국내지대를 편성하고, ②미군정과 협조하여 임정 및 광복군을 정부 및 국군의 자격으로 입국할 수 있도록 명령함에 따라[14] 동대문 밖에 광복군 국내지구사령부를 설치하고 대원들을 모집한데서 비롯되었다. 오광선 사령관은 지대장 장석윤(일본육사 27기생, 만주군 중좌), 부지대장 이영순(일본해군 중위), 제1중대장 최경록(일본군 준위), 제2중대장 강문봉(만주군 소위), 제3중대장 김영환(일본군 소위), 제4중대장 안광수(일본군 소위), 지대부관 장창국(일본군 소위) 등을 임명하여 지대편성을 완료했는데,[15] 동 지대는 서울시내 중요처소의 경비에 임하면서 미군정청 국방사령부가 발족할 때까지 치안에 협조하였다.

광복군 국내지대는 대전에 「한국광복군경비대훈련소」가 설치됨으로써 (1945.9.6) 세력이 확대되었고, 「대한민국군사후원회」(총재 조성환, 부총재 안재홍)가 발족됨으로써(12.9) 효과적인 지원을 받을 수 있었는데, 은하관 주인 김성자 등이 희사한 기금이 그 지원의 바탕이 되었다. 해방과 더불어 군사 경력자들이 고국으로 돌아옴에 따라 「조선임시군사위원회」, 「조선학병동맹」,「조선국군준비대」 등 주요한 군사단체들이 결성되었다. 일본군 및 만주군 장교출신들은 일본육사출신 친목단체 계림회를 중심으로 상통하여 「조선임시군사위원회」를 결성했으며, 일제에 의해 강제 지원된 학병출신들은 「조선학병동맹」(위원장 왕익권)을 결성하였고, 일부 일본군 학병사병출신들은 일본군 및 만주군 사병출신들을 규합하여 「조선국군준비대」(총사령 이혁기)를 조직했으며, 일본해군출신들은 손원일을 중심으로 「해사대」를 결성하여 「해사협회」로 발전시켰다. 이들 30여 개 군사단체의 요원들 중 인민공화국을 지지한 국군준비대 및 학병동맹의 간부들을 제외한 대부분은 출신배경에 관계없이 "광복군을 중

14) 김두찬, "오광선 장군," 『신동아』 1971년 2월호.
15) 육군본부, 『창군전사』, p.293.

심으로 국군을 편성해야 한다."는 데 공동의 동의를 했는데, 이는 독립전
취에 투신한 광복군의 법통성을 해방공간의 한국인들이 인정했기 때문
으로 보아야 할 것이다.

그 한 실례로서 국군준비대 및 학병동맹의 간부들이 군사단체의 헤게
모니를 장악하기 위해 1945년 9월 27일 재경 12개 군사단체 대표자회의
를 개최하고 통합된 「조선군사준비위원회」를 결성하려고 했을 때 광복
군지대측이 대한민국 임시정부의 법통을 계승하기 위해 '조선' 대신 '대
한'으로 명칭을 정하자고 주장하자 대부분의 군사단체대표들이 이에 동
조하였는데,16) 그러한 현상은 군사단체대표들이 광복군의 법통성을 인
정했기 때문에 시현된 것으로 보아야 할 것이다. 심지어 반독립투쟁전선
의 일본군 및 만주군 장교출신들의 본거지 역할을 했던 조선임시군사위
원회까지도 ①여운형의 인민공화국에의 흡수를 위한 집요한 노력을 외
면하고 임시정부를 끝까지 지지했으며, ②광복군 국내지대의 편성에 동
위원회의 핵심청년간부들을 참여시켰고, ③임정 김구 주석의 부탁을 받
고 '중국땅에 머물고 있는 광복군을 중심으로 국군을 편성하는 건군안'
을 작성하여 임정에 제출함으로써 광복군의 법통성을 적극적으로 인정
하였다. 더욱이 일부 조선국군준비대 요원들도 대전에서 「조선국군준비
대 남조선전체대회」(위원장 전향)를 개회하고(1945.12.4) "무조건 광복
군에 합류키로 한다."는 성명을 발표하였다.17)

해방정국에서 군사단체들은 일제의 항복으로 인해 야기된 정치적 혼
란과 행정의 공백을 수습하고 사회질서와 치안을 유지하는 한편, 건국과
건군에 이바지할 수 있는 토대를 마련코자 하였다. 그리고 해방공간의
창군운동은 해방 후의 한국군사를 미군정의 경비대가 아닌 한민족 자생
의 창군운동단체로부터 시작하게 만든 역사적 의의도 지니는 것이다. 그

---

16) 민주주의 민족전선, 『해방조선 I』(1946), p.234.
17) 육군본부, 『창군전사』, pp.290-291.

러나 군사단체의 창군운동 전개과정에서 사회적 물의와 사회적 불안 요인이 없지 않았다. 군사단체의 유지와 세력의 확장을 위한 재원조달 관계로 사회적인 물의가 야기되었고, 남원 등지에서는 조선국군준비대가 미군 및 경찰과 충돌하는 사태가 발생했으며, 찬·반탁을 위요하고 좌·우단체 간 교전이 벌어지기도 했다. 그 대표적인 교전사건은 조선건국청년회의 김두환 부대와 학병동맹 및 국군준비대 간에 야기되었다. 즉 반탁전국학생총연맹이 성토대회를 개최코자 신문로 1가로 시가행진 시에 장총과 권총으로 무장한 학병동맹의 습격을 받아 27명의 중경상자를 내는 사건이 발생하자(1946.1.18) 김두환 부대가 1월 19일 삼청동 학병동맹본부를 습격하여 총격전을 벌였다. 연이어 김두환 부대가 국군준비대 본부와 태릉의 훈련소를 급습하자 국군준비대 경기도지부대원들이 반격하여 태고사 부근에서 교전하는 사태가 발생하였고, 이에 미 헌병대는 장갑차로 교전하는 쌍방을 포위하고 무장을 해제시켜야만 했다.

　이처럼 치안질서의 유지에 참여해 왔던 군사단체들이 찬·반탁을 둘러싸고 교전하는 사태로까지 비화되자 미군정은 반혁명전략의 추진을 위한 조치의 일환으로 군정법령 제28호에 의해 모든 군사단체들을 해체시켰다(1946.1.21). 국군준비대(총사령 이혁기)의 경우 개별적으로 이미 해산명령을 내린 바 있었지만(1.9) 군정장관 러취(Archer L. Lerch) 소장은 "국군의 창설을 준비한다는 명목의 창군운동단체는 그 존재를 인정치 않으며 이들 단체의 불법행동으로 말미암아 평화와 질서유지에 방해가 되므로 국방경비대만이 유일한 군사단체이지 그 밖에는 여하한 단체도 인정치 않는다."는 담화를 발표하고(1946.1.21) 모든 창군운동단체에 대해 즉각 해산하라고 명령하였다. 그러나 미군정 측에서는 해산된 군사단체의 에너지가 1946년 1월 15일에 창설된 남조선국방경비대에 흡수되기를 희망하였다.

2. 미군정 경비대의 창설

독립적이고 민주적인 정부수립을 예비하는 목적을 가진 미군정은 국방을 위한 준비작업을 우선적인 임무 중 하나로 인식했으나 미·소 공동위원회가 개최될 시점에서 소련의 오해 소지가 있는 한군군을 조직할 수가 없었기 때문에 미군정의 경비(警備)부담을 덜기 위한 25,000명 규모의 경찰예비대(police constabulary: 경비대로 지칭)를 창설하여 군정경찰에 대한 지원능력을 확보코자 하였다. 이에 아놀드(A. V. Arnold) 군정장관은 1945년 11월 20일 각 군사단체 간부 120여 명을 초청하고 "앞으로 남한에 경비대를 창설할 계획인데, 미국식에 의해 조직·훈련되기 때문에 우선 군사영어를 교육하는 기관을 만들어 간부를 양성할 계획이니 각 단체에서 유능한 사람을 추천해 주기 바란다."고 당부하였다.18) 미군정의 군무국에서는 당초 군사영어학교에 일본군·만주군·광복군 출신 장교 및 준사관 중에서 중등학교 이상을 졸업하고 영어에 대한 기초지식을 구비한 자를 입교시키되, 일본군 출신 20명, 만주군 출신 20명, 광복군 출신 20명으로 균형을 유지하고, 소장경력자에 한해 선발함으로써 파벌조성을 방지코자 하였다.

경비대가 창설되자 일본군 및 만주군 출신 소장층은 미군정의 소장층 충원정책에 힘입었을 뿐 아니라 "경비대가 장차 국군이 될 것"이라는 실리론에 따라 경비대에 입대하였다. 그러나 광복군 출신들은 주력이 중국에 머물고 있는 상황에서 법통성을 내세우지 않을 수 없었고, 일본군 및 만주군 출신 중견층 간에는 자숙론과 명분론이 확산되어 경비대에 입대하지 않고 제도권 밖에서 「육·해·공군출신동지회」를 조직하고 우의를 다지면서 국군이 창설되기를 기다렸다. 그러나 ①경비대의 창설계획이 앞당겨짐으로써 장교의 소요가 급증하여 당초 60명 임관계획은

---

18) 같은 책, pp.303-304.

110명으로 증대되었을 뿐 아니라 경비사관학교의 설치가 요청된 데다가 ②광복군 출신은 응시를 기피한 반면, 일본군 출신이 지원자의 절대다수를 차지함으로써 군사영어학교 입교자는 일본군 출신이 대종을 이루게 되었다. 즉 군사영어학교출신 110명의 임관자를 출신별로 보면 일본군 출신 87명, 만주군 출신 21명, 광복군 출신 2명이었고, 일본군 출신은 일본육사출신 13명, 학병출신 68명, 지원병출신 6명으로 구성되었다. 뱀부(Bamboo)계획으로 알려진 경비대창설계획은 국방사령관고문 이응준의 계획안이 상당히 수용되었는데,[19] 남한 8개도에 각각 1개 연대씩을 창설하되, 1946년 1월부터 도별로 대원모집에 착수하여 우선 1개 중대 (장교 6명, 사병 225명)씩 창설 후 이를 단시일 내에 연대규모로 확대시킨다는 개념에 입각하여 1946년 1월 15일 태릉에 제1연대의 창설로부터 추진케 되었다.

경비대의 창설요원은 미제40사단이 해체되면서(1946.1.24) 전입된 위관장교 18명을 활용했으며, 각 도청소재지에 설치될 연대에 파견할 '부대편성 및 훈련조(미군)' 요원은 장교 2명, 사병 4명으로 편성하되, 사병은 일본어를 구사할 수 있는 자를 1명씩 배치하였다.[20] 8개 연대의 창설 작업은 제1연대의 창설을 시초로 하여 1946년 4월 1일 춘천에서 제8연대가 창설됨으로써 착수를 완료(제주도가 1946.7.2 도로 승격함에 따라 1946.11.16 제9연대 창설)했으나 찬·반탁운동의 소용돌이 속에 경찰의 보조기관적 성격으로 인해 일면 모병, 일면 탈영이 반복되어 1946년 말까지 경비대는 25,000명 충원목표에 불과 7,000여 명만을 충원하였다. 그리고 경비대가 도 단위 연대창설을 지향했기 때문에 지방군사단체 요원들이 많이 응모하여 지방색이 농후하였고, 군사훈련은 총검술을 포함한 폭동진압훈련을 위주로 하였으며, 1946년 9월 초에 가서야 미국식으

---

19) 이응준, 『회고 90년: 1980~1981』(선운기념사업회, 1982), pp.241-242.

20) Robert K. Sawyer, *Military Advisors in Korea: KMAG in Peace and War* (USOCMH, 1962), pp.15-16.

로 전국적인 통일을 꾀할 수 있었다.

그러나 해방공간에서 경비대도 혼란한 사회의 축소판을 면할 수는 없었다. 경비대는 신원조회를 하지 않는 데다가 지방색이 농후했기 때문에 공산당이 용이하게 침투공작을 전개할 수 있었고, 따라서 추수폭동으로 경찰에 쫓기는 신세가 된 좌익분자들이 경비대로 잠입하여 이미 경비대에 침투해 있던 좌익분자들과 연계함으로써 1947년부터 경비대 내에 좌익조직이 확대·강화되었다.[21] 공산당은 남한의 군사정책이 우경화되는 것을 방지·무력화할 뿐 아니라 결정적 시기에 무장봉기를 일으키기 위해 대군침투공작을 전개해 왔는데, 경비대에서 장교들은 빈번하게 교체되는 데 반해서 향토색이 짙은 하사관들이 부대업무를 좌우했기 때문에 공산당의 이러한 공작이 용이하게 실현될 수 있었다. 그리고 사병들의 경우 ①과거 공산당의 외곽조직에서 활동하였던 자가 경비대에 입대하여 외곽조직원들을 입대하도록 권유하여 끌어들이거나, ②공산당의 지방당부가 좌익활동에서 노출된 자를 보호하기 위해 각 부대 조직책에게 지시하여 경비대에 근무할 수 있도록 조치하거나, ③각 부대의 조직책이 경찰의 추적을 피해 군에 은신한 자나 또는 경찰에 반감을 갖고 있는 자를 포섭하여 동조세력으로 확보함으로써 경비대에 좌익분자들이 확대되었다.

더욱이 장교들의 경우 ①최남근(崔楠根)처럼 만주에서 공산당에 가입하고 월남하여 군에 입대, 부대 내에 공산당세력을 육성시키거나, ②조병건(趙炳乾)처럼 북한에서 공산당에 입당하거나 공산주의 사상에 오염되어 월남하여 군에 입대, 부대 내에 좌익사상을 전파하거나, ③하재팔(河在八)처럼 해방 후 공산당의 외곽조직인 국군준비대 등에 가담하였다가 군에 입대하여, 지난날 몸담았던 군사단체로부터 좌익분자들을 군대로 끌어들이는 역할을 수행하거나, ④안영길(安永吉)처럼 입대 후 연고

---

21) 김점곤, 『한국전쟁과 노동당전략』(박영사, 1973), p.190.

관계로 인해 공산주의에 동조하는 세력이 되어 대원들에게 공산주의사상을 파급시킴으로써[22] 경비대의 사상문제는 심각하게 전개되어 갔으며, 훗날 반란사건 발생 후 숙군작업을 추진해본 결과 장교단의 7% 가량이 공산주의자였음이 밝혀졌다.

한편 1945년 11월 14일 진해기지에서 출범한 해방병단은 군정법령 제49호의 공포로 1945년 12월 서울 YMCA회관에 모병사무소를 설치하고 대원모집에 착수하는 한편, 1946년 1월 15일 총사령부(초대사령관 손원일 참령)를 진해기지에 설치했으며,[23] 군정법령 제86호에 의해 조선해안경비대로 개칭되었다(1946.6.15). 조선해안경비대는 군정법령 제86호에 의해 '조선 연해상의 근해안 및 도서 순찰'의 임무가 부여되었으나 군정법령 제189호에 의해 선박검사가 추가되었고, 군정법령 제197호에 의해 '직무와 관련 해상 및 해안경비에 필요한 경찰권 행사'가 추가되었다. 그리고 조선해안경비대는 1946년 9월 1일 미 해안경비대(U.S.C.G)로부터 파견된 맥가베(George E. McCabe) 대령 등 16명의 군사고문단을 배치 받고 함정 증강과 기구 확장을 추진하였다.[24]

미군정은 한편으로는 경비대 창설을 진행시키면서 다른 한편으로는 간부양성도 병행 추진하였다. 즉 1946년 5월 1일 태릉에 설치된 경비사관학교와 1946년 1월 17일 진해기지에 설치된 해방병학교에서 간부를 양성하였다. 조선경비사관학교는 제1기생으로부터 제6기생에 이르기까지 1,254명의 간부를 배출했는데, 이 중 제1기로부터 제4기까지는 군사영어학교에 입학하지 못한 군사경력자들이 대종을 이루었으며, 해방병학교에서는 1947년 2월 7일 제1기생 61명을 배출한 이래 6·25전쟁 발발 시까지 3개기에 163명의 간부를 추가로 배출했으며, 1948년 6월 29

---

22) 한용원, "5·10 총선거를 둘러싼 좌우익 간의 투쟁,"『한국사 시민강좌, 38』(일조각, 2006), pp.115-116.
23) 해군교재창,『해군편제사, 제1권』(1971), p.1.
24) 해군본부전사편찬관실,『대한민국 해군사』행정편, 제1집(1954), p.31.

일 사관후보생 과정인 특교대(特敎隊)도 설치하였다.25) 하지만 경비대는 1947년 초에 도 단위의 연대편성을 대체로 완료했으나 대구의 제6연대와 제주의 제9연대는 완료하지 못하였다. 그러나 부대편성과 기본훈련을 완료한 경비대는 경찰이 수행해야 할 임무를 분담했는데, 제1연대의 경우 부평소재 미 제24군수지원단(ASCOM)의 경비와 김포비행장 및 인천항만의 미군기지에 대한 경비임무를 수행하였다.

미군정은 「대한초기기본지령」(1945.10.13)에 군정의 목표가 "국제연합의 책임 있는 구성원으로서 충분한 자주독립국가를 건설할 수 있는 조건을 조장시킴"에 있음을 상기하여 경비대의 한국화도 추구하였다. 미군정은 비록 태릉에 조선경비대 총사령부를 설치하고(1946.2.7) 초대사령관에 마샬(J. T. Marshall) 중령, 부사령관에 원용덕 참령을 임명하여 지휘권을 2원화시켰지만 경비대의 중대편성이 완료되면 입대선서식을 거행하고 "우리 조선경비대는 불편부당으로 부여된 임무를 충실히 수행할 것이며, 장래 합법적으로 수립되는 정부에 충실할 것을 엄숙히 선서합니다."라고 맹세케 하였다. 그리고 미군정은 조선국방경비대를 조선경비대로 개칭하면서 경비대의 지휘권을 한국인 장교로 일원화 시켰을(1946.9.11) 뿐 아니라 미군장교들은 고문관의 역할만을 담당토록 조치하였고, 따라서 "경비대는 장차 국군이 될 것"이라는 신념을 가진 한국인 장교들이 부대를 지휘하게 됨에 따라 경비대의 성격도 경찰예비대보다는 군대로서의 면모를 갖추기 시작하였다.26)

3. 경비대의 증편

1947년에 접어들어 주한미군의 철수문제가 본격적으로 대두되자 경

---

25) 한용원, 『창군』, p.89.
26) Robert K. Sawyer, op.cit., p.30.

비대의 증편문제가 제기되었다. 1946년 10월에 발생한 추수폭동은 트루
먼 행정부에 큰 충격을 주어 한국문제를 유엔에 이관시키고 주한미군을
철수시키자는 의견을 대두케 만들었다. 이러한 맥락에서 1947년 중반에
미합동참모본부 산하 합동전략분석위원회와 웨드마이어 조사단에 의해
한국에 대한 전략적 평가가 이루어졌고, 그 결과 한국은 미국의 국가안
보의 중요도에서 주변지역으로 분류되어 주한미군의 철수론이 제기되었
을 뿐 아니라 주한미군의 철수 경우 북한의 위협에 대처할 수 있는 군사
원조와 방위부대의 육성론도 동시에 제기되었다. 그러므로 트루먼 행정
부는 미·소 공동위원회의 재개를 위해 소련과 최후적인 협상을 추진해
보고 실패하면 한국문제를 유엔에 이관하고 주한미군을 철수하기로 결
정했으며, 한국의 방위력 증강에 관한 관심도 점차 제고되어 갔다. 이러
한 상황에서 1947년 10월 육군부(Dep. of the Army)에서는 맥아더 장군
과 하지 장군에게 한국군의 창설문제에 대한 그들의 견해를 문의하였다.

이에 관해 하지 장군은 남한에 본부와 지원부대로 이루어진 6개 사단
을 편성하고 그 무기와 장비는 1년간 미군에 의해서 지원되고 훈련되어
야 한다는 견해를 제시했으며,27) 덧붙여 미군의 철수 이전에 충분한 병
력을 육성할 수 없다면 경비대의 25,000명이라도 전투력을 완전하게 유
지할 수 있도록 우선 81밀리박격포와 105밀리곡사포로 무장해야 할 것
이라고 했다.28) 그러나 맥아더 장군은 하지 장군과는 달리 한국에 국방
군을 창설하는 것은 유엔총회의 결정이 있을 때까지는 연기되어야 한다
는 견해를 제시하였다(1947.10.22). 맥아더 장군은 1948년 2월 6일 워싱
턴의 정책입안자들에게 ①한국에는 군사시설이 미비할 뿐 아니라 유능
한 군사지도자가 결여된 데다가 미24군단의 병력과 장비 지원능력도 감
소된 상황에 있다. ②그러므로 조선경비대의 병력을 현 25,000명 수준에

---

27) Robert K. Sawyer, *op.cit.*, p.28.
28) 국방부, 『국방사 I』(1984), p.301.

서 50,000명으로 증원하고 야포를 제외한 보병의 중화기를 주한미군으로부터 제공하며, 그 외 소요장비는 일본에 있는 미극동군의 보급창에서 조달·제공해야 할 것이다. ③이같은 경비대의 증강계획은 105일 이내 즉 5·10 총선거 전까지 실현되어야 할 것이라고 건의하였다.29)

이같은 맥아더 장군의 경비대 증강 건의에 관해 미합동참모본부는 1948년 3월 10일 승인하였으며, 그 결과 경비대에 보병소화기, 37~105밀리야포, M-24 전차 및 장갑차를 지급하도록 지시하였다.30) 그러나 M-24전차는 한국의 지형에 운용이 부적합하다는 점과 방어용이 아닌 공격용 무기라는 이유로 제외되었다.31) 하지만 경비대의 증편계획은 한국문제가 유엔총회에 상정된 후인 1947년 12월 1일 여단편성으로부터 시작되었고, 미합참이 경비대의 증강을 승인하자 6개 연대를 창설하였다(1948.5.1~1948.5.4). 즉 미군정은 한국문제가 유엔총회에 상정되자 점령군의 철군문제가 수반될 것으로 인식하여 이미 편성된 9개 연대를 근간으로 3개 여단(서울에 제1여단, 대전에 제2여단, 부산에 제3여단)을 편성했으며(1947.12.1), 미합참이 1948년 3월 10일 경비대 25,000명을 50,000명으로 증강시키는 계획을 승인하자 2개 여단(수색에 제4여단, 광주에 제5여단)을 증설하고(1948.4.25), 6개 연대(강릉에 제10연대, 수원에 제11연대, 군산에 제12연대, 온양에 제13연대, 여수에 제14연대, 마산에 제15연대)를 창설했으며(1948.5.1~1948.5.4), 경비대 각 연대에 대한 보급지원 업무를 위해 병기, 공병, 병참, 의무 등 통위부 직할부대도 증설했다.

이처럼 경비대의 증강계획이 추진되고 있는 가운데 미국무부는 하지 장군에게 1948년 말까지 주한미군이 철수할 수 있도록 한국 측과 제반 협정을 체결하라는 훈령을 내렸는데(1948.4.8), 동 훈령에는 "남한의 경비대를 자체방위와 국내치안을 담당할 수 있는 수준으로 무장하고 훈련

---

29) Robert K. Sawyer, *op.cit.*, p.29.
30) *Ibid.*, p.29.
31) 국방부, 『국방사 I』, p.302.

시킬 것"을 지시하는 내용도 포함되었다. 이렇게 해서 조선 경비대는 5개 여단 15개 연대로 증편된 후 후방지원부대가 보강된 상태에서 1948년 8월 15일 대한민국정부가 수립되자 대한민국육군으로 잠정 편입되기에 이르렀다(1948.9.1). 당시 조선경비대의 병력은 장교 1,430명에다 사병 49,087명으로 총 50,490명이었다. 하지만 경비대는 부대편성에 치중했기 때문에 당시의 장비는 1947년 9월부터 지급된 M-1소총과 일본 99식소총에 불과하였다. 그러나 대한민국 대통령과 주한미군사령관 간에 체결된 「과도기의 군사안전에 관한 잠정협정(1948.8.24)」에 따라 미군이 사용하던 화기들이 점차 이양되기 시작하여 11월까지 야포는 90문 중 52문만 양도되었고, 57밀리 대전차포는 전량이 양도되었으나 상당량이 쌍안경, 조준기 등이 없는 불량품이었다.

주한미군은 예정대로 1948년 9월 15일부터 철수를 시작하였다. 그러나 주한미군이 철수를 개시한 와중에 여순사건이 발생(1948.10.19)함으로써 철수완료 시한은 NSC-8이 규정한 1948년 12월 31일에서 1949년 6월 30일로 연기되었으나[32] 미제24군단은 해체되어 7,500명의 1개 연대전투단과 임시군사고문단(PMAG) 240명만 남긴 채 철수하였고(1949.1. 15), 연대전투단의 철수가 완료되자(1949.6.29) 임시군사고문단은 주한미군사고문단(KMAG)으로 발족하였다(1949.7.1). 그러나 미국의 정치, 군사 지도자들 간에 한국의 국방군 건설에 관한 논의가 진행되고 있는 와중인 1948년 2월 8일 북조선인민위원회가 조선인민군의 창설을 전격 발표했음에도 트루먼 행정부에서는 주한미군 철수정책을 수립하는 과정에서 한국에 대한 군사목표를 소규모 국경분쟁과 치안유지에 대처할 수 있는 수준의 한국군 육성을 그 목표로 설정함으로써 한국군은 외부의 대규모 침공에 대처할 능력을 육성하지 못한 채 6·25전쟁을 맞아야 했다.

---

32) NSC-8/2, *FRUS* 1949, Vol.VI, pp.969-978.

4. 대한민국 국군의 창설

1948년 7월 17일 대한민국헌법이 공포된 동일자에 정부조직법이 공포됨으로써 국방부가 설치되었고, 대한민국정부수립 선포와 더불어 미군정이 종식되자 통위부의 행정은 국방부로 이양되었다. 그리고 「남조선 과도정부의 행정이양절차」에 의해 조선경비대와 조선해안경비대의 국군편입이 이루어졌고(1948.9.1), 그 명칭도 9월 5일 각각 육군과 해군으로 개칭되었다. 그러나 이러한 잠정적인 명칭은 11월 30일 국군조직법이 공포되고 이어서 국방부직제령이 제정됨으로써 1948년 12월 15일 통위부가 국방부로, 조선경비대와 조선해안경비대가 각각 대한민국 육군과 해군으로 정식 편입·법제화되었다. 그런데 정부수립을 앞두고 서북청년회나 대동청년단 등 청년단체의 간부들이 경비대 내의 좌익분자들을 구실로 삼거나 광복군 모체론을 내세워 경비대의 전면해산을 국군 재조직의 선행조건으로 해야 한다고 정계에 압력을 가했다.

그러나 정계에서는 경비대가 미군정의 한국화 작업의 산물일 뿐 아니라 민주군대로 육성되었음을 감안하여 대한민국 국군에 편입시켜야 한다는 입장을 견지하였고, 아울러 경비대의 결함인 리더십문제와 사상문제를 극복하기 위해 군사경험이 풍부한 「육·해·공군출신동지회」 회원들과 반탁·반공 운동에 앞장섰던 서북청년회, 민족청년단, 대동청년단 등 우익청년단 단원들을 충원·보강시켜 체질적 개선을 해야 한다는 입장을 견지하였다. 이는 임정 등 민족진영에서 유동렬 장군의 통위부장 취임 시 경비대의 광복군 개조론이 대두되었고, 1947년 경비대 내의 사상문제가 심각해지자 경비대를 우익청년단과 혼합편성하여 국방군으로의 개편론이 대두된 데서 비롯되었다.[33] 그러므로 이승만 정부는 이러한

---

33) 이청천 장군은 1947년 9월 초 하지 장군에게 편지를 보내 경비대를 국방군으로 개편하자고 역설하였다(G-2 Summary, HQ XXIV Corps: 1947.9.7~14).

사회적 요구를 반영하여 경비대를 국군에 편입시키되, 경비대의 체질을 정규군의 체제로 전환시키는 정책적 조치를 단행하기에 이르렀다.

즉 ①국방부 장·차관(장관 이범석, 차관 최용덕)을 광복군 출신으로 임명하여 국군이 광복군의 독립투쟁정신을 계승토록 했으며, ②군의 리더십을 확립하기 위해 광복군 출신 김홍일, 안춘생, 이준식, 일본군 출신 유승렬, 김석원, 백홍석, 만주군 출신 이주일, 박림항 등「육·해·공군출신동지회」의 중견 군사경력자들을 특별임관과 육사7기특기 및 육사8기특기로 경비대 시절에 배출된 장교의 수만큼 입교시켰고,34) ③군의 사상문제를 해결하기 위해 광복군의 수뇌들이 육성한 광복청년회, 민족청년단, 대동청년단, 건국실천원양성소의 청년단원들과 이북에서 월남한 서북청년회, 대동강동지회, 압록강동지회 등 우익청년단의 회원들을 육사정규7기로부터 육사정규10기에 이르기까지 경비대시절에 배출된 장교의 배수만큼 입교시켰다. 이상과 같은 간부정책의 추진과 더불어 1948년 말과 1949년 전반기에 걸쳐 미군이 철수하면서 그들 장비의 일부를 이승만 대통령과 하지 장군 간에 체결된「과도기의 군사안전에 관한 잠정협정」에 의거해 한국군에 이양해 줌으로써 한국군의 정규군 체질이 강화되기 시작하였다.

그러나 주한미군이 철수를 개시한 와중에 여수·순천과 대구 등지에서 군부의 반란사건이 연발함에 따라 미국정부는 제5연대전투단 7,500명을 제외한 주한미군의 철수를 완료한 1949년 3월에 ①한국군에 기본장비 공급, ②한국해군에 무기 및 함정의 추가 공급, ③한국경찰에 무기 및 탄약 공급, ④한국 육·해군 및 경찰의 비축용으로 6개월분의 군수물자 공급, ⑤미군사고문단을 설치하여 한국군의 훈련과 원조의 효과적인 활용업무를 담당케 하고, 1949년 6월 30일까지 주한 미군을 완전히 철수키로 결정하였다.35) 하지만 미군이 철수하면서 한국군에 이양한 장비

---

34) 한용원,『창군』, p.83.

는 6개 사단 분이었기 때문에 6개 사단의 장비로써 8개 사단을 편성하고
훈련시키기에는 애로가 많았으며, 군부반란사건의 진압작전에 투입된
한국군은 1949년 후반기에 하루 평균 3회에 해당하는 총 542회에 걸친
게릴라 소탕작전과 600여 회 이상의 38선 국지접전을 벌여야 했기 때문
에 부대훈련이 제대로 이루어질 수 없었다.[36]

 이러한 와중에서도 대한민국 국군은 ①유사시에 대비한 예비병력을
확보하기 위해 호국군을 창설하였고(1948.12.20), ②육군은 전력증강을
위한 연대 및 사단 창설을 추진하여 1949.6.20 8개 사단 22개 연대를 보유
케 되었으며, ③해군은 해병대를 창설하고(1949.4.15) 1949년 5월 5일
해병대령을 공포하여 이를 추인했으며, 1949년 6월 25일 통제부 직제령
과 경비부직제령이 공포되어 진해에 해군통제부 설치는 물론 기지부대의
경비부로의 승격이 이루어졌고, ④공군은 국군조직법 제23조에 의거하여
1949년 10월 1일 육군으로부터 분리하여 독립하였다. 물론 이같은 대한
민국 국군의 건설과정에 미국의 임시군사고문단(PMAG) 및 주한미군사
고문단(KMAG)의 역할이 부각되었는데, 이들 기관의 위상 변천은 다음과
같이 진전되었다. 이승만 대통령과 하지 장군 간에 체결된 한미군사안전
잠정협정(1948.8.24)에 의거하여 주한미군고문사절단(사절단장 John J.
Muccio)을 설치하고(1948.8.26) 그 산하에 임시군사고문단(PMAG: 단장
W. L. Roberts 준장)을 두게 되자 하지 장군은 곧바로 이한하고 쿨터(John
B. Coulter) 장군이 주한미군사령관 겸 미제24군단장으로 부임하였다.

 그러나 유엔의 결의에 의해 미·소 양군이 한반도에서 철수하게 됨에
따라 1949년 1월 15일 미제24군단은 일본에서 부대해체를 위해 떠나게
되었으나 군부반란사건이 발생하여 제5연대전투단 7,500명이 6월 30일
까지 잔류하는 상황이 발생함으로써 PMAG 단장 로버츠 준장이 이날

---

35) Department of State, *The Conflict in Korea: Events Prior to the Attack on June
    25, 1950* (USGPO, 1951), p.9.
36) Robert K. Sawyer, *op.cit.*, pp.73-74.

이한한 쿨터 장군을 대신하여 주한미군사령관을 겸임하게 되었다. 1948년 말 241명으로 증가된 임시군사고문단은 ①주한미군의 철수에 앞서 한국군에게 보급물자와 장비의 이양 업무를 수행하였고, ②한국군 8개 연대 및 8개 사단의 창설을 지원했으며, ③13개의 군사학교 지원과 KMAG의 창설준비작업을 서둘렀다. KMAG의 창설준비작업은 1949년 4월 2일 제5연대전투단 철수준비명령과 함께 군사고문단조직의 확장명령이 하달됨으로써 시작되었는데, 육군부가 4월 9일 500명 범위 내에서 군사고문단을 조직하고 배치표를 작성하도록 지시함에 따라 고문단 측에서는 480명으로 계획을 작성·제출하고, 당시 보유병력이 240명에 불과했기 때문에 240명에 달하는 적격자의 충원작업을 서둘렀다.

1949년 6월 말 미제5연대전투단이 하와이로 철수하자 PMAG은 7월 1일 KMAG으로 발족되었는데, KMAG에 대한 행정감독 및 작전지휘권은 전적으로 로버츠 장군에게 있었다. KMAG은 ①대한군사원조의 집행, ②미군 장비 및 무기의 이양, ③한국군의 편성 및 훈련지도, ④각종 군사시설 관리 및 유사시 주한미국인 철수 등 역할을 담당케 되었으며,[37] 한·미 간의 협정에 의해 KMAG요원은 법적으로 ①외교관특권(면책특권) 보유, ②한국통화로 특별수당 수수, ③6개월 전 사전통고로 협정종결의 권리를 확보케 되었다.[38] KMAG은 한국군의 교육·훈련 및 보급관리는 물론 경비대출신의 인사지원 등에 진력하였고 보다 구체적인 역할과 진행은 다음과 같다.

첫째, KMAG은 가장 중차대한 과제인 한국군에 대한 교육 및 훈련 문제를 해결하기 위해 노력하였다. 로버츠 단장은 검열단을 구성하여 1949년 5월부터 6월 사이에 한국군 각 부대의 훈련상태를 점검한 결과

---

37) 서울신문사, 『주한미군 30년사』(향림출판사, 1979), p.118.
38) 신성모·김도연과 무초 대사 간 1950.1.26. 「대한민국정부와 미합중국정부 간의 주한미국 군사고문단 설치에 관한 협정」을 체결하여 1949.7.1부로 소급, 효력을 발생함으로써 KMAG요원은 법적권리를 확보케 되었다.

한국군의 훈련수준은 1775년 미국독립전쟁 당시의 미군수준에 불과하여 전쟁수행 능력이 없고, 특히 기술분야와 군수분야가 상상 이외로 수준 이하이어서 군사원조의 실효를 거둘 수 없으며, 부대훈련 수준은 불균형하여 부대 간 합동작전이 곤란한 실정이었음이 확인되었다. 그러므로 KMAG은 한국군의 훈련상의 결함과 저수준을 해결하기 위해 MTP 7-1을 적용하여 각 부대가 훈련을 실시토록 하는 한편, 군사학교를 설치하여 기술 및 전문교육을 강화시키는 방책을 강구했는데, 비만(Lewis D. Vieman) 중령이 한국군장교들의 리더십문제 해결과 기술 및 군수분야의 지식 배양을 위해 수립한 학교교육실시계획에 의하면 ①기존 8개 병과학교의 질적 향상 및 시설·인원 보강, ②참모학교, 보병학교, 부관학교, 병참학교, 의무학교, 경리학교의 설립, ③육군사관학교를 미육사(West Point)를 모방해서 4년제로 재조직, ④각 분야 병과학교의 고급과정 설치를 통해 1952년 1월 1일까지 장교 및 간부후보생 13,850명과 사병 16,474명을 배출할 목표를 수립하였으며, 이처럼 군사학교의 교육훈련을 강화시킨 결과 1950년 6월 15일까지 9,126명의 장교와 11,112명의 사병을 배출할 수 있었는데,[39] 이는 KMAG의 가장 성공적인 업적 중에 속하는 것이었다.

둘째, KMAG은 대한군원과 관련하여 ①보유 장비의 관리, ②탄약의 관리, ③부품의 교환에 관해 통제·감독을 강화하였다. 미국이 상호방위지원법(MDAA)을 제정(1949.10.6)하여 그 수원국의 일원으로 한국을 지정하는 한편, 1950년 회계연도의 대외군원액으로 승인된 13억 1,400만 불 가운데 1,020만 불을 한국에 할당하고 한미 양국 간에 상호방위원조협정을 체결하였다(1950.1.26). 그러나 주한미군이 철수하면서 한국군에 이양한 장비는 <도표 3-3>과 같이 65,000명분인 데 반해, 1949년 8월 한국군 병력은 이미 10만 명에 육박했었고, 지리산 및 태백산 일대의 게릴라 소탕과 38선 일대의 북한군 도발로 인해 탄약소모가 많았기 때문에

---

39) Robert K. Sawyer, *op.cit.*, p.90.

〈도표 3-3〉 주한미군 철수 시 이양한 군사장비

무기		탄약	비고
M-1소총	56,000정		
M-1카아빈	49,000정	50,000,000발	소화기 탄약 합계
기관총	2,000정		
권총	7,000정		
105밀리곡사포	90문	108,000발	90문이 배정이었으나 52문만 수령
60밀리·81밀리 박격포	700문	60,000발	
57밀리·37밀리 무반동총	173정		
로켓	8,884문		
바주카	150문	44,000발	
수류탄	295,000발		
지뢰	50,000발		
장갑차	19대		
트럭	5,000대		
함정	79척		
연락기	20대		

자료: The Conflict in Korea(USGPO, 1951)

MDAP (상호방위지원계획)의 90%가 탄약 및 병기부품 공급과 장비교
환에 치중되었다.[40] 그러므로 KMAG은 군원을 줄이고자 한국 내에서
조변가능품목을 조사하여 ①군복공장에서는 하루 1,200벌의 전투복을

생산하고, ②병참부대에서는 하루 1,200벌의 전투복과 500켤레의 군화를 수선하며, ③병기공장에서는 총신을 제외한 99식소총의 각종 부품과 탄약(월간 30,000발)을 생산할 수 있는 능력을 구비토록 하였다.[41]

아울러 로버츠 단장은 무초 대사를 통해 980만 불의 대한추가원조에 관한 특별건의안을 제출했는데(1949.12.31), 이 건의에서 F-51, T-6, C-47기와 함정용 3인치포, 105밀리곡사포, 기관총, 박격포 등을 요구하였다. 그러나 이 건의가 워싱턴에 전달된 지 얼마 되지 않아 미극동정책이 변화되어 한국은 미국의 극동방위선에서 제외됨으로써 실효를 거두지 못했다. 그러므로 이상과 같은 KMAG의 노력에도 불구하고 1950년 6월 한국군에 대한 보급품공급은 최저수준으로 떨어져 무기의 15%와 차량의 35%는 사용불가상태에 달했으며, 따라서 미고문관들은 한국군이 보유한 장비로서는 15일 이상 방어작전이 불가능하다고 판단하고 "한국도 장개석정권과 같은 재난에 직면하고 있다."고 경고하기에(1950.6.15) 이르렀다.[42]

셋째, KMAG은 한국군이 친미·기술군대로 성장할 수 있도록 군사원조와 군사고문을 무기로 하여 한국군의 헤게모니를 군영출신 및 경비사출신이 장악하도록 뒷받침하였다. 미군사고문관들은 한국군을 친미적이며 비이념적인 기능적 군대로 육성코자 하였다. 그러므로 경비대 시절에는 한국군장교들로 하여금 영어지식과 미군장교들과의 긴밀한 관계 유지가 군사경력을 성공적으로 쌓는 데 필수적인 요소라고 인식하게끔 작용했던 미군사고문관들이 경비대가 한국군에 편입된 후에는 군사지원을 무기로 하여 무능하거나 유해한 인물을 제거하도록 인사정책에 관여하면서[43] 경비대시절에 육성시켜 온 장교들을 보호하는 데 주력하였다. 또

---

40) *Ibid.*, p.100.
41) *Ibid.*, pp.98-99.
42) *Ibid.*, p.104.
43) *Ibid.*, pp.60-66.

한 미군사고문관들은 그들의 반정치적·친직업주의적 정신에 입각하여 한국군장교들의 이념교육을 반대하고 기술주의를 숭상하는 직업군대로 육성코자 하였다. 이러한 맥락에서 로버츠 단장은 남북교역사건의 여파로 총참모장의 임명문제가 대두되자 이승만 대통령에게 "군령계통책임자 선정과 관련하여 경비대의 조직과 육성과정에서 민주국가의 군사지식을 습득한 자라야 한다."고 진언하였다.

이외에도 KMAG은 미국식 민주주의의 확산을 저해시킬 우려가 있다고 생각되는 군기구의 설치를 반대하였다. 여순10·19사건의 발생을 계기로 「국군 3대 선서문」을 제정·하달한 바 있던 이범석 국방장관이 한국군에 반공이념을 불어넣기 위해 국방부에 정치교육국(국방부 제2국으로서 정치국이라 지칭)을 설치하고 초대국장에 광복군에서 활약한 바 있던 송면수를 보직하자[44] 로버츠 단장은 "군부 내에 정치적 임무를 띤 부서를 창설한다는 것은 히틀러체제나 공산전체주의체제를 제외하고는 생각할 수 없는 일이다."고 반대하였다.[45] 그러므로 국방부는 제2국을 폐지할 수밖에 없었으며, 그 대신 육군본부에 정훈국을 설치하여(1948. 12.27) 정훈교육을 강화시키게 되었다.

II. 남한군 간부 자원과 양성

1. 남한군의 간부 자원

미군정은 "한국의 정규군은 한국이 독립할 때 창설될 문제"임을 분명히 하고 경비대를 창설하였다. 그러므로 대한민국정부가 수립되어 대한

---

44) 군사감실, 『육군역사일지: 1945~1950』(1954), p.248.
45) 고정훈, 『비록 군(상)』(동방서원, 1967), pp.72-79.

민국 국군이 창설될 때에 국군의 간부자원은 ①미군정의 경비대에 입대하여 복무하다가 정부수립 후 대한민국 국군에 편입된 군사영어학교출신과 경비사관학교출신, ②해방직후 창군운동을 전개하다가 경비대의 입대를 외면하고 국군의 창설을 기다려 입대한 광복군·일본군·만주군 출신 중견군사경력자들, ③국군이 창설되자 "건군의 초석이 되겠다"는 신념으로 입대한 이남의 청년단 단원들과 이북에서 월남한 청년단체의 회원들로 구성되었다. 다시 말하면 ①미군정의 경비대에 복무하다가 국방부훈령 제1호(1945.8.16)에 의해 대한민국 국군에 편입된 군사영어학교출신 110명과 경비사관학교 제1기로부터 제6기까지의 출신자 1,254명, ②「육·해·공군출신동지회」를 조직하여 창군의 날을 기다리던 광복군·일본군·만주군 출신 중견들로서 특별임관(특임)했거나 육사7기특기 및 8기특기로 입대한 1,200여 명, ③광복군의 수뇌들이 육성한 광복청년회, 민족청년단, 대동청년단 등 이남의 청년단의 단원들과 이북에서 월남한 서북청년회, 대동강동지회, 압록강동지회 등 청년단체의 회원들로서 육사정규7기로부터 정규10기에 이르기까지 입대한 2,600여 명으로 구성되었다.46)

그러므로 남한의 창군의 간부요원은 광복군 출신·일본군 출신·만주군 출신 등 군사경력자들과 광복군의 수뇌들이 육성한 이남의 청년단의 단원들, 월남한 이북의 반공청년단체의 회원들 등 민간인들로 구성되었다. 그러나 창군의 간부요원 중 군사경력자들은 ①계보 상으로 일본군 출신, 만주군 출신, 광복군 출신으로 구분하며, ②장교경력자뿐 아니라 하사관경력자도 포함된다. 그리고 간부요원의 임관범위는 군영출신, 경비사출신, 육사출신(정규10기까지)으로 산정키도 하고, 군영출신과 육사출신으로 양대별하기도 한다. 그렇지만 군영출신들은 창군동우회를 조직하고 그들만이 창군요원이라고 주장키도 한다. 그러나 군영출신은 미

---

46) 한용원, 『창군』, pp.82-83.

군정의 경비대를 창설한 요원인 것이지 대한민국의 국군을 창설한 요원으로 보기에는 문제가 있는 것이다.[47]

남한군의 간부자원을 파악하기 위해서는 남한의 군대창설의 구조적 여건을 고찰할 필요가 있다. 1907년 대한제국의 군대가 해산되고, 1910년 한일합방이 되자 우리 민족이 자의반·타의반으로 일제에 추종하여 일본군 또는 일본의 괴뢰 만주군에 복무한 자들과 일제에 항전했던 독립군 및 광복군 출신으로 양분되는 비극적 운명을 맞게 되었다. 이러한 맥락에서 창군의 인적자원 중 군사경력자들은 일본제국주의의 대리전쟁인으로 동원되었던 39만여 명의 동포 가운데 전사 및 행불자 15만여 명을 제외한[48] 24만여 명 중에서 해방이 되자 남한으로 귀환한 14만여 명과 만주·시베리아·중국대륙에서 일본 제국주의자들과 항전했던 독립군 및 광복군 출신으로서 해방 당시 생존해 있던 3만 5천여 명[49] 중 남한으로 귀환한 2만여 명을 그 대상으로 삼을 필요가 있는 것이다.

그러면 반독립투쟁전선의 일본군 출신과 만주군 출신부터 살펴보기로 한다. 일제가 중·일전쟁을 도발, 대륙침략을 본격화하자 일본육군부와 조선총독부에서는 1938년 4월 3일 육군특별지원병령(1938.2.2 칙령 제95호로 공포)을 시행하여 한국인을 현역에 편입시키는 길을 열었다. 그리고 진주만을 기습하여 태평양으로의 전장이 확대되자 해군자원의 충원을 위해 해군특별지원병령을 시행하였다(1943.5.11). 나아가 태평양전쟁이 소모전 양상을 띠자 일반징병령을 시행한(1943.8.1) 이래 학도동원령(전문대학교급 징병 정령자 및 지원자를 대상)이 선포되었으며(1943.10.12), 해군병 징모의 비상조치를 단행하였다(1944.5.10). 그 결과 <도표 3-4>와 같이[50] 한국인 389,289명이 태평양전쟁에 동원·투입되었고,

---

47) 한용원, 『한국의 군부정치』(대왕사, 1993), pp.82-142.
48) 이선근, 『대한국사 10』(신태양사, 1973), p.335.
49) 육군본부, 『창군전사』, p.254(1945년 10월 말 재편된 광복군의 병력은 35,000명으로 집계되었다).

그 중 15만여 명은 전사했거나 또는 행방불명되었다.

　일본군 및 만주군 출신 군사경력자 중에서 남한군의 창설 시 장교로 참여한 자들의 범주를 살펴보면 일본군계는 ①일본육사 제26기로부터 제61기까지의 정규장교, ②학도병으로 입대하여 예비사관학교를 졸업함으로써 소위로 임관한 자, ③육군 및 해군 지원병출신의 준사관 및 하사관, ④해군 위탁학생출신의 중·소위, ⑤일본육군항공학교출신의 위관장교 등이었고, 만주군계는 ①기성장교 또는 군관학교 예과에서 일본육사 제54기로부터 제60기에 이르기까지 유학한 정규장교, ②봉천의 간부훈련소(통칭 봉천군관학교)출신 위관장교, ③만주육군군관학교(통칭 신경군관학교)출신 위관장교, ④만주군의학교출신의 영관장교 등이었다. 그런데 군사경력자들은 출신이 다양한 데다가 간부후보생의 지원제에 항공, 병기, 전차, 선박, 주계, 기관 등의 술과가 있어 이 술과출신 하사관

〈도표 3-4〉 일제의 전시동원 현황

구분	동원수(명)	비고
육군지원병	17,664	육군특별지원병령(1938.2.2)
해군지원병	2,000	해군특별지원병령(1943.5.11)
육군징병	186,980	일반징병령(1943.8.1)
학도병	4,385	학도동원령(1943.8.1)
해군징병	22,290	해군병징모 조치(1944.5.10)
군무원	154,970	해군작업 애국단원 및 포로감시원
합계	389,289	15만여 명은 전사 또는 행불

자료: 『대한국사 10』; 『창군』, p.37

---

50) 이선근, 같은 책, pp.333-335.

의 다수가 경비사관학교에 입교하는 경우가 많았다.

일본군 출신으로는 ①일본육사출신으로서 대좌급 이응준, 신태영, 김석원 등과 중좌급 박승훈, 이형석, 소좌급 채병덕, 이종찬, 이용문 등은 물론 위관급 김정열, 최창식, 장창국 등이 남한군의 간부로 입대하였고, ②학병출신으로서 소위급 김종오, 장경순, 서종철 등과, ③특별지원병출신으로서 준위급 최경록, 함병선, 하사관급 송요찬, 임부택 등이 남한군의 간부로 입대하였다. 만주군 출신으로는 ①일본육사 유학자로서 대위급 정일권, 김석범, 박림항 등과 중위급 박정희, 이한림, 소위급 강문봉, 최주종 등이 남한군의 간부로 입대하였고, ②봉천군관학교출신 위관급 김백일, 백선엽 등과 ③신경군관학교출신 위관급 김동하, 윤태일 등과 ④만군군의학교출신 중좌급 원용덕, 신확진 등이 남한군의 간부로 입대하였다. 그리고 만주군 하사관출신 중에서도 김창룡, 박창암 등과 같이 남한군의 간부로 입대한 자들이 있었다.

한편 일제에 저항하여 독립군·광복군으로 그 맥을 유지해 왔던 독립운동자 중에서도 상당수가 남한군의 간부로 입대하였다. 즉 항일투쟁의 과정에서 대한제국 국군출신이 독립군의 주요간부로 활약하였고, 독립군 출신이 광복군의 주요 간부로 활약했으며, 광복군 출신이 경비대의 상징적 지위인 통위부장과 경비대 총사령관을 역임했을 뿐 아니라 대한민국 국군의 상징적 지위인 국방장관과 국방차관을 역임함에 따라 광복군 출신이 대한민국 국군으로 상당수 입대하였다.[51] 사실상 독립운동자들의 무장투쟁은 군사경력자들에 의해 주도될 수밖에 없기 때문에 독립군의 주요 간부는 대한제국국군의 간부 출신 중에서 나왔는데, 이들은 일본육사출신 노백린·김의선(제11기생), 유동렬·이갑(제15기생), 김광서(제23기생), 이청천(제26기), 이종혁(제27기생)을 포함한 이동휘, 신팔균, 안무, 김좌진, 조성환 등 대한제국 육군무관학교출신 영관 및 위관급

---

51) 육군본부, 『국군의 맥』(1992), p.473.

이 대종을 이루었다.

그리고 광복군의 주요 간부로는 독립군의 주요 간부였던 유동렬, 이청천, 이범석, 조성환, 김홍일, 권준, 채원개, 이준식, 김학규 등으로서 이 중 조성환은 군무부장, 유동렬은 참모총장, 이청천은 총사령관, 이범석은 참모장으로 활약하였다. 그런데 광복군의 간부진은 <도표 3-5>와 같이 대부분 중국의 군관학교출신들로 구성되었으며, 장개석이 1924년 6월 황포군관학교를 설치하기 이전에는 이들의 대부분이 각 군벌의 군관학교에서 수업을 하였다. 즉 1916년에 청조의 중국육군군관학교를 졸업한 최용덕을 제외하고 이범석, 이준식, 김관오 등 10여 명은 운남강무당을 나왔고, 송호성, 이동건 등 10여 명은 하남군관학교를, 김홍일은 귀주군관학교를, 조개옥과 오광선은 보정군관학교를, 채원개, 오동기, 조석구 등 50여 명은 낙양강무당을 각각 졸업하여 군벌의 장교가 되었다.52) 황포군관학교에는 3기에 이일태, 이빈, 유철산, 장성철, 김원봉(김약산) 등이 처음으로 입교하여 졸업했는데, 이일태는 중국의 중앙군에 소장까지 승진하였다.

그리고 4기에는 권준, 문선재, 강평국, 왕자량, 박효삼, 이건웅 등 180여 명이 입교하여 그 중 40여 명이 공산폭동에 가담하여 처형당하였다. 5기는 박시창, 장홍 등 4명, 6기는 안재환 등 6명, 7기는 이석 등 100명, 10기는 최덕신, 김동수, 11기는 박기성, 15기는 유해준, 17기는 박영준이었는데, 북벌 후에도 중앙군에서 복무한 5기까지는 대좌급으로 승진하였다. 그리고 이외 노태준, 안춘생, 고시복 등 104명은 낙양군관학교 분교 육군군관학교 훈련반출신이었고, 이성가는 왕정위정권의 남경군관출신이었다. 이상의 중국군출신 가운데 정식으로 장개석 중앙군의 장성이 된 사람은 소장인 이범석, 이일태, 김홍일뿐이었고, 그 외 화북군벌의 장군출신으로는 김응조, 조개옥, 전성호가 있었는데, 김응조는 왕정위군

---

52) 육군본부, 『창군전사』, p.266.

<도표 3-5> 광복군 간부의 중국군관학교 유학 현황

군관학교명		유학자	비고
청조육군군관학교		최용덕	1916년 졸업
운남강무당		이범석, 이준식, 김관오 등 12명	1921년 졸업
운남육군항공학교		권기옥	1921년 졸업
귀주강무당		김홍일	1921년 졸업
하남감야군관강습소		송호성, 성시백, 이동건 등 8명	1922년 졸업
개봉병공국		주문원 등 3명	1922년 졸업
보정군관학교		조개옥(조윤식), 오광선	오광선은 수업 중 내란으로 중단
낙양강무당		채원개, 오동기, 조석구 등 50명	1924.6.5 졸업
황포군관학교 (중앙군관학교)	3기	김원봉, 이일태 등 6명	• 대부분 국민혁명군에 배속되어 북벌에 참전 • 4기 중 40여 명이 공산 폭동에 가담하여 처형 됨으로써 한국인의 유 학이 7기 이후 제한
	4기	권준, 박효삼 등 180명	
	5기	박시창, 장홍 등 4명	
	6기	안재환 등 6명	
	7기	이석 등 100명	
	10기	최덕신, 김동수	
	11기	박기성	
	15기	유해준	
	17기	박영준	
낙양군관학교 분교 한인보통반(제17대)		노태준, 안춘생, 고시복 등 104명	1934.11~1935.5 (6개월 수학)
남경중앙군관학교 한인특별반		• 1933년 말 50명 졸업 • 1934년 37명 졸업 • 1935년 특무대 28명 졸업	중국인 학생과 동일한 훈련을 수료

자료: 『창군전사』; 『창군』, p.44

의 참장으로 활약하였고, 조개옥(조윤식)은 중앙군의 대좌였으나 화북의 용군으로 전환하여 참장으로 활약했으며, 전성호는 동북구국의용군의 참장으로 활약하였다.

한편 만주와 연해주에 독립운동기지를 건설한 독립군부대들과 1919년 상하이에 수립된 임시정부는 민족자생적으로 독립군의 양성운동을 전개하였다. 서로군정서는 1910년 신흥강습소를 설립하여 신흥무관학교로 발전시켜 1920년 폐교할 때까지 변영태, 원병상 등 3,500여 명의 독립군 기간요원을 양성했는데, 교장 이천민, 교성대장 이청천, 교관 김경천, 신팔균 등이었다. 그리고 북로군정서는 사관연성소를 설립하여 600명의 독립군 간부를 양성했는데, 소장 김좌진, 교수부장 나중소, 교관 이범석, 이장녕 등이었고, 신흥무관학교출신 박녕희, 김춘식, 백종열 등도 교관지원활동을 전개하였다. 또한 임시정부는 1919년 말에 임시육군무관학교를 상하이 프랑스 조계 내에 개교하여 6개월 속성으로 1920년 5월 8일 이현수 등 19명의 제1회 졸업생을 배출하였고, 1920년 12월 24일 22명의 제2회 졸업생을 배출하였다.[53]

이외에도 독립군의 간부양성소가 김약연, 나중소, 이청천 등에 의해 설치·운영되었다. 독립운동가 김약연은 용정부근 간장암(間獐岩)에 동명소학교와 동명중학교를 설립, 애국사상의 도장이요 독립군의 양성소로 발전시켰으나 훈춘사건 이후 만주에 출병한 일본군 제19사단이 1920년 10월 20일 독립군의 무기 200정이 숨겨져 있다는 구실을 붙여 학교에 불을 지르고 주민들을 학살함에 따라 더 이상 독립군간부의 양성이 불가능해졌으며, 신민부의 참모위원장 나중소는 1925년 3월 목능현에 사관학교를 설립하여 간부양성에 노력하다가 병사함으로써 동 사관학교는 폐교되었다. 한편 자유시참변(일명 혹하사변) 후 무장이 해제된 채 이르쿠츠크로 이동한 대한독립군단이 고려혁명군여단으로 재편되어 레닌 정

---

53) 국회도서관 편, 『한국민족운동사료』 중국 편(1976), p.151.

부 제5군단에 예속되자 이청천은 치타 정부와 협상하여 1921년 10월 사관학교를 창설, 독립군의 간부를 양성하는 한편, 생도 96명을 선발하여 소련의 정규군학교에 유학시켰다.[54]

나아가 1920년대 시베리아에서 활약했던 독립군에는 이만군(김뽀들), 다반군(최니코라이), 독립군단(박그레고리), 니항군(임호), 자유대대(오하묵), 사할린대대(박일리아) 등이 있었다. 그런데 1920년 7월 상하이임시정부 소련주재대표 한향권과 레닌 정부 간에 조선의 독립운동에 관한 협정이 체결되어 ①레닌 정부는 한국의 독립운동을 적극 지원한다. ②한국임시정부는 점차적으로 공산주의를 채택한다. ③레닌 정부는 연해주와 만주 각지에 있는 조선독립군을 시베리아로 집결시켜 훈련하는 것을 허가하며 소요되는 장비 및 보급을 부담키로 한다고 약정하였다.[55] 그러므로 시베리아의 독립군은 대체로 공산주의사상을 견지한 데다가 이르쿠츠크파와 상하이파 간에는 헤게모니 쟁탈전이 전개되었다. 따라서 일본군의 만주출병으로 기지를 상실하여 시베리아로 이동한 대한독립군단을 장악하기 위해 이르쿠츠크파와 상하이파 간에 투쟁이 전개되었으며, 이 투쟁으로 인해 대한독립군단이 자유시참변을 겪게 되었다.

자유시참변 후 대한독립군단이 이르쿠츠크로 이동하여 고려혁명군여단으로 재편되자 레닌 정부는 혁명군여단을 공산당으로 전향시키기 위해 공산주의 교양을 강화시키도록 강요하는 한편, 동 여단의 사관학교에서 선발한 96명의 생도를 해군사관학교(4명), 공군사관학교(5명), 육군사관학교 각 병과(30명), 공산대학(27명), 육군대학(30명) 등에 유학을 주선하였다. 그러나 소련파 한인들 중에는 스탈린 정부의 1937~1938 탄압과정에서 희생자가 많이 나왔기 때문에 해방 당시 소련군에 남아 있는 직업군인들은 극소수에 불과하였다. 그리고 이와 같은 시기에 중국 관내

---

54) 육군본부, 『창군전사』, pp.159-162.
55) 이선근, 『대한국사, 10』, p.257.

에서도 임정이 광복군창설계획을 추진했으나 조선의용대 및 조선의용군의 방해공작으로 인해 고통을 받았다. 김원봉(약산)은 주은래로부터 「조선의용대」를 만들도록 하라는 제의를 받고 중국국민당의 정식지원하에 「조선민족전선연맹」의 무장조직으로 조선의용대를 조직하였다(1938.10. 10). 조선의용대는 중국군으로부터 일본군 내의 한국인 포로들을 충원받아 조직확대를 추구하고 있었기 때문에 임정의 광복군 창설에 대해 방해공작을 전개하였다.

그러나 임정이 장개석 총통의 승인을 받아 광복군 성립전례식을 거행함(1940.9.17)에 따라 중국국민당의 조선의용대에 대한 지원이 제한되자 1941년 5~6월에 조선의용대 제1지대(지대장 박효삼, 정치위원 석정) 및 제3지대(지대장 김세일) 120여 명이 8로군해방구인 태행산지역으로 탈출하는 사건이 발생하였다. 이는 중국공산당 주은래, 8로군부사령관 팽덕회, 화북조선청년연합회 김무정의 사전 공작에 의한 것이었다. 하지만 이로 인해 조선의용대의 세력이 약화되고, 중국국민당정부의 신뢰마저 상실하자 김원봉의 조선의용대는 임정의 광복군에 통합(1942.4.20) 되었고, 김원봉은 광복군 부사령관직을 겸임하게(5.13) 되었다. 한편 「조선독립동맹」 결성(7.10) 시에 조선의용대 화북지대(지대장 박효삼)를 「조선의용군」으로 개칭하여 총사령에 무정, 부사령 겸 참모장에 박효삼, 정치위원에 박일우가 임명되었고, 지대병력은 8로군과 신4군 각 부대에 배속되어 작전을 수행하였다. 그러므로 광복군은 중국국민당정부의 지원하에 활동한 반면, 조선의용군은 연안파공산당의 지원하에 활동하게 됨으로써 독립운동전선에서의 분열이 심화되어 갔다.

논의야 여하튼 국민정부 군사위원회 간부훈련반 제6대(조선혁명간부학교)출신 124명이 김원봉의 조선의용대의 기간이 되었듯이[56] 국민정부 군관학교 낙양분교 육군군관훈련반 제17대(한인반)출신 104명과 남

---

56) 육군본부, 『창군전사』, p.226.

경중앙군관학교 한인특별반출신 115명이 임시정부 광복군의 기간이 되었다. 이는 1934년 5월 김구 주석을 만난 장개석 주석의 배려로 중앙군관학교 낙양분교에 한인훈련반이 활성화된 데 힘입은 바 컸다. 끝으로 중국군출신 가운데 건군에 참여한 자로는 ①1920년대 군벌의 군관학교 출신 이범석, 이준식, 김관오, 김홍일, 송호성, 조개옥, 오광선, 채원개, 오동기 등이 있고, ②황포군관학교출신 권준, 박시창, 장흥, 최덕신, 김동수, 박기성, 유해준, 박영준 등이 있으며, ③그 외 한인특설반출신 안춘생, 고시복, 왕정위군출신 김응조, 이성가, 동북구국의용군출신 전성호 등이 있다.

그러면 이제 한국군의 형성과 발전에 중요한 역할을 수행한 군출신자들의 자질에 관해 살펴보기로 한다. 한국군의 창설과정에 있어 중요한 역할을 수행한 자들은 광복군 배경을 가진 자들이 아니라 일본군 배경을 가진 자들이었다.57) 그 이유는 ①일본군에 복무했던 한국인은 39만여 명에 달한데 반해, 광복군 출신은 일본군을 탈출한 한적장병을 포함시켜도 35,000명에 불과하였고, ②일본군 출신 중에는 정규사관학교를 졸업하고 현대전을 경험한 요원들이 많았는데 반해, 광복군 출신은 군사학교 출신배경이 다양한 데다가 중국군에 복무한 자들만이 중·일전쟁을 경험했을 뿐이었다. 그렇기 때문에 자질 있는 인적 자원을 많이 가진 일본군 출신 중에서 많은 요원이 선발된 것은 당연한 것이었다. 또한 당시 경비대 창설의 실권을 쥐고 있던 미군정 측에서는 인공은 물론 임정을 부정하는 기본입장을 견지한 데다가 날이 갈수록 임정과의 관계가 미묘해져 광복군 출신에 대한 선호의식이 약화되어 갔다. 더욱이 임정과 광복군 측에서도 광복군을 주류로 하는 정통성이 보장되지 않는 한 경비대에 참여치 않겠다는 입장을 견지한 데다가 1946년 6월까지 광복군의 주력

---

57) Kim Se-Jin, *The Politics of Military Revolution in Korea* (Univ. of North Carolina Press, 1971), p.48.

은 중국땅에 머물고 있었다.

이러한 상황하에서 미군사고문관들은 정상적인 교육을 받지 못했을 뿐 아니라 현대적 전술전기가 부족한 광복군 출신보다는 정상적인 교육을 제대로 받은 데다가 현대적 전술전기를 구비한 일본군 및 만주군 출신들을 경비대의 간부요원으로 많이 발탁하였다. 창군 시 간부자원을 형성했던 군사경력자들은 출신별로 자질의 강·약점(장·단점)을 지니고 있었다. 우선 일본군 출신은 현대적 전술전기를 터득한 강점이 있었던 반면, 일제를 위해 봉사했다는 약점을 지녔다. 일본육사출신은 군국주의 이념을 빼놓고는 국가의 간성이 됨에 있어 결격사유를 찾기 어려웠으며, 일군지원병출신은 학력이 나쁜 데다가 비민주적으로 육성되었으나 현대전을 경험한 자들로서 특히 소부대의 육성에 필수적 존재였고, 일군학도병출신은 대개 일제의 강압에 의해 입대했기 때문에 "남의 나라 군대를 위해 복무했다"는 비난의 소리는 듣지 않을 수 있었으나 군사적 자질이 부족하였다. 그러나 전문대 이상의 학력과 영어 구사 능력을 구비하여 미군사고문관들의 인정을 받았다.

다음 만주군 출신은 군사적 자질면에서 일본군 출신에는 뒤지지만 현대적 전술전기가 결여된 광복군 출신보다는 앞선 반면에 일본의 괴뢰 만주국의 국방군으로 복무했다는 약점을 지녔다. 그러나 일본육사에 편입되어 유학한 자들은 기성장교와 군관학교 생도 중에서 선발된 준재들로서 자질면에서 일본육사출신에 비해 손색이 없었으며, 봉천·신경군관학교 출신들은 군사적 경험은 결여되었으나 만주군에 복무시 일본군사고문단의 고문에 순응한 경험이 있었기 때문에 한국군 창설 시 미군의 고문제도를 긍정적으로 수용하였다.[58] 끝으로 광복군 출신은 현대전 수행을 위한 군사적 자질면에서 일본군 출신과 비교하여 뒤지지만 조국의 독립을 위해 항쟁했던 법통성을 지녔을 뿐 아니라 독립투쟁을 전개하면

---

58) 佐佐木春隆 저·강창구 역, 『한국전비사, 상권』(병학사, 1977), p.35.

서 공산주의자들에게 시달린 경험 때문에 대체로 반공의식도 투철했다. 그러나 이들은 정상적인 교육을 받지 못한 가운데 나이만 먹게 되어 당시 미군정이 요구하는 자질을 충족시키기에는 미흡하였다.

결국 한국군 간부자원에 관한 자질평가는 창군의 주최 측에서 행한 것이 중요한 의미를 지니는 것이다. 한국군의 창군은 한국인의 힘으로 한 것이 아니라 미군정의 주도로 하게 되었고, 따라서 한국군의 발전방향과 형태를 결정한 것은 미군사고문관들이었을 뿐만 아니라 그들의 구미(口味)에 따라 간부 자원의 개인별·출신별 자질평가를 하였다. 당시 미군사고문관들은 경비대를 비이념적으로 육성코자 한 데다가 군사기술자를 중시했기 때문에 일본군 및 만주군 출신이 빛을 보게 된 반면에 광복군 출신은 빛을 잃게 되었다. 그러나 좌우사상의 대립 속에서 미군정이 경비대의 비이념적 육성을 목표로 삼았으나 군부반란의 발생으로 인해 실패했음이 드러났을 뿐 아니라 만주군 중·소위출신과 일본군학도병출신 가운데서 공산주의에 오염된 자들이 다수 나오게 되는 결과를 초래하였다.

2. 남한군의 간부 육성

미군정은 경비업무를 분담할 경찰예비대를 비이념적으로 육성코자 한 데다가 군사기술능력을 중시하였기 때문에 경비대의 간부를 충원함에 있어 군사경력자들을 선호하였다. 그러므로 미군정은 군사영어학교출신은 물론 경비사관학교출신도 제1기로부터 제4기까지를 군사경력자들로 충원하였다. 그러나 이같은 미군정의 간부육성정책은 경비대 내에 사상적 혼란을 초래했음은 물론 일본군 출신이 간부의 대종을 이루게 만들었다. 즉 해방공간에서 미국정부는 한반도에 신탁통치를 실시하여 통일한 국의 단일정권 수립을 점령정책의 목표로 삼았기 때문에 경비대원을 충원하면서 신원조사를 배제했을 뿐 아니라 좌·우익 세력에 대해 '불편부당' 정책을 구사하였고,[59] 따라서 1947년부터 경비대 내에 사상문제가 심각하게 전개되어 1948년 미군 철수 시 군부 반란사건이 연발하기에 이르렀다. 그리고 미군정이 경비대를 창설하면서 군사기술능력을 중시하여 군사경력자들을 선호하였는데, 광복군 출신은 국군의 자격으로 입국하기 위해 중국땅에 머물고 있었던데 반해, 일본군 출신은 인적자원면에서 풍부했을 뿐 아니라 간부지원자도 많았기에 경비대의 장교단은 일본군 출신이 대종을 이루었고, 따라서 경비대는 "광복군 출신을 모체로 국군을 편성해야 한다"는 사회적 바람을 충족시킬 수가 없었다.

남한군의 창군 시 주요한 간부양성기관은 육군의 경우 군사영어학교, 경비사관학교, 육군사관학교였고, 해군의 경우 해방병학교와 특교대였으며, 공군의 경우 육군항공사관학교였다. 군사영어학교는 통역관 양성 및 군간부요원의 확보를 위해 설치하였고, 경비사관학교는 미군정의 경비대 간부를 양성하기 위해 설치했으며, 육군사관학교는 대한민국육군의 간부를 양성하기 위해 설치하였다. 우선 군사영어학교는 미군정이 경비대를 창설하여 미국식으로 조직·훈련해야 하기 때문에 군사영어를 교육하는 기관을 만들어 간부를 양성하기 위해 1945년 12월 5일 서울 서대문구 냉천동에 개설하였다. 군사영어학교의 입교자격은 일본군·만주군·광복군 출신 장교 및 준사관 중에서 중학교 이상을 졸업하고 영어에 대한 약간의 지식을 구비한 자로 제한하여 일본군 출신은 이응준, 만주군 출신은 원용덕, 광복군 출신은 조개옥이 각각 입교적격자를 추천해주도록 의뢰하였다.[60]

---

59) 미군정은 경비대를 육성시킴에 있어 비이념적 집단으로 만들기 위해 '불편부당'을 모토로 삼게 하였다(육군본부, 『국군의 맥』, p.402).
60) 러시아군 출신 김상겸 대령도 경비대에 입대한 바 있다(1898년 원산에서 출생한 그는 1910년 러시아 할곰 육군사관학교에 입교하여 1913년 육군소위로 임관, 1923년 러시아제정군 무장해제령에 의해 중령으로 러시아 군적을 떠나 1924년 폴란드군에 편입, 대령으로 임명되어 1929년까지 재직하고 사임했으며, 1947년 경비사 특별 3기로 대령으로 임관, 초대 경비대총참모장에 취임했으나 1948년

당초 미군정은 일본군·만주군·광복군 출신 각각 20명씩을 선발, 60명을 입교시키되, 소장(少壯)경력자에 한해 선발함으로써 파벌조성을 방지하려고 했다. 그러나 좌익계 군사단체에서는 국민의 자유를 억압한다고 반발한 데다가 주력이 중국땅에 머물고 있는 광복군지대 측에서는 법통을 고집하여 응시를 기피했기 때문에 출신 간에 균형이 유지될 수 없었고, 뱀부계획이 앞당겨 추진됨으로써 장교소요가 급증하여 200명을 입교시켰으나 찬·반탁을 위요하고 퇴교자가 발생한 데다가 졸업 후 임관을 포기하고 군정청관리로 전향한 자도 있어 110명만 임관되었다. 이들 임관자 중에는 동교에 입교치 않고 연대창설요원으로 바로 부임한 백선엽, 김백일, 최남근도 임관했을 뿐 아니라 비록 연대사병으로 입대했으나 오덕준, 박진경, 송요찬은 자격과 능력을 고려하여 장교임관이 인정되었다.

원래 동교 졸업자는 우선 전원을 참위로 임관시키고 실력에 따라 진급을 시킨다는 원칙을 세웠지만 예외적으로 군번 1번부터 5번까지(이형근, 채병덕, 유재흥, 장석윤, 정일권)는 정위로 임관시켰고, 참령출신 이성가와 서류상으로만 교육을 받고 연대창설요원으로 부임한 백선엽, 김백일, 최남근은 부의로 임관시켰으며, 부교장 원용덕은 참령으로, 창군의 산파역 이응준은 정령으로 각각 임관시켰다. 군사영어학교(군영)출신 110명을 분석해보면[61] ①출신별로는 일본군 출신 87명, 만주군 출신 21명, 광복군 출신 2명으로서 일본군 출신이 80%를 차지하여 대종을 이루었고, ②연령별로는 23세로부터 30세까지가 97명에 달해 소장층이 대종을 이루었으며, ③승진별로는 임관자의 71%에 달하는 78명이 장성으로 승진한 데다가 참모총장 13명과 합참의장 9명을 배출하였고, ④이념적으로 대부분이 친미적·반공적 성향을 견지했으나 숙군작업의 전개 결과

여순사건과 관련 파면되었다).
61) 한용원, 『한국의 군부정치』, pp.104-114.

10% 수준은 친공적 성향을 지닌 것으로 판명되었다.

<도표 3-6> 군사영어학교출신 현황에서 볼 수 있듯이 군영출신은 일본육사 49기로부터 61기까지의 계림회 회원과 동시기에 일본육사에서 유학한 만주군 출신, 그리고 일군학도병출신 등으로서 광복직후부터 1946년. 3월까지 환국한 자들 중에서 임관하였다. 이들은 일찍 임관한 덕분으로 1948년 12월 1일 이응준, 채병덕 등이 최초로 장군으로 승진한 이래 대장 8명(일본육사출신; 이형근·장창국, 일군학병출신; 민기식·김종오·김계원·김용배, 만주군 출신; 정일권·백선엽), 중장 26명을 포함한 78명이 장군으로 승진하였고, 따라서 1968년까지 군의 수뇌부를 형성하여 헤게모니를 장악하였다. 군영출신 중 일군학도병출신의 승진이 두드러졌으며, 순수한 일본육사출신보다는 일본육사에 유학한 만군출신자들의

〈도표 3-6〉 군사영어학교출신 현황

구분		임관자 현황	승진자 현황
일본군 출신	일본육사	채병덕, 이형근, 유재흥, 이응준 등 13명	대장2, 중장4
	학도병	임선하, 민기식, 박병권, 김종오 등 68명	대장4, 중장12
	지원병	최경록, 함병선, 박기병, 송요찬 등 6명	중장3
만주군 출신	일본육사 유학자	정일권, 강문봉, 이한림 등 5명	대장1, 중장3
	봉천군교	백선엽, 김백일, 최남근 등 3명	대장1, 중장1
	기타군교	양국진, 김일환, 원용덕 등 13명	중장3
광복군 출신		유해준, 이성가 등 2명	(※양자는 소장까지 승진)
합계		110명	대장8, 중장26

승진이 두드러졌다. 그러나 1949년 숙군 시에 만주군 출신 최남근·이병주·이상진, 일본육사출신 김종석·조병건·오일균, 일군학도병출신 최상빈·하재팔·조암·나학선 등이 사형 또는 파면될 정도로 사상적 불순자가 10%를 점하였다.

다음으로 경비사관학교는 군사영어학교가 폐교되자(1946.4.30) 서울 태릉에 경비대의 간부요원을 양성하기 위해 1946년 5월 1일 창설되었다. 미군정청에서는 조선경비대훈련소(Korean Constabulary Training Center)로 창설한 것이었으나 한국 측에서 경비사관학교로 호칭함에 따라 Officer Training School로 표기하기에 이르렀다.[62] 경비사관학교에서는 <도표 3-7> 경비사관학교출신 현황에서 볼 수 있듯이 제1기생부터 제6기생에 이르기까지 총 1,254명의 장교를 배출하였다. 군사기술주의를 중시한 미군정에서는 경비사관학교에 군사경력자들을 입교시켜 단기간 내에 경비업무 수행에 필요한 훈련을 이수케 함으로써 경비대의 창설 진도에 맞도록 간부를 확보코자 하였고, 따라서 제1기부터 제4기까지 주로 귀국이 늦어진 일본군·만주군·광복군 출신 군사경력자들을 입교시켰으며, 제2기생 일부는 민간인을 공개모집했다. 제5기는 민간인을 대상으로 학력이 5년제 중학졸업 이상인 자로 자격을 규정했는데도 응시자가 많아 15대 1의 경쟁을 시현했으며, 합격자의 2/3는 이북출신이었다.

그러나 한국문제의 유엔 이관으로 경비대의 증편이 요구되는 때에 민간인을 공개모집·입교시켜 경비업무 수행에 필요한 훈련을 이수케 하는데 6개월이 소요되었음을 감안하여 제6기는 각 연대의 우수 하사관 및 병을 대상으로 모집하고 훈련기간도 3개월 이내로 단축시켰다. 하지만 이북에서 월남한 자들이 응시자의 대종을 이루었다. 각기별 주요 입교자

---

62) 육군사관학교, 『대한민국육군사관학교30년사』(1978), p.67(1946.6.15 군정법령 제86호에 의거 조선국방경비대가 조선경비대로 개칭됨에 따라 조선국방경비사관학교도 조선경비사관학교로 개칭되었다).

를 살펴보면 제1기에는 일군학병출신 서종철, 일군지원병출신 임충식 등이 입교하였고, 제2기에는 일군학병출신 한신·이세호, 일군지원병출신 문형태, 일본육사유학만군출신 박정희, 광복군 출신 송호성·고시복 등이 입교했으며, 제3기에는 일군학병출신 노재현·최세인, 일군지원병출신 고광도, 광복군 출신 최덕신·박시창 등이 입교하였고, 제4기에는 일군지원병출신 이병형, 중국군출신 조개옥 등이 입교했으며, 제5기에는 민간인출신 정승화·채명신·김재춘 등과 일본육사출신 박원석·장지량 등이 입교하였고, 제6기에는 연대우수하사관 및 병출신 박현식·양봉직·박경원·박태준 등이 입교하였다.

경비대 창설 초기에 교육내용은 제식훈련, 분·소대전술, 화기기계훈련이 대종을 이루었으나 교육체계가 제대로 잡히지 않아 제식훈련과 군수교육은 미식으로, 전술 및 화기훈련은 일본식으로 실시해 왔다. 그러나 1946년 3월 6일 일본식 내무위병제를 폐지하고 미식을 따르게 했음에도[63] 교육의 통일이 이루어지지 않자 미군정은 경비사관학교 제2기의 입교를 연기시키고 각 부대에 근무 중인 군영출신들을 소집하여 1개월간(1946. 7.15~8.26) 미식 보수교육을 실시하여 교육의 통일을 꾀하고자 했으며, 신무기가 도입·보급되자 교관들의 미군교리에 대한 이해도가 증진됨에 따라 제5기부터는 M-1과 카아빈소총에 대한 화기훈련이 주로 실시되었고, 육사 제7기부터는 기관총, 박격포 등 공용화기에 대한 교육훈련에 중점을 두었다. 이상과 같이 경비사관학교가 경비대의 간부후보생학교(OCS)로 이용되어 왔으나 경비대가 증편되어 갈수록 경비대의 리더십문제와 사상문제가 가일층 부각되어 경비대의 광복군 개조론 내지 국방군 개편론이 대두되었다.

즉 미군정이 1947년 12월 1일 경비대를 3개 여단으로 편성한데 이어 미합참이 25,000명의 경비대를 50,000명으로 증강하도록 승인하자(1948.

63) 군사감실, 『육군역사일지: 1945~1950』(1954), p.26.

3.10) 미군정은 1948년 5월 초까지 경비대를 5개 여단 15개 연대로 증편했는데, 연대증편은 기존 9개 연대에서 각각 1개 중대 또는 1개 대대 병력을 차출하여 이를 기간병력으로 부대를 창설했기 때문에 신편한 부대는 기간요원이 타도출신인데 반해, 사병들은 향토출신으로 편성되어 기존 연대와 비교할 때 향토적 색채가 약화되었음에도 부대 내의 리더십 문제와 사상문제로 인해 제주4·3사건, 여순10·19사건 등이 연발하였다. 물론 이같은 현상은 혼란한 사회상이 경비대에 투영되어 나타난 것이지만 찬·반탁의 소용돌이 속에서 장교단의 출신성분이 잡다하여 동질성이 결여된 데다가 부대업무질서가 하사관에 의해 좌우되었기에 야기된 것이었다. 경비사관학교의 임관자들을 분석해보면 ①일본군 출신자원이 풍부한 상황에서 미군정이 군사경력자들을 생도로 입교시켰기 때문에 경비대 장교단의 절반 이상을 일본군 출신이 점하게 되었으며, ②단기간 내에 장교단이 집중 양성됨으로써 하급기로 내려갈수록 진급압력이 심화되었고, ③6·25전쟁 시 제1기생 연대장으로부터 제6기생 중대장에 이르기까지 경비사출신이 주로 지휘관으로 참전하여(제2·3·4기는 대대장·사단참모, 제5기는 중대장·연대참모) 30%가 희생됨으로써 참전세력의 중추를 형성하였다.[64]

　5·10 총선거로 제헌국회가 구성되어 대한민국헌법이 제정·공포되었고(1948.7.17), 동일자에 정부조직법(법률 제1호)이 공포됨으로써 국방부가 설치되었으며, 대한민국정부수립 선포와 더불어 미군정이 종식되자 통위부의 행정은 국방부로 이양되었다. 초대국방장관으로 취임한 이범석 장군은 1948년 8월 16일 하달한 국방부 훈령 제1호를 통해 조선경비대와 해안경비대가 대한민국 국방군으로 편성되었다고 선언하였다.[65] 그러나 주한미군은 8월 24일 대한민국 대통령과 주한미군사령관 간에

---

64) 한용원, 『한국의 군부정치』, pp.114-115.
65) 군사감실, 『육군역사일지: 1945~1950』, p.239.

〈도표 3-7〉 경비사관학교출신 현황

기별	입교자	입교일	임관일	임관자	장성승진자
1기	88	46.5.1	46.6.15	40	19(48%)
2기	263	46.9.23	46.12.14	196	79(40%)
3기	338	47.1.13	47.4.19	296	63(21%)
4기	120	47.5.16	47.9.10	107	16(15%)
5기	420	47.10.23	48.5.5	380	59(15%)
6기	282	48.5.5	48.7.28	235	21(9%)
합계	1,511			1,254	257(20%)

자료: 『창군』, p.82

「과도기에 시행할 잠정적 군사안전에 관한 행정협정」이 체결되어 주한 미군고문사절단(단장 무초 대사)을 설치하고(1948.8.26) 그 산하에 임시 군사고문단(단장 로버츠 준장)을 두어 잠정적으로 한국군의 지휘권을 계속 확보하게 되었다. 비록 정부수립을 앞두고 경비사관학교를 육군사관학교로 그 명칭을 변경시켰음에도 미 주둔군 주도하에 육사정규7기가 입교하게 되었다. 다시 말하면 한·미 간에 1948년 8월 24일 체결된 협정에 의해 미군은 남한에서 완전히 철수할 때까지 계속하여 조선경비대와 해안경비대를 훈련시키고, 주한미군을 유지하는 데 필요한 제반 군사시설과 군사기지 지역을 사용할 수 있게 되었다.

앞서 기술한 바와 같이 주한미군은 1948년 9월 15일 철수를 개시했으나 군부반란사건이 연발함으로써 제5연대전투단 7,500여 명은 주한미군이 철수를 완료한 1948년 12월 말 이후에도 잔류하다가 1949년 5월 28일 철수를 개시하여 6월 29일 철수를 완료하였으며, 따라서 주한미군사령관 겸 임시군사고문단단장 로버츠 준장은 이때까지 조선경비대와 해안경비대의 지휘권을 계속 확보하고 군을 훈련시켜야 할 책임을 지고 있었던 것이다. 그러나 신생한국의 국방부에서도 한국군을 강군으로 육성하기 위해 통수계통을 확립함은 물론 경비대를 정규군으로 개조하기 위한 조치를 강구하였다. 광복군 출신 이범석과 최용덕을 국방장관과 국방차관으로 각각 임명하고, 일본육사출신 채병덕과 이응준을 국방부참모총장과 육군총참모장(해군총참모장은 손원일 제독)으로 각각 임명하여 국군의 통수계통을 효과적으로 확립함은 물론 경비대의 사상문제와 리더십문제를 해결하여 경비대를 정규군으로 개조하기 위해 "국군의 정신은 광복군의 독립투쟁정신을 계승토록 하고, 장교의 질은 일본육사출신을 비롯한 군사경험이 풍부한 중견인사들을 우선적으로 등용하여 향상시키는 데 두었다."[66]

즉 국군의 정신무장을 위해 1948년 11월 29일 국방부에 설치한 제2국(정치국)은 로버츠 장군의 반대로 폐지했으나 장교를 양성하는 육군사관학교의 교장에 광복군 출신을 임명했는 바, 7월 29일 광복군 출신 최덕신 중령을 육사 제6대 교장으로 임명한 이래 계속해서 광복군 출신인 김홍일 장군을 제7대 교장(1949.1.15~1950.6.10)에, 이준식 장군을 제8대 교장(1950.6.10~1950.7.8)에, 안춘생 장군을 제9대 교장(1951.10.30~1952.11.10)에 각각 보직하였다.[67] 그리고 군의 리더십문제를 해결하기 위해 일본육사 제26기와 제27기를 포함한 일본군 및 만주군 출신과 광복군 출신 중견인사들을 육사7기특기와 8기특기로 입교시켰다. 육사7기특기로는 일본군 출신 장경순·유양수, 만주군 출신 이주일·윤태일, 광복군 출신 장흥·김국주·김관오 등이 입교하였고, 육사8기특기로는 일본군 출신 유승렬·안병범·이대영·김석원·백홍석·엄주명, 만주군 출

---

66) 육군본부, 『국군의 맥』, p.421.
67) 전쟁기념사업회, 『현대사 속의 국군』(1990), p.339.

신 강태민, 광복군 출신 안춘생·이준식·권준·박영준·오광선·장호강·전성호 등이 입교하였다. 이외에도 민간인 준재 조응천·윤치왕·이호 등이 특별임관되어 통신·의무·법부 발전에 공헌하였고, 광복군 출신 김홍일·김응조·채원개, 일본군 출신 신태영·이형석·이종찬·이용문, 만주군 출신 김석범·신현준 등도 특별임관(특임)되었다.

나아가 군의 사상문제를 해결하기 위해 반란사건을 계기로 숙군작업을 전개하는 한편, 광복군의 지도자들이 육성한 청년단의 단원들과 이북에서 월남한 반공청년단의 회원들을 육사정규7기로부터 육사정규10기에 이르기까지 입교시켰다. 즉 광복군의 지도자 오광선 장군이 육성한 광복청년회, 이범석 장군이 육성한 민족청년단, 이청천 장군이 육성한 대동청년단 등 민족주의 지향의 청년단원들이 육사정규7기·8기·9기·10기로 입교한데다가 이북에서 월남한 서북청년회, 대동강동지회, 압록강동지회 등 반공우익 지향의 청년회원들 또한 육사정규7기·8기·9기·10기로 입교함으로써 군의 사상문제를 해결할 수 있는 계기를 마련하였다. 그러나 육군사관학교의 교육적 역할이 간부후보생학교에 불과했다는 반성론이 제기되자 육군사관학교의 미군책임고문관 그란트(Russell P. Grant) 소령은 한국인교관들의 부족으로 고문관들이 통역을 통해 강의를 하고 있는 실정을 감안하여 제9기의 입교시기를 연기하고 실질적인 육군사관학교로 전환시키기 위해 5주간에 걸쳐 한국군장교들을 교관으로 교육시켰다.[68]

그러나 4년제 과정을 지도할 교관들은 극소수에 불과한 데다가 38선 경계와 공비의 토벌을 위해 하급장교들은 야전에서 절대적으로 필요한 실정이었기 때문에 육군사관학교는 여전히 간부후보생학교로 다시 문을 열어(1949.7.15) 제9기를 입교시켜야 했다. 그리고 제10기생 생도제1기도 제반여건의 불비로 인해 1년제 단기과정에 그쳤으며, 생도제2기는 교

---

68) Robert K. Sawyer, op.cit., pp.81-82.

〈도표 3-8〉 군사경력자로서 한국육군의 주요 창군요원

출신 구분		성명	입대 전 경력		재군 시 경력			비고
			출신기별	계급	임관구분	최종 계급	중요 직책	
일본군 출신	일본 육사	이응준	26기	대좌	군영	중장	육참총장	이형근의 장인
		신태영	26기	대좌	특임	중장	육참총장	신응균의 부
		김석원	27기	대좌	육사8기특기	소장	사단장	
		채병덕	49기	소좌	군영	중장	육참총장	
		이종찬	49기	소좌	특임	중장	육참총장	국방장관
		유재흥	55기	대위	군영	중장	합참의장	
		이형근	56기	대위	군영	대장	육참총장	합참의장
		장창국	59기	소위	군영	대장	합참의장	
	학도병	민기식		소위	군영	대장	육참총장	
		김계원		소위	군영	대장	육참총장	
		김용배		소위	군영	대장	육참총장	
		김종오		소위	군영	대장	육참총장	합참의장
		최영희		소위	군영	중장	육참총장	합참의장
		장도영		소위	군영	중장	육참총장	
		서종철		소위	경비사1기	대장	육참총장	국방장관
		이세호		소위	경비사2기	대장	육참총장	
		한 신		소위	경비사2기	대장	합참의장	
		노재현		소위	경비사3기	대장	육참총장	국방장관
	지원병	최경록		준위	군영	중장	육참총장	
		송요찬		준위	군영	중장	육참총장	국방장관
		임충식		준위	경비사1기	대장	합참의장	국방장관
		문형태		조장	경비사2기	대장	합참의장	
		박원근		조장	경비사2기	중장	군사령관	
		이민우		조장	경비사2기	중장	육참차장	
		고광도		조장	경비사3기	중장	육참차장	
		이병형		조장	경비사4기	중장	군사령관	

출신 구분		성명	입대 전 경력		재군 시 경력			비고
			출신기별	계급	임관구분	최종 계급	중요 직책	
만주 군 출신	봉천 군교	정일권	5기	대위	군영	대장	육참총장	합참의장
		김백일	5기	대위	군영	중장	군단장	51.5.15전사
		백선엽	9기	중위	군영	대장	육참총장	합참의장
	신경 군교	윤태일	1기	중위	육사7기특기	중장	사단장	
		이주일	1기	대위	육사7기특기	대장	군사위의장	
		박정희	2기	중위	경비사2기	대장	최고회의의장	
		이한림	2기	중위	군영	중장	군사령관	
		강문봉	5기	소위	군영	중장	군사령관	
	기타	원용덕	만군군의교	중좌	군영	중장	헌병사령관	
		신학진	만국군의교	중좌	군영	소장	의무감	
		김일환	민군경리교	대위	군영	중장	육본관리부장	
		김창룡	헌병하사관	오장	경비사3기	중장	특무부대장	
광복 군 출신		송호성	중국중앙군	대좌	경비사2기	준장	경비대총사령관	
		최덕신	중국중앙군	중좌	경비사3기	중장	군단장	
		박시창	중국중앙군	대좌	경비사3기	소장	부군단장	
		조개옥	중국화북의용군	참장	경비사4기	중령	호국여단참모장	
		김홍일	중국중앙군	참장	특임	중장	군단장	
		김웅조	중국화북군	참장	특임	준장	군정보처장	
		장홍	중국중앙군	대좌	육사7기특기	소장	관구부사령관	
		김국주	중국중앙군	대좌	육사7기특기	소장	관구부사령관	
		김관오	중국중앙군	대좌	육사7기특기	소장	관구부사령관	
		안춘생	중국중앙군	소좌	육사8기특기	중장	육사교장	
		이준식	중국중앙군	대좌	육사8기특기	중장	육대총장	
		권준	중국중앙군	대좌	육사8기특기	소장	수도경비사령관	
		박영준	중국중앙군	대위	육사8기특기	소장	사단장	
		오광선	중국중앙군	대좌	육사8기특기	준장	호국군여단장	
		전성호	중국동북의용군	참장	육사8기특기	준장	연대장	전사

자료: 육국본부, 『국군의 맥』, pp.458-470

육시작과 동시에 6·25전쟁의 발발로 휴교 조치됨에 따라 육군종합학교
에 편입되었다. 하지만 전쟁으로 휴교되었던 육군사관학교는 진해에서
재개교되어(1951.10.31) 정규4년제로 제11기생이 입교함으로써 명실상
부한 호국간성의 도장이 되었다. 한국군의 간부양성에 있어 경비대의 육
성과 국군의 군사고문을 담당했던 미군들은 군사기술을 중시했기에 군
사경력자들을 간부요원으로 충원시킨 데다가 인적자원면에서도 일본군
출신이 풍부한 상황이었다. 때문에 해방 전 군사경력자 중 장군승진자는
일본군 출신 226명(일본육사출신 26명, 일군학병출신 95명, 일군지원병
출신 105명), 만주군 출신 44명, 광복군 출신 32명을 각각 차지하였는
데,69) 대표적인 주요 인사들은 <도표 3-8>과 같다.

　　그러나 정부수립 직전 경비대의 장교(군영 출신 및 경비사 출신)
1,500여 명 중 입대 전 비군사경력자였던 경비사 제5기와 제6기출신이
절반수준을 차지함으로써 군사경력자는 절반수준에 지나지 않았으며,
<도표 3-9>의 육군사관학교출신 현황에서 볼 수 있듯이 정부수립 후 육
사 7기특기와 8기특기로 군사경력자 1,200여 명이 임관했으나 6·25전
쟁 발발 전까지 비군사경력자 2,600여 명(육사정규7기 및 8기 1,800여
명과 육사9기 및 10기 800여 명)이 임관함으로써 장교단 총원 5,300여
명 중 군사경력자는 1/4 수준으로, 일본군 출신은 1/5 수준으로 각각 희
석되었다. 이상에서 논의한 과정을 통해 한국군이 정규군으로 자리매김
하려고 노력했는데, 전쟁발발 전까지의 육군사관학교 임관자를 분석해
보면 ①중견군사경력자와 우익청년단원을 충원하여 경비대의 체질개선
을 도모할 수는 있었으나 ②장교단을 속성으로 양성한 데다가 급속하게
팽창시킴으로써 '인사의 혹'을 형성하여 훗날 군의 신진대사를 저해시켰
음을 알 수 있는 것이다.

　　즉 분단정권의 수립으로 국방을 위해 군의 규모를 급속히 팽창시킬

---

69) 한용원, "국군," 『현대사 속의 국군』, p.329.

〈도표 3-9〉육군사관학교출신 현황(1948~1950)

기별		입교자	입교일	임관일	임관자	장성승진자
7기	정기	602	48.8.9	48.11.11	561	41(7%)
	특별	246	48.8.17~48.9.13	48.10.12	190	41(22%)
	후기	350	48.11.12	48.12.21	345	16(5%)
8기	정기	948	48.12.7	49.5.23	1,264	111(9%)
		37	49.1.27			
		315	49.3.19			
	특별1	11	48.12.7	49.1.1	11	9(82%)
	특별2	160	48.12.7	49.1.14	145	9(6%)
	특별3	190	48.12.7	49.3.2	181	11(6%)
	특별4			49.3.29	148	
		250	49.2.21	49.4.27	99	17(7%)
9기		674	49.7.15	50.1.14	580	49(8%)
10기		313	49.7.15	50.7.10	134	39(28%)
				50.7.15	50	
합계		4,096			3,708	343(9%)

자료: 『창군』, pp.82-83

수밖에 없었으나 군인사법을 제정하여 이를 뒷받침하지 않았기 때문에 숙군작업으로 군영 및 경비사출신 10%가 도태되었고, 6·25전쟁으로 군영출신으로부터 육사10기생에 이르기까지 30%가 희생되었음에도 진급 정체현상이 심화되어 피해를 많이 입은 경비사5기생과 육사8기생이 1961년 5월 쿠데타를 주동하는 사태가 야기되었다. ③경비대에 입대한 소장층 군사경력자들과 국군에 입대한 노장층 군사경력자들 간에 갈등이 야기되었는데, 그 한 예로서 남북교역사건을 위요하고 참모총장 채병덕 장

군과 제1사단장 김석원 장군 간에 대결하는 사태가 야기되었으며, ④극
우성향을 가진 장교들의 정치화 경향도 표출되었다. 즉 안두희 소위의
백범 김구 암살사건은 서북청년회 회원이었던 안 소위가 김구의 남북협
상론을 반대한 데서 야기된 것으로 보이나 범인이 채병덕·김창룡 등에
의해 정치적 보호를 받게 되자 헌병대와 특무대의 반공을 표방한 정치화
경향과 양민에 대한 횡포가 심화되어갔다.[70]

다음, 해방병학교는 해방병단이 미군정청 국방사령부에 편입되자(1946.
1.14) 해군간부의 양성을 위해 1월 17일 진해기지에 설치하고, 2월 8일
제1기생 113명을 입교시켰다. 제1기생은 1년간의 교육에서 해병학, 물리
학, 국사, 영어, 기관학 등 학술학은 물론 항해술을 체득하고, 1947년
2월 7일 61명이 임관된 이래 <도표 3-10> 해군간부 양성 현황에서 볼
수 있듯이 6·25전쟁 발발 시까지 3개기에 걸쳐 163명, 1951년 8월까지
4개기에 걸쳐 234명을 배출했으며, 동교의 명칭이[71] 1949년 1월 15일
해군사관학교로 완전히 정착되면서 전쟁 중에서도 매기 3년간씩 착실히
교육을 실시하여 휴전 시까지 7개기 475명의 정규사관을 양성했다. 정부
수립을 목전에 두고 해군의 확장이 요구되자 1948년 6월 29일 사관후보
생과정인 특교대(特敎隊)를 설치하여 하사관을 포함한 군사경력자와 항
해유경험자를 단기교육시켜 장교로 임관시켰는데, 6·25전쟁 발발 직전
까지 9개기 415명의 사관을 배출하였다. 또한 1949년 4월 해병대가 창설
되자 7월 15일 해병간부후보생과정을 설치하여 보병교육을 육군사관학
교에서 수료케 한 후 해군단기교육을 실시했는데, 6·25전쟁 발발 직후
까지 2개기 71명의 사관을 양성·임관시켰다. 이외에도 만주군 출신 신
현준, 김동하, 김대식, 김석범, 강기천 등과 일군학병출신 김성은은 해병

70) 한용원,『한국의 군부정치』, pp.130-138.
71) 해방병학교는 46.6.15 해안경비사관학교로, 46.8.10 해안경비대학으로, 46.8.14
   해사대학으로, 48.11.16 해군대학으로 그 명칭을 변경시켜오다가 49.1.15 해군사
   관학교로 정착되었다.

〈도표 3-10〉 해군간부 양성 현황

임관구분	기별	입교일자	졸업일자	수학기간	임관인원	
해사	1	46.1.17	47.2.7	1년	61	
	2	47.2.7	48.12.25	1년 10개월	48	
	3	47.9.2	50.2.25	2년 6개월	54	
	4	48.9.4	51.8.31	3년	71	
	소계				234	
특교	1	48.6.29	48.7.20	22일	60	하사관 출신 포함
	2	48.7.30	48.8.31	33일	66	
	3	48.11.4	49.1.25	83일	27	
	4	49.2.8	49.3.8	29일	14	
	5	49.3.12	49.3.25	14일	17	
	6	49.4.7	49.5.5	29일	19	
	7	49.8.10	49.10.10	62일	46	
	8	49.11.1	50.2.1	93일	68	
	9	50.3.17	50.4.20	35일	98	
	소계				415	
해병간후	1	49.7.15	50.1.1	5개월 15일	30	보병교육은 육사에서 수료
	2	50.2.17	50.8.1	5개월 15일	41	
	소계				71	
합계					720	특임자 제외

자료: 『창군』, p.89

특임으로, 일본해군출신 이용운은 해군특임으로 각각 임관하였다.
한편 육군항공부대에서는 공군의 독립에 대비하여 육군항공사관학교를 설치하고 간부를 양성하였다. 1946년 8월 10일 최용덕을 중심으로 한국항공건설협회를 조직하고 해방 전 항공계 종사자들을 점검해 본 결과 조종사 90여 명, 3년 이상 유경험 정비사 300여 명, 무장·기상 관계자 100여 명 등 총 500여 명의 항공인이 존재하여 공군 창설이 가능하다고 판단하고,[72] 최용덕(중국공군중령출신, 광복군장군 역임), 이영무(중국공군중령출신), 장덕창(일본항공조종사출신, 김포비행장장 역임), 박범집(일본육사출신, 항공정비대대장 역임), 김정렬(일본육사출신, 공군대위·조종사 역임), 이근석(일본소년비행병출신), 김영환(일군학병출신, 통위부 정보국장 역임) 등 7인을 공군창설 간부로 삼고, 미군정청과 협조하여 항공부대의 창설 운동을 전개하였다. 미군정당국은 항공계 7인의 간부들에게 보병학교에 입교하여 1개월간의 훈련을 수료하고, 경비사관학교에 입교하여 2주간 장교후보생 훈련을 종료하여 임관부터 하도록 주문함에 따라 1948년 4월 1일 이들 7인은 수색에 있는 조선경비대 보병학교에 입교하여 보병 훈련을 받고 태릉에 있는 경비사관학교에 입교하여 장교후보생 훈련을 수료하여 5월 14일 육군소위로 임관되었다.

이렇게 되자 1948년 5월 15일 통위부 직할부대로서 항공부대(부대장 최용덕)가 창설되었고, 7월 12일 해방 이전 외국항공계에 종사했던 경험자 78명을 항공병 제1기생으로 입대케 하여 부대창설을 서두르는 한편 간부후보생을 양성시켜 나가다가 9월 15일 미군으로부터 L-4기 10대를 받게 되고 12월 1일 항공부대가 육군항공사령부로 개편되자 1949년 1월 14일 김포에 육군항공사관학교(초대교장 중령 김정렬)를 설치하였다. 육군항공사관학교는 현역항공사병 중에서 성적이 우수하고 품행이 방정하여 장차 장교로서 자질이 있다고 인정되는 자 45명을 제1차로 소집, 3월 15일 입교시켜 필수군사교육과정을 이수토록 함으로써 본격적으로 간부 양성에 착수하여 4월 15일 42명을 항공소위로 임관(간부후보 제5기로

---

72) 김정렬, 『김정렬 회고록』(을유문화사, 1993), pp.81-101.

분류)시켰다. 이렇게 하여 간부후보 제1기생으로 최용덕·김정렬·장창덕·박범집 등이, 제2기에는 김신·장성환·박원석·장지량 등이, 제3기에는 전명섭·오정석·윤응열 등이, 제4기에는 김성룡·김병택 등이, 제5기에는 김두만·김성배·전봉희 등이 임관하여 육군항공장교는 150명으로 늘어났다. 이처럼 항공경력자들을 단기교육시켜 항공장교로 임관시키는 간후과정은 그 후에도 지속(예: 간후제8기, 옥만호·주영복 등)되었지만 1949년 6월 10일에는 정규사관학교 제1기사관후보생으로 중학교 6학년 재학생 및 졸업 정도 이상의 학력을 가진 20세 미만의 학도를 선발, 97명을 입교시키고, 1950년에는 제2기 사관후보생을 입교시켰는데, 이들은 전쟁발발로 인해 2년제로 임관했으며, 1951년 11월 10일 입교한 제3기는 3년제로, 1952년 5월 5일 입교한 제4기부터는 4년제로 각각 임관케 되었다. 그리고 1949년 10월 1일 육군항공사령부가 대한민국 공군으로 독립하자 동일자로 육군항공사관학교도 공군사관학교로 개칭되었다.

3. 남한군 간부양성의 특성

미군정은 한국의 정규군을 창설한 것이 아니라 미군정의 경비대를 창설하였다. 그러므로 미군정은 경비대 간부요원의 군사기술능력을 중시하여 군사경력자들을 주대상으로 삼아 단기간 내에 교육·훈련시켜 간부로 충원하는 방식을 구사하였다. 그러나 한국문제가 유엔으로 이관되고 주한미군이 철수하게 되자 미군정은 25,000명 규모의 경비대를 50,000명 규모로 증편하였고, 그 후 대한민국 정부수립과 동시에 한국군이 창설되자 증편된 경비대를 새로이 창설한 한국군에 편입시켜 주었다. 그러나 이때 미국정부는 대한군사목표를 소규모 국경분쟁과 치안유지에 대처할 수준의 한국군 육성으로 설정하였다.[73] 따라서 경비대는 체질개선

---

73) 국방부 군사편찬연구소, 『6·25전쟁사 1』, p.123.

이 이루어지지 못한 채 신생 한국군에 편입되어 정규군의 역할을 수행하게 되었고, 신생 한국군은 비록 정규군으로 창설되었으나 미국의 대한군사목표로 인해 군사원조가 제한됨으로써 대규모의 국가적 분쟁에 대처할 수 있는 수준으로 육성시킬 수가 없었다.

물론 대한민국 정부수립과 동시 창설된 한국군은 그 당시 남한사회의 경비대 개조론을 반영하여 ①중견군사경력자들을 충원, 리더십문제를 해결하고, ②우익청년단원들을 충원, 사상문제를 해결하는 방안을 추진하여 경비대체제를 정규군체제로 전환시키려 하였다. 그러나 냉전체제하에서 분단정권의 수립으로 인해 한국군의 양적 팽창이 요구되자 한국정부는 6·25전쟁 발발 전까지 한국군(국방군)에 편입된 경비대 병력의 수만큼 병력을 더 증강시켜 10만 명 규모로 확대시키는 데 급급하였다. 이러한 창군상황으로 인해 한국군은 정규군 장교의 양성방식을 경비대 간부의 양성방식처럼 간부후보생학교(OCS)로 운영하여 단기간에 양성하지 않을 수 없었다. 더욱이 한국군이 38선 경계와 공비의 토벌을 위해 야전에서 하급장교들의 소요가 절대적으로 필요한 실정이었기 때문에 정규군의 장교를 양성해야 할 육군사관학교가 간부후보생학교를 면할 수가 없었다.

미군정은 경비대 간부를 양성할 때에 도 단위 경비대 연대의 창설 진척도를 감안하여 임용을 위한 경비사관학교의 교육기간을 군사경력자들은 3개월 수준으로, 비군사경력자들은 6개월 수준으로 각각 설정·추진하였다. 즉 군사경력자들을 대상으로 한 경비사 제1기의 교육기간은 1개월 반으로, 제2기의 교육기간은 3개월(–)로, 제3기는 3개월(+)로, 제4기는 4개월(–)로 각각 설정·추진하였고, 비군사경력자(민간인)들을 대상으로 한 경비사 제5기의 교육기간은 6개월(–)로 설정·추진했으며, 경비사 6기는 도 단위 연대의 우수 하사관 및 병을 대상으로 했기 때문에 교육기간을 3개월(–)로 설정·추진하였다.[74] 그러므로 미군정은 경비대 간부를 양성하기 위한 경비사관학교를 간부후보생학교로 운영해온 것이 분명한 것이다. 이러한 간부 양성방식은 한·미 간에 체결된 「과도기에 시행될 잠정적 군사안전에 관한 행정협정」에 따라 주한미군사령관이 미군이 완전히 철수할 때까지 한국군의 지휘책임을 계속 보유하게 됨에 따라 육군사관학교의 장교 양성방식에 그대로 전승되었다.

더욱이 한국정부 수립 후 연대증편 및 사단편성과 경비부 창설을 위한 한국군장교의 소요가 급증한 데다가 38선 경계와 공비의 토벌을 위한 하급장교의 소요 또한 증대됨으로써 이같은 소요를 충족시킬 수 있는 장교의 양성을 위해 한·미군지휘부에서는 육군사관학교를 간부후보생 학교로의 운영이 불가피하였다. 그러므로 한국군장교의 임용을 위한 육군사관학교의 교육기간을 군사경력자들의 경우 3주로부터 9주까지의 수준으로 단축시키고, 비군사경력자들의 경우 3개월로부터 6개월까지의 수준으로 각각 설정·추진하였다. 즉 군사경력자들을 대상으로 육사7기특기의 교육기간은 5~6주로, 육사8기특기의 교육기간은 3~9주로 각각 설정·추진하였고, 비군사경력자들을 대상으로 한 육사7기정기는 교육기간을 3개월(+)로, 8기정기는 6개월(-)로, 9기는 6개월로 각각 설정·추진하였다. 그리고 4년제과정을 고려했던 제10기마저도 제반여건의 불비로 인해 1년제 단기과정에 그쳤다.

그리고 미군정의 경비대 간부 양성을 위한 교육 훈련의 내용은 제식교련 및 분·소대전술과 화기기계훈련 및 폭동진압훈련이 위주가 되었다. 군사영어학교는 물론 경비사관학교를 출범시킬 당시에 생도에 대한 교육 훈련은 미국식으로 계획했었으나 교육의 고문을 담당할 미군이 부족한 데다가 언어장벽으로 인해서 교관들의 미군교리에 대한 이해도가 저급하였다. 그리고 생도들에게 지급한 화기가 일본군의 유기무기인 99식 또는 38식소총이었기 때문에 제식교련과 군수교육은 미군식으로, 전술훈련과 화기훈련은 일본군식으로 실시되었고, 내무생활은 일본군식을

---

74) 한용원, 『창군』, p.82.

그대로 답습하였다. 그러므로 상이한 군사적 배경을 지닌 생도들이 단기간의 교육 훈련을 제대로 소화시킬 수 없었을 뿐 아니라 물질적 전력을 중시하는 미국식 군사교리와 정신적 요소를 강조하는 일본식 군사교리가 혼합되어 혼란을 빚어냄으로써75) 경비대 장병들에 대한 통일된 교육훈련을 저해시켰다.

따라서 미군정은 경비사관학교 제2기생의 입교를 연기시키고 각 부대에 근무 중인 군사영어학교 출신 29명을 소집하여 1개월간(1946.7.15~1946.8.26) 미식보수교육을 실시, 각 부대에 배치함으로써 1946년 9월부터 어느 정도의 교육훈련 통일이 이루어지게 되었다. 그리고 그 후 신무기가 도입되어 생도들에게 보급되고, 교관들의 미군교리에 대한 이해도가 중진됨에 따라 교육의 질적인 변화가 수반되었다. 1947년 10월에 입교한 경비사 제5기생부터는 M-1소총과 카아빈소총의 화기훈련이 실시되었고, 1948년 8월에 입교한 육사제7기생부터는 기관총, 박격포 등 공용화기에 대한 교육훈련이 실시되었으며, 1948년 12월에 입교한 육사 제8기생부터는 국사, 영어 등 일반학이 정식으로 교육내용에 포함되고, 전술훈련도 중대전술로 확대되었다. 이처럼 장교의 임용을 위한 교육내용이 점차 개선되어 갔으나 교육훈련체계가 문제로 제기되었다.

그러므로 육군본부는 1948년 12월 국군조직법 규정에 의해 보병, 기병, 공병, 기갑병, 항공병, 헌병 등 8개 병과를 제정하고 1949년도에 미군사고문단의 적극적인 지원으로 <도표 3-11>과 같이 육군정보학교, 육군병기학교, 육군병참학교, 육군군의학교, 육군자동차학교, 육군포병학교, 육군헌병학교, 육군보병학교, 육군사관학교, 육군참모학교 등 13개의 군사학교를 창설하였고,76) 미국의 보병학교와 포병학교에 유학생도 파견하였다. 그러나 병과학교들을 조정·통제할 기구가 없었기 때문에

---

75) 최병갑, "한국의 군사학 교육체계," 「국방학술세미나논문집」(국방대학원, 1981), pp.4-6.
76) 한용원, 『창군』, pp.109-110.

〈도표 3-11〉 군사학교 설치 현황(1948~1949)

학교명	창설일자	학교명	창설일자	비고
육군공병학교	1948.11.25	육군자동차학교	1948.10.5	조선경비대자동차학교
육군경리학교	1949.5.1	육군포병학교	1949.10.15	육군포병연대
육군군악학교	1949.5.1	육군헌병학교	1950.1.16	조선경비대군기병학교
육군정보학교	1949.5.20	육군보병학교	1949.7.29	조선경비대보병학교
육군병기학교	1949.4	육군사관학교	1948.9.5	조선국방경비사관학교
육군병참학교	1949.7.4	육군참모학교	1949.7.1	1기: 29명
육군군의학교	1949.8.15			2기: 47명

자료: 『육군역사일지(1945~1950)』; 『창군』, p.110

기초교육과 보수교육 등이 각 병과학교별로 추진되어 통일성을 달성할 수 없었으며, 6·25전쟁의 발발로 인해 미군사학교에의 유학생 파견도 불가능해졌다. 이상에서 논의한 군사교육상황을 배경으로 하여 1948년 7월 경비사관학교를 육군사관학교로 개칭하면서 군사교육내용과 교육훈련체계에 대한 반성론이 제기되었다.

즉 장교의 임용 학교가 간부후보생학교를 면치 못하면 교육내용이 부실하여 배출된 장교의 전문성과 리더십이 결여될 뿐 아니라 부대교육훈련을 제대로 수행하지 못함으로써 부대의 전쟁수행능력을 배양할 수 없다는 것이다. 이러한 반성론은 창군과정에서 한국군의 발전이 병원(兵員)의 증강에 따라 이루어진 외형적 성장에 불과했을 뿐 장비수준의 향상, 지원체제의 확립, 부대교육훈련의 강화 등을 통한 전쟁수행능력의 배양을 이룩하지 못했다는 비판론으로 발전하였다. 더욱이 주한미군이 철수하면서 그들의 기본무기를 한국군에게 제공한 상황에서도 1950년 초 육군이 보유한 무기는 ①소총 85,000정 중에서 20%는 일제 99식 및 38식소총이었으며, ②박격포와 중기관총은 태부족한 상태였고, ③105밀리곡사포는 배정된 90문 중 52문만을 인수했으며, ④대부분의 무기가 태평양전쟁에서 사용하던 것으로 노후화되었을 뿐 아니라 부속품도 부족한 실정이었다.[77]

그러므로 한국군의 지도부와 KMAG의 지도부에서는 한국군의 교육적 발전책으로 우선 ①장교의 임용을 위한 육군사관학교의 교육은 4년제과정으로 운영하고, ②미군교리에 대한 이해도의 증진을 위한 조치를 강구키로 하였다. 1950년 초 미군교리에 대한 이해도 증진을 위해 육군 G-3에서는 영어회화에 능통한 장교 15명을 모아 「미군사용어사전」을 편찬하였고, KMAG은 한국군에게 교범을 제공하였다. 그러나 KMAG이 제공한 교범은 1943년 9월에 작성된 MTP7-1로서 개인훈련으로부터 중대훈련까지의 형태를 제시한데 불과하였고, 무반동총 등 신형무기에 대한 교육지침이 없는 결함이 있었다.[78] 그러므로 이상에서의 논의를 감안해 볼 때 정부 수립 이전에 임관된 간부들은 국방전문장교단이라기보다 경비전문장교단이었으며, 정부수립 이후에 임관된 간부들도 4년제 이전까지는 속성양성으로 인해서 대부분 전문성을 결여한 장교단이 될 수밖에 없었을 것으로 짐작된다.

더욱이 미군정의 경비대는 한국정부 수립 시 5개 여단 15개 연대의 병력을 보유하는 외형적 성장은 했으나 ①경찰예비대의 성격으로 말미암아 자부심이 결여되었으며, ②출신배경이 다양하여 장교 간에는 동질성이 결여되었고, ③많은 부대의 업무질서가 하사관에 의해 좌우되었으며, ④복장·계급장·급식문제 등으로 인해 사기가 저해되었기 때문에 내실 있는 성장을 하지 못하였다. 따라서 이러한 복무환경여건으로 인해

---

77) Robert K. Sawyer, *op.cit.*, p.69.
78) *Ibid.*, pp.70-71.

서 경비대의 간부들은 리더십을 배양하기가 곤란하였다. 우선 미군정이 경비대를 군정경찰의 예비대로 창설한데다가 1946~1947년간 경비대가 실제적으로 경찰의 예비대 역할을 수행하게 되자 경비대원의 자부심이 무척 손상되었는데, 1946년 10월 추수폭동 이래 경찰의 추적을 피해 경비대로 도피해온 좌익분자들이 경찰에 대해 적대감정을 갖게 됨으로써 1947년 영암군경 충돌사건과 대전군경 충돌사건, 1948년 기계군경 충돌사건, 학일교지서 습격사건, 구례군경 충돌사건 등이 발생하였다.[79]

　다음 경비대의 간부가 일본군 출신, 만주군 출신, 광복군 출신, 이북반공청년단 출신, 이남우익청년단 출신 등으로 다양하게 구성됨으로써 경비대 내에는 '중·일전쟁', '남·북전쟁' 등 파벌론이 유포되고 있었는데,[80] 광복군 출신 송호성 중령이 경비대 총사령관으로 부임하여(1946.12.23) 인사문제를 좌우하자 일본군 출신들의 불만이 축적되어 제2연대장 김종석의 부정·불온사건을 다루던 군법회의에서 폭발되기에 이르렀다. 당시 재판장은 만군계의 원용덕 중령, 변호인은 일본군계의 박진경 소령, 검찰관은 광복군계의 오동기 대위였는데, 박진경은 "오동기 대위는 불평분자이다. 일본군 출신자(김종석 지칭)와 만주군 출신자(이상진 지칭)를 파면하여 중국군계열과 광복군계열로 경비대의 중추부를 차지하려는 정략적인 모략으로 이 사건을 날조했다."고 주장하였다. 이러한 박진경의 주장에 대해 미고문관이 수긍함으로써 이 재판은 정치적 재판이 되었을 뿐 아니라 피고는 무죄판결을 받았다.[81]

　나아가 경비대의 부대업무질서가 장교들의 빈번한 교체로 인해 향토색이 짙은 하사관에 의해 좌우되었는데, 이는 도 단위 경비대 연대라는 '경비대의 지방색'과 연대인사계를 비롯한 일부 불순하사관의 '사병 좌우 분위기'와 결부되어 부대 내에 좌익사상을 확산시키게 되었다. 남한

---

79) 한용원, 『창군』, p.134.
80) 고정훈, 앞의 책, p.102.
81) 국방부 전사편찬위원회, 앞의 책, p.416.

의 군사정책이 우경화되는 것을 방지(무력화)하기 위해 남로당이 대군침투공작을 전개하여 중앙당은 장교를, 지방당은 하사관을 프락치로 각각 심고 있었으나 미군정은 입대자의 신원조회를 금지시켜 공산당의 침투를 용이케 한 데다가 '불편부당' 선언으로 공산당 동조자를 오히려 확산시켰으며, 사상문제를 가지고 처벌할 수 없다는 입장마저 견지하였다. 그러므로 대부분의 경비대 간부들은 좌우대립의 시대상과 사회상을 반영한 때문인지 대책을 강구하지 못한 데다가 경비대의 간부를 양성하는 경비사관학교의 교수부장, 생도대장, 중대장들 일부를 사상적으로 의심받던 공산주의자로 보직시켰으며, 장병에 대한 징계령마저도 1949년 6월 25일에 가서야 제정·공포하였다.

끝으로 경비대는 근무여건이 양호하지 못해 사기가 저해되었다.[82] 즉 ①경비대가 경찰예비대의 성격을 지닌 데다가 계급장마저도 경찰계급을 모방했을 뿐 아니라 일본군복까지 착용함으로써 사기가 저하되었으며, ②내무생활에 위계질서가 확립되지 않아 구타행위가 횡행함으로써 전반적으로 사기가 저하되어 좌익분자들의 선동에 사병들이 취약할 수밖에 없었고, ③반민특위의원들이 군부에 일본군 출신들이 대종을 이루고 있다는 데서 군대를 '민족반역자의 대피호'라고 평하고 친일파로 지목한 군인의 신병을 인도해주도록 압력을 가한 데다가[83] 정당의 대군포섭공작을 담당한 정치인 중에서 공명심으로 포섭자를 과장하거나 사렴으로 모함을 자행함으로써 고위 장교 수명이 공산주의자로 몰리는 등[84] 정쟁의 여파로 인해서 장교들의 사기가 저하되었다.

이러한 상황하에서 미고문관들은 한국군장교들을 친미적이고 기능적인 적응의 전문가로 만들고자 하여 경비대 시절에는 한국군장교들에게 영어지식과 미군장교들과의 긴밀한 관계유지가 군사경력을 성공적으로

82) 한용원, 『창군』, pp.123-132.
83) 고정훈, 앞의 책, pp.99-100.
84) 이응준, 앞의 책, pp.118-121.

쌓는 데 필수적인 요소라고 인식하게끔 작용했으며, 한국군 시절에는 군
사지원을 무기로 하여 무능하고 유해한 인물들을 제거하도록 인사정책
에 간여하고, 경비대 시절부터 키워 온 장교들을 민주국가의 군사지식을
습득한 자라고 하여 보호해주었다.[85] 하지만 이 당시에 미고문관들은 한
국군장교들의 가장 큰 결함이 리더십에 있다고 빈번하게 지적하였다. 즉
모든 수준의 지휘관과 참모들은 전문지식이 부족하고, 장교로서의 임무
수행보다는 자신의 지위유지에 더 많은 관심을 가지며, 위신과 체면을
중시하여 부당한 명령지시조차 이를 철회하거나 정정하지 않고, 퍼레이
드를 좋아할 뿐 아니라 많은 경호요원들의 에스코트를 받는다고 비판하
였다.[86]

이상에서의 논의와 같이 창군과정에서 군의 근무여건이 양호하지 못
했기 때문에 한국군은 리더십이 결여된 장교를 배출하게 되었다. 그러므
로 한국군은 6·25전쟁이 발발하자 제1차 연도에 리더십의 결여로 인해
시련을 겪게 되었다. 물론 이같은 한국군의 전시 시련은 부대훈련을 제
대로 수행하지 못한 탓 때문이기도 하였다. 한국의 육군본부는 1949년
후반에 미군사고문단이 한국군의 훈련수준을 점검하여 한국군은 전쟁수
행능력이 없다는 평가를 내리자 1950년 1월과 3월에 각각 교육각서 제1
호와 교육각서 제2호를 하달하여 6월 1일까지 대대훈련을 종료하도록
강조하였다. 그러나 한국군의 전방사단은 북한군의 잦은 도발로 인해 경
계에 여념이 없었으며, 후방사단은 공비 및 인민유격대의 토벌에 투입되
었기 때문에 1950년 6월 15일 현재 16개 대대만이 대대훈련을 마쳤고,
30개 대대는 중대훈련만을 완료했으며, 17개 대대는 소대훈련도 채 못
끝낸 실정이었다.[87]

이처럼 장·사병 공히 정규훈련을 제대로 받지 못한 한국군이 북한군

---

85) Robert K. Sawyer, *op.cit.*, pp.60-66.
86) *Ibid.*, pp.65-66.
87) *Ibid.*, pp.88-89.

의 기습남침을 받게 되자 정상적인 작전수행이 불가능하였고, 따라서 한국군 지휘관들은 부대를 보존하기 위해서 적군이 접근해오기 이전에 조기 철수작전을 전개했으나[88] 이는 인접한 미군부대와 유엔군 전선 전체에 심각한 부담을 주었다. 이러한 상황하에 1951년 5월 동부전선 현리북방에서 제3군단이 중공군의 공격을 받아 붕괴된 사건이 발생하여 유엔군전선이 20km나 남하하게 되자 미제10군단을 투입하여 전선을 안정시키고, 한국군을 미군 후방으로 철수시켰는데, 이때 미군지휘관들은 한국군지휘관들에게 "싸울 준비가 되어 있지 않으면 더 이상 한국군을 일선에 내보내지 않겠다."는 치욕적 최후통첩을 보내기도 했다.[89] 하지만 유엔군전선의 절반을 담당하던 한국군 부대들의 전투력 회복이 중차대한 과제라고 인식한 미8군사령관 리지웨이(M. B. Ridgway) 등 미군지휘관들은 한국군 지휘관들이 부대를 효율적으로 통제하지 못하는 것이 가장 큰 문제라고 지적하고, 한국군을 재편성하기로 결정하였다.

이러한 때에 그리스에서 미군사고문단을 지휘하여 그리스 육군을 공산게릴라들과 맞서 싸워서 이길 수 있도록 훈련시킨 경험을 가진 밴프리트(Van Fleet) 장군이 리지웨이의 후임으로 부임하여 한국군을 3개월 동안 정밀하게 관찰한 연후 1951년 7월 한국군 재편성계획을 미육군성에 제출하였다. 그는 한국군의 전투효율성을 증강시키는 것이 급선무라고 판단하고, 그러기 위해 한국군이 실추된 자신감을 회복할 수 있도록 교육훈련을 강화하는 재편성계획을 제안·추진하였다. 그리고 1952년 신임유엔군사령관으로 취임한 클라크(Mark W. Clark) 대장은 밴프리트 사령관이 추진하고 있던 한국군 재편성 정책의 효과를 극대화시키기 위해 한국 육군의 규모를 20개 사단 수준으로 증강시키는 획기적 조치를 1952년 6월부터 추진하고, 10월 초에는 유엔군을 점차적으로 한국으로부터 철수

---

88) 장도영, 『장도영 회고록: 망향』(도서출판 숲속의 꿈, 2001), p.215.
89) 백선엽, 『군과 나』(대륙연구소, 1989), p.199.

시키기 위한 한국군의 증강계획을 미육군성에 제출하였다. 이와 같은 전시 미군 지도부의 한국군 재편성 프로그램과 한국군 증강 프로그램으로 인해 한국군은 새로운 현대적 군대로 성장할 수 있게 되었다.

나종남은 KMAG의 전시경험자료(Myers, KMAG's Wartime Experiences)를 분석하여 "한국전쟁 중 한국 육군의 재편성과 증강, 1951~53" 제하의 논문을 작성, 『군사』 제63호(2007.6)에 게재했는데, 이 글에서 그는 6·25전쟁 시 한국군 재편성 프로그램과 한국군 증강 프로그램을 통해 한국군은 새로운 한국군으로 체질개선을 할 수 있었다고 강조하였다.[90] 한국군은 미국이 남한에 건설한 미군정 경비대의 영향을 받았을 뿐 아니라 경비대의 편입으로 창설되었기 때문에 국군으로의 출범 시 경비대의 결함으로 지적된 리더십문제와 사상문제의 해결에 중점을 둔 개편만으로는 정규군다운 정규군이 될 수가 없었다. 그러므로 전시 미군지도부는 미8군이 한국군의 재편성 및 증강 프로그램의 추진을 통해 한국군의 체질을 정규군의 체질로 전환시키기로 결정하고 이를 추진케 하였다. 이러한 맥락에 비추어 볼 때 남한군 간부 양성의 특성은 ①국방전문장교로의 양성 미흡, ②단기교육훈련과정으로의 양성, ③리더십이 결여된 장교의 배출 등으로 파악할 수 있을 것이다.

먼저 국방전문장교로의 양성이 미흡하였다. 미군정은 경비대의 간부를 양성하기 위해 경비사관학교를 설치하였고, 따라서 경비대의 간부는 경비전문장교로 육성된 것이지 국방전문장교로 육성된 것으로 볼 수는 없는 것이다. 더욱이 도 단위로 경비대 연대를 창설하여 평시에는 미군 시설과 공항·항만을 경계하고, 비상시에는 경찰예비대로서 경찰의 치안유지역할을 지원할 수 있도록 폭동진압훈련을 위주로 실시했기 때문에 경비대의 간부는 경비전문장교로 육성된 것으로 보아야 할 것이다. 나아

---

90) 나종남, "한국전쟁 중 한국 육군의 재편성과 증강, 1951~53," 『군사』 제63호(국방부 군사편찬연구소, 2007.6), pp.213-263.

가 주한미군을 철수시키면서도 미군정은 경비대의 증편수준으로 한국군을 유지하려고 했을 뿐 아니라 군사력의 육성목표를 소규모의 국경충돌에 대처하고 치안질서를 유지하는 수준으로 설정했을 뿐 대규모의 국가분쟁에 대처할 국가방위 수준의 군사력 육성은 고려치도 않았기 때문에 경비대의 증편기에 양성된 간부도 국방전문장교로 육성되었다고 보기가 어려운 것이다. 물론 새로 창설된 한국군의 간부는 국방전문장교로 양성코자 했으나 교육훈련기간이 6개월 미만으로 짧아 전문능력을 배양했다고 볼 수는 없는 것이다.

다음, 단기교육훈련과정으로 양성하였다. 미군정의 경비대 간부들은 물론 새로이 창설된 한국군의 간부들은 최소 3주로부터 최대 6개월의 단기교육훈련과정을 통해 양성됨으로써 경비사관학교와 전쟁전의 육군사관학교는 남한군의 간부후보생학교(OCS)로 이용되어 왔다고 해도 과언이 아니었다. 그리고 1948년 12월 15일 병과가 제정됨에 따라 병과학교들이 설치되었으나 이를 조정·통제할 기구가 부재하여 기초교육 보수교육 등이 각 병과학교별로 추진되어 통일성이 달성되지 못했을 뿐 아니라 전쟁이 발발하자 그 기능이 발휘될 수가 없었다. 그러므로 1951년 5월 중공군의 공세로 한국군 제3군단이 붕괴된 후에 밴프리트 장군이 한국군재편성계획을 추진하면서 한국군의 전투효율성을 향상시킬 수 있는 목표를 달성하기 위해 가장 먼저 한국군의 학교교육 및 훈련체계를 보강하는데 두었다. 밴프리트 장군은 1951년 8월 한국군의 모든 교육훈련체계를 관장할 기구인 교육사령부를 출범시켜 12개의 병과학교와 2개의 신병교육대를 통합·운영케 하였다.

대구에서 출범한 교육사령부는 한국군 전체의 교육훈련에 관한 효율적 통제를 위해 광주로 이동, 육군교육훈련센터(the Korean Army Training Center)로 개편되었고(1952.1.6), 이를 이승만 대통령은 '상무대'로 지칭하였으며, 상무대는 '신한국군' 건설의 요람이 되었다. 그리고 신병교육체계도 발전시켜 1951년 11월에는 제주도의 제1훈련소 외에 논산에 제2

훈련소를 개소시켜 그때까지 열흘 미만의 기초군사훈련 후에 각 부대로 신병들을 보냈던 사례와는 달리 평균 6~8주의 기초군사훈련을 마친 병사들을 배출할 수 있었다. 나아가 밴프리트 장군은 그리스 육군에 적용하여 큰 효과를 얻었던 야외훈련소(the Field Training Center)라는 부대별 훈련 프로그램을 도입하였는데, 이는 한국군 각 사단들이 부대 상황에 맞게 적절한 제대별 훈련(특히 연대급·사단급 훈련)을 실시하여 각 부대의 전투효율성을 상승시키기 위한 것이었다. 이를 위해 미제8군 예하 제1군단, 제9군단, 제10군단 등이 한국군 사단들에 대한 훈련을 지원하되, KMAG이 전체적인 훈련일정과 진행상황을 통제토록 하였다.

그러므로 미군의 군단들은 유능한 장교와 부사관을 선발하여 야외훈련소에 입소한 한국군부대들에게 배치, 각종 훈련을 지휘·감독하도록 함으로써 실질적인 교관의 임무를 수행케 하였다. 그리고 KMAG은 한국군 사단별 훈련일정과 진행상황을 통제하여 제대별 훈련을 지원했는데, 이는 밴프리트 장군이 한국군 재편성의 효과적 추진을 위해 KMAG의 확장과 유능한 고문관의 증원을 미육군부에 요청하여 승인되었기 때문에 가능할 수 있었는데, 1951년 7월에는 1,300여 명의 미고문관들이 한국군의 각급부대에서 고문활동을 전개했으며, 이는 개전 초기에 비하면 3배로 증대된 것이었다. 이상과 같이 밴프리트 장군은 한국군 전체의 훈련시스템 마련과 각급부대의 야전훈련 강화를 통해 한국군 각급부대의 전투효율성을 상승시킬 수 있었다.

끝으로 리더십이 결여된 장교를 배출하였다. 경비대의 결함이 리더십과 사상문제에 있었고, 따라서 중견군사경력자들과 우익청년단원들을 충원시켜 체질개선을 꾀했으나 성공적이지 못하였다. 이는 1951년 미8군사령부 전투관찰단이 한국군 제3군단을 관찰한 후 작성한 보고서에서 "한국군 지휘관들이 부대를 효율적으로 통제하지 못하는 것이 가장 큰 문제"라고 지적하고, "그 결과 한국군 부대들이 중공군의 공격을 받을 때마다 한국군은 제대로 싸워보지도 못한 채 매번 공포와 공황에 빠져 스스로 붕괴하였다."고 평가한[91] 데서도 드러나고 있다. 군간부의 리더십은 임관교육·기초교육·보수교육의 전 과정에 걸쳐 형성되며, 전장에서는 강한 전투의지의 근원이 되는 것이다. 이러한 맥락에서 한국전쟁 중 한국군의 재편성은 군간부의 리더십을 강화시키는 계기를 형성한 것으로 볼 수 있을 것이다. 밴프리트 장군은 1951년 10월 이종찬 참모총장이 건의한 대로 미육군사관학교인 웨스트포인트를 모델로 하여 한국에 4년제 육군사관학교의 설립을 승인하였고, 1952년 1월 6일 교육사령부를 상무대 교육훈련센터로 개편하면서 병과학교별 장교양성과정·기초군사반·고등군사반의 통일된 체계를 확립하였다.

또한 밴프리트 장군은 한국군장교들의 미국 위탁교육제도를 부활시켰다. 6·25전쟁 발발 이전 15여 명의 한국군장교들이 미육군보병학교에 위탁교육을 받았지만 전쟁으로 인해서 위탁교육은 중단된 상황이었으나 밴프리트 장군의 후원에 힘입어 KMAG이 미육군보병학교와 포병학교에 한국군장교들의 위탁교육 문제를 문의하여 긍정적인 대답을 듣게 되자 250여 명의 한국군장교단이 보병학교와 포병학교에 입교하기 위해 1951년 9월 10일 부산항을 출발하였다. 이에 KMAG은 미육군부에 보병학교와 포병학교에 한국군장교단을 위한 특별반 설치의 정례화를 요청하였고, 육군부는 1952년 3월에 KMAG의 요청을 수용하여 보병학교에 150명, 포병학교에 100명을 교육시킬 수 있는 한국군장교단특별반 설치를 인가하였다. 이렇게 해서 부활된 위탁교육제도는 전후에도 지속되어 1950년대 말과 1960년대 초에는 매년 1,000여 명을 상회하는 장교들이 미국 육군의 군사교육기관에서 교육을 받았다.

나아가 밴프리트 장군은 한국전쟁에 참전한 미군지휘관들의 관심을 반영하여 1951년 말에 육군대학을 개교하여 미육군의 지휘참모대학

---

91) John E. Wiltz, "The MacArther Hearings of 1951: The Secret Testimony," *Military Affairs* 39(Dec. 1975), p.169.

(U.S. Army Command and General Staff College)과 유사한 임무를 부여함으로써 한국군 중견장교들의 리더십 확립을 도모코자 하였다. 결국 밴프리트 장군은 한국군에 새로운 장교단을 육성한다는 각오를 가지고 장교교육에 박차를 가하기 위해 ①한국군장교들을 미육군병과학교에 위탁교육을 보내고, ②한국군의 장교 육성 및 교육에 주축이 될 육군사관학교와 육군대학을 활성화하는 프로그램을 추진한 것으로 보아야 할 것이다. 종합적으로 볼 때 남한군의 간부양성의 특성은 ①미군정이 기술주의와 불편부당을 강조하고 신원조회를 배제하여 군내 사상문제를 야기시켰으며, ②미군정이 군사경력자들을 중시했기 때문에 자원면에서 풍부했던 일본군 출신이 군간부의 대종을 이루었고, ③경비대의 체질을 정규군의 체질로 개선하기 위해 중견군사경력자들과 우익청년단원들을 군간부로 충원했으나 성공적이지 못했으며, ④한국전쟁 중에 밴프리트 장군이 주도한 한국군 재편성 프로그램과 클라크 장군이 주도한 한국군 증강 프로그램으로 한국군은 비로소 정규군다운 정규군이 될 수 있었고, ⑤군사원조를 무기로 하여 한국군의 발전방향을 좌우했던 미군사고문단이 경비대출신을 선호함으로써 군영출신이 1968년까지, 경비사출신이 1980년까지 각각 군의 수뇌부를 형성했던 것으로[92] 볼 수 있다.

III. 미국의 대남 전력증강 지원

당초 미군정은 군정경찰의 경비(警備)부담을 덜기 위해 경비대를 창설하고, 일본군의 유기무기 및 군복을 지급하여 경비대를 유지하였다. 그러나 미·소 공동위원회가 실패로 돌아가자 1947년 9월 한국문제를 유엔으로 이관시킨 미국정부는 경비대의 증편을 추진하는 한편, 경비대에

---

92) 한용원, 『한국의 군부정치』, p.125.

미제 무기 및 군복을 지급하기 시작하였다. 그러나 미합동참모본부는 1947년 4월에 한국을 미국의 국가안보의 중요도에서 주변지역으로 분류하고, "미국이 한국에 군대와 기지를 유지하는 것은 군의 안전과 전략면에서 가치가 없다."는 제안을 한 데다가 1947년 9월 국무부가 '한국의 군사전략적 가치에 대한 평가'를 요구하자 "극동지역에서 적대행위가 발생할 경우 현재 한국에 주둔하고 있는 미군은 오히려 미국에게 군사적 부담이 될 것이며, 장차 미국이 아시아대륙에서 수행하게 될 어떠한 지상작전도 한반도를 우회하게 될 것"이라고 답함으로써[93] 경비대의 전력 증강을 기대하기는 곤란하였다.

그러나 미국의 국가안전보장회의(NSC)가 주한미군을 1948년 12월 31일까지 철수시키기로 정책을 수립하여 주한미군의 철수에 대한 보완조치로서 한국군의 전신인 경비대의 50,000명에 대한 조직과 훈련, 그리고 장비 이양 문제를 규정하기에 이르자 군사·경제면에서 미국과 유엔의 구조에 매달리는 처지에 있었던 신생 한국정부에서는 미국의 대한군사·경제원조 및 안전보장 조치에 관해 관심이 제고될 수밖에 없었다. 이에 이승만 대통령은 1948년 10월 5일 조병옥을 대통령 특사로 미국에 파견하여 트루먼대통령에게 군사·경제원조를 요청토록 하였다. 조병옥 특사는 장면주 미대사와 더불어 이승만 대통령의 지침에 따라 미국무부를 주대상으로 하여 군사·경제원조 지원, 한국방위보장 선언, 태평양동맹 체결 등 3가지를 공개적·비공개적으로 끈질기게 장기간에 걸쳐 요구하였다. 그러나 애치슨 국무부장은 3가지 요구 중에서 첫째 요구에만 반응을 보였을 뿐 둘째와 셋째 요구는 딱 잘라 거절하였다.

즉 애치슨 장관은 ①트루먼 행정부가 성안 중이던 한국경제원조안 (Korean Aid Bill)을 미의회의 동의를 얻어 대한경제원조를 적극적으로 하겠다고 확약하는 동시에 군사원조로는 미군이 한국으로부터 완전 철

---

93) 국방부 군사편찬연구소, 앞의 책, pp.115-116.

수할 때 미군이 가졌던 모든 무기와 장비를 한국군에게 넘겨줄 것이라고 약속하였다. ②그러나 미국은 한국이 요구하는 방위보장선언 같은 것은 하지 않을 것이고, 태평양동맹과 같은 것에는 참가하지 않을 것이라고 명백히 하였다.94) 그러나 주한미군이 1949년 6월 29일에 240여 명의 군사고문단 요원을 남긴 채 철수를 완료했으나 철군 시 철수부대의 장비와 보급품을 그대로 한국군에게 이양해 준 것이 아니라 지상군의 경우 보병소화기에 추가하여 105밀리야포 52문을 이양해주는 데 그쳤다. 그러므로 맥아더 장군은 미상원청문회에서 "미군이 철수할 때 상당한 양의 군장비를 한국군에게 넘겨주었다. 그러나 장비의 종류에 관해서는 워싱턴에서 정책적으로 명확한 제한을 했다."고 증언하였다.95)

결국 주한미군은 철수하면서 한국군에 대해 공격용 무기를 배제하고 방어용 무기만을 제공하였다. 미군이 철수한 직후인 1949년 8월 20일 이승만 대통령은 트루먼 대통령에게 북한으로부터의 '임박한 남침위협'을 강조하면서 미국의 군사원조를 강력하게 요청하였다. 이같은 요청에 대한 반응으로 미국의회는 상호방위원조법(Mutual Defense Assistance Act)을 제정(1949.10.6), 그 수원국의 일원으로 한국을 지정하는 한편, 1950년 회계연도의 대외군원액으로 승인된 13억 1,400만 달러 가운데 1,020만 달러를 한국에 할당하였다. 상호방위원조법에 의거 조사반이 1949년 12월 중순과 1950년 1월 초순 2차례에 걸쳐 한국을 방문, 조사활동을 실시한 연후 한·미 양국은 1950년 1월 26일 상호방위원조협정(Mutual Defense Assistance Agreement)을 체결하였다.96) 그런데 이 당시 미군사고문관이 관심을 경주하고 통제·감독을 강화한 분야는 한국군의 장비 및 탄약의 관리와 부품의 교환이었다.

그러므로 상호방위원조계획(MDAP)의 90%가 탄약 및 병기부품 공급

94) 이호재, 『한국외교정책의 이상과 현실』(법문사, 1969), pp.277-301.
95) MacArthur Hearings, part 1, p.243.
96) 한용원, 『창군』, p.175.

과 장비의 교환에 치중되었는데, 이 중 절반 이상이 탄약확보에 소요되었으며, 나머지가 병기부품 교환에 사용되고, 극소수가 장비교환에 쓰였다. 그리고 MDAP의 나머지 10%는 공병 및 통신장비부품, 화약 및 뇌관과 경비정부품 구입에 배당되었다.[97] 더욱이 미국은 1950년 1월 한국을 미국의 극동방위선에서 제외시킨 후에는 한국에 대한 방위지원을 사실상 외면하였다고 해도 과언이 아니었다. 따라서 주한미군의 철수로부터 6·25전쟁의 발발 시까지 미국의 대한군사원조는 전력의 증강지원이 아니라 전력의 현상유지에 불과했던 것이다. 이에 육군으로부터 독립한 한국공군은 조병옥 특사에 의한 대미군원교섭이 실패로 돌아가자 애국기헌납운동을 전개하여 기금을 확보, 미국제 F-51 전투기를 구매코자 했으나 미국정부의 반대에 부딪혀 캐나다제 AT-6 훈련기 10대를 구입하게 되었는데, 이때 미국정부가 이를 묵인해 준 것이 미국이 한국에게 베푼 실제적 원조였던 것이다.

6·25전쟁이 발발하자 이승만 대통령은 미국의 지원이 신속하게 이루어지도록 하는 것이 급선무라고 인식하여[98] 트루먼 대통령과 맥아더 극동군사령관에게 즉각적인 군사개입과 신속한 군수지원을 요청하고, 무초(John J. Muccio) 대사의 대한지원결의를 적극 유도함으로써 미국의 참전을 실현시켰다. 그러나 북한의 도발에 대응하여 신속하게 대한참전을 결정한 미국은 한국군을 정규군다운 정규군으로 육성시켜 주지 못한 대가를 톡톡히 감수해야만 했다. 1945~1950간 북한의 후원국인 소련과 남한의 후원국인 미국의 대한 정책 및 전략과 이에서 비롯된 지원의 강도 차이가 빚어낸 남북한의 군사적 불균형으로 인해 한국군은 초전에 대타격을 받았으며, 1950년 10월 중공군이 한국전쟁에 개입하자 시련이 극에 달하게 되었다. 한국군 제3군단은 1951년 5월에 중공군의 집중공

---

97) Robert K. Sawyer, op.cit., p.100.
98) 온창일, "전쟁지도자로서의 이승만," 『이승만 대통령의 역사적 재평가』(현대한국학연구소, 2004.11), p.252.

격을 받아 붕괴됨으로써 유엔군전선 전체에 치명적인 결과를 빚었다.
  당시 한국군은 유엔군전선의 절반을 담당하고 있었기 때문에 한국군
의 전투력 유지는 긴요하였다. 즉 한국군이 전투력을 회복하지 못한다면
유엔군 전체가 고전을 면치 못할 처지였기 때문에 이러한 상황의 타개가
긴요하였다. 그러므로 한국군의 전투력 회복을 위한 실질적인 재편성이
유엔군사령부의 주관하여 착수되었다. 우선 1951년 4월 미8군사령관으
로 부임한 밴프리트(James A. Van Fleet) 장군은 한국군이 중공군의 대
공세에 직면 시 공황상태에 빠지게 되는 것은 한국군장교단 및 간부들의
리더십 결여에 기인하고, 이는 한국군의 전투효율성을 향상시켜야만 극
복될 수 있을 것이라고 진단하였다.99) 즉 밴프리트 장군은 한국군의 리
더십 결여는 미국정부가 한국군을 정규군이 아닌 경비대로 육성했을 뿐
아니라 한국의 전략적 가치를 낮게 평가하여 군사적 지원에 인색했던
데 기인한 것으로 판단하고, 한국군의 실질적인 재편성을 추진키로 한
것으로 보인다.
  다음으로 유엔군사령부가 주관한 한국군에 대한 전투의 효율성을 향
상시키는 실질적인 재편성은 전력의 증강을 통해서 달성하였다. 즉 밴프
리트 미8군사령관은 화력의 증강을 통해서, 클라크(Mark W. Clark) 신
임 유엔군사령관은 인력의 증강을 통해서 각각 한국군의 전력을 증강시
켰다. 그 결과 한국군은 65만 대군으로 성장했을 뿐 아니라 이에 상응한
최신 화포·전차 등의 장비를 구비하게 되었다.100) 더욱이 한·미 상호방
위조약이 체결됨으로써 한국은 안보를 확보케 되었을 뿐 아니라 대규모
의 군사원조를 제공받을 수 있게 되었다. 그러므로 한국전쟁 후 한국군
은 더욱 막강한 현대식 군대로 성장할 수 있었다. 이러한 맥락에서 미국
의 남한군에 대한 전력증강지원은 점령군 주둔하의 지원, 점령군 철수

---

99) 나종남, 앞의 글, pp.226-227.
100) 같은 글, pp.249-262.

시의 지원, 한국전쟁 중의 지원으로 세분하여 고찰키로 한다.

1. 점령군 주둔하의 지원

미합참은 맥아더 장군으로부터 한국의 치안유지를 위한 경찰예비대의 설립 구상을 건의 받고 1946년 1월 9일 정식으로 한국에 경비대의 창설을 승인하고, 3부조정위원회의 결정에 따라 미군의 잉여무기로 경찰예비대를 무장시킬 권한을 맥아더 장군에게 위임한다고 통보하였다. 이에 미군정은 1946년 1월 15일 경비대를 창설, 폭동진압 훈련을 실시하여 미군시설과 항만 및 공항을 경비케 하였다. 그러나 미군정은 당초 일본군의 복장을 개조하여 경비대에 지급했다가 미군복으로 교체하여 지급했으며(1947.9.1), 무기도 일본군의 유기무기인 99식 또는 38식소총을 지급했다가 1947년 9월 이후 미제 M-1소총 및 카아빈소총을 지급했지만 완전 교체하여 지급한 것은 아니었다. 1947년 9월 미국정부가 미·소 공위의 실패로 한국문제를 유엔에 이관시키자 미육군부는 맥아더 장군과 하지 장군에게 한국군 창설에 대한 그들의 견해를 문의하였다.[101] 이에 관해 하지 장군은 ①남한에 6개 사단을 편성하고 그 무기와 장비는 1년간 미국에 의해 지원되고 훈련되어야 하며, ②유사시 북한군의 병력 급증을 예상하여 병력의 규모를 2배 정도로 유지하는 것이 바람직할 것이라는 의견을 제시하였다.

그러나 맥아더 장군은 ①한국에 국방군을 설치하는 것은 유엔총회의 결정이 있을 때까지 연기되어야 하며, ②국방군을 설치하게 되면 6개 사단에 10만 명의 병력으로 편성하는 것이 바람직할 것이라는 의견을 제시하였다. 하지만 맥아더 장군은 유엔에서 '가능한 지역에서의 총선안'이 결정되자 1948년 2월 6일 워싱턴의 정책입안자들에게 ①한국군의

---

101) 국방부 군사편찬연구소, 앞의 책, pp.119-122.

훈련시설의 미비, ②유능한 군사지도자의 결여, ③미24군단의 병력 및
장비지원능력의 감소 등을 지적하면서 조선경비대의 병력을 50,000명
수준으로 증원하는 한편, 야포를 제외한 보병의 중화기를 주한미군으로
부터 제공하고 그 외 소요장비는 일본에 있는 미극동군의 보급창에서
조달해야 할 것이라고 제안하였다. 그리고 이 모든 일이 105일 내인 5월
10일 총선일까지는 실현되어야 할 것이라고 강조하였다. 이에 미합참은
맥아더 장군의 건의를 승인하여(1948.3.10) 경비대를 50,000명으로 증
원하고, 보병소화기, 37밀리로부터 105밀리까지의 화포, 그리고 M-24
전차 및 장갑차를 포함한 장비를 지급하라고 지시하였다. 그러나 M-24
전차는 한반도가 산악지대로 형성되어 부적합한 데다가 방어용 무기가
아닌 공격용 무기라고 지급에서 제외시켰다.

　한편 미합참은 한국에 대한 전략적 평가를 통해 주한미군의 철수정책
을 입안하였다. 미합참은 산하의 합동전략분석위원회가 "극동지역에서
적대행위가 발생할 경우 주한미군은 군사적 부담이 될 것이며, … 미국
의 극동에서의 지상작선은 어떠한 경우에도 한반도를 우회하게 될 것"
이라고 평가했기에 한국을 전략적으로 낮게 평가하였다. 그런데 웨드마
이어 사절단의 보고서에서 "소련이 북한을 점령하고 있는 한 미국은 남
한에 부대를 주둔시킬 수밖에 없기에 ①소련과 협상해서 소련군의 철수
와 동시에 미군이 철수하는 방안을 강구해야 하고, ②주한미군을 철수키
전에 북한으로부터의 위협에 대처하기 위해 한국에 필요한 원조와 한국
인으로 편성된 방위부대를 창설, 훈련시켜야 할 것"이라고 강조했다. 미
합참은 4부정책조정위원회(SANACC)의 승인을 받아 주한미군의 철수
정책을 입안, 국가안전보장회의에 회부하였다(1948.4.2). 이는「한국에
관한 미국의 입장」이라는 국가안전보장회의문서(NSC-8)로 채택되어 트루
먼 대통령의 최종적인 승인을 받았다(1948.4.8).

　NSC-8에서는 ①주한미군 철수에 따른 악영향을 최소화하기 위해 실
질적으로 달성 가능한 범위 내에서 남한에 수립된 정부에 대해 지원을

제공하고, ②주한미군의 철수시한을 소련군이 주장한 바 있는 1948년 12월 31일까지로 하며, ③주한미군의 철수에 관한 보완조치로서 조선경비대의 50,000명에 대한 조직과 훈련, 장비이양 문제를 규정하였다.[102] 이에 근거하여 미국무부는 하지 장군에게 동년 말까지 주한미군을 철수할 수 있도록 한국 측과 제반협정을 체결하라는 훈령을 내렸는데(1948. 4.8), 동 훈령에는 "조선경비대를 자체방위와 국내치안을 담당할 수 있는 수준으로 장비하고 훈련시켜야 한다."는 내용이 포함되었다. 이로써 남한에는 정부 수립을 앞두고 경비대 병력을 50,000명 수준으로 증원하고, 미군 철수에 따라 제한된 범위 내에서나마 그들의 무기와 장비를 이양한다는 조선경비대증강계획이 추진되기에 이르렀다.

2. 점령군 철수 시에 지원

1948년 9월 15일 주한미군이 철수를 개시한 와중인 10월 19일에 여순반란사건이 발생하자 한국정부는 미국정부에 대해 미군철수의 유보를 요청하였고, 이에 미국무부는 한국의 상황을 고려하여 1949년 1월 25일 미군철수 완료시한을 연기해 줄 것을 미육군부에 요청하였다. 주한미군의 최종적인 철수시한은 국무부가 제기한 철수연기 요청에 따라 관계기관의 협조를 거쳐서 NSC-8/2로 채택되었다. NSC-8/2에서는 군사적 공약으로서 잘 훈련되고 무장된 65,000명의 병력(한국군)을 보유한 한국정부가 내부질서를 유지하고 국경의 안전을 확보할 수 있도록 한국에 대한 군사원조를 지속적으로 한다고 규정하였다. NSC-8/2는 NSC-8이 규정한 것보다 15,000명이 더 많은 육군병력에 대한 무장과 훈련을 추가시켰고, 또한 NSC-8이 규정하고 있지 않은 경찰 35,000명, 해안경비대 4,000명에 대한 추가적인 군사원조를 규정하였다. 그러나 NSC-8/2는 한국이 독

---

102) NSC-8, *FRUS* 1948, Vol.VI, pp.1164-1170.

자적인 공군과 해군을 보유하지 못하도록 규정하였다.[103]

미국은 NSC-8/2의 규정과 한·미 간 과도기의 군사안전에 관한 잠정협정에 따라 주한미군이 사용하던 장비들과 보급품을 한국군에 인계하기 시작하였다. 그러나 당시 한국군은 부대편성에 치중하여 8개 사단 22개 연대를 보유하게 되었지만 미군으로부터 이양받은 장비는 별무하였다. 미군의 장비이양은 ①보병소화기의 경우 1947년 9월부터 지급했던 M-1소총과 일본군의 유기무기인 99식소총이 전부였다고 해도 과언이 아니었는데, 당시 지급된 소총과 자동화기 중 일본군이 사용하던 것은 20~40%를 차지했으며,[104] ②화기의 경우 1948년 11월까지 M-3 105밀리야포 90문 중 52문이 양도되었고, 57밀리 대전차포는 전량 양도되었으나 쌍안경과 조준기 등 부속품이 없어 제대로 사용할 수 없는 실정이었으며, 박격포와 중기관총은 인계되지도 않았다. 더욱이 미국의 대한군사원조는 당초 65,000명에 대해 실시하도록 되어 있었으나 한국군의 급격한 부대편성으로 그 규모가 10만 명에 육박하여 각종 장비 및 무기가 부족했을 뿐 아니라 정비품과 부속품의 재고량이 고갈상태에 이르러 계획대로 실시될 수가 없었다.

그리고 북한군이 전차와 항공기 등 중장비 중심으로 전력증강에 박차를 가하자 한국정부는 미국정부에 대해 한국군의 중무장을 요청했으나 미국정부는 전차 및 항공기는 물론 155밀리곡사포 같은 중장비에 대한 원조는 당초부터 미국의 대한군사원조계획안에 포함되어 있지도 않다는 이유로 거절하였다. 그리고 KMAG이 무초 대사를 통해 980만 불의 대한추가원조에 관한 특별건의안을 제출했는데(1949.12.31), 이 건의에서 F-51, T-6, C-47기와 함정용 3인치포, 105밀리곡사포, 기관총, 박격포 등을 요청했으나 이 건의가 워싱턴에 도착된 지 얼마 되지 않아 미국의

103) NSC-8/2, *FRUS* 1949, Vol.VII, pp.969-978.
104) Robert K. Sawyer, *op.cit.*, p.38.

극동정책이 변화되어 한국이 미국의 극동방위선에서 제외됨으로써 특별
건의안은 무효화되고 말았다. 하지만 주한미군당국은 미군철수에 따른
장비이양에 대비하여 대구, 서울 및 진해의 3개소에 훈련학교를 설치하
고, 1948년 6월 27일부터 조선경비대 화기요원을 소집하여 양도가 예상
되는 지원화기, 즉 M-3 105밀리야포, 57밀리대전차포, 2·36인치로켓포,
60밀리박격포, 81밀리박격포 및 기관총 등의 운영요령을 교육시키기까
지 하였다.[105]

그러나 한국군의 전력증강 지원방향에 관해 주한미군당국과 워싱턴정
책결정자 간에는 차이점이 존재하여 워싱턴에서는 전차·전투기 같은 공
격용무기의 대한지원을 철저히 배제하였다. 즉 북한에서는 소련으로 군
인들을 보내 조종사, 전차병, 정비사를 양성하고 있었을 뿐 아니라 북한
내에서는 소련군의 지원을 받아 전차훈련과 전투기훈련이 이루어지고
있음을 인지한 한국의 국방부가 미측에 전차와 전투기의 원조를 끈질기
게 요청하였다. 그 실제적인 예로서 한국군 내에 일본군에서 훈련받은
탱크병이 30여 명 가량 존재하고 이용문 장군과 같이 일본군탱크부대
소좌출신 간부들도 있었기 때문에 연습용 탱크 한 대만이라도 지원해
달라고 요청했으나 미측에서는 "한국은 산악지대이기 때문에 탱크가 전
혀 필요없다."면서 거절하였으며, ②항공대에는 연락기 20여 대가 있을
뿐 전투기가 한 대도 없었기 때문에 전투기 제공을 요청하면 당시 아르
헨티나에는 단돈 1불에 전투기를 인도하는 미측에서는 "한국군은 치안
유지 역할만 수행하면 되니까 전투기는 필요없다."고 거절하였고, 심지
어 김포비행장에 미군소속 B-26경폭격기 30대를 해체하여 팔려고 하기
때문에 한국군 측에서 비행기를 해체시키지 말고 한국군에 인도해 달라
고 요청하자 미군 측에서는 "우리의 방침은 이들 비행기를 해체시키는
것이지 한국군에게 인도하는 것이 아니다."고 하면서 해체하여 고철로

---

105) Robert K. Sawyer, *op.cit.*, p.38.

팔아버리고 말았다.[106] 이에 한국군 측에서는 1949년 8월 애국기헌납운동을 벌여 30만 불을 모금하여 전투기를 구입하려 했으나 미국정부의 견제로 인해 뜻을 이루지 못하고 대신 캐나다로부터 AT-6 고등연습기 10대를 도입하였다.

3. 6·25전쟁 중의 지원

1950년 10월 중공군이 참전함에 따라 한국군의 시련은 극에 달하게 되었는데, 1951년 5월에는 제3군단이 중공군의 집중공격을 받아 붕괴됨으로써 유엔군전선 전체에 치명적인 결과를 가져오게 되었고, 따라서 한국군을 재편성해야 한다는 목소리가 대내외로부터 제기되었다. 이는 한국군이 유엔군전선의 절반을 담당하고 있었기 때문에 한국군 부대들의 전투력 회복이 없이는 유엔군 전체가 고전을 면치 못할 것은 너무나 당연하여 제기된 것이었다. 1950년 12월 이후에 한국군에 대한 미국의 병참지원이 증가되기는 했지만 한국군은 여전히 소총, 수류탄, 지뢰 등 기본적인 전투물자를 포함하여 절대적인 병참부족에 시달리기까지 하였다. 더욱이 전쟁 제1년차에 한국군부대들은 전차와 항공기는 물론 대구경의 포병장비조차도 보유하지 않았으며, 각 사단에 105밀리야포대대가 편제된 것이 고작이었다.

그러므로 밴프리트(Van Fleet) 미8군사령관은 전쟁 제1년차에서 한국군부대들을 가장 어렵게 하였던 '화력부족'의 문제를 포병화력의 증강과 기갑부대의 창설로서 해결하기로 결심하였다. KMAG 측에서도 한국군의 재편성을 성공적으로 이루기 위해서는 한국군의 화력증강이 가장 근본적인 문제이며, 이를 위해서는 ①미군의 화력장비와 무기지원이 필수적일 뿐 아니라 ②한국군에 포병부대와 포병전문가를 육성하는 것이 급

---

106) 김정렬, 앞의 책, pp.128-130.

선무라고 판단하였다. 한국군의 화력을 증강시키기 위한 밴프리트 장군
과 KMAG의 계획은 2가지 방향으로 진행되었다. 우선 한국군의 포병화
력을 증강시키는 계획을 추진했는데, KMAG은 각 사단별로 105밀리포
병대대를 신설함과 동시에 육군예하에 미국보병사단이 보유한 포병부대
와 유사한 크기의, 즉 155밀리 1개 대대와 105밀리 6개 대대로 이루어
진 포병부대 6개의 창설을 추진하였다.107) 이같은 포병화력의 증강계획
을 효과적으로 추진하기 위해 밴프리트 사령관은 미8군 예하의 미군포
병부대 간부들을 KMAG으로 소속을 전환하여 신편 한국군 포병부대들
에 대한 관리와 훈련에 집중하도록 조치하였다.

　다음으로 한국군에 기갑부대를 창설하는 계획을 추진하였다. 이 계획
은 앞서 기술했듯이 한국의 국방부가 미육군에 대해 한국군의 연습용으
로 탱크 한 대만 지원해달라고 요청했지만 미측에서 한국은 산악지대이
기 때문에 탱크가 전혀 필요가 없다는 이유로 거절했듯이 미군지휘관들
과 기갑전문가들의 반대에 직면하게 되었다. 이 계획의 반대자들은 ①한
국의 산악지형에서 기갑부대가 효율성을 발휘할 수 있을 것인가? ②한
국군 내부에 기갑부대에 복무한 경험자(특히 기갑장교)가 있을 수 있겠
는가? 하는 의문을 제기하였다. 하지만 한국군에 기갑부대들이 창설되어
각 사단에 배치되자 한국군의 사기진작에 크게 기여하여 전투의 효율성
을 증대시키게 되었다.

　한편 1952년 5월 신임유엔군 사령관으로 취임한 클라크(Mark W. Clark)
장군은 밴프리트 사령관이 추진하는 한국군 재편성정책의 효과를 극대
화할 수 있도록 한국육군의 규모를 획기적으로 증강하려는 조치를 제안
하였다. 클라크 장군은 장차 한국군이 한반도에서 미군이나 유엔군의 도
움 없이 독자적으로 공산군에 대처할 수 있을 정도로까지 성장시키는
것을 목표로 삼아, 한국군을 최대 20개 사단 70만 명의 수준으로 증강시

---

107) Robert K. Sawyer, *op.cit.*, pp.183-184.

켜 편성하고, 증강이 완료되면 한반도에 주둔하고 있는 미군을 포함한 유엔군을 다른 전선으로 옮긴다는 발상을 하였다. 따라서 그의 한국군 증강정책은 전 세계적 냉전체제 속에서 한국군의 군사적 가치를 극대화 시키기·위한 계획이었다고 할 수 있을 것이다. 그러나 클라크 장군의 제 안에 관해 주한미군 고위관계자들은 "전투효율성의 증강이 뒷받침되지 않는 단순한 군대의 증강은 무의미한 것일 뿐 아니라 한국의 경제수준이 뒷받침할 수 있는 바람직한 군대규모는 고작해야 10개 사단 정도로서 그 이상 증강할 경우 한국군에 대한 지원과 책임을 미국정부가 부담케 될 것"이라는 소극적 반응 내지 부정적 반응을 시현하였다.

그리고 트루먼 행정부 내의 유럽우선론자들은 유럽을 대상으로 하여 책정된 군사예산을 한국으로 전환시키는 데 반대하였다. 더욱이 1952년 초에 리지웨이 사령관은 한국정부와 밴프리트 장군의 끈질긴 요구를 수 용하여 한국군의 최대 규모(실링)를 252,000명에서 383,000명으로 증강 하는 계획에 동의하고, 더 이상의 전투 및 전투지원부대 증강을 제한시킴 으로써 한국군 상비사단의 숫자는 10개로 제한되고 있었다. 그러나 클라 크 장군은 한국군을 20개 사단 규모로 증강시킨다면 한국전쟁에서 미군 의 전투손실을 축소시킬 수 있을 뿐 아니라 한국군이 최전선의 대부분을 담당하게 되어 주한미군은 냉전의 다른 전선으로 이동할 수 있을 것으로 보고, 그의 제안을 지지하는 한국정부와 밴프리트 사령관 및 KMAG의 지원으로 1952년 6월부터 한국군 증강계획을 추진하였다. 우선 KMAG 은 한국정부와의 협조를 통해 한국군 증강의 주축을 이룰 인적자원을 3곳의 육군훈련소를 통해 매주 7,200여 명씩 배출토록 하였고, 다음으로 밴프리트 사령관은 주한미군 각 군단 예하에 하나씩 설치되어 한국군 사단급 부대훈련을 담당해온 야외훈련소(FTC)를 창설부대의 훈련소로 변경운영토록 조치하였다.

이처럼 한국군 증강계획이 구체적으로 추진되자 클라크 장군은 1952 년 10월 초 향후 2년 이내에 한국군 10개 사단을 증강하고, 그 대신 유엔군을 점차적으로 한국으로부터 철수시킨다는 개념에 입각하여 한국군의 증강계획을 미육군부에 제출하였다.[108] 동 계획을 접수한 미합참과 육군부에서는 한국전선의 최일선 부대들이 한국군으로 바뀌면서 그에 상응하여 미군을 철수시킬 수 있게 되어 미군의 사상자는 줄어들게 될 것이라는 점에 고무되었고, 따라서 클라크 장군이 제안한 한국군 증강의 제1단계인 12개 사단 증강계획을 미합참과 육군부는 아무런 반대 없이 승인하였다. 그런데 한국 내에서 한국군의 증강계획이 급속하게 추진되어 이때 한국군은 이미 46만 3,000명으로 증강되어 있는 상황이었다. 이러한 와중에 미공화당 대통령후보 아이젠하워(Dwight D. Eisenhower)가 트루먼 대통령이 한국군의 증강에 적극적이지 않다고 비판하면서 "아시아에서는 미국이 직접 개입해서 싸우지 말고 한국인들을 포함한 현지인들이 공산군과 싸울 수 있도록 적극적으로 지원해야 한다."고 주장하자 트루먼 대통령도 한국군 증강문제에 적극적인 관심을 갖게 되어 1952년 10월 31일 미합동참모본부가 요청한 대로 한국군을 14개 사단 규모로 증강시키는 안을 승인하였다.

이처럼 한국군 14개 사단 증강계획안에 관해 대통령의 승인이 나자 미육군부는 본격적으로 한국군 증강계획을 검토하기 시작하였다. 그러나 대통령에 선출된 아이젠하워가 한국군 증강을 전면적으로 재검토하겠다는 소극적 자세로 돌변하자 한국군 증강계획에 적극적이었던 미국의 합참·육군부·국방부 등이 모두 클라크 장군의 계획에 대한 검토를 중단하였다. 하지만 휴전논의가 막바지에 도달한 1953년 5월에 아이젠하워 대통령은 한국군을 20개 사단 65만 5,000명 규모로 증강시키는 최종안을 승인하지 않을 수 없었다. 이는 휴전의 성립을 반대하는 이승만 대통령을 설득하기 위해서 절실한 문제였기 때문이었다. 이렇게 해서 1953년 7월 한국전쟁의 휴전이 성립될 당시에 한국군은 20개 정규사단

---

108) 나종남, 앞의 글, pp.249-251.

규모의 '믿음직한 군대'로 거듭날 수 있었다.

그리고 한국군은 한국전쟁 휴전 후에 더욱 성장할 수 있었으며, 그것은 1953년에 체결된 한·미 상호방위조약(ROK-US Mutual Defense Treaty)에 힘입은 바 컸기 때문이었다. 아이젠하워 대통령은 이승만 대통령이 반공포로 2만 7,000여 명을 독단적으로 석방하여 휴전의 성립을 방해하자 로버트슨(Walter S. Robertson) 특사를 파견하여 한·미 상호방위조약을 체결해주었다. 이 조약은 ①한국의 안보를 확보케 하여 경제발전의 길을 틀 수 있었는데, 1953년 8월 8일 이 조약의 가조인식에서 이 대통령은 "한국과 미국의 이번 공동조치는 외부침략으로부터 우리를 보호함으로써 우리의 안보를 확보해 줄 것이다."고 강조하였고,[109] ②미국이 한국에 대해 대규모의 군사원조를 제공케 함으로써 한국군은 미군이 보유한 최신예장비를 보유할 수 있었을 뿐 아니라 1954년부터 1960년까지 총 9,186명의 장교를 미국에 파견하여 첨단 군사지식과 기술을 습득할 수 있었다.[110]

1950년대 후반기에 미국의 군대는 미국 내에서도 가장 현대적이고 능률적인 조직체로서 미국정부는 물론 민간기관들도 군대식 기술과 경영방식을 도입하고자 노력하는 실정이었는데,[111] 한국군은 한·미 상호방위조약에 힘입어 미군의 현대식 무기 및 장비와 군사기술뿐 아니라 현대식 기획·관리 제도와 노하우도 받아들였다. 그러므로 한국전쟁을 통한 한국군의 재편성과 미국의 적극적인 군사원조가 겹쳐지면서 한국군은 1950년대 말에 한국사회에서 가장 현대적이고 능률적인 조직이라고 평가받게 되었다. 따라서 한국군은 1950년대에 터득한 현대적 기술과 경영기법을 배경으로 하여 1960년대에 한국사회의 근대화 기수 역할을 담당하게 되었다.

---

109) 한표욱, 『이승만과 한미외교』(중앙일보사, 1996), pp.174-175.
110) 대한민국 국사편찬위원회 편, 『대한민국사』(탐구당, 1988), p.72.
111) Morris Janowitz, *The Professional Soldier* (Glencoe: Free Press, 1960), p.2.

제4장

북한군의 창설과정

I. 북한군 창설과정의 전개

1945년 광복 직후부터 1950년 전쟁발발 직전까지 1940년대 후반기를 북한의 창군기로 볼 수 있으며, 창군과정은 무장단체의 대립기, 보안대 창설기, 보안간부훈련대대부 창설 및 인민집단군형성기, 조선인민군 창설기 순으로 전개된 것으로 볼 수 있을 것이다. 즉, 북한군의 창군과정은 ①북한군은 치안유지를 위한 보안대와는 별도로 장차 정규군으로의 전환용 철도보안대를 창설했으며, ②보안간부훈련대대부를 창설하여 철도 보안대를 정규군으로 전환시키는 작업을 추진하여 인민집단군을 형성하였고, ③이 인민집단군을 바탕으로 하여 조선인민군을 창설한 것으로 보는 것이다.[1] 이러한 맥락에서 볼 때 소련점령군에 의한 북한군의 창설은

---

[1] 김창순도 "북한인민군의 창설과 그 실체," 『현대사 속의 국군』이라는 글에서 북한 군의 창군과정을 이같은 맥락에서 보고 있다.

처음부터 정규군의 창설을 지향하였을 뿐 아니라 정식정부를 수립하기
도 전에 조선인민군의 창설을 선포하여 혁명군으로서의 성격을 지녔음
을 부각시키는 데 주저하지도 않았음을 알 수 있는 것이다.

일제의 강압으로 대한제국의 국군이 해산되자(1907.8.1) 일부는 '독립
전취론'을 견지하고 의병군·독립군으로 활약하다가 볼셰비키혁명 후에
는 항일유격대와 조선의용군으로 활약했으며, 다른 일부는 '독립준비론'
을 견지하고 반독립투쟁전선의 일본군 및 만주군으로 복무했으나 그들
은 해방공간에서 함께 만나 소련점령군이 추진하는 보안대의 창설에 군
사 경력자들로서 동참하였다. 일제치하에서 특혜를 받았던 일본군 출신
고위급 군사경력자들은 소련점령군에 의해 체포되어 시베리아 형무소로
이감되었다. 예컨대 일본육사 제27기로서 일본군 중좌를 역임한 김인욱
(영친왕의 왕족부 무관 역임)은 해방 후 북한에 진주한 소련군 당국에
체포되어 시베리아 형무소로 이감되었고, 일본군 소좌를 역임한 윤상필
은 예편 후 만주국 개척총국의 고위관리로 근무하다가 해방 후 만주에
진주한 소련군 당국에 체포되어 시베리아 형무소로 이감되었다.[2]

소련이 대일선전포고를 하자(1945.8.9) 소련 제1극동전선군 예하의
25군사령관 치스차코프(Ivan M. Chistiakov) 대장은 "태평양함대와 협
동작전으로 북한 동해안을 따라 진격하여 북한의 주요항구인 청진과 원
산을 점령하라"는 임무를 부여받고 예하의 제386사단은 훈춘과 도문 방
향으로 진격케 하고, 제393사단은 웅기와 나진 방향으로 진격케 하였으
며, 태평양 함대사령부는 8월 11일 웅기에 해병상륙부대를 상륙시킨 이
래 8월 12일 나진항에, 8월 13일 청진항에 각각 상륙부대를 상륙시켜
8월 16일 청진 점령을 완료하였다. 그러나 일본군이 연합군에게 무조건
항복한 1948년 8월 15일이 지난 후에도 전투는 계속되어 오다가 8월
22일 원산에서 일본군이 항복함으로써 한반도에서의 전쟁은 종결되었

---

2) 이기동, 『비극의 군인들』(일조각, 1982), p.281.

고, 따라서 원산에 상륙한 소련군은 8월 24일 평양으로 공수(평양에 진주한 소련군 제1진)되었으며, 8월 26일 치스차코프 대장이 평양에 도착하여 북한지역 점령해방군으로서 도착성명을 내었다. 그리고 8월 28일까지 북한의 각 도·시·군에「소련점령군지역사령부」를 설치한 소련군은 북한에 대한 군정업무를 수행하기 시작하였다.

한편 해방공간의 북한에서는 민족주의 세력과 국내파 공산주의세력 그리고 빨치산파 공산주의세력 간에 세력확장경쟁이 전개되었다. 그러므로 소민정은 스탈린이 북한의 지도자로 선정한 김일성이 소련의 비야츠크로부터 원산을 거쳐 평양에 도착하자 빨치산파에게 공산당조직에 착수토록 지도함과 동시에 각 도청소재지를 중심으로 적위대를 조직하도록 지원해 줌으로써 민족주의세력의 자위대와 국내파 공산주의세력의 치안대에 대항할 수 있도록 하였다. 그러나 평양에서의 민족주의세력은 서울에서보다도 현저히 강한 데다가 국내파 공산주의세력이 계급과 당파를 초월한 정치세력의 형성을 지향하여 우경화 경향을 시현하자3) 소민정은 우익의 영향력을 차단시키고 국내파 공산주의세력을 약화시키기 위해 1945년 10월 12일 자위대와 치안대는 물론 적위대까지 포함시킨 모든 무장단체를 해체시키고, 10월 21일 평민출신 공산주의자들로 구성된 치안용 보안대를 창설하여 그들이 조종 가능하도록 하였다.

그러나 소점령군이 북한의 자생적인 무장단체를 해체시키고 보안대를 창설한 것은 북한지역에 부르주아 민주주의 정권을 수립하도록 지시한 스탈린의 1945년 9월 20일자 지령을 구현하기 위한 방편의 일환으로 김일성 일파가 북한의 헤게모니를 장악할 수 있게끔 무장력을 제공하는데 있었다. 그리고 치안용 보안대의 창설은 국민당군대의 만주진출에 대처하기 위한 한·만 국경의 경비 및 철도의 경비를 위한 별도의 보안대 창설을 필요로 함에 따라 1945년 11월 27일 보안대의 보완·증강을 결

---

3) 김창순, 『북한 15년사』(지문각, 1961), p.66.

정하게 되었고, 특히 1946년 1월 11일 장차 정규군으로 전환시킬 목적
하에 각 도별 철도보안대를 창설하게 되었다. 나아가 스탈린이 1946년
7월 김일성과 박헌영을 모스크바로 초청하여 조선군대를 조속히 창설,
붉은 군대의 경험을 전수받도록 지시함에 따라 김일성은 소민정과 협조
하여 8월 15일 보안간부훈련대대부를 설치하고, 철도보안대의 정규군으
로의 전환을 위해 보안훈련소와 철도보안대의 통합개편을 추진하였다.[4]
그러면 이제 북한인민군의 주력을 형성하게 될 항일유격대와 조선의용
군의 발전과정에 관해 잠시 고찰키로 한다.

우선 항일유격대에 관한 고찰은 북한에서 조선인민군의 전통을 항일
빨치산 또는 항일유격대라고 보는 측면에서도 필요한 것이다. 1948년
2월 8일 김일성은 조선인민군 창군식에서 '인민군의 전통은 항일빨치
산'이라고 하였고, 인민군 창군 10주년 기념식(1958.2.8)에서는 '인민군
의 전통은 항일유격대'라고 했으나 1972년 4월 20일 북한의 노동신문이
'인민군의 전통은 조선인민혁명군'이라고 주장한데 이어 1978년부터 정
식으로 "인민군의 전통은 조선인민혁명군이고, 1932년 4월 25일 안도에
서 김일성이 조선인민혁명군을 창설했다고 하여 인민군 창설기념일을
종전의 2월 8일로부터 4월 25일로 변경시켜 오늘에 이르고 있다.[5]

1918년 부친 김형직을 따라 만주로 이주한 김일성(김성주)은 1926년
부친이 사망하자 정의부가 설립한 2년제 군사학교 화성의숙에 입학했으
나 6개월 만에 그만두고 무송의 '마골'이라는 한인공산폭력배와 어울렸
다. 그리고 1929년 중반 육문중학을 중퇴한 그는 흥경으로 가서 국민부
의 「남만한인청년동맹」에 가입하였고,[6] 1930년 초에는 무송으로 가서
국민부 산하의 「새날소년동맹」에 가입하였다.

그러나 새날소년동맹이 해산되자 1930년 5월 국민부에서 탈퇴한 그

---

4) 장준익, 『북한인민군대사』(서문당, 1991), pp.45-46.
5) 『내외통신』 자료판 제70호, p.11.
6) 허동찬, 『김일성평전』(북한연구소, 1987), p.231.

는 탈퇴파 조선혁명군으로서 공산계열의 혁신파였던 이종락 일파가 되어 극좌적 테러활동에 가담하였다. 김성주는 1930년 9월부터 정신(鄭信) 회장의 민족주의세력이 관할하고 있는 오가자(五家子) 마을에 파견되어 세금징수행위를 강행하고 있었는데, 11월 17일 이종락으로부터 "정신을 체포하라"는 지시를 받자 북만한족자치연합회 회장 정신을 연행·교살해 버리고 말았다. 이에 조선혁명군 양세봉 사령관이 1932년 2월 고동뇌 소대장에게 김일성일당의 퇴치를 지시하였고, 그래서 고동뇌 소대원(9명)이 김일성일당을 추적하여 무송으로 오자 김일성 일당은 고동뇌 소대원을 몰살시켜 버리고 안도 등지로 도피생활을 하였으며, 1932년 6월 양세봉 사령관을 찾아가 용서를 빌고 조선혁명군에 1개월 정도 몸담았다가 1932년 12월 왕청현으로 돌아오게 되었다.[7]

한편 1930년을 전후하여 만주지역의 우리 독립군은 남만에 조선혁명군, 동만에 한국독립군이 조직적인 대일항전을 전개하였고, 1931년 9월 18일 만주사변이 발생하자 장학량의 동북군 일부는 자위군·구국군·의용군의 이름으로 항일전에 가담했는데, 이와 때를 같이 하여 중국공산당 중앙이 10월 12일 「만주병사공작에 관한 지시」를 통해 "항일유격대를 건설하여 이들을 농촌으로 파견, 유격전을 전개하라"고 지시함에 따라 남만지역에는 1931년 말 이홍광(한인)이 적위대를 조직하여 1933년 1월 대원 280명의 「중국홍군 제32군 남만유격대」로 개편하였고, 동만지역에는 연길유격대(대장 한인 박동근), 왕청유격대(대장 한인 양성룡), 훈춘유격대(대장 중국인 공헌심), 화룡유격대(대장 중국인 장승한) 등이 조직되어 1933년 초에 「중국홍군 제32군 동만유격대」로 개편했는데, 이때 김일성이 왕청유격대의 한 소대장이 되어 1933년 9월 중국구국군 오의성부대와 동만유격대가 연합하여 동녕현성을 공격할 때 (김일성은) 소대장으로 항일전에 참전하였다.[8]

---

7) 장준익, 앞의 책, pp.314-318.

그러나 코민테른의 지시에 따라 1933년 9월 중공당 만주성위원회는 홍군의 명칭을 취소하고 「동북인민혁명군」으로 개칭하였고, 1935년 8월 1일 중공당 중앙이 "전 중국적 항일연군으로 조직한다."는 선언에 따라 1936년 2월 20일 중공당 만주성위원회는 「동북인민혁명군」을 「동북항일연군」으로 개편하였다. 이처럼 「동북항일연군」이 1931년 말 남만유격대·동만유격대를 거쳐 1933년 9월 「동북인민혁명군」으로 그리고 1936년 2월 「동북항일연군」으로 발전하여 1937년에는 총 11개 군 2만여 명의 항일유격부대(총사령 양정우)로 확장되었다. 이러한 가운데 김일성은 동녕현성 전투 시 공산유격대로 참전한 이후 2년 6개월 만에 20~30명의 부하를 거느리던 배장(소대장) 또는 연장(중대장)으로부터 100~200명을 거느리는 사장으로 승진(1936년 3월 동북항일연군 제2군 제3사 사장으로 승진)하게 되었다. 그러나 유격전으로 인해 타격을 입게 된 일본군이 '3개년치안숙정계획(1936.4~1939.3)을 수립하여 집단부락을 형성, 유격대와 농민을 격리시키는 집가공작(集家工作)을 추진함으로써 동북항일연군은 심대한 피해를 입게 되었다.

그러므로 동북항일연군은 같은 지역에서 작전하는 사(師)를 묶어서 지역단위로 부대를 재편성하는 방면군 편성 전략을 채택하게 되었다. 당시 남만주지역에는 양정우의 제1로군, 동만주지역에는 주보중의 제2로군, 북만주지역에는 조상지의 제3로군이 항일전을 전개했는데, 이 중 제1로군이 주력군인 동시에 한인들을 가장 많이 포함하고 있었고, 1938년 7월부터 제1로군 예하에는 돈화지역에 제1방면군(군장 조아범), 간도지역에 제2방면군(군장 김일성) 길림지방에 제3방면군(군장 진한장)을 두어 항일활동을 전개하고 있었다. 따라서 일본군은 동북항일연군 중 세력이 강한 제1로군을 중심으로 철저히 소멸함으로써 만주지역의 항일군 토벌작전을 종결짓고자 1939년 10월 노조에 소장을 토벌대 사령관으로 하는

---

8) 『조선족략사』(연변인민출판사, 1986), p.165.

75,000명의 병력을 집결, 1941년 3월까지 목표로 '동변도치안숙정계획'
을 수립하여 대부대 포위섬멸작전을 전개하였다. 그러므로 제1로군의
악전고투가 불가피했던 데다가 1940년 양정우 사령관이 전사한데 이어
조아범 군장이 부하에게 살해되고 진한장 군장도 일본군에게 살해되었
으며, 위승민 새 사령관마저 1941년 병사함으로써 동북항일연군은 사실
상 와해되고 말았다.

그런데 동북항일연군은 위기에 처해 있을 때인 1940년과 1941년 초 두
차례에 걸쳐 소련의 하바롭스크에서 각 로군대표자회의를 소집하여 "항일
연군의 대부대활동을 중지하고 소련경내에 퇴각하여 정비하고 훈련을
진행하며, 동시에 소부대를 동북에 파견하여 유격활동을 벌일 것을 결정
했다."고 한다.9) 따라서 동북항일연군은 하바롭스크회의 이후 일본군의
포위망에서 이탈하여 1940년 겨울부터 소련 영내로 철수하기 시작하였
고, 1941년 3월까지 일본군의 소탕작전에서 살아남은 제2로군사령 주보
중과 제2방면군장 김일성 등 약 500여 명(이 중 한인은 60여 명으로 추정)의
동북항일연군은 비야츠크로 집결하여 「소련 제88독립저격여단」이라는 소
련의 특수부대에 편성되어 1945년 8월 15일 해방을 맞았다고 한다.10)

다음으로 조선의용군은 김원봉의 조선의용대로부터의 이탈세력과 무
정의 화북조선청년연합회의 대원들이 통합하여 발전한 조직으로서 조선
독립동맹이 결성되자 그 산하의 무장조직이 되었다. 조선민족혁명당의
김원봉이 중·일전쟁(1937.7.7)을 계기로 조선청년전위동맹, 조선민족해
방동맹, 조선무정부주의자동맹 등 좌익계정당과 연합하여 항일투쟁통일
전선 조직으로 1937년 11월 「조선민족전선연맹」을 결성하게 되자 이
연맹의 무장조직으로 조선의용대가 창설되었다(1938.10.10). 즉 중·일
전쟁이 발발하여 일본군이 남경으로 진격함에 따라 중국정부가 수도를

---

9) 같은 책, p.230.
10) 리홍원 외, 『동북인민혁명투쟁사』(참한출판사, 1989), p.178.

중경으로 옮기고 무한지역을 작전기지로 하여 장기전태세에 돌입하자 조선민족전선연맹도 한구로 이동하여 중국중앙육군군관학교출신들을 중심으로 「조선청년전지복무단」이라는 반군사화조직을 만들어(1938.7.4) 한구지역의 방위를 위한 항일선전활동을 전개하게 되었는데, 이때 무한에서 국공합작으로 국민혁명군 군위정치부 부부장으로 있던 주은래가 김원봉에게 「조선의용대」를 만들 것을 제의하여 왔다.

이에 김원봉은 장개석에게 "한국독립무장대를 편성하여 중국의 항일전선에 동참하기를 원한다."는 뜻을 전달하여 승인을 얻게 되자 조선민족전선연맹의 무장조직으로 조선의용대를 창설(1938.10.10)하여 중국국민당군의 정식지원을 받게 되었고, 중국군사위원회 정치부 전지공작대에 예속되어 활동하게 되었다.[11) 창설 당시 150여 명의 대원을 확보한 조선의용대는 총대장에 김원봉, 부대장에 신악을 임명하고 예하에 2개 지대(박효삼의 제1지대와 이익성의 제2지대)를 두었으나 1939년 말에 제3지대(지대장 김세일)가 증강되었다. 하지만 1938년 10월 23일 무창과 한구가 일본군에 의해 함락될 때 조선의용대는 분산되어 주력은 계림으로 후퇴했으나 일부는 낙양으로 후퇴했는데, 낙양으로 후퇴한 일부 대원이 연안으로 이동하여 중국공산당 산하에서 8로군과 함께 항일전에 참여하였다. 그리고 같은 시기에 조선민족혁명당의 최창익, 안광천은 당 본부 요원의 대부분을 인솔, 연안으로 이동하여 8로군 포병사령관 무정과 접선하였다.

그러므로 김원봉은 일부 병력과 당본부 요원의 이탈로 타격을 받았으나 병력을 수습하여 제1지대는 국민당군 제9전구, 제2지대는 제5전구, 이소민 부대는 제3전구에서 각각 항일전 임무를 수행하던 중 1941년 중순경 제1지대장 박효삼과 정치위원 석정 그리고 제3지대장 김세일이 주동이 되어 120여 명의 주력 대원을 이끌고 국민당군지역을 이탈하여 8

---

11)『중국의 광활한 대지 우에서』(연변인민출판사, 1987), p.196.

로군 해방구인 태행산지역으로 탈출한 사건이 발생하였다. 이러한 이탈
사건은 중국공산당의 주은래와 팽덕회(당시 8로군 부사령관) 그리고 화
북조선청년회의 무정(당시 8로군 포병사령관)과의 사전공작에 의해 이
루어진 것이었다.12) 이 사건으로 김원봉의 잔여 조선의용대는 세력이 크
게 약화되었을 뿐 아니라 중국정부의 불신을 받아 대한민국임시정부가
창설한(1940.9.17) 한국광복군에 1942년 4월 20일 흡수되었으며, 조선
의용대는 중국국민당군 관할 지역에서 사실상 소멸되었다. 이에 반해 태
행산지역으로 탈출한 조선의용대는「조선의용대 화북지대」로 존재하다
가 1942년 7월 10일「화북조선의용군」으로 개칭하였다.

즉 120여 명의 조선의용대가 합류함으로써 화북지역의 한인병력이
300여 명으로 늘어나자 무정은 화북조선청년연합회 소속 대원들과 박효
삼 일행의 조선의용대 대원들을 통합하여「조선의용대화북지대」를 결성
하고, 박효삼을 지대장으로, 진광화를 정치위원으로 임명하였다. 그리고
1942년 4월 김두봉이 중경의 임시정부로부터 태행산의 화북조선청년연
합회에 합류하자 화북조선청년연합회는 7월 10일 제2차 대표자회의를
개최하여 화북조선청년연합회를 발전적으로 해산하고, 항일민족통일전
선조직으로「화북조선독립동맹」을 결성하였다. 그리고 조선독립동맹을
결성 시 화북조선청년연합회의 산하 무장조직이었던 조선의용대화북지
대를「화북조선의용군」으로 개칭하여 조선독립동맹의 산하 무장조직으
로 만들었으며, 이때의 편성은 조선의용군 총사령에 무정, 부사령 겸 참
모장에 박효삼, 정치위원에 박일우를 임명하였고, 총사령부 예하에 화북
지대(지대장 박효삼)와 간부훈련소(소장 무정)를 두었다.

조선의용군 사령부는 1944년 2월 연안으로 이동했는데, 이때 이성호
는 상하이, 서주 등 화중지역에 있는 한인대원을 모아 '조선의용군 화중
지대'를 편성하여 지대장으로 임명되었다.13) 그러나 이성호가 일본군의

12) 같은 책, p.122.

포로가 됨에 따라 새로운 지대장에 김웅(왕신호), 부지대장에 리덕무, 정치위원에 손달을 임명하였으며, 1945년 8월 화중지대는 '기로예지대'로 개칭되었다. 그리고 조선의용군 간부훈련소도 1944년 2월 연안으로 이동하여 1942년 11월에 창설한 '화북조선청년혁명학교'를 '화북조선혁명군사학교'로 개칭하고, 군사과와 정치과로 나누어 교육하였다. 조선의용군은 중공군 8로군과 신4군의 각 부대에 배속되어 일본군에 대한 대적방송, 대적전단살포, 일본군포로 심문, 정보수집 등 전투지원임무를 주임무로 하고 부차적으로 상황에 따라 전투임무도 수행하였다. 그러나 소련이 일본에 선전포고(1945.8.9)를 하는 급격한 정세변화에 따라 8월 10일 주덕 8로군 총사령관은 8로군과 신4군에 총반격명령을 하달하고, 8월 12일 무정에게 "동북으로 진출하여 일본군과 그의 괴뢰군을 소멸하고 동북에 있는 조선인민을 조직하여 조선을 해방하는 역사적 과업을 완수하라"는 제6호 명령을 하달하였다.14)

이 명령을 수령한 조선의용군사령부가 예하부대로 하여금 동북으로 이동하여 심양에 집결할 것을 지시함으로써 조선독립동맹원과 조선의용군 중심의 한인들은 1945년 8월 말부터 조국을 해방시킨다는 꿈을 안고 동북 심양으로 이동하기 시작하였다. 우선 연안에 위치했던 조선독립동맹의 지휘부 및 참모요원과 조선혁명군사학교 교직원 및 학생들은 1945년 9월 하순 연안을 출발, 10월 하순에 장가구에 도착하여 태행산에서 활동하던 조선의용군과 합류케 되자 임시부대를 편성, 회래와 금주를 거쳐 11월 초 심양에 도착하였다. 다음으로 북양에 위치했던 조선의용군 화중지대는 10월 중순 옥전(玉田)에서 태행산일대의 8로군 및 신4군에 속했던 조선의용군과 합류하여 4개 중대로 임시편성, 왕신호(김웅)의 인솔로 산해관을 거쳐 10월 말 심양에 도착하였다. 이외에도 금주에서 정

---

13) 같은 책, p.705.
14) 같은 책, p.681.

치공작을 하고 있던 조선독립동맹의 한청은 1개 소대를 편성하여 8월 하순 심양에 도착하여 조선의용군을 모집하고 신의주로 입북코자 했으나 소점령군에 의해 무장부대의 입북이 거절되기도 했다.

이처럼 조선의용군이 심양에 집결했을 때 조선의용군은 무장부대로서 입북할 수 없게 되었을 뿐 아니라 동북지역에서 국민당군과 공산당군 간에 격전이 벌어질 정세의 변화가 전개되고 있었다. 1945년 11월 10일 심양 교외에서 전체화북조선의용군 군인대회를 개최한 조선의용군은 ① 지금까지의 화북조선의용군을 동북조선의용군으로 개칭하며, ②중국 국민당군의 동북 진공에 대비하여 한인들이 집단으로 살고 있는 지역에 근거지를 건립하고, ③소수의 노혁명가들만 조선으로 돌아가고 조선의용군은 조선으로 복귀하기보다 잠시 동북 각 지역에서 활동하며, ④조선의용군은 3개 지대로 편성하되, 제1지대(지대장 김웅)는 남만지역에서 활동하면서 제2지대를 조직하고, 제3지대(지대장 이상조, 일명 김택명)는 북만지역에서 활동하면서 제4지대를 조직하고, 제5지대(지대장 이익성)는 동만지역에서 활동하면서 제6지대를 조직하기로 결정하였다.[15] 그러면 이제 북한의 군사력 건설과정에 관해 살펴보기로 한다.

1. 무장 단체의 대립 및 해산

소민정은 점령정책의 목표에 따라 북한에서의 군사력 건설과정을 ① 북한인들이 자생적으로 결성한 무장단체들을 해체시킨 연후에 ②보안대를 창설하여 치안질서 유지용 무장력으로 활용했으며, ③치안용 보안대와는 별도로 정규군 지향의 철도보안대를 창설하여 인민집단군으로 발전시켰고, ④북한의 정식정권을 수립하기도 전에 정규군인 조선인민군의 창설을 선포하는 순으로 전개하였다. 1945년 8월 15일 일제가 항복

---

15) 같은 책, pp.557-558.

하자 일본의 경찰과 관리들이 피신함에 따라 혼란된 사회질서를 바로잡기 위해서 북한의 민족주의 세력들은 자위대를 조직하여 일본의 군경으로부터 회수한 무기로 무장하고 경찰적 임무를 수행하면서 자파세력을 확장해 나가고 있었고, 국내파 공산주의자들도 치안대를 조직하여 일제로부터 회수한 무기로 무장하고 치안질서를 유지해 나가면서 자파세력을 확장해 나가고 있었다. 이러한 때에 스탈린이 북한의 지도자로 선정한 김일성과 그의 일파가 소련의 비야츠크로부터 원산을 거쳐 평양에 도착하자 소민정당국은 북한의 각 도청 소재지를 중심으로 적위대를 조직하고 일제로부터 회수한 일본군의 유기무기로 무장시켜 자파세력을 확대시켜 나갈 수 있도록 지원해 주었다.

8월 24일 평양에 입성한 소련 제25군은 북한에 친소정권을 수립하기 위한 점령정책의 목표를 구현하기 위해서 8월 26일 북한의 자생적 지방정권을 소련의 정권형식인 인민위원회로 개편하도록 개입하였다.16) 그리고 소점령군은 북한에 진주한 첫날부터 반미반일세력을 백방으로 키우고, 친미친일세력을 말살하기 위해 공산주의세력을 이용하여 친미친일세력을 색출·처치해 왔다. 즉 북한의 주민들이 해방의 감격 속에서 평양에서는 8월 17일 평양남도 건국준비위원회를 결성하고, 함흥에서는 조선민족 함경남도 집행위원회를 거의 같은 시기에 결성하자 38선 이북에 대한 군사적 점령임무를 띤 소련 제25군은 북한의 자생적 지방정권을 소련의 정권형식인 인민위원회로 개편하도록 개입하였다. 그리고 소련 제25군은 일본인을 체포·구금하고 부일협력자를 처단하여 북한주민으로부터 해방군으로 인정받으면서 북한주민의 혁명적 열정을 고무시켜 공산혁명을 달성코자 하였다.

소점령군은 지방정권을 인민위원회로 개편토록 하면서 공산주의자들

---

16) 김창순, "북한인민군의 창설과 그 실체," 『현대사 속의 국군』(전쟁기념사업회, 1990), p.345.

의 주도에 의해 결성된 조직은 그대로 두고 민족주의자들의 주도로 결성된 조직에 대해서만 좌·우 동수로 합작하도록 개입함으로써 민족주의 세력을 약화시켰다. 그리고 소점령군은 부일협력자를 처단한다는 명목으로 친미친일세력을 제거했을 뿐 아니라 북한사회로부터 부르주아 세력이 탈출하도록 유도하였다. 이와 같은 맥락에서 소점령군은 김일성의 빨치산파가 민족주의세력의 자위대와 국내파 공산주의세력의 치안대를 압도할 수 있도록 적위대 조직의 형성을 지원한 것으로 보아야 할 것이다. 즉 당시 북한에서 ①평양에서의 민족주의세력은 서울에서보다도 현저히 강했던 데 반해, 토착공산주의세력은 약하여 소점령군이 지역공산주의자들에 의존하여 소비에트화정책을 추진하는 것이 곤란한 상황이었던 데다가 ②국내파 공산주의 세력의 총수인 현준혁이 "계급과 당파를 초월한 정치세력을 형성하여 독립국가 건설을 하는 것이 우선과제"라고 주장하여 우경화의 조짐을 보였기에 소점령군은 자위대와 치안대를 공히 약화시키기 위해 빨치산파의 적위대 조직 형성을 지원하였다.

그러나 자위대와 치안대에 추가하여 적위대가 조직되자 정국의 혼란이 가중되었다. 즉 국내파 공산주의자로서 조직기반이 가장 튼튼한 현준혁은 "건국 초기단계에 있어서는 민족문제 해결과 독립국가 건설에 유용한 식견과 경륜을 가진 인사들에 의해 계급과 당파를 초월한 정치세력을 형성해야 한다."는[17] 유연한 정치노선을 견지하여 「평남건국준비위원회」 위원장 조만식 선생과 초당파적 연합전선을 형성, 소민정 당국과 협의해 나가고 있었기 때문에 치안대와 자위대 간의 대립·갈등은 상당히 자제되고 있었으나 국내에 정치적 기반이 부재한 김일성의 빨치산파가 입국하여 소민정의 지원까지 받으면서 조직을 확대시켜 나가자 국내파 공산당의 정치적 기반 잠식이 불가피함으로써 정국은 극도로 혼란된 상황이 전개되었으며, 특히 김일성일파는 국내파 공산당 조직을 자기들

---

17) 김창순, 『북한 15년사』(지문각, 1961), p.66.

것으로 흡수하기 위한 공작을 전개했을 뿐 아니라 심지어 현준혁에 대한
테러공작마저 장시우와 모의한 것으로 알려지고 있다.

소민정의 지원을 받는 이같은 김일성의 공작으로 인해서 국내파 공산
주의 계열의 오기섭, 김용범, 박정애, 장시우 간에는 화합이 깨어지고 현
준혁을 경계하는 사태마저 전개되었다. 그리고 민족주의 계열의 자위대
와 국내파 공산주의 계열의 치안대 그리고 빨치산파 계열의 적위대 간에
는 세력의 확장과 헤게모니 쟁탈을 위한 갈등이 날로 심화되어 갔다. 이
러한 가운데 1945년 9월 28일 현준혁은 조만식 선생과 소련점령군 민정
청장인 로마넹코 소장을 만나고 같은 차로 돌아오는 도중에 평양 시청
앞 대로상에서 장시우의 사주를 받은 적위대에 의해 저격당하여 조만식
선생의 가슴에 안긴 채 목숨을 거두었다.18) 이처럼 무장대에 의해 현준
혁이 암살당하는 상황이 전개되자 소련점령군사령관 치스차코프 대장은
1945년 10월 12일 「소련 제25군사령관의 명령서」를 발표하여 "북조선
지역 내에 있는 무장단체를 해산하고, 무기와 탄약 등 군용물자를 소련
군위수사령부에 반납하라"고 지시하는 한편, "사회질서를 유지하기 위
해 각 도 단위 인민위원회에서는 평민 중에서 규정된 인원수의 보안대를
조직할 것"을 허락한다고 공포하였다.

이같은 소점령군의 조치는 ①북한의 자생적인 무장단체인 자위대·치
안대·적위대를 해산시키고, 소민정당국이 조종·통제할 수 있는 치안용
보안대를 조직하겠다는 의도를 표출시킨 것이며, ②새로이 구성하는 보
안대의 요원들은 평민, 곧 인민 중에서 선발하겠다고 공언하여 공산주의
자만으로 무장세력을 조직하겠다는 의도를 표출시킨 것이다. 이 명령서
에 의해 각 지역의 무장단체들은 일제히 해산되고 무기와 탄약을 소련군
에게 반납했으며 1945년 10월 21일 이를 단체원 중 평민출신으로 공산
주의 사상이 투철한 2,000명을 선발하여 진남포에 중앙의 「보안대」를

---

18) 같은 책, p.68.

창설하고, 각 도에는 허용된 범위 내에서 도 단위 보안대를 창설하여 이들로 하여금 지역 내의 치안과 경비를 담당케 하였다. 이러한 조치를 단행한 결과 민족주의 세력의 무장조직은 완전히 소멸되고, 국내파 공산주의세력은 영향력을 상실한 반면, 김일성의 빨치산파 세력은 신설된 보안대를 주도하게 되었다.

2. 보안대의 창설

1945년 10월 12일 소점령군이 발표한 「소련 제25군사령관의 명령서」는 '반동분자들의 발호를 봉쇄할 목적'에서 정당 및 단체들의 등록을 명령하고, 자생적 무장부대의 해산을 명령한 것이었다. 그리고 새로이 조직되는 치안목적의 보안대는 '평민' 가운데서 소련군정이 허가하는 인원수로 조직하라고 명령하였다. 소련군사령부가 정의하는 평민은 ①최소한 지주의 가정에서 태어나지 않은 사람이어야 하며, ②노동자 및 빈농에 속하는 사람이어야 하고, ③공산주의사상에 투철한 사람이어야 했다.[19] 그러므로 10월 12일 이후 북한지역의 보안대원은 공산주의를 옹호하고 자본주의를 적대시하며 소련을 찬양하고 미국을 배격하는 무장대로 훈련되었고, 따라서 보안대는 김일성의 권력 장악과 친소정권 수립의 도구가 되었다. 「소련 제25군사령관의 명령서」에 의해 자위대, 치안대, 적위대가 모두 해산되고, 10월 21일 공산주의사상이 투철한 2,000명의 평민들을 선발하여 진남포에 중앙의 보안대를 창설하였고, 이를 시발로 1946년 초까지 북한의 각 도에 '도 보안대'를 창설·무장하여 도내의 치안유지와 시설경비 임무를 담당케 하였다.[20]

각 도에 보안대가 창설되면서 보안대 대원의 보충과 훈련의 문제가

---

19) 김창순, 앞의 글, p.349.
20) 장준익, 앞의 책, pp.44-45.

제기되자 소점령군은 김일성과 협의하여 1946년 6월 평남 개천에 '보안훈련소'를 신설하여 보안대원의 모집과 훈련을 시작하였고, 이어서 신의주에 '보안훈련소 제1분소,' 정주에 '보안훈련소 제2분소,' 강계에 '보안훈련소 제3분소'를 각각 설치하여 보안대의 소요를 보충하였다. 이렇게 하여 성장한 치안용 보안대는 북한에 친소정권을 수립하는 도구로 사용되었을 뿐 아니라 북한에 정규무장력의 건설 도구로도 사용되었다. 신의주보안대를 예로 들면 1945년 11월 하순 무장한 조선의용군 1,500여 명이 입북하여 소련의 점령정책을 저해시킬 우려가 제기되자 이들의 무장을 해제시켜 안동으로 축출해버린 데다가 11월 23일 신의주학생폭동사건이 발생하자 사망자 23명, 부상자 700여 명, 체포자 2,000여 명을 내면서 무자비하게 진압하였다. 이는 보안대가 친소정권 수립의 도구로 활용되었음을 의미하는 것이다.

그리고 11월 27일 로마넹코와 김일성이 치안용 보안대와는 별도의 국경경비 및 철도경비를 위한 보안대의 증강을 결정함으로써 보안대는 북한의 정규군 건설의 도구로도 활용되었다고 볼 수 있는 것이다. 이는 스탈린이 북한을 남한에 대한 혁명수출의 교두보로 육성코자 한 데다가 김일성이 북한을 통일민주국가 건설을 위한 강력한 정치·경제·문화적 민주기지로 만들고자 했기 때문에 제기된 것으로 보여진다. 다시 말하면 북한을 공산혁명기지로 만들어서 남한을 공산화통일하려면 북한에서의 무장력 건설이 가장 긴요한 과제로 제기되었기 때문에 11월 27일 보안대의 증강 결정에 이어 1946년 1월 11일 정규군으로의 전환을 지향한 철도보안대를 창설하여 철도시설의 경비를 주임무로 하도록 하였다. 철도보안대는 본부를 평양에 두고 각 도 단위로 철도보안대를 창설해 나갔으며, 이들 대원들은 일제 99식소총으로 무장하여 전국의 철도시설, 교량, 터널 등을 경비하면서 훈련은 군사훈련을 위주로 하였다.

철도보안대는 정규군으로의 전환을 지향하여 양성훈련과정에서 군사훈련을 위주로 한 데다가 주요간부들이 소련군출신인 한경수, 박우섭,

박영순, 전문섭, 김창봉 등과 연안군 출신인 주연, 조소향, 유용구, 백낙철 등으로 모두 항일전에 참가했었던 인물들로 구성되어 있었기에 치안용 보안대로의 특성보다 군대로서의 보안대 특성이 크게 부각되었다. 이러한 맥락에서 철도보안대 창설의 감추어진 근본목적은 북한의 정규군 창설을 위해 철도보안대라는 합법적인 위장간판 아래 은밀히 군사목적의 병력을 확보·양성하기 위한 데 있었다는 주장도 있다.21) 하지만 소련 점령군사령부가 포고령에 의해 전 무장조직을 해산시키고, 2,000명 규모의 보안대를 창설했음에도 10월 25일 신의주항공대의 결성을 허용했는데, 이는 항공계에 종사한 경험이 있는 자들을 규합하여 항공대에 입대시킴으로써 이 조직체를 북한공군의 창설모체로 이용하고자 한 것으로서 소점령군은 당초부터 그들의 점령정책에 북한의 군사조직을 창설·육성할 계획을 가지고 있었음이 분명하였다.22)

1946년 1월 초 창설된 철도보안대는 시간이 흐름에 따라 급속도로 병력과 기구가 확대되어 반년이 지난 1946년 7월에는 각 도에 설치된 철도보안대를 통합하여 「북조선 철도경비대」로 개편하면서 13개 철도경비중대로 재편성하여 평양, 강계, 신의주, 사리원, 해주, 양덕, 원산, 함흥, 서천, 성진, 길주, 상삼봉 등 북한 전역의 주요 도시에 배치하고, 평양에는 「북조선 철도경비사령부」를 설치·운용하였다. 그리고 이처럼 철도경비대가 급속하게 확장됨에 따라 소요되는 대원의 보충과 훈련은 물론 장차의 정규군 병사들을 양성하기 위하여 나남과 개천에 「철도경비훈련소」를 설치하여 군사훈련에 치중하였다. 그러나 철도경비대가 정규군으로 전환되는 전기는 1946년 7월 스탈린이 김일성과 박헌영을 크렘린으로 소환하여 조선군대의 조속한 창설과 붉은 군대 경험의 전수를 강조함으로써 1946년 8월 15일 보안간부훈련대대부가 창설되고 이에

---

21) 같은 책, pp.46-47.
22) 한용원, "남북한 군대의 창설과정 비교," 『남북한정부 수립과정 비교』(한국정치학회, 2006), p.81.

철도경비대가 예속되면서 도래하게 되었다.

스탈린은 한국문제를 해결하기 위해 미국과 합의를 도출하려면 조선 공산주의자들의 도움만으로나 혹은 소련의 외교수단만으로는 성공이 불 가능하고, 오직 군사적 힘이 가장 중요한 무기라고 믿고 있었다.[23] 그러 므로 그는 1946년 7월 김일성과 박헌영을 비밀리에 모스크바로 소환하 여 "조선군대를 조속히 창설하여 붉은 군대의 경험을 전수받도록 하라" 고 지시하고, 평양에 스미르노프(Smirnov)를 단장으로 한 '경험많은 군 사고문관'들을 파견했다고 한다. 이는 스티코프 장군이 한국전 휴전 후 10년의 세월이 지나 코로트코프와의 인터뷰에서 밝힌 바 있는데, 당시 김일성과 박헌영의 통역을 담당했던 샤브시나 서울부총영사도 란코프 (Andrei N. Lankov)와의 인터뷰에서 "북한이 상어밥이 되지 않으려면 열심히 소련을 배워야 한다."는 스탈린의 지시사항을 상기한 것으로 미 루어 보아[24] 사실로 인정되고 있다.

3. 보안간부훈련대대부 창설과 인민집단군 형성

스탈린으로부터 북한군대의 조속한 창설을 지시받고 귀국한 김일성은 1946년 7월과 8월 2차에 걸쳐 최용건, 김책, 강건, 안길 등 빨치산파와 무정, 박일우, 주연 등 연안파와 회동하고 군사력 건설의 방향을 논의한 것으로 알려지고 있다.[25] 이러한 논의를 통해 북한군대의 건설방향으로 ①군사력의 건설과 유관한 부대들을 통합지휘할 기구로 보안간부훈련대 대부를 설치하고, ②보안훈련소가 모체가 되어 철도경비대와의 통합·개 편을 통해 정규군으로의 전환을 도모키로 결정하였다. 우선 1946년 8월

---

23) 가브릴 코로트코프 지음·어건주 옮김, 『스탈린과 김일성』(동아일보사, 1992), p.145.
24) 안드레이 란코프 저·김광린 역, 『북한현대정치사』(오름, 1995), p.86.
25) 북한연구소, 『북한』, 1990년 10월호 참조.

〈도표 4-1〉 보안간부훈련대대부 편성

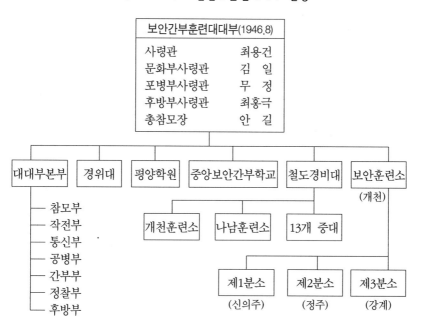

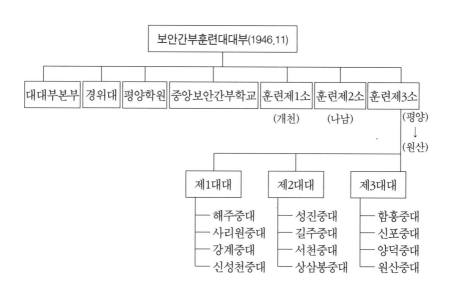

15일 평양에 보안간부훈련대대부를 설치하고, 간부양성기관 및 사병양성기관은 물론 철도경비대를 통합·지휘하도록 하였다. 즉 보안간부훈련대대부는 <도표 4-1>과 같이 사령관에 최용건, 부사령관 겸 문화부사령관에 김일, 총참모장에 안길 등으로 간부진을 편성하여 빨치산파가 헤게모니를 장악한 가운데 ①간부양성기관으로 설치된 평양학원과 중앙보안간부학교, ②일반대원(사병)을 양성하는 보안훈련소(개천)와 철도경비훈련소(개천 및 나남), ③그리고 철도경비를 담당하는 철도경비대를 통합·지휘토록 하였다.

다음, 정규군으로의 전환을 위해 보안훈련소와 철도경비대 간에 몇 차례의 통합, 증·개편의 과정을 거쳤던 것이다.[26) 즉, ①1946년 11월 10일 개천에 있는 보안훈련소(제1·2·3분소 포함)와 개천과 나남에 있는 철도경비훈련소를 통합하여 개천에 보안간부 훈련제1소, 나남에 보안간부 훈련제2소, 평양에 보안간부 훈련제3소를 설치하되, 철도경비 13개 중대는 3개 대대로 개편하여 훈련제3소의 예하부대로 만들었으며, ②1947년 3월 평양의 훈련제3소를 해체시켜 본부는 훈련대대부사령부로 통합하고, 예하의 3개 대대는 3개의 훈련소에 분산·배속(제1대대는 훈련제1소, 제2대대는 훈련제2소, 제3대대는 훈련제3소로 각각 배속 전환)하였고, 원산에 새로운 훈련제3소를 신설하였으며, ③이처럼 신병훈련기관인 3개의 훈련소는 모두 철도경비대를 주축으로 증·개편되었을 뿐 아니라 3개 광역으로 분할 배치(서부, 동북부, 중동부)되었기 때문에 신병을 대량 모집·훈련하여 부대를 확장시켜 나가기가 용이하였다.[27)

그런데 보안훈련소와 철도경비대를 통합하여 보안간부 훈련 제1·2·3소를 설치할 때에 종래 철도경비대가 담당했던 경비임무는 각 도 단위 보안대에 인계하였으며, 또한 3개의 훈련소가 정규군 건설의 요람 내지

---

26) 장준익, 앞의 책, p.55.
27) 같은 책, pp.55-57.

모체로 기능했기 때문에 이 당시 개천의 훈련제1소를 「개천사단 또는 제1사단」, 나남의 훈련제2소를 「나남사단 또는 제2사단」, 평양의 훈련 제3소(후에 원산으로 이전)는 「철도경비사령부」로 호칭되기도 했다. 하지만 초창기에 훈련소에서는 훈련병을 모집할 때에 18세부터 25세까지의 청년들을 지원병 형식으로 모집하다가 훈련병 소요가 증가되자 공산 당원이나 민청요원 등을 집단적으로 훈련소에 입소시켰으며, 일본군이 사용하던 38식소총으로 장비하고 북한에서 급조한 조잡한 복장을 착용한 채 훈련을 실시했지만 1946년 9월에는 스미르노프 소장을 단장으로 하는 경험 많은 소련군사고문단이 북한에 도착하여 각 훈련소와 군사학교에 배치되어 신병훈련과 간부교육을 지도하였고, 1947년 1월에는 소련제 기관단총을 비롯한 소총과 경·중기관총, 박격포 등의 무기와 소련제 및 독일제 군복을 북한으로 수송해 와서 훈련대대부 예하 각급부대에 지급함으로써 이들 부대는 정규군의 면모가 부각되었다.

북한에 보안간부훈련대대부가 창설됨으로써 ①북한에 산재된 무장부대들을 통합한 군사적 단일 지휘체계가 형성되었고, ②장차 인민군의 모체로 발전시킬 계획에 따라 정규군으로의 편성을 추진했으며, ③비군사적인 훈련부대와 같이 인식되게 위장해 놓고 실질적인 군사적 지휘와 건설을 하였고, ④최용건, 김일, 안길 등 김일성 직계가 이 무장부대들을 장악토록 했으며, ⑤북한군이 소련군의 경험을 전수받음은 물론 소련군의 무기와 장비의 운용에 숙달할 수 있었다.[28] 그리고 1947년 1월에는 지금까지 사용해 오던 일본제 무기를 모두 소련제 무기로 교체하였고, 3월에는 새로운 군복을 지급했는데, 병사들에게는 독일제를, 장교들에게는 일본제를 지급하였다. 그리고 1947년 5월 17일에는 <도표 4-2>와 같이 보안간부훈련대대부를 「북조선인민집단군사령부」로 개칭하였다. 동시에 전 장병에게는 소련군 계급장을 모방하여 만든 계급장 수여식을

---

28) 같은 책, pp.58-59.

〈도표 4-2〉 인민집단군 총사령부 편성

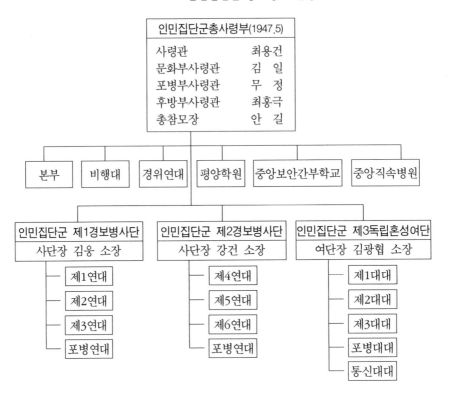

일제히 거행했는데, 장병들이 계급장을 부착함으로써 상·하 구분이 명확해지고 군대의 모습을 갖추게 되었다.

또한 동일 날짜(1947.5.17)로 각 부대에는 부대 고유명칭을 부여하였고, 보안간부 훈련제1소는 「인민집단군 제1경보병사단」으로, 보안간부 훈련제2소는 「인민집단군 제2경보병사단」으로, 보안간부 훈련제3소는 「인민집단군 제3혼성여단」으로 개칭과 동시 확장·개편하였다. 인민집단군 총사령관에는 훈련대대부 사령관 최용건이 그대로 유임되고 참모진도 그대로 유임되었으며, 제1사단장은 김웅 소장, 제2사단장은 강건 소장, 제3여단장은 김광협 소장이 각각 임명되었고, 당시 각 사단에 장비된 화기들은 소련군이 지원해 준 신형장비로서 76밀리곡사포, 82밀리 박격포, 120밀리중박격포, 45밀리대전차포 등의 화기와 각종 기관총 및 다발총 등이었다.29) 더욱이 신장비의 도입과 함께 소련 고문관들이 각 사단에 배치되어 신장비 조작훈련과 소련식 교리에 의한 각개훈련 및 전술훈련 그리고 참모학과 사상교육을 직접 지도하였다. 이처럼 소련 민정청은 점령정책의 일환으로 북한의 군사력을 확장시켜 나가는 과정에서 북한의 지상군이 정규군으로의 전환이 이루어지자 향후 대내외적 상황변화에 대응하여 조선인민군의 창설을 선언하려고 기도하였다.

한편 소민정청은 이 기간에 북한의 해·공군력도 건설하였다. 우선 1945년 10월 하순 보안대의 창설에 자극받아 동서해안지대에 수상보안대가 조직되어 오다가 1946년 7월 동·서 양 해안에 각각 1개 대대 규모의 동해수상보안대(원산)와 서해수상보안대(진남포)를 예하에 둔 수상보안대사령부(원산)가 정식으로 설치되었다. 그리고 1946년 8월 동·서 해안 통제를 강화하기 위해 수상보안대사령부가 원산으로부터 평양으로 이동하였고, 동년 12월에는 수상보안대를 '해안경비대'로 개칭하였다. 해안경비대의 간부요원은 평양학원과 중앙보안간부학교 출신자로 임용하였으나 이들의 해군전문지식이 결여되었기 때문에 1947년 7월 8일 '해안경비대 간부학교'를 창설하여 해군전문교육을 실시함으로써 이 간부학교는 장차 인민해군군관학교의 모체가 되었다. 하지만 해안경비대는 내무성의 관할하에서 존속하다가 1949년에 가서야 민족보위성 예하로 예속 변경(1949.8.20)되어 '인민군 해군'으로 발족하게 되었다.30)

공군은 1945년 10월 25일 소련점령군사령부의 승인을 얻어 민간조직기구로 발족한 '신의주항공대'로부터 발전하였다. 신의주항공대는 일본 고베 항공학교 출신 이활(李闊)을 중심으로 일본항공학교출신 20명과 중

---

29) 같은 책, pp.61-63.
30) 김창순, 앞의 글, pp.370-371.

국 인민해방군출신 왕련(王連)을 중심으로 중국비행학교출신 10여 명,
그리고 만주군 출신 및 기타 각 항공계에서 근무한 기술자 20여 명을
포함한 50여 명이 주동이 되어 조직한 민간기구인데, 이때 평양을 비롯
한 함흥, 청진, 회령 등지에서도 「조선항공협회」가 결성되어 공군자원의
충원을 용이하게 하였다. 그리고 소민정청은 공군경력자를 규합하여 북
한공군을 창설코자 했기 때문에 맥심 공군소좌를 고문관으로 파견하여
신의주 항공대를 지도·지원케 하였고, 신의주 비행장 주둔 소련공군사
령관 막시노프 소좌는 일본군이 사용하던 일제 95식연습기 3대를 신의주
항공대에 제공, 비행훈련에 활용토록 하였다. 이러한 소련군의 지원으로
신의주항공대는 조선항공협회 회원 중에서 조종과 30명, 정비과 30명,
통신과 20명 등 80명을 선발, 제1기생으로 입대시켜 3개월간 교육 후
1946년 1월에 졸업시켰으며, 1946년 2월 23일에는 제2기생 160명을 입
대시켰다.

신의주항공대의 총인원이 400여 명으로 늘어나 시설과 훈련장이 부족
하자 1946년 5월에 평양비행장으로 이동하였고, 1946년 6월 제2기생을
졸업시킨 후에는 평양학원의 항공중대로 편입하게 되었는데, 이때부터
민간단체 성격의 신의주항공대는 군사조직의 평양학원 항공중대로 변모
하게 되었다. 그리고 평양학원은 신의주항공대를 편입할 때에 항공과를
설치하여 과장에는 왕련을, 부과장에는 이활을 보직했으며, 1946년 6월
26일 정규과정 제1기생 800명 중 항공중대 제1기생 100명을 포함, 훈련
시켜 1947년 10월 5일 졸업시켰고, 항공중대 제2기생을 군사력 건설확
장계획에 따라 500명을 대량입교·졸업시켰다.[31] 나아가 1947년 5월 17
일 인민집단군사령부가 창설됨에 따라 평양학원 항공중대의 기간요원과
항공과 요원들을 중심으로 8월 20일 정규 비행대를 창설하여 평양학원
에서 독립, 집단군 총사령부 예하의 부대로 배속 전환되었다.

---

31) 장준익, 앞의 책, pp.66-68.

4. 조선인민군 창설

제2차 미·소 공위가 실패로 돌아가자 미국은 1947년 9월 한국문제를 유엔으로 이관시켜 남북한 통일문제를 해결코자 하였고, 소련은 미·소 양군이 철수하고 한국문제를 남북한 주민 스스로의 해결에 맡기자는 주장을 제기하였다. 이러한 가운데 북한당국은 소민정의 지시를 받고 조선인민군의 창설을 선포하였다(1948.2.8). 정부를 수립하기도 전에 인민군대의 창설을 선포한 데 대해서 「조선전사」는 "1947년 말부터 1948년 초까지 우리나라에 조성된 정세는 조선인민혁명군을 정규무력인 조선인민군으로 강화·발전시키는 것을 잠시도 미룰 수 없는 절박한 과업으로 제기되었다."고 서술하고 있다.[32] 이처럼 조선인민군의 창군이 절박했다고 본 배경은 ①남한의 절반 밖에 안 되는 인구로 남북동시선거를 실시하자는 유엔의 결의를 북한당국이 도저히 받아들일 수 없었기 때문이었고, ②남한에 단독정부가 수립되기 전에 인민군을 창설하여 그 위용을 과시함으로써 남한에 있는 공산당원들의 사기를 높일 수 있을 뿐 아니라 남한의 중도정치인들을 회유하는데도 유리하기 때문이었으며, ③북한이 먼저 강력한 군대를 보유해야만 북한을 기지로 하여 남한을 무력 통일할 수 있을 것으로 판단했기 때문인 것으로 보인다.

북한의 지도자 김일성은 창군선포식 연설을 통해 인민군을 '조선인민의 혁명적 무장력'이라고 강조하여[33] 한반도의 공산화를 이룩하겠다는 의지를 분명히 하였다. 다시 말하면 김일성은 동 연설을 통해 '조국의 완전 자주독립을 촉진(남한에 대한 무력 통일의 촉진 의미)' 시키기 위해 인민군대를 갖게 되었다고 선언하였다. 그러나 정식 인민군의 창설은 충분한 군사력의 건설에 그 목적이 있었던 만큼 조선인민군 창설 이후

---

32) 북한사회과학원, 『조선전사』 제24권, p.133.
33) 『김일성 선집 1』, pp.21-23.

북한당국은 군사력을 강화하기 위해 군에 대한 훈련을 적극적으로 실시했으며, 특히 항일유격대출신 인물들을 기간으로 편성한 조선인민군에 소련군편제를 모방하여 문화부를 설치, 정치교육을 강화시킴으로써 장병들을 김일성의 지지자로 육성하였다. 조선인민군은 <도표 4-3>과 같이 총사령관에 최용건, 부사령관 겸 문화부 사령관에 김일, 총참모장에 강건 등 빨치산파를 요직에 보직하였고, 인민집단군 제1보병사단은 조선인민군 제1사단으로, 인민집단군 제2보병사단은 조선인민군 제2사단으로, 인민집단군 제3독립혼성여단은 조선인민군 제3독립혼성여단으로 각각 발족하였고, 제3혼성여단은 북조선민주주의인민공화국이 선포되자 (1948.9.9) 조선인민군 제3사단으로 승격되었다.

북한에서는 군사력 건설을 강화시키기 위해 1949년 초부터 ①군징집제도를 자원입대에서 강제징집으로 전환시켰으며, ②모든 고급중학과 대학에 배속장교를 배치하여 학생들에게 군사훈련을 실시하였고, ③민

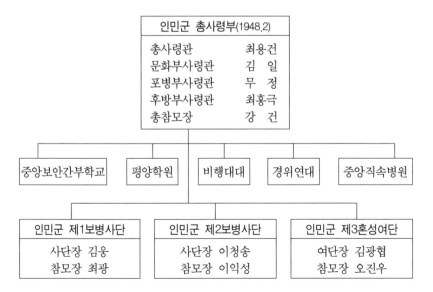

〈도표 4-3〉 인민군 총사령부 편성

청훈련소를 설치하여 청장년에게 군사훈련을 실시, 제2보충병력을 양성하였다.[34] 그리고 조선인민군은 1949년부터 1950년까지 전차부대를 창설하여 전차여단으로 확장시켰으며, 전문적인 유격대를 양성하기 위해 제766보병연대를 창설한데 이어 제12모터사이클 정찰연대와 122밀리야포연대를 창설하였다. 또한 내무성이 관할하는 무장력도 강화되어 ①38선경비대는 1949년에 제1, 3, 7여단으로 증편된데 이어 1950년 전쟁이 발발하자 제8, 9, 7사단으로 증편, 전선에 투입되었으며, ②정규군에 편입되지 않은 철도보안여단은 1949년 1월 철도경비 제5여단으로 개편되었고, ③한·만국경경비대는 국경경비 제2여단으로 창설되어 전쟁이 발발하자 민족보위성으로 이관되었다.[35]

한편 소련특별군사사절단의 일원이었던 칼리노프(K. Kalinov) 중령이 폭로한 바에 의하면 1948년 12월 중순 모스크바에서는 불가닌 국방상의 주재하에 북·중·소 3국 군사대표자회의를 개최하고, 북한군의 전력증강문제를 논의한 끝에 "18개월 이내로 북한군을 남침에 충분하게끔 증강시킨다."는 목표를 설정하고, 이를 달성하기 위해 스티코프 대장을 단장으로 하는 40여 명의 소련특별군사사절단을 평양에 파견키로 결정했다고 한다.[36] 이 사절단은 북한으로 오는 도중 만주에서 조·중 실무진과 만나 한국계 중공군의 파북문제(동북조선의용군의 조선인민군으로의 편입문제)를 협의하였고, 평양에 도착해서는 조·소회의를 개최하고 북한측으로부터 모스크바 3국군사대표자회의 결정사항 중 '정치적 문제를 고려하여 보류시킨 북한의 공군력 증강문제'에 관한 불만의견을 청취했을 뿐 아니라 공군의 확장문제를 강력하게 요청받고 이를 본국에 보고하였다.

우선 중공의 대북한 전력증강지원에 관해 살펴보면 중국인민해방군

34) 장준익, 앞의 책, pp.117-118.
35) 같은 책, pp.69-74.
36) Kyrio Kalinov, "How Russia Built the North Korea Army," *The Reporter*, sep. 26, 1950.

총사령부의 명령에 의해 입북한 중공군 166사단(사단 정치위원 방호산 인솔)은 북한군 제6사단으로 재편성되었고(1949.7.25), 중공군 164사단 (부사단장 김창덕 인솔)은 1949년 8월 초 북한군 제5사단으로 재편성되었으며, 중공군 156사·제113사·제15병단 소속 한인들이 중국 하남성 정주에 집결하여 신편한 독립 제15사단(부사단장 전우 인솔)은 1950년 4월 하순 북한군 제12사단으로 재편성되었고,[37] 중공군 제47군 한인독립단 5,000여 명도 1950년 4월 초 북한군 제18연대로 재편성되는 등 중공군소속 조선의용군 50,000여 명이 북한군에 편입되었다. 이처럼 중공군소속 한인부대의 대거 입북이 가능했던 배경은 국공내전이 종결되어 조선의용군을 복원시켜야 할 입장에 처했던 중국당국이 한편으로 군사비를 삭감시키면서 다른 한편으로 북한군 내부에 친중인사를 부식시키고자 했기 때문인 것으로 보인다.

　다음으로 소련의 대북한 전력증강지원은 모스크바 3국군사대표자회의에서 결정한 대로 18개월 이내에 북한인민군을 10개 보병사단과 2개 전차사단으로 증강시키는 데 목표를 두고 기계화부대 전술전문가인 카투코프(Katukov) 대장과 쿠바노프(Kubanov) 중장 등을 포함한 40여 명으로 구성된 특별군사사절단을 1949년 1월 평양에 파견하여 부대의 증편과 장비의 현대화에 역점을 둔 지원을 하였다. 소련의 대북한 전력증강지원을 부대의 증편, 공군력의 증강, 전차부대의 증강 등으로 세분하여 살펴보기로 한다. 우선 부대의 증편으로는 ①중공군 3개 사단을 입북시켜 조선인민군에 편입시켰고, ②3개의 민청훈련소를 설치, 신병을 훈련하여 사단을 편성(신의주 제1훈련소에서 제13보병사단, 숙천의 제2훈련소에서 제10보병사단, 회령의 제3훈련소에서 제15보병사단)했으며, ③1948년 10월 15일 진남포에 창설되었던 제4독립혼성여단을 인민군 제4보병사단으로 완편 승격시킴으로써(1950.4) 1950년에 북한인민군은 총 10개

---

37) 김창순, 앞의 글, pp.366-367.

의 보병사단(제1, 2, 3, 4, 5, 6, 10, 12, 13, 15사단)을 보유하게 되었고, 추가하여 6개의 독립연대(제766보병연대, 제603모터찌크연대, 122밀리 곡사포연대, 공병연대, 방공포연대, 전차연대 등)도 편성하였다.[38]

다음 공군력의 중강지원에 관해 살펴보면 민족보위성 예속의 항공대 대가 소련군 철수 시 인수한 IL-10, YAK-9, PC-2 등으로 '항공연대'로 중·개편(연대장 왕련, 부연대장 이활)한 상황에서 소련 특별군사사절단 이 평양에 도착하자 모스크바 3국군사대표자회의에서 "정치적 문제를 고려하여 당분간 공군을 편성치 않는다."고 한 결정사항과 관련하여 조·소회의를 개최토록 한 북한 측은 공군의 확장을 강력히 요구하면서 중공 과 협의하여, 1,000여 대의 항공기를 획득할 수도 있고, 스웨덴, 스위스, 체코로부터 항공기를 구입할 수도 있을 것이라고 주장하여 소련 측으로 부터 전투기 100대, 폭격기 30대, 정찰기 20대 등 150여 대의 항공기를 북한에 추가로 제공한다는 양보를 얻어 내었다.[39] 이는 1949년 3월 김일 성이 소련 방문 시 스탈린으로부터 확약을 받았으며, 북한은 1차로 30대 를 제공받았다. 그러므로 1949년 12월에 항공연대는 항공사단(사단장 왕 연, 부사단장 이활)으로 증편될 수 있었다. 그리고 1950년 4월 북한의 항공사단에 소련제 작전용 항공기가 제공됨으로써 북한은 YAK-9기 60 대와 IL-10기 60대를 추가로 인수하게 되었다.

나아가 전차부대의 중강에 관해 살펴보기로 한다. 전차부대의 중강 고 찰에 앞서 전차부대의 창설에 관해 살펴보면, 소점령군은 북한에 창설할 전차부대의 기간요원들을 1947년 5월경부터 말경까지 전차훈련을 실시 한 연후에 고급중학교에 보내 전차요원으로 양성할 우수한 학생 400여 명을 선발케 하고, 이들을 1948년 초 소련의 전차사단이 북한으로부터 철수할 때에 북한에 남긴 전차 1개 연대(연대장 최표덕, 전차 150대, 소

---

38) 장준익, 앞의 책, pp.120-124.
39) 한용원, 앞의 글, p.84.

련군병력 300여 명)에 전차병으로 입대시켜 북한의 전차부대 창설요원으로 육성하였으며, 이들이 1948년 10월 훈련을 완료하자 1947년 말에 훈련을 마친 기간요원을 합쳐서 '인민군 제105전차대대(10여 대의 전차 보유)'를 창설하였다.[40] 그리고 1948년 12월 3일 소련전차연대가 마지막으로 철수할 때 T-34전차 60대와 76밀리자주포 30대, 모터찌크 60대, 차량 40대를 북한군에 인계함에 따라 이들 장비를 인수한 제105전차대대는 제105전차연대로 증·개편(전차연대장 유경수 중좌)하였으며, 동 연대는 부대를 더욱 확장키 위해 군관 및 전사 강습소를 개설하여 1949년 5월 초에 졸업시키는 한편, 1945년 말 현대전의 기술을 습득하기 위해 소련으로 유학을 간 1,000여 명의 북한청년들이 3년간의 교육을 마치고 귀국하자 이들을 전차연대의 기간요원으로 배치하고, 소련으로부터 추가적인 전차를 지원받아 1949년 5월 16일 전차연대를 '인민군 제105전차여단'으로 증·개편하였다.

이러한 때에 기계화부대 전술전문가를 다수 포함한 소련특별군사사절단이 파견되어 북한군의 전차부대 증강지원을 하게 되었다. 그런데 1948년 말 모스크바 3국군사대표자회의에서는 "T-34전차 총 500대를 보유한 2개 전차사단을 편성키로 결정했지만 입북한 특별군사사절단은 한국의 지형이 산악지대와 하천이 많다는 이유로 전차의 지원을 당초계획의 절반 수준으로 삭감하여 242대만을 제공하기로 결정하였다.[41] 북한의 전차부대는 소련의 특별군사사절단의 지원을 받아 1949년 5월 16일 T-34 전차 40대씩 보유한 3개 전차연대와 Su-76자주포 60대를 보유한 자주포대대 그리고 병력 6,000명으로 구성된 전차여단으로 증개편된 데 이어 1950년 4월 말에는 소련이 북한에 T-34전차 100여 대, Su-76자주포 60대, 트럭 50대를 추가 지원함으로써, 북한은 6·25전쟁 발발 직전에 T-34

---

40) 장준익, 앞의 책, pp.104-105.
41) 전사편찬위원회, 『한국전쟁사』 제1권(개정판)(1973), p.706.

전차 242대, Su-76자주포 124대, 모터찌크 56대, 트럭 380대의 기동화장
비를 보유하게 되었다. 그러므로 북한은 1950년 6월 초에 기존의 105전
차여단 외에 T-34전차 30대로 독립전차연대를 편성하여 남침작전에 투
입한 데 이어 전쟁 중인 1950년 7월에 제16전차여단, 1950년 8월에 제
17전차여단을 각각 창설하여 낙동강전선에 투입할 수 있었다.

II. 북한군 간부 자원과 양성

1. 북한군의 간부 자원

소민정은 북한의 자생적인 무장단체인 자위대, 치안대, 적위대를 1945
년 10월 12일 해산시키고, 10월 21일 치안용 보안대를 창설했으면서도
장차 북한에 정규군을 창설하기 위해서 10월 25일 공군의 모체가 될 「신
의주항공대」의 결성을 허용한 데 이어 11월 27일 치안용 보안대와는 별
도로 국경경비 및 철도경비를 위한 보안대의 증강을 결정하였고, 1946년
1월 11일 철도보안대를 창설하였다. 이러한 맥락에서 볼 때 소민정은
치안용 보안대의 공산주의화와 병행하여 정규군으로의 전환을 지향한
철도보안대를 별도로 창설·육성했음을 알 수 있다. 그러므로 이같은 상
황하에서 북한의 창군의 핵심간부요원은 공산주의화된 군사경력자들이
중심이 될 수밖에 없었다.[42]

한일합방 후 북한에서도 남한에서처럼 자의반 타의반으로 일제에 추
종하여 일본군 또는 일본의 괴뢰 만주군에 복무한 자들이 있었는가 하면
일제에 항전했던 독립군과 빨치산부대원 및 조선의용군으로 활약한 자들
도 있었다. 특히 빨치산부대는 중국공산당 산하에서 항일전에 참전했다

---

42) 한용원, 앞의 글, pp.94-95.

가 일제의 토벌작전으로 인해 소련령으로 피신하여 소련극동군 88여단에 편입되어 있었고, 조선의용군은 주퇴 장군 휘하의 8로군과 신4군에 예속되어 항일전을 수행해 왔었다. 그러므로 북한의 창군의 주역들은 항일빨치산 계열 및 조선의용군 계열과 소련군에서 복무해 왔거나 소군정 업무의 지원을 위해 중앙아시아에서 동원되어 북한에 온 한인들이 중심이 되었다. 그리고 일본군 및 만주군의 위관장교 및 하사관 출신들도 북한의 중앙 및 지방 인민위원회의 요청에 의해 북한의 창군에 참여하였다.

첫째, 항일빨치산 계열은 북한의 창군의 주역으로서 북한군의 헤게모니를 장악하였다. 이들은 대체로 김일성과 같이 소련군 88여단에 편입되어 훈련 중 해방이 되자 김일성과 함께 소련의 화물선 뿌가쵸프호로 입북한 요원들이었다. 이들은 88여단에 편입되어 있을 때 김일성, 최용건, 김책, 강건, 안길 등은 대위계급을, 유경수, 서철, 박영순, 최광, 허봉학, 김경석, 최충국, 박성철 등은 중위계급을 각각 부여받았고, 오진우, 조정철, 이을설, 김성국, 이두익, 김창현, 이봉수, 한익수, 전문섭, 임춘추, 김명준, 김충열 등은 특무장으로부터 전사에 이르기까지 계급을 부여받았었다. 그리고 소련군에 몸담고 있던 이동화 소좌, 박길남·문일 중위, 이청송·전학준·김파우엘 특무장, 유성철·이종인·김파·정학준 전사 등 한인 2세들은 이들과 함께 근무했을 뿐 아니라 해방 후 스티코프 장군이 김일성팀에 편성시킴으로써 이들과 같이 입북하였다.[43]

그런데 항일빨치산 계열 중 일부는 김일성부대가 주둔했던 비야츠크 외에도 오케얀스크 부근에서 소련군 정찰부대의 성원으로 복무한 자들이 있었다. 그들은 훗날 민족보위상이 된 김창봉, 사회안전상이 된 석산, 군단장이 된 김병갑과 지병학, 사단장을 역임한 오백룡, 그리고 인민보안상이 된 백학림 등이었다.[44] 이들은 김일성팀에 비해 입북이 늦어졌기 때

---

43) 임은, 『김일성왕조비사』(한국양서, 1982), p.116.
44) 같은 책, p.126.

문에 김일성팀의 성원에 비해 출세도 늦어졌다. 스탈린의 명령에 의해 김일성팀이 소련의 화물선 뿌가쵸프호로 9월 19일 원산항으로 입북 시에 김일성은 항일빨치산 대원 김책, 강건 등 남자대원과 김정숙, 박경숙 등 여자대원을 합친 50여 명과 이동화, 박길남, 문일 등 소련국적 한인 2세 10여 명 등 60여 명을 대동하였고, 이들은 입북 후 소민정의 조종·통제하에 북한에 공산당을 창건하고, 인민군을 창설하며, 정부를 수립하는 데 주역을 담당했을 뿐 아니라 요직을 차지하여 헤게모니를 장악하였다.

특히 항일빨치산대원들은 김일성의 주도하에 북한에 친소정권을 수립하는 과정에서 허가이, 박창옥, 최종학, 박의완 등 소련국적 한인 2세들의 지원을 받아 소련점령군의 행위주체를 보조하는 준행위자적 역할을 수행했는데,[45] 이는 당시 빨치산파의 대다수가 보안대의 간부가 되어 김일성의 권력장악을 뒷받침했을 뿐 아니라 소련국적의 한인 2세들은 허가이, 박창옥, 김열, 고희만처럼 당의 요직에 배치되거나 박의완, 기석복, 김승화, 방학세처럼 정부의 요직에 배치되어 국가기구의 운영에 중추적 역할을 수행하면서 김일성을 지원했기 때문이었다. 그러므로 서대숙은 김일성의 북한 권력 장악은 소련파의 정치적 지원과 보안대의 무장력을 배경으로 이루어진 것이라고 분석하였다.[46] 항일빨치산파로서 북한의 창군에 참여한 주요 인사들은 <도표 4-4>와 같다.

둘째, 조선의용군 계열은 조선독립전은 물론 중국해방전의 경험을 가진 8로군 계열로서 북한의 창군과정과 전력증강과정에서 중요한 역할을 담당하였으며, 전쟁경험을 배경으로 6·25전쟁 시에 중추적 역할을 수행하였다. 이들은 제2차 세계대전 말에 8로군 포병사령관 무정장군을 중심으로 중국관내의 한인 청년들을 모아 8로군과 신4군 예하에서 항일전을 수행해오다가 1945년 8월 10일 주테 총사령관의 명령으로 동북으로 진

---

45) 한용원, 『북한학』(오름, 1998), p.91.
46) 서대숙, 『북한의 지도자 김일성』(청계연구소, 1989), p.94.

〈도표 4-4〉 빨치산파의 북한군 참여 현황

성명	최종계급	주요 직책	성명	최종계급	주요 직책
김 책	대장	전선사령관	최용진	상장	군단장
최용건	대장	민족보위상	최 광	차수	총참모장
김 일	중장	총정치국장	이영호	중장	군단장
강 건	중장	총참모장	김병갑	중장	군단장
최 현	대장	민족보위상	지병학	중장	군단장
김광협	대장	총참모장 · 보위상	서 철	상장	총정치국장
김창봉	대장	총참모장 · 보위상	태병렬	상장	중앙위군사부장
오진우	원수	인민무력부장	박성철	소장	사단장
오백룡	대장	사단장(원로)	유경수	소장	기갑사단장
전문섭	대장	인민무력부부부장	안 길	(1947 사망)	인민집단군총참모장
석 산	상장	사회안전상	리을설	원수	호위사령관
허봉학	상장	총정치국장	백학림	차수	인민보안상

출, 일본군을 분쇄하고 조선을 해방하는 역사적 과업을 수행하고 있었다.[47] 이러한 가운데 일제가 무조건 항복하여 해방이 도래한 데다가 국공내전의 재발가능성이 농후해진 상황이 전개되자 심양으로 집결한 조선의용군은 ①노혁명가 및 고참간부들은 개별적으로 입북하여 신생국가 건설에 대처키로 하고, ②무장부대는 동만, 북만, 남만 지대로 편성 · 배치하여 국민당군의 침공에 대처키로 하였다.

---

47) 흑룡강민족출판사, 『조선의용군 3지대』(1987), p.93.

다시 말하면 조선의용군은 소련점령군의 제지로 인해 무장부대로서 입북할 수가 없는 상황이었던 데다가 모택동으로부터 "자위전쟁으로 장개석군의 침공을 분쇄하라"는 지시를 받았기 때문에[48] 노혁명가들은 개별적으로 비무장 입북하여 신생국가의 건설에 대처하고, 의용군 무장부대는 지대를 재편성하여 국민당군의 침공에 대처키로 하였다. 당시 심양에 집결키로 한 조선의용군 중 일부 선견종대는 신의주까지 들어갔다가 만주로 되돌아와야 했는데, 이에 대해 소점령군 측에서는 외형상으로 "미국과 소련의 점령군 이외 어떤 나라의 무장부대도 들어올 수 없다."고 한 미·소 간의 협약으로 인해 무장부대의 입북이 불가능하다고 주장했으나 실제상으로는 소점령군의 대북점령정책의 추진에 조선의용군이 방해가 될 것을 우려했기 때문이었다. 당시 소점령군은 대북점령 정책의 목표를 김일성이 북한의 권력을 장악하여 친소정권을 수립하는 데 두고 있었다.

그러므로 김두봉, 최창익 등 독립동맹의 지도부와 무정, 박효삼 등 조선의용군의 고참간부와 박일우, 주연 등 정치위원 내지 정치주임 등은 개별적으로 입북해야만 했다. 이들 노혁명가들은 입북 후 당·정·군의 요직에 기용되어 노동당의 창당, 인민위원회의 수립, 인민군의 창설 등에 주요한 역할을 담당하였다. 그리고 무장부대는 제1지대를 남만주에, 제3지대를 북만주에, 제5지대를 동만주에 각각 배치하여 한인들을 규합, 그 세력을 5만여 명 수준으로 확장시켰는데, 각 지대의 간부로는 제1지대 지대장 김웅(왕신호), 정치위원 방호산, 참모장 안빈, 제3지대 지대장 이상조(김택명), 부지대장 김창덕(리덕산), 참모장 김연, 제5지대 지대장 이익성, 정치위원 박훈일, 참모장 조열광 등이었다.[49] 이들 무장부대는 중국의 해방전을 수행한 연후에 중국인민해방군 총사령부의 명령에 의

---

48) 같은 책, p.102.
49) 장준익, 앞의 책, p.427.

해 1949년 7월부터 1950년 4월까지 입북하여 북한군에 편성됨으로써
북한군의 전력을 증강시켰다. 연안파로서 북한의 창군에 참여한 주요 인
사들은 <도표 4-5>와 같다.

셋째, 소련국적의 한인 2세들은 소점령군의 점령정책에 따라 김일성
의 권력 장악을 뒷받침하여 북한에 친소정권을 수립할 토대를 구축했을
뿐 아니라 북한군의 창설을 지원하였다. 하지만 북한군의 창군과정에 있
어 고급장교의 대부분은 항일빨치산부대 및 중국공산당군대의 간부출신
들이었고, 소련국적의 한인들은 1937년부터 1938년까지 스탈린 정부의
탄압과정에서 많은 희생자를 냄으로써 수적으로 적었을 뿐 아니라 전투
부대 간부출신들이 드물었기 때문에 빨치산파 및 연안파 출신에 비해

〈도표 4-5〉 연안파의 북한군 참여 현황

성명	최종계급	주요 직책	성명	최종계급	주요 직책
무 정	중장	군단장	김한중	소장	사단장
박일우	상장	내무상	주 연	소장	정치위원
김 웅	상장	총참모장·전선사령관	이익성	소장	사단장
박효삼	상장	중앙보안간부학교장	최 인	소장	부총참모장
방호산	중장	군단장	전 우	소장	사단장
이상조	중장	부총참모장	윤공흠	소장	경공업상
박훈일	중장	내무성경비국장	서 희	소장	직총위원장
왕 련	중장	항공사령관	김 강	소장	중앙보안간부학교 정치부교장
이권무	소장	사단장	김창만	소장	사단장
장평산	소장	사단장	김창덕	소장	사단장

큰 역할을 수행하지는 못했다.50) 북한군 창군 자원으로서 소련군출신으로는 ①88여단에 근무하다가 김일성팀에 편성되어 입북한 이동화, 박길남, 문일, 유성철, 정학준, ②제25군의 7부와 함께 입북한 강미하일, 오기찬, 최동학, ③북한군의 창설을 지원키 위해 입북한 주영복, 황호림, 황성복, 김동수, ④조선해방전투에 참가자 최표덕, 정률, 최종학, 최홍극, ⑤해방전 이전 첩보공작 수행차 입북한 박창옥, 한일무, 김찬 등이 있는데, 이들은 북한군 창설 시 간부학교의 교관 및 중·소대장과 소련군의 통역관 그리고 민족보위성의 주요 참모부서에서 활약하였다.

한편 소련국적의 한인 2세들 중에는 직업군인출신 이외에도 중앙아시아에서 통역관으로 선발되어 북한에 파견된 장교 및 하사관과 교육, 행정, 기술 분야의 전문가로 선발되어 북한에 파견된 민간인들도 있었다. 소련군이 북한을 점령할 때에는 직업군인이었던 강미하일 소좌와 오기찬 대위 그리고 최동학 대위와 최왈렌친 대위 등이 통역은 물론 선전활동을 담당해 왔으나 소점령군이 행정권의 접수를 완료하자 점령정책을 보다 적극적으로 추진하기 위해서는 더 많은 통역관과 고문관들이 필요함을 절감하고 중앙아시아에 사는 한인들을 징집하여 북한으로 파견, 제25군 소속 통역관으로 활용키로 결정하였다.51) 그러므로 1945년 가을에 중앙아시아의 군사동원부는 북한으로 파견할 한인들을 모집하기 시작했는데, 1945년 11월 초순 북한에 도착한 집단 중에는 허가이·강상호 등 장교신분을 가진 자 3명을 포함하여 대부분 하사관 신분을 가진 자 12명이었으며,52) 이같은 군사적 동원은 1946년 봄까지 지속되었다.

그러나 1946년 봄 소점령군의 통제하에 북한의 정부기관들이 창설되기 시작하면서 소련군에 소속된 한인들이 이들 기관으로 전출되기 시작하였고, 따라서 중앙아시아에서는 현지 공산당기구들을 통해 주로 전문

---

50) 안드레이 란코프 저·김광린 역, 앞의 책, pp.147-149.
51) 같은 책, pp.140-141.
52) 같은 책, pp.142-143.

지식을 지닌 교사출신 민간인들을 선발하여 '특별교사양성소'에서 준비
교육을 실시한 다음 북한으로 파견하였는데, 이들 중에 소련 타슈켄트
주 중학교사출신으로서 북한에 온 기석복은 1946년 2월 8일 창설된 평
양학원의 부교장 겸 교무부장이 되었고, 그후 제3대 학원장이 되었으며,
사마르칸트 사범대학 물리·수학부 학장이자 수학강사로서 북한에 온 남
일은, 북조선임시인민위원회 교육국 부국장이 되었고, 후에는 군사분야
로 이동하여 한국전쟁 초기 북한군 총참모부장까지 역임하였고, 중앙아
시아에서 입북한 교사출신 박병률은 6·25전쟁 발발 시까지 빨치산활동
및 지하활동 교육의 중심기관이었던 강동정치학원의 교장으로 활약하였
다. 그러므로 이들은 소련군의 장교신분으로 징집되어 입북, 당서열 3위
까지 승진한 허가이 등과 더불어 북한의 각급 국가기구에 배치되어 지도
적 역할을 수행하였다.

　북한에 각급 국가기구를 설립한 소민정은 일정한 정도의 교육과 조직
상의 경험을 갖고 있으면서 충분한 사상적 신뢰성과 소련에 대한 충성심
을 갖고 있는 자들을 이들 기구에 배치코자 하였다.[53] 그러나 일제의
식민통치하에서 한국인들은 제대로 중등 및 고등 전문교육을 받지 못했
을 뿐 아니라 일부 자격을 갖춘 자들은 특권계층의 출신으로서 1946년
봄부터 남한으로 넘어갔기 때문에 중앙아시아에서 높은 수준의 전문교육
을 이수하고 소련의 시민권을 가진 채 입북한 한인 2세들은 북한의 당
및 국가기관들을 이끌어나갈 잠재적인 간부들로 인정하여 소민정은 이들
을 적극 활용하였다. 그리고 소민정은 1946년부터 북한학생들을 소련의
대학교에 유학시키기 시작하였고, 1946년 7월에는 김일성대학의 설립을
지원함으로써 한국태생의 후진양성이 이루어질 수 있도록 하였는데, 소
련파로서 북한의 창군에 참여한 주요 인사들은 <도표 4-6>과 같다.

　넷째, 반독립투쟁전선의 일본군 및 만주군에 복무했던 군사경력자 중

---

53) 같은 책, p.141.

〈도표 4-6〉 소련파의 북한군 참여 현황

성명	최종계급	주요 직책	성명	최종계급	주요 직책
김봉률	차수	인민무력부부부장	이동화	소장	총참모부 의무국장
방학세	상장	사회안전상	김원길	소장	항공사령부참모장
최종학	상장	총정치국장	김학인	소장	총참모부 검찰국장
김재욱	중장	총정치국장	박길남	소장	총참모부 공병국장
한일무	중장	해군사령관	정학준	소장	총참모부 포병국장
유성철	중장	부총참모장	박창옥	소장	당부위원장
기석복	중장	평양학원 원장	이춘백	소장	군정찰국장
장 철	중장	군단장	김철우	소장	당군사위원
최표덕	중장	전차부대 사령관	김칠성	소장	해군작전국장
김 열	중장	군정치위원	이청송	소장	사단장
김학준	중장	군단장	김 일	소장	총참모부문화국장
오기찬	소장	사단장	김 찬	소장	군단정치위원
천치억	소장	군도로관리국장	김 단	소장	군단정치위원
천의완	소장	총참모부병기국장	김영수	소장	총참모부후방국장

위관장교 및 하사관 출신들도 북한군 창설에 참여하여 창군의 촉진에
기여하였다.[54] 일반적으로 「북한인민군대사」 등에서 "북한의 창군의 주
역은 소련군과 중국군 출신들이었고, 일본군이나 만주군 출신들은 철저
히 배제하였다."고 단정하고 있다.[55] 그러나 이는 창군에의 참여와 승진

---

54) 한용원, 앞의 글, pp.95-97.
55) 장준익, 앞의 책, p.24.

에서의 배제는 서로 다르다는 점에 관한 이해가 결여된 데서 비롯된 것
으로 보인다. 물론 일본군 및 만주군 출신의 군사경력자 중에서 고급장
교 출신들은 북한군의 창군에서 배제되었다. 예컨대 일본 육사 27기 김
인욱 중좌와 윤상필 소좌의 경우 소련군에 체포되어 시베리아 감옥으로
이감되었다. 하지만 일반보안대 및 철도보안대 창설 시와 인민집단군 창
설 시에 중앙단위에서는 김일성이, 지방단위에서는 지방인민위원회가
각각 위관장교 및 하사관 출신 군사경력자들의 입대를 권유하였다.

예컨대 김백일(봉천군관학교 5기, 만군대위 출신)은 1945년 말 김일
성으로부터 "군사 경력을 보유하고 있으니 북한군 창설을 위해 함께 일
하자"는 제의를 받은 바 있고, 한신(일본학병 소위출신)은 평남인민위원
회로부터, 이기건(신경군관학교 1기, 만군대위출신)은 평북인민위원회로
부터 각각 북한군 창설에의 참여를 제의받았다. 그러나 김백일과 한신은
월남하여 군영과 경비사에 입대하였고, 이기건은 북한군 창설에 참여,
소령으로 임용되어 북한군 제1사단 포병대 부대장이 되었으나 1948년에
월남·귀순하여 육사7기특기로 남한군에 입대, 연대장과 사단장을 역임
하였다. 한편 만주군 하사관 출신 박창암은 해방공간에서 조선국군준비
대의 부위원장을 역임한 만주군 항공중위출신 박승환 등 13명과 함께
1946년 초 북한군 창설에 참여하여 대위로 임용되었으나 출신성분이 불
량하다는 이유로 단체로 입대했던 14명 전원이 구속되어 대변인 역할을
하던 박승환은 처형되고 나머지 13명은 풀려났다고 한다.

이러한 사실은 박창암이 임종 시에 백선엽 장군에게 언급함으로써 밝
혀졌다 하며, 박창암은 1950년 8월 낙동강 방어전시에 제1사단(사단장
백선엽 장군) 제15연대(연대장 최영희 대령) '비밀대대(편제에 없는 대
대)'의 모병 시에 남한군에 입대하여 대대장 역을 수행하다가 대위로 특
별임관되어 8사단 수색대장, 9172부대 부사령관, 5·16 혁검부장을 역임
하였다. 박림항(신경군관학교 1기, 일본육사 56기 유학, 만군항공중위출
신)의 경우는 북한군의 창군에는 참여하지 않았으나 김웅의 인민집단군

제1경보병사단 창설 시에 자문역할을 담당했다고 하며, 1948년 월남하여 육사7기특기로 남한군에 입대, 대위로 임관되어 군단장과 야전군사령관을 역임하였다. 이상에서의 논의처럼 월남자들의 경우에 한하여 북한군 창군에의 참여와 관련된 사실을 단편적으로 알 수 있을 뿐임을 유감으로 생각한다. 그리고 항일빨치산파가 북한의 정치권력을 장악하고, 군부의 헤게모니를 장악한 1946년 후반기부터 항일혁명전통과 관련하여 군부에서 일본군 출신과 만주군 출신의 배제 가능성이 제고될 수밖에 없었을 것으로 짐작된다. 하지만 나고야항공학교 출신 이활처럼 기술전문가는 항공사령부 부사령관으로 소장까지 승진하는 등 북한군에서 장기간 존속할 수 있었음을 감안한다면 일본군 및 만주군 기술병과 출신 위관장교와 하사관의 상당수가 북한군의 창군에 참여하여 장기간 복무했을 것으로 생각된다.

2. 북한군의 간부 육성

소민정은 북한의 모든 자생적인 무장단체를 해체시키고 치안용 보안대를 건설한 데다가 정규군으로의 전환용 보안대의 창설도 추진했기 때문에 폭력의 전문능력을 구비한 군사경력자들을 선호하여 보안대의 간부요원으로 충원하는 양상을 시현하였다. 그리고 북한의 창군과정에서 김일성의 항일빨치산 계열은 간부양성기관인 평양학원과 중앙보안간부학교를 장악했을 뿐 아니라 군의 지휘·통솔기관인 보안간부훈련대대부도 장악하였다. 그러므로 북한의 창군과정에서 소민정과 항일빨치산 계열은 영합한 것으로 볼 수 있을 것인데, 이는 근본적으로 소민정과 항일빨치산 계열이 '공산주의의 수출을 위한 혁명적 무장력으로 북한군을 건설'해주기를 주문한 스탈린의 의도에 공감했기 때문인 것으로 보여진다.[56]

---

56) 한용원, 앞의 글, p.2.

북한군의 창군 시 주요한 간부양성기관은 평양학원, 중앙보안간부학교, 해안경비대간부학교, 강동정치학원 등이었다. 우선 평양학원은 북한군 건설의 기초작업으로 1945년 11월 17일부터 구체적으로 준비되었고, 1946년 2월 8일 진남포 동쪽에 설립되었으며, 공식적으로는 2월 23일에 개교하였다. 당초 평양학원은 15개월 코스의 정규과정으로 운영하려고 했으나 북한에 친소공산정권을 수립하는 데 소요되는 당·정·군 정치간부의 양성이 시급하여 북한 각 지역에서 선발된 600여 명을 1946년 1월 3일 입교시켜 4개월 코스의 단기과정교육부터 시작하였다. 이는 소민정이 해방 후 입북한 다양한 당료 및 군사경력자 중에서 보안대 및 당·정의 간부를 선발하지 않을 수 없어 공산주의 사상교육의 통일과 군사교리의 소련화 통일부터 도모코자 했기 때문이었다.

그리고 동교는 초대원장에 항일빨치산파 김책, 부원장 겸 교무주임에 소련교사출신 기석복(훗날 선전성부상, 육군대학 부총장), 참모장에 소련군출신 김동수를 임명한 데다가 김책을 비롯하여 안길, 조정철, 심태산, 김증동, 주도일 등 30여 명의 항일빨치산집단에 의해 주도적으로 육성되었기 때문에 내면적으로 김일성에 대한 절대적 지지를 사명으로 삼고 있었다. 그러므로 항일빨치산 출신들은 그들 세력의 저변확대를 위해 각 지방을 순회하면서 각급 인민위원회에서 핵심분자들을 선발하여 입교시키는 데 관심을 집중하였다. 그리고 동교는 소련군출신 한인들과 소련군 교관에 의해 노어를 비롯한 공산당사와 소련군의 군사교리 등을 교육했는데, 군사교육보다는 정치사상교육에 중점을 두었으며, 그러기 위해 소련군 정치사령부의 조종을 받는 소련군출신 한인교관들에게 정치교육을 맡겼으며,57) 따라서 동교는 당·정·군 간부들에 대해 통일적인 정치사상교육을 실시할 수 있는 장점을 지니게 되었다.

단기교육과정의 학생들이 1946년 6월 초에 배출되자 이들을 ①각 도·

---

57) 장준익, 앞의 책, pp.48-49.

〈도표 4-7〉 평양학원 편성

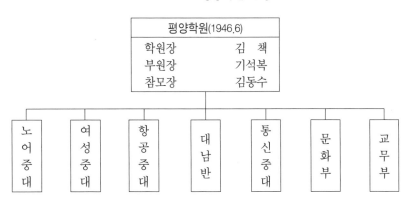

시·군의 각급 인민위원회와 도 단위 보안대 및 철도보안대의 핵심간부로 발령하고, ②새로이 창설된 보안훈련소와 철도경비훈련소의 교관요원으로 배치하였다. 그러한 연후 〈도표 4-7〉과 같이 6월 26일에는 15개월 코스의 정규과정을 신설하여 정규과정 제1기생 800여 명을 선발·입교시켰는데, 이들은 노어중대 200명, 여성중대 300명, 항공중대 100명, 대남반 100명, 통신중대 100명으로 편성·입교시켰다. 이들 정규과정 제1기생은 1947년 10월 5일 졸업했는데, 노어중대 졸업생은 통역관 내지 군정치부에 배치하고, 항공중대 졸업생은 공군창설 부대에, 통신중대 졸업생은 통신기술부서 및 시설부서에 각각 배치하였다. 그리고 대남반 졸업생은 대남간첩으로 침투시키거나 대남유격대원 양성부서에 배치하고, 여성중대 졸업생은 당과 각 지방 인민위원회 및 여성단체에 근무할 여성간부를 양성하는 부서에 배치하였다.

평양학원의 제2대 학교장도 역시 항일빨치산파였던 안길이 임명되었는데, 그는 인민집단군총사령부의 총참모장까지 겸임했으나 1947년 12월에 사망했으며, 1948년 초에 정규과정 제2기생이 졸업하였다. 1949년 1월에는 평양학원이 「인민군 제2군관학교」로 개칭됨과 동시에 만경대로 이전했는데, 이때 제3대 학교장으로 소련파 기석복이 임명되었다. 그리고 이때부터 제2군관학교는 인민군의 정치군관을 양성하는 학교로 변신하여 훈련도 군사부훈련과 정치부훈련을 병행했는데, 군사부훈련은 분대급에서 대대급에 이르는 전술훈련을 실시하였고, 정치부훈련은 마르크스·레닌의 정치사상과 민족해방사 및 김일성투쟁사를 교육시켜 인민군의 문화부 정치군관을 양성하는 학교가 되었다. 이 학교는 1950년 6월 남침 직전까지 단기과정을 제외한 정규과정만 해도 총 5개기(제2군관학교로 개칭 후 3개기) 2,500명을 배출하였다.58)

다음으로 북조선중앙보안간부학교는 보병, 포병, 통신, 공병을 비롯한 여러 병종의 간부들을 전문적으로 양성할 목적으로 1946년 7월 8일 북조선임시인민위원회의 결정에 따라 강서군 대안리에 설치하였다. 김일성은 중앙보안간부학교를 항일빨치산파 출신 박성철, 손종순, 태병렬, 연안파 출신 박효삼, 김강, 소련파 출신 유성철, 정학준, 박길남 등 30여 명과 평양학원 단기과정출신 10여 명을 중심으로 운영토록 하고, 학교 편성은 <도표 4-8>과 같이 학교장 아래에 정치부교장 및 군사부교장을 두고, 전술학부, 포병학부, 사격학부, 통신학부의 4개 학부를 두었다. 학교장은 황포군관학교출신(제4기)이며, 조선의용군 부사령관 겸 참모장을 역임한 연안파 출신의 박효삼, 정치부교장은 조선의용군 총사령부 참모를 역임한 연안파 출신 김강을 각각 임명했으나 군사부교장은 항일빨치산파 출신 박성철, 전술학부장은 소련군출신 유성철, 포병학부장은 소련군출신 정학준, 사격학부장은 소련군출신 박길남, 통신학부장은 소련군출신 이종인을 각각 임명하였다.

그러므로 이 학교의 상징적 지도부는 연안파로 구성되었으나 실질적 운영 권한은 빨치산파와 빨치산파를 지원하는 소련파가 장악하게 되었다. 이 학교의 정원은 500명이었고, 수업기간은 12개월이었으며, 입학자격은 각급 인민위원회의 추천을 받은 신체 건장한 30세 이하의 자로서

---

58) 같은 책, p.50.

〈도표 4-8〉 중앙보안간부학교 편성

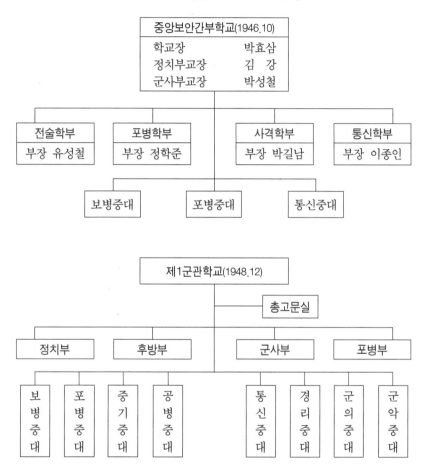

중등학교 1학년 수료 이상의 학력으로 제한하였고, 교과과정은 소련국
방성 총정치국의 지시에 따라 제25군 정치부가 작성하여 군사회의에서
승인을 받았으며, 교원은 소련군사령부 소속 요원 가운데서 초빙하였다.
그런데 이 학교는 창설 후 4개월간 동교에 보직된 교관들에 대한 교관교
육부터 먼저 실시하고, 교육훈련의 준비가 완료된 1946년 10월 22일 보
안간부 제1기생 300명을 입교시켰다.59) 이들은 각 지방의 보안대 및 인

민위원회의 요원 중 북조선공산당 중앙위원회가 엄선한 청년들로서 투철한 공산주의자들이었다.

이들 제1기생은 3개 중대로 편성했는데, 제1중대는 보병중대로 120명, 제2중대는 포병중대로 120명, 제3중대는 통신중대로서 60명으로 구성되었다. 이들 각 중대의 중·소대장은 소련군출신 한인들이었으며, 이들은 교관도 겸하고 있었다. 제1기생은 1947년 10월 26일 졸업했는데, 졸업 시 대부분 동교의 교관 및 소대장으로 잔류·보직되었으며, 제1기생 졸업 후 동교는 확장되어 보병, 포병, 공병, 통신은 물론 경리, 군의, 군악병과도 망라하는 종합군관학교로 발전하였고, 1948년 12월 초에 평양의 사동으로 학교를 이전하여 제1군관학교로 개칭한데 이어 1950년 10월에는 강건종합군관학교로 개칭하여 오늘에 이르고 있다. 이 학교는 6·25전쟁 발발 전까지 2,000여 명의 군관을 배출했는데, 이 학교를 졸업한 군관들은 인민군 확장 시에 주요 간부로 보직되었다. 6·25전쟁을 치른 인민군 간부의 대부분도 이 학교의 졸업생들이었다.

그런데 이 학교는 스티코프 장군의 구상에 의해 설립되었으며, 그 목적은 소련의 대북영향력을 강화시키기 위한 것이었다. 즉 스티코프 장군은 1946년 6월 12일 스탈린에게 제1차 미·소 공위 활동을 결산보고하면서 향후 소련의 대북한 영향력 강화를 위한 초안을 제출했는데 동 초안에는 소련이 북한의 철도 경비를 위한 철도경비여단, 한·만 국경 경비를 위한 국경경비사단, 보안간부 양성을 위한 군관학교 등의 창설을 지원해주고, 이들 부대의 무장에 필요한 양의 무기를 북조선임시인민위원회에 판매해줄 것을 건의하였다.[60] 이는 북한에 군대 창설을 지원하여 소련의 대북영향력을 강화시키기 위한 것이었는데, 북한군대를 혁명적 무장력으로 육성하고자 했던 스탈린이 이 안을 승인함으로써 이 안은

---

59) 같은 책, pp.50-51.
60) 안승환, "주북한소련군사고문단의 북한군지원활동," 『한국전쟁의 새로운 연구 2』 (정문연, 2002), p.404.

구체화되어 현실화되었다.

한편 1946년 7월 해안의 보안을 전담하는 수상보안대가 신설되어 1946년 12월 해안경비대로 개칭되었다가 1949년 12월 민족보위성으로 이관되면서 「조선인민군해군」이 되었는데, 창군 초기에 해안경비대의 간부는 평양학원과 중앙보안간부학교 출신자를 기용했으나 해상근무에 대한 전문지식의 부족을 표출시킴으로써 전문적인 해안간부의 양성을 위해 1947년 7월 8일 해안경비대간부학교를 창설·운영하였다. 조선인민군의 창설을 계기로 해안경비대간부학교는 해군군관학교로 개칭(초대 교장 김광연, 부교장 김원무, 정치부교장 소정철)하여 1949년 9월 제1기생 250명, 1950년 5월 제2기생 750명을 각각 졸업시켰다.[61]

그리고 해안경비대는 본래 내무성 관할하에 있었으나 1949년 12월 민족보위성으로 이관되면서 정식으로 조선인민군해군으로 호칭되었고, 초대조선인민군해군 총사령관에 소련군 중좌출신 한일무 중장(소련군이 북한주둔 관동군을 공격하기 전에 한일무는 김원길, 박창옥, 이학룡, 김성훈, 김찬 등과 첩보공작 수행차 북한에 파견)이, 참모장에는 해군군관학교 부교장을 역임한 김원무 총좌가 각각 임명되었으며, 총사령부 예하에는 참모부서와 제1위수사령부(청진), 제2위수사령부(원산), 제3위수사령부(진남포)와 해군군관학교 및 기술훈련소가 있었다. 그리고 인민군해군의 병력규모는 총 15,300여 명이었는데, 그중 해군군관학교의 병력은 500여 명을 차지하였다.

나아가 소민정은 북한군의 창군기에 남한에서 지하투쟁을 전개할 요원도 양성하였다. 처음에는 평양학원의 대남반에서 주로 남한출신인 남로당원들을 상대로 공산주의 정치교육과 유격전술을 훈련하여 대남간첩과 유격대원을 양성하는 데 중점을 두었다. 그러나 1947년 말에 남한에서 전개되고 있는 남로당계열 공산분자들의 폭동전복활동을 지원할 정

---

61) 김창순, 앞의 글, p.371.

치공작대원의 양성 목적으로 1948년 1월 1일 평양 근교에 강동정치학원
을 설립하였다. 동 학원의 편성은 학원장 예하에 3개의 부원장직과 강의
를 담당할 교관단, 그리고 학생중대 및 병원으로 구성되었고, 학원장에
는 중앙아시아에서 동원되어 북한에 파견된 교사출신 박병률이 임명되
었다. 군사부원장에는 항일빨치산파 서철이 임명되어 주로 유격대 훈련
을 담당하였고, 정치부원장에는 남로당출신 박치우가 임명되어 정치공
작을 담당했으며, 경리부원장에는 김책의 처남 이칠성을 임명하여 후방
지원(군수지원)을 담당케 하였다.62) 이 학원에 입교하는 학생은 모두 남
한에서 월북한 자들로 구성되었고, 창설 당시에는 대남공작요원의 양성
이 목적이었으나 남한에 제주4·3사건과 여순10·19사건이 발생하자 유
격대요원의 양성도 병행하게 되었다.

그러므로 교육과정도 유격대요원을 양성하는 3개월 기간의 군사단기
반과 정치공작요원을 양성하는 6개월 기간의 정치반이 있었다. 교육과
목은 소련공산당사, 남로당사, 경제학 등의 일반학과 사격, 폭파, 지형학,
공병학, 유격전술 그리고 남한적화공작에 관한 교육이 중점적으로 실시
되었다. 이 학원은 1950년 6월 25일 폐쇄될 때까지 3,000여 명을 양성·
배출하여 1948년 11월부터 1950년 3월까지 총 10회에 걸쳐 중동부 산
악지역과 동해안으로 유격대원 2,385명을 남파한 것으로 알려지고 있
다.63) 그리고 남파된 유격대원은 현지 공산비적과 합류한 후 지하당을
조직하여 태업, 살인, 방화, 약탈, 습격 등 각종 만행을 자행했는데, 박병
률이 회고한 바에 의하면 당시 동 학원에는 북조선공산당 정치위원으로
서 대남사업담당 책임자였던 이승엽이 기거하면서 졸업생들에게 남한침
투를 지령하고 있었다고 한다.

한편 북한공산주의자들은 1949년 4월 함북 회령에 유격대원 전문양

62) 장준익, 앞의 책, p.184.
63) 국방부 군사편찬위원회, 『6·25전쟁사 1』, p.237.

성기관으로 제766독립보병연대(통칭 766부대)를 창설했는데, 이 부대는
대외적으로 제3군관학교로 불려졌다. 이 부대의 부대장(학교장)에는 항
일빨치산파 출신 오진우 소장이 임명되었으며, 참모장 겸 군사부교장에
는 강동정치학원의 군사부원장을 하던 항일빨치산파 출신 서철을 임명
하였다. 이 부대는 1949년 4월 부대창설 시 강동정치학원출신 53명과
민청소속 학생 100명이 기간요원이 되었으나 같은 해 5월 말 중공군소
속 한인부대원 1,000여 명이 도착한데 이어 월북한 표무원과 강태무가
인솔하는 2개 대대 300여 명도 7월에 합류하였고, 또한 연말에 1,000여
명 상당의 중공군소속 한인병력이 추가됨으로써 동 부대는 3,000여 명
의 병력을 보유할 수 있게 되었다. 이 부대는 6·25전쟁이 발발하자 어
선에 분승, 동해안으로 접근하여 정동진과 임원진에 상륙함으로써 한국
군의 후방을 위협하였다.

3. 북한군 간부양성의 특성

　미국과 소련의 남북한 군대간부 양성의 대조적인 특성을 보면64) 우선
목표면에서 미국은 남한 경비대의 치안유지능력 배양에 중점을 둔 데
반해, 소련은 북한군의 혁명수출역량 배양에 중점을 두었다. 다음 이념
면에서 미국은 남한의 경비대를 비이념적으로 육성하기 위해 불편부당
을 강조한 데 반해, 소련은 북한군을 이념적으로 육성하기 위해 마르크
스·레닌주의 정치사상교양을 강화시켰다. 그리고 간부의 자원면에서 미
점령군은 남한 경비대의 간부를 양성하면서 군사기술주의를 내세워 군
사경력자들을 선호하고 친미주의자들의 승진을 뒷받침해준 데 반해, 소
점령군은 북한 보안대의 간부를 양성하면서 해외군사경력자들을 선호했
으나 빨치산파의 저변확대를 지원하여 김일성의 친소정권 수립을 뒷받

64) 한용원, 앞의 글, pp.93-100.

침해 주었다. 나아가 군의 헤게모니면에서 미국은 경비대출신을 선호하여 이들을 뒷받침함으로써 군영출신 및 경비사출신이 남한군의 헤게모니를 장악할 수 있는 길을 터준 데 반해, 소련은 스탈린이 북한의 지도자로 선정한 김일성이 영도하는 항일빨치산파가 북한군의 헤게모니를 장악하도록 뒷받침하였다.

논의야 여하튼 북한군 간부양성에서의 제1의 특성으로는 간부들의 공산주의화를 들 수 있을 것이다. 이는 소점령군이 북한의 자생적인 무장단체인 자위대·치안대·적위대 등을 해체시키고 보안대를 창설하면서 평민출신으로 편성하도록 명령한데서부터 비롯되었다. 소련군사령부는 '평민'을 최소한 지주의 가정에서 태어나지 않은 사람으로서 노동자·농민에 속하는 공산주의 사상을 견지한 자라고 정의하였고,[65] 따라서 북한지역의 보안대원은 공산주의를 옹호하고 자본주의를 적대시하며, 소련을 찬양하고 미국을 배격하는 무장대원으로 육성될 수밖에 없었다. 더욱이 소점령군은 북한 군대 간부를 이념적으로 육성하기 위해 마르크스·레닌주의에 입각한 정치사상교양을 강화시킴으로써 유물론적 사고방식이 확산되고, 당성·계급성·인민성과 집단주의가 제고되었으며, 특히 간부양성기관의 교과과정을 소련 국방성 총정치국의 지시에 따라 제25군 정치부에서 작성케 하였다.

나아가 소민정이 보안대의 간부를 양성하면서 소련군 및 중공군출신 해외군사경력자들을 고위급 간부로 기용한 데다가 김일성의 항일빨치산파가 보안대의 헤게모니를 장악하도록 적극 뒷받침함으로써 보안대의 당군(黨軍) 성격이 점차 부각되어 가게 되었다. 이에 김일성은 1948년 2월 8일 조선인민군의 창설을 전 세계에 선포하면서 '인민군대는 자본주의 국가의 군대와는 근본적으로 다른 새로운 형태의 군대'로서 "조선의 노동자·농민·근로자의 아들·딸로 구성되었고, … 항일무력전쟁에서 일

---

65) 김창순, 앞의 글, p.349.

본제국주의자들에게 불같은 분노로 갚아주었던 진정한 조선애국자들이
그 핵심을 이루고 있다."고 강조하였다.66) 그리고 김일성은 동 연설을
통해 조선인민군을 '조선인민의 혁명적 무장력'이라고 주장하여 한반도
전역에 걸쳐 공산화를 이룩하겠다는 의지도 분명히 하였다.

다음으로 북한군 간부 양성의 제2의 특성은 항일빨치산파가 북한군의
헤게모니를 장악할 수 있었다는 점이다. 소점령군은 보안대의 간부를 양
성하면서 빨치산파·연안파·소련파 등 해외군사경력자들을 선호한 데다
가 빨치산파가 간부양성기관인 평양학원과 중앙보안간부학교의 헤게모
니를 장악할 수 있도록 뒷받침했을 뿐 아니라 그들 세력의 저변확대를
도모하는 간부의 양성도 허용해 주었다. 인민군의 창군과정을 보면 공식
적인 최초의 무장조직은 치안용 보안대이고, 이 보안대와는 별도로 1946
년 1월에 철도보안대를 조직했으며, 동년 8월에 보안간부훈련대대부를
창설하였다. 그리고 보안대의 간부를 양성하기 위해 1946년 2월 8일 평
양학원을 설립하고, 1946년 7월 8일 중앙보안간부학교를 설립했는데, 이
양대 간부양성기관은 항일빨치산파에 의해 주도적으로 운영되거나 실질
적으로 운영되었다.

즉 최초로 설립된 간부양성기관인 평양학원은 항일빨치산파 김책, 안
길, 조정철, 심태산, 김중동, 주도일 등 30여 명이 소련파 기석복, 김동수
등의 지원을 받아 주도적으로 운영했으며, 중앙보안간부학교도 연안파
박효삼과 김강이 지도부를 형성했으나 항일빨치산파 박성철, 손중순, 태
병렬 등이 소련파 유성철, 정학준, 박길남, 이종인 등의 지원을 받아 실
질적으로 운영하였다. 정규군으로의 발전을 지향하여 1946년 1월 11일
창설된 철도보안대는 간부들을 소련군 출신인 한경수, 박영순, 전문섭,
전문욱, 김창봉, 최창덕, 안영 등과 조선의용군 출신인 주연, 윤용구, 조
소향, 백낙철, 김민영 등 모두 항일전 참가자들로 구성함으로써67) 장차

66) 가브릴 코로트코프 지음·어건주 옮김, 앞의 책, pp.196-197.

북한의 정규군 고위 간부는 소련군출신과 중공군출신 중에서 선발할 것
임을 시사하였다. 나아가 1946년 8월 15일 설치한 군의 지휘·통솔 기관
인 보안간부훈련대대부의 실권을 장악하게 된 김일성의 항일빨치산파는
보안대의 정규군 전환방향을 결정했을 뿐 아니라 보안대의 정규군으로
의 전환을 위한 조종·통제를 실시하였다.

이러한 맥락에서 볼 때 김일성은 소련국적 한인들의 적극적 지원과
보안대의 무장력을 배경으로 하여 북한의 정치권력을 장악할 수 있었으
며, 김일성의 북한의 권력장악은 북한군의 헤게모니를 김일성의 항일빨
치산파가 장악할 수 있게 해준 것으로 이해된다. 보안대의 간부양성기관
인 평양학원과 중앙보안간부학교는 해방 후 입북한 다양한 군사경력자
들 중에서 선발·입교시켜 정치교육을 통해 사상적 통일을 도모할 수 있
었을 뿐 아니라 소련군의 교리에 의거한 훈련을 통해 군사적 통일도 도
모할 수 있었기 때문에 보안대가 김일성의 권력장악을 뒷받침하기가 용
이하였다. 더욱이 간부양성기관을 주도적으로 운영하게 된 항일빨치산
파는 각급 인민위원회의 유능한 인재들을 선발하여 그들이 운영하는 군
사학교에 입교시킴으로써 그들 세력의 저변확대를 도모하였기 때문에
김일성의 지지세력이 전국적으로 확대될 수 있었다.[68]

나아가 북한군 간부양성의 제3의 특성은 한반도 전역에 걸쳐 공산화
를 이룩할 혁명적 무장력의 지휘관으로 육성시키려 했다는 점이다. 스탈
린은 38선이 획정되어 미·소가 한반도를 분할 점령하게 되자 소군이
점령한 지역을 기지로 하여 한반도 전체를 공산화할 생각을 하게 되었는
데, 한반도 문제를 해결함에 있어서는 북한 공산주의자들의 도움이나 소
련 외교정책의 구사에 비해 '군사적 힘'이 가장 중요한 무기라고 믿어
북한군을 혁명적 무장력으로 육성시키려 하였다. 그는 1946년 7월 김일

---

67) 국방부 전사편찬위원회, 『한국전쟁사 제1권』(1967), p.674.
68) 한용원, 앞의 글, p.103.

성과 박헌영을 모스크바로 소환하여 조선군대의 조속한 창설과 붉은군
대 경험의 전수 필요성을 역설하면서[69] "소련군이 얼마 지나지 않아 조
선에서 철수해야 할 것인데, 소련군의 철수 후에 상어밥이 되지 않으려
면 소련을 토대로 열심히 배워야 할 것"이라고 강조하였다.[70]

  이러한 스탈린의 지시를 감안하여 평양으로 복귀한 북한의 지도부는
2차에 걸쳐 빨치산파 최용건, 김책, 강건, 안길, 오백룡, 박영순 등과 연안
파 무정, 박일우, 주연 등을 소집하여 북한의 군사력 건설에 관해 토의한
결과 군사력 건설과 유관한 부대들을 통합 지휘할 기구로서「보안간부훈
련대대부」부터 설치키로 결정하였으며, 이 훈련대대부가 내무성 산하의
치안용 보안대를 제외한 모든 보안대를 북한의 정규군으로 전환시키는
작업을 추진하여 북한에 인민집단군을 형성하기로 하였다. 훈련대대부의
창설과 때를 같이하여 동년 9월에 스미르노프(Smirnov) 소장을 단장으
로 한 소련군사고문단이 북한에 도착하여 신병훈련과 간부훈련을 지도한
데다가 1947년 1월에는 지금까지 사용해 오던 일본제 무기를 소련에서
수송해온 소련제 무기로 교체하였으며, 개천, 나남, 평양의 훈련소가 철
도경비대를 주축으로 증·개편됨으로써 보안대는 정규군으로 변모되었
고, 따라서 1947년 5월 17일 보안간부훈련대대부는 북조선인민집단군사
령부로 개칭되었다.[71]

  인민집단군의 형성을 대외적으로 비밀로 하던 소민정이 1948년 2월
8일 '인민군 창군'을 국내외에 선언하는 거창한 창군식을 거행하도록 김
일성에게 제안했는데, 이는 한반도의 통일문제를 미국은 유엔을 통해서
해결하려고 한 데 반해서, 소련은 미·소 양군이 철수하고 남북한 주민
스스로의 해결에 맡기자고 주장하는 서로 상반된 미·소정책의 전개 와
중에서 나오게 되었다. 인민군의 창군식 거행은 혁명적 무장력으로서의

---

69) 가브릴 코로트코프 지음·어건주 옮김, 앞의 책, p.237.
70) 국방부 군사편찬연구소, 『한국전쟁의 새로운 연구 2』(정문사, 2002), pp.405-406.
71) 김창순, 앞의 글, pp.355-356.

인민군의 위용과 무장력을 통한 남한혁명의 수행 의지와 결코 무관할
수는 없는 것이었다. 따라서 동년 12월 소점령군이 북한으로부터 철수하
는 와중에 모스크바에서는 불가닌 국방상의 주재로 북·중·소 3국의 군
사대표자회의를 개최하여 18개월 이내로 북한군을 남침에 충분한 수준
으로 증강·지원하기로 결정하였고, 이를 위해 소련의 특별군사사절단을
북한에 파견하여 북한군의 남침준비를 지원케 하였다.72)

끝으로 북한군 간부양성의 제4의 특성은 정치적 이유에 의해 직업군
인의 성장이 좌우되었다는 점이다. 우선 해방공간의 북한에서는 보안대
를 창설할 때에 해외군사경력자들을 선호하였고, 따라서 소련군과 중공
군 출신 뿐 아니라 일본군과 만주군 출신 위관장교와 하사관에 대해서도
중앙에서는 김일성이, 지방에서는 도 단위 인민위원장이 나서서 보안대
의 입대를 권유하였다. 그러므로 일본군과 만주군 출신의 상당수가 보안

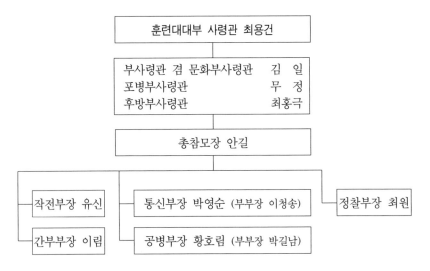

〈도표 4-9〉 보안간부훈련대대부의 주요 간부진

---

72) 국방부 군사편찬연구소, 『6·25전쟁사 1』, p.533.

대에 입대했으나 김일성의 빨치산파가 보안대의 헤게모니를 장악하게
되자 1946년 후반기부터 일본군과 만주군 출신자들을 사상불온 핑계로
보안대에서 제거하는 일이 빈발하였다.[73] 다음으로 해방공간의 북한에
서는 소련군의 편의제공으로 조기에 입북한 빨치산파가 보안대의 간부
양성기관인 평양학원에서는 주도권을 장악하게 되었고, 중앙보안간부학
교에서는 실질적 운영권을 장악하게 된데다가 군사력 건설 유관부대들
을 지휘할 보안간부훈련대대부의 요직을 <도표 4-9>와 같이 차지하여
보안대의 정규군 전환작업을 주도하였다.

즉 이들 중 사령관 최용건, 문화부사령관 김일, 총참모장 안길과 통신
부장 박영순은 빨치산파 출신이었고, 연안파 출신은 포병부사령관 무정
과 간부부장 이림이었으며, 후방부사령관 최홍극, 작전부장 유신, 공병부

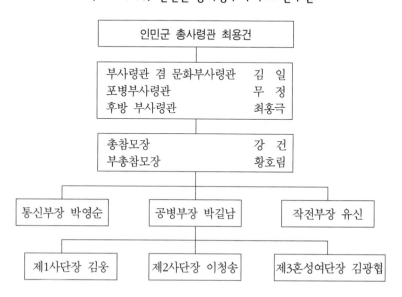

〈도표 4-10〉 인민군 총사령부의 주요 간부진

73) 한용원, 앞의 글, p.96.

장 황호림, 정찰부장 최원은 소련파 출신이었다. 소련파는 김일성이 북한의 정치권력을 장악하여 친소정권을 수립하도록 뒷받침하는 입장이었기 때문에 정치적으로 빨치산파와 노선을 같이하여 빨치산파를 지원하였다. 그러므로 보안대의 헤게모니는 빨치산파가 장악하게 되었는데, 보안대가 정규군으로 전환된 연후에 창설된 인민군총사령부도 <도표 4-10>과 같이74) 보안간부훈련대대부의 편성을 방불케 하는 편성을 유지함으로써 빨치산파의 북한군 헤게모니 장악에는 변동이 없음을 말해주고 있는 것이다. 즉 북한군은 최고위 지휘부를 빨치산파가 점하고, 지휘부를 보안하는 고위직에는 연안파를 보직한 데 반해, 지휘부를 보좌하는 참모진에는 대체로 소련파를 배치하였다.

하지만 6·25전쟁이 실패로 돌아가자 전쟁에 참가했던 인민군 직업군인출신 장성의 95%가 정치적인 이유로 인해 숙청되었다.75) 즉 1953~56년간 소련파의 숙청으로 최종학, 김열, 박창옥, 김칠성 등은 처형되었고 김재욱, 한일무, 유성철, 기석복, 장철, 최표덕, 천의완, 오기찬, 이춘백, 이동화 등은 해직됨으로써 소련파의 90% 수준이 피해를 입었고, 1956~58년간 연안파의 숙청으로 무정, 김웅, 박훈일, 이권무, 왕련, 방호산, 장평산, 김창덕, 김한중, 이익성, 주연, 이림 등은 학살되거나 자살하였고, 이상조, 윤공흠, 서희, 김강 등은 중·소로 망명함으로써 연안파의 거의 100% 수준이 피해를 입었으며, 1969년 이래 빨치산파의 숙청으로 인해 김광협, 김창봉, 최광, 허봉학, 최용진, 이영호, 석산 등도 피해를 입었다. 김일성은 이같은 숙청사업을 6·25전쟁 패전의 책임전가와 항일빨치산파의 혁명전통 수립 수단으로 이용하였다.

---

74) 훈련대대부와 인민군총사령부의 편성에 있어 주요 변동사항은 총참모장에 강건이 임명되고 부총참모장직이 신설된 것인데, 1947년 12월 안길이 사망함에 따라 같은 빨치산파 출신 강건이 임명되었기 때문에 출신별 헤게모니에는 변동이 없는 것이다.
75) 임은, 『김일성왕조비사』(한국양서, 1982), pp.205-209.

III. 소련의 대북 전력증강 지원

대북한 점령정책을 추진하기 위한 소련군의 행로는 최초에 전투부대가 북한으로 들어갔고, 두 번째는 군사위원들이 갔으며, 세 번째는 각 분야의 전문가 집단이 들어갔고, 그 뒤를 이어 이들을 받쳐줄 소련국적의 한인집단이 갔다.76) 대일선전포고에 의해 소련 제25군은 북한 북동부지역에 배치된 일본의 관동군에 대해 8월 11일 공격을 개시하여 8월 16일 청진까지 점령하였고, 일제가 무조건 항복함으로써 제25군은 8월 26일 평양에 소련군사령부를 설치하고, 북한전역에 54개(후에 113개로 증가)의 위수사령부를 설치하였다. 이에 북한을 공산화·소비에트화하기 위한 점령정책의 입안자인 동시 감독자의 역할을 담당하게 된 스티코프 상장이 1945년 9월 23일 평양을 방문하여 소련제35군의 군사회의 정치위원이던 로마넹코 소장을 우두머리로 하는 민정부(소비에트민정사령부)를 10월 3일 수립하였다.

로마넹코의 민정부(소민정)는 대부분 소련군 장교로 구성된 대북한 점령정책 담당 전문가 200여 명을 요직에 배치하여 대북한 점령정책을 집행하도록 하였다. 그러나 이들 점령정책 담당 전문가들인 군사위원들은 중앙아시아에서 동원되어 북한에 파견된 소련국적 한인 2세들에 의해 대체되어 갔으며, 1947년 7월에는 군사위원이 30여 명 정도로 축소되었다. 북한의 점령군사령관 치스챠코프 대장은 1945년 8월 26일 성명서를 통해 이미 점령 정책의 대강을 밝힌 바 있었다. 즉 "소련군대와 동맹국 군대는 조선으로부터 일본의 침략자를 구축하였고, 따라서 조선은 자유의 나라가 되었다."고 강조하고, "새로운 정권이 각 도에 성립한 후에 통일정부를 세울 것이나 신정부의 소재지는 반드시 경성에 한하지 않으며, 또한 북위 38도선은 미·소 양군 진주의 경계선에 불과한 것이지 결

---

76) 안드레이 란코프 저·김광린 역, 앞의 책, pp.58-66.

코 정치적 의미가 있는 것은 아니다."고 주장하였다.[77]

이러한 맥락에서 스티코프 상장은 1945년 10월 3일 민정사령부를 설치하고, 민정장관으로 임명한 로마넹코 소장에게 북한에 대한 본격적인 소비에트화정책을 위한 정치공작의 추진을 지시하였고, 특히 스탈린에 의해 북한에 친소정권을 수립하는 데 적임자로 판단된 김일성을 북한의 지도자로 만듦에 있어 핵심적 역할을 수행하도록 지시하였다. 그리고 스티코프 상장은 미·소 공동위원회의 소련 측 수석대표로서 1946년 3월 20일 개최된 제1차위원회에서 "한국은 장차 대소 공격의 기지가 되어서는 안 되며, 소련에 대하여 우호적인 국가가 되어야 한다."고 주장하여[78] 사실상 한반도를 공산화하겠다는 소련군의 점령정책을 공식화한 셈이 되었다. 더욱이 소련군의 총사령관인 스탈린이 한국문제를 해결하기 위해서는 '군사적 힘'이 가장 주요한 무기라고 믿고 있었기 때문에 소점령군은 이러한 총사령관의 생각을 감안하여 북한의 군사조직을 창설·육성하는 데 관심을 집중시켰다.

소점령군은 1945년 10월 21일 치안용 보안대를 창설한 이후에도 철도경비와 국경경비를 위해 11월 27일 보안대의 보완·증강을 결정하였고, 이러한 결정에 따라 장차 정규군으로 전환시킬 목적하에 1946년 1월 11일 철도보안대를 창설하였다. 그리고 1946년 7월에는 스탈린이 김일성과 박헌영을 모스크바로 소환하여 스티코프 장군도 배석한 자리에서 조선군대의 조속한 창설과 소련군대 경험의 전수를 역설함에 따라 소점령군은 보안대를 정규군으로 전환시키는 데 최대의 노력을 경주하였다. 즉 스탈린으로부터 정규군 창설의 지시를 받고 귀환한 북한의 지도부가 군사력 건설과 유관한 부대들인 평양학원, 중앙보안간부학교, 보안훈련소, 철도경비훈련소, 철도경비대 등을 통합지휘할 기구를 1946년 8월 15

---

77) 중앙통신사, 『조선중앙연감』(1949), pp.57-58.
78) *FRUS*, 1946, Vol.8(USGPO, 1969), p.653.

일 설치하고 보안간부훈련대대부로 지칭하여 부대의 중·개편을 추진하자 소점령군은 동년 9월 스미르노프 소장을 단장으로 하는 경험 많은 소련군사고문단을 북한에 도착시켜 각 훈련소와 군사학교에 배치, 신병훈련과 간부교육을 지도하도록 하였고,79) 1947년 1월에 소련제 기관단총을 비롯한 소총과 기관총, 박격포 등 무기와 소련제 및 독일제 군복을 북한으로 수송케 하여 훈련대대부예하 각급부대에 지급토록 하였다.

이렇게 하여 보안대가 정규군으로의 면모를 갖추자 1947년 5월 17일 보안간부훈련대대부는 북조선인민집단군사령부로 개칭되고 2개 경보병 사단과 1개 혼성여단으로 확장·개편되었는데 이때 인민집단군 각 사단에는 소련군이 지원해준 76밀리곡사포, 82밀리박격포, 120밀리중박격포, 45밀리대전차포 등 신형화기와 각종 기관총 및 다발총으로 장비하였고, 소련고문관들을 각 사단에 배치하여 신장비 조작훈련은 물론 소련식 교리에 의한 각개훈련 및 전술훈련과 참모학을 직접 지도하도록 하였다.80) 이러한 가운데 제2차 미·소 공위가 실패로 돌아가 한국문제가 유엔으로 이관되자 북한당국은 소민정의 지시를 받고 정부도 수립하기 전에 조선인민군의 창설을 선포하여 인민군을 '조선인민의 혁명적 무장력'이라고 강조하였다.81) 그리고 북한당국은 이러한 무장력으로 전력을 증강시키기 위해 군사훈련을 가일층 강화시켰다.

북조선민주주의인민공화국이 창설(1948.9.9)됨에 따라 소련정부는 북한정권의 외국군 철수요구를 받아들이는 형식으로 소련군을 12월 말까지 철수시킬 것이라고 발표하였다. 이에 따라 소점령군이 10월 19일부터 철수하기 시작했는데, 소련군이 철수하면서 북한군에 장비를 이양해줌으로써 ①북한군은 2개 사단 1개 여단으로부터 3개 사단 1개 여단으로 증편되었고, ②소련 전차사단의 지원하에 제105전차대대를 창설했으

79) 장준익, 앞의 책, p.59.
80) 같은 책, p.62.
81) 『김일성선집 1』, pp.21-23.

며, ③민족보위성 산하의 항공대대는 IL-10기와 YAK-9기의 지원을 받아 항공연대로 증편되었다. 그러나 본격적인 대북한 전력증강 지원은 소련군이 철수 중이던 1948년 12월 중순 모스크바에서 불가닌 국방상의 주재하에 개최된 북·중·소 3국 군사대표자회의의 결정에 따라 추진되었다. 이 회의에서 3국의 군사대표자들은 18개월 이내로 북한군을 남침에 충분하게끔 증강시킨다는 목표를 설정하였다. 이러한 맥락에서 소련의 북한군에 대한 전력증강 지원을 점령군 주둔하의 지원, 점령군 철수 시의 지원, 점령군 철수 후의 지원으로 세분하여 고찰키로 한다.

1. 점령군 주둔하의 지원

소련의 군정이 실시된 지 약 4개월 만에 38도선 이북에서는 소민정에 의한 공산화체제가 자리 잡기 시작하였다. 이러한 체제의 변화와 더불어 인민집단군의 형성으로 인해서 소점령군의 규모는 줄어들게 되었다. 즉 스탈린의 지시에 의해 북한의 보안대가 소련에서 파견된 군사고문단의 자문에 의해 정규군으로 변모되어 1947년 5월 17일 인민집단군을 형성했기에 1947년 7월부터 소점령군은 북한의 경비대에게 38선의 경비임무까지 인계함으로써,[82] 1947년 9월 북한에는 소점령군이 약 4만 명 정도만 잔류한 것으로 밝혀지고 있다. 소련은 북한군의 건설 초기부터 군사물자와 장비지원은 물론 군의 지휘·통제부서인 보안간부훈련대대부의 지도와 더불어 간부양성소와 신병훈련소를 비롯한 각급 부대의 교육·훈련을 지도하였다. 소련은 북한군이 인민집단군을 형성하여 경보병사단을 보유케 되자 각 사단에는 대좌급 사단장 고문관을 비롯하여 중대급까지 150명을 배치하고, 전차·항공부대에도 전문고문관을 파견하여 전술훈련과 장비교환에서부터 정비분야지원까지 담당하였다.[83]

---

82) 장준익, 앞의 책, pp.69-70.

다시 말하면 보안간부훈련대대부의 창설과 거의 때를 같이 하여 1946
년 9월에 스미르노프 소장을 단장으로 한 소련군사고문단이 북한에 도
착하여 각 훈련소와 군사학교에 배치되어 소련군대식으로 신병훈련과
간부교육을 지도하였고, 특히 신병훈련기관인 3개의 훈련소(개천의 훈
련제1소, 나남의 훈련제2소, 원산의 훈련제3소)를 모두 철도경비대를 주
축으로 증·개편하는 방식으로 정규군의 육성을 추진하였다.[84] 그리고
1947년 1월에 소련제 기관단총을 비롯한 소총, 기관총, 박격포와 제2차
세계대전시 노획한 독일제 군복을 실은 2척의 소련 화물선이 진남포항
에 입항하자 소점령군은 북한군의 각급부대가 지금까지 사용해오던 일
본제무기를 모두 소련제 무기로 교체하고 새로운 군복도 지급하였다. 그
러므로 이러한 소련의 군사지원과 군사고문에 힘입어 북한의 보안간부
훈련대대부는 1947년 5월 17일 정규군의 사령부인 북조선인민집단군사
령부로 거듭 태어나게 되었다.

 북조선인민집단군사령부가 창설됨에 따라 종전의 보안훈련소도 개편
되어 개천 소재 훈련제1소는 인민집단군 제1경보병사단으로, 나남 소재
훈련제2소는 인민집단군 제2경보병사단으로, 원산 소재 훈련제3소는 인
민집단군 제3혼성여단으로 각각 개칭되었다. 이처럼 북한군의 보안군시
대가 인민집단군시대로 바뀌고 사단이 창설되자 소점령군은 사단에 신
형장비를 제공하였다. 즉 소점령군은 각 사단에 76밀리곡사포, 45밀리대
전차포, 14·5밀리대전차포, 120밀리중박격포, 82밀리박격포 등 신형장
비를 제공하여 북한군의 전투력을 급격히 상승시켜 주었다.[85] 그러나 대
부분의 북한주민들은 보안대가 인민집단군으로 전환되어 정식군복과 정
식계급장을 단 정식군대가 된 사실을 모르고 있다가 1947년 7월 27일
평양공설운동장에서 인민집단군의 사열식이 거행되자 비로소 그러한 존

---

83) 국방부 군사편찬연구소, 『6·25전쟁사 1』, p.177.
84) 장준익, 앞의 책, p.55.
85) 김창순, 앞의 글, p.356.

재(정식군대)를 알게 되었다.

이 사열식이 국제 민청(民靑)대회에 보내는 북한대표 선수와 인민집단
군 군관학교 선수 간에 환송경기가 있었던 현장에서 실시되었기 때문에
이때부터 북한에 정식군대가 존재한다는 사실이 북한 내부적으로는 알
려지게 되었다.[86] 그러나 미·소 양군이 한반도를 분할점령하고 있는 질
서하에서 이는 국제적으로 예민한 문제이기 때문에 소민정은 대외적으
로 비밀로 하면서 신형장비를 소련으로부터 대량으로 도입하여 인민집
단군을 본격적으로 무장시켰다. 그 후 유엔에서 미·소 양군의 한반도로
부터의 철수론이 보편화되어 가자 소민정은 김일성에게 정부도 수립하
기 전에 조선인민군의 창설을 선포하도록 지시하기에 이르렀다. 이러한
맥락에서 인민집단군의 편성과 육성의 배경은 소련군이 북한으로부터
철수하기 이전에 강력한 북한군대를 창설하여 장차 미·소 양군이 모두
철수한 후 객관적 조건이 성숙되면 '한반도공산화통일'의 무력수단으로
활용할 무장력의 건설을 위한 것이었음을 알 수 있다.

2. 점령군 철군 시의 지원

미·소 공동위원회가 실패하고 한국문제가 유엔으로 이관되어 남북한
에 각기 다른 정부가 수립될 운명에 처하게 되자 미·소 양방 점령군의
철수문제가 중요한 문제로 부각되었다. 미·소 양방 점령군의 철수 제의
는 1947년 9월 26일 미·소 공동위원회의 소련 측 대표 스티코프 장군이
최초로 제기하였고, 그 후 10월 28일 그로미코 소련 외상이 유엔총회
정치위원회에서 제기하였다. 그런데 스티코프 장군이 미·소 양군의 철
군을 제기했을 당시에 북한에는 북조선인민위원회가 수립된 지 7개월이
경과한 데다가 북조선인민집단군총사령부를 설치한지도 4개월이 경과

---

86) 같은 글, p.357.

되어 소점령군이 북한에 계속 주둔할 필요성이 없어진 시점이었다. 그러므로 소민정은 '힘의 시위'를 표면화시켜 충격적 효과를 줄 수 있도록 김일성에게 조선인민군의 창설을 선언케 하였고, 김일성은 1948년 2월 8일 조선인민군의 창설선언에 이어 동년 4월 하순 평양에서 개최된「남북정치협상회의」참석차 입북한 남한의 정당·단체의 대표들 앞에서 열병분열식을 5월 1일 평양역전광장에서 거행하였다.[87)

한편 소점령군은 1948년 12월 말까지 철군을 완료할 것이라고 발표하고 미국도 이에 상응하는 조치를 취해줄 것을 요청하면서 1948년 10월 19일부터 철수하기 시작하였다. 소련군은 철수 시에 북한군에게 장비를 이양해 줌으로써 북한군의 전력이 급증하였다. 우선 북한군은 1949년 말까지 2개 사단 1개 여단으로부터 3개 사단 1개 여단으로 증강되었다. 조선인민군 창설 선언 후 종래의 인민집단군 제1보병사단(개천)은 조선인민군 제1사단으로 개편되었고, 인민집단군 제2보병사단(함흥)은 조선인민군 제2사단으로 개편되었으며, 인민집단군 제3독립혼성여단(원산)은 조선인민군 제3독립혼성여단으로 개편되었다가 인민공화국 선포 후 조선인민군 제3사단으로 승격되었고, 1948년 10월 15일 평남 대동군에 조선인민군 제4독립혼성여단이 창설되었다.[88)

다음으로 민족보위성 예속의 항공대대는 항공연대로 증편되었다가 1949년 12월에 항공사단으로 증편되었다. 즉 민족보위성 예속의 항공대대는 소련군 철수 시 인수한 IL-10기, YAK-9기 등 각종항공기를 바탕으로 하여 항공연대로 증편한데 이어 1949년 3월 김일성이 모스크바를 방문, 스탈린으로부터 150여 대의 항공기를 북한에 추가로 제공한다는 약속을 받아 소련의 항공기가 북한에 제공됨에 따라 1949년 12월 항공연대는 항공사단으로 증편되었으며, 습격기연대, 추격기연대, 교도연대, 공병대

---

87) 같은 글, pp.364-365.
88) 장준익, 앞의 책, p.119(제4독립혼성여단은 1950년 4월 조선인민군 제4사단으로 증편되었음).

대로 편성되었다.[89] 그리고 소련군 전차부대는 철수 시에 전차 1개연대 (뽀돌연대)를 잔류시켜 인민군 제105전차대대의 창설을 지원해준데 이어 1948년 12월 3일 이 전차연대가 철수하면서 T-34전차 60대, 76밀리 자주포 30대, 사이드카 60대, 차량 40대를 인민군 제105전차대대에 인계해주고 고문관 15명까지 남겨줌에 따라 제105전차대대는 제105전차연대로 중·개편되었고, 그 후 소련이 T-34전차를 추가로 제공하여 전차보유대수가 100대를 초과하자 1949년 5월 16일 제105전차연대를 제105전차여단으로 승격시켰다.

나아가 내무성 관활하의 해안경비대가 1949년 12월 민족보위성으로 이관되어 조선인민군 해군으로 발족되자 소련은 군원에 의해 대소형 함정 35척(5,500여 톤)을 제공하여 일제 경비정과 발동선을 교체시켜 주었다.[90] 그리고 소점령군은 북한으로부터 철수하면서 1948년 12월 말 소련고문관 3,000여 명을 잔류시켜 조선인민군의 교육훈련과 부대확장을 적극 지원케 하였다. 즉 소점령군이 철수하면서 군사고문관을 인민군 중대당 1명씩 배치하는 기준을 수립하여 인민군 1개 사단에 150명씩 배정함으로써 총 3,000여 명의 군사고문관을 북한에 잔류시켜 인민군의 전력증강을 지원케 하였다. 그러나 1949년 후반기부터 인민군 대대급까지만 군사고문관을 유지함으로써 군사고문관은 크게 감소하였다.

3. 점령군 철수 후의 지원

소점령군이 북한으로부터 철수하고 있던 1948년 12월 중순 모스크바에서는 불가닌 국방상의 주재로 북·중·소 3군군사대표자회의를 개회하여 향후 18개월 이내로 북한군의 전력을 남침에 충분한 수준으로 증강

---

89) 김창순, 앞의 글, p.370.
90) 같은 글, p.371.

시키기로 결정하고, 이를 지원 및 감독하기 위해 소련은 초대주북한대사로 임명된 스티코프 대장을 단장으로 한 5명의 장성과 12명의 대령, 그리고 20여 명의 중령·소령·대위 등 총 40여 명으로 구성된 특별군사사절단을 북한에 파견하였다. 동 군사사절단의 일원으로 북한에서 활동한 바 있는 칼리노프 중좌가 1949년 가을 서방세계로 탈출하여 폭로한 바에 의하면 동 3국군사대표자회의에는 소련의 극동군사령관 말리노프스키(Malinovsky) 원수, 지상군사령관 코네프(Konev) 원수, 해병대 사령관 고로우코(Golouko) 제독, 부수상 말렌코프(G. M. Malenkov) 등도 참여했다고 하며, 동 사절단은 북한으로 오는 도중 몽골인민군 참모총장 맹동산 장군을 만나 북한군에 파견할 전차병력의 차출문제를 협의하고, 만주 하얼빈에 도착하여 흑룡강성 인민위원회 군사대표단 마량도 장군을 만나 중공군 소속 한인병력의 북한군 편입문제를 협의했다.91)

소련특별군사사절단은 1949년 1월에 평양에 도착했는데, 이들과 함께 제2차 세계대전 시 참전경험이 있는 소련군출신 한인병력 2,500여 명이 입북하여 북한인민군 사단에 배치되었다.92) 그러나 최용건을 단장으로 한 북한군사대표단은 모스크바 3국군사대표자회의의 결정사항 중 "북한의 공군은 정치적 문제를 고려하여 당분간 편성하지 않는다."고 한데 대해 불만을 가졌었기 때문에 소련특별군사사절단에게 조·소회의를 개최하여 이 문제를 논의하자고 요구하였다. 그러므로 1949년 1월 하순부터 2차에 걸친 조·소회의를 개회하여 소련사절단은 150대의 항공기를 북한에 추가로 지원하기로 합의했으며, 이러한 사실을 보고받는 스탈린은 김일성이 1949년 3월 모스크바를 방문하자 전투기 100대, 폭격기 30대, 정찰기 20대 등 총 150대의 항공기를 추가로 북한에 제공하겠다고 약속하였다.93)

---

91) 같은 글, pp.373-374.
92) 장준익, 앞의 책, pp.199-200.
93) 같은 책, pp.111-112.

김일성의 모스크바 방문을 계기로 하여 1949년 3월 17일 조·소 경제·
문화협정이 체결되었는데, 1990년대 초 공개된 크렘린 문서에 의하면
이 당시 조·소 간의 회담과 협정의 중점은 소련의 대북 군사력지원에
있었음이 밝혀졌다. 스탈린은 김일성과의 회담에서 북한의 경제부흥발
전을 위해 4,000만 달러의 차관 제공 및 기술 지원과 전문가 파견 문제
를 협의했는데, 이때 소련이 제공한 차관액이 대부분 무기 및 장비의 구
입에 사용되었고, 따라서 북한은 소련으로부터 소총 15,000정, 각종 포
139문, T-34전차 87대를 인도받았을 뿐 아니라 150대의 항공기도 3차에
걸쳐 인도받게 되었다. 한편 북한군의 정치지도부 대표자 김일은 1949
년 4월 28일 중국을 방문하여 고강, 주덕, 주은래, 모택동 등 중국의 지
도부와 접촉하고 중공군 내 한인사단의 북한군 편입문제를 확정지었다.

3국군사대표자회의의 결정과 조·소 협정에 따라 ①6개 보병사단의
편성과 이에 수반될 무기 및 장비의 지원은 물론 ②전차사단과 항공사단
의 증편을 위한 무기 및 장비의 추가 지원이 이루어짐에 따라 1949년
후반기부터 북한군의 전력은 급증하게 되었다.[94] 우선 1949년 7월부터
1950년 4월 사이에 중공군 소속 한인병력 3개 사단 1개 연대가 북한군
에 편입되었다. 1949년 7월 중공군 제166사단 소속 약 1만여 명의 병력
이 방호산의 지휘하에 신의주로 입북하여 조선인민군 제6사단을 편성하
였고, 중공군 제164사단 소속 약 1만 명의 한인부대는 김창덕의 지휘하
에 1949년 8월 23일 철도편으로 회령을 경유 나남에 도착하여 조선인민
군 제5사단을 편성했으며, 중공군 독립 제15사단 소속 한인들은 제156
사단 및 제113사단 소속 한인들을 하남성 정주에 집결시켜 전우의 지휘
하에 1950년 4월 초 열차편으로 신의주를 경유하여 원산에 도착, 조선인
민군 제12사단을 편성하였다.[95] 중공군 제47군 한인독립단 5,000여 명

---

94) 국방부 전사편찬위원회, 『한국전쟁사』 제1권, p.709.
95) 김창순, 앞의 글, p.366.

도 1950년 4월 초 입북하여 조선인민군 제18연대로 편성되었다.

다음으로 1949년 10월에 3개의 민청훈련소가 설치되어 3개 사단을 신편하게 되었다. 북한은 1949년 초부터 인민군의 확장을 위해 군징집 제도를 자원입대로부터 강제징집으로 전환하고, 고급중학과 대학에 배속장교를 배치, 학생들에게 군사훈련을 실시하며, 1949년 10월에는 3개의 민청훈련소를 설치하여 17세부터 30세까지의 청장년을 강제징집하여 신병훈련을 실시하였다. 그러므로 평안북도의 징집자를 대상으로 신의주에 본부를 둔 제1민청훈련소에서는 1950년 6월 중순에 인민군 제13보병사단을 편성하였고, 평안남도와 황해도 지역의 징집자를 대상으로 숙천에 본부를 둔 제2민청훈련소에서는 같은 시기에 인민군 제10보병사단을 편성했으며, 함경북도의 회령에 본부를 둔 제3민청훈련소에서도 같은 시기에 인민군 제15보병사단을 편성하였다.[96] 이같은 3개보병사단의 신편과 더불어 제4독립혼성여단이 1950년 4월에 인민군 제4사단으로 완편됨에 따라 북한인민군은 총 10개의 보병사단(제1, 2, 3, 4, 5, 6, 10, 12, 13, 15사단)을 보유하게 되었다.

아울러 인민군은 6개의 독립연대를 편성했는 바, 그것은 ①유격대 전문요원으로 편성된 제766보병 연대, ②54대의 모터사이클을 보유한 제12모터사이클정찰연대, ③소련군의 신형장비인 122밀리곡사포 36문을 보유한 122밀리곡사포연대, ④도하장비 등 공병장비를 제대로 보유하지 못한 공병연대, ⑤평양의 방위를 위해 창설된 방공포연대, ⑥제105전차여단 외에 새로이 창설된 독립전차연대 등이었다.[97] 한편 북한의 내무성은 6·25전쟁 발발 직전까지 38선경비여단, 조·만국경경비대, 철도경비여단 등 경비부대를 보유하고 있었으나 그 중에서 전쟁 발발 직후에 38선경비대는 제1여단이 인민군 제8사단으로, 제3여단이 인민군 제9사단

---

96) 같은 글, p.367.
97) 장준익, 앞의 책, pp.120-124.

으로, 제7여단이 인민군 제7사단으로 각각 증편되고 민족보위성으로 이관되어 전선에 투입되었다.

그런데 북한군의 이같은 전력 증강은 소련군이 북한에 잔류하면서 지원해준 데 힘입은 바 컸음이 밝혀졌다. 소련의 외무성은 1948년 12월 25일 주북한 소련군이 철수를 완료했다고 발표했으나 이러한 발표와는 달리 소련의 군사전문가와 군무원 4,298명이 북한에 머물면서 전쟁준비를 지원한 것으로 밝혀졌다. 즉 소련군 총참모부가 작성한 1949년 2월 18일자 보고서 '군 철수 이후 잔류인원 보고'에 의하면 총 4,298명의 군사전문가들이 북한에 남아 있었는데, 이 중 군인이 4,020명이고 나머지 273명은 군무원이었다는 것이다.98) 이외에도 소련군 일부가 북한에 잔류한 사실은 분명한 바, 1949년 3월에 체결된 북한·소련정부 간 의정서에 의하면 북한이 소련해군의 잔류를 요청함으로써 소련 해군이 청진항에 주둔케 되었다고 밝히고 있다. 동 의정서에 의하면 "소련정부는 남한에 미국군대가 주둔하고 있는 것에 주목하여 해군부대를 청진항에 잠정적으로 주둔시켜 달라는 북한의 요청을 받아들이기로 하였다. 소련정부는 해군부대의 주둔과 관련하여 모든 경비를 지불한다."고 제1조에 규정하여99) 이를 뒷받침하고 있다.

나아가 소련특별군사사절단의 활동으로 인해 북한의 전차부대와 항공부대의 전력이 크게 증강되었다. 그러나 한반도의 지형적 조건과 북한지도부의 요구에 의해 3국군사대표자회의에서의 결정사항은 반대로 반영되었다. 즉 모스크바 3국군사대표자회의에서는 북한군에 'T-34전차 500대를 보유하는 전차 2개 사단을 편성'키로 결정하였고, 공군은 정치적 문제를 고려하여 당분간 편성하지 않기로 결정하였다. 그러나 소련특별군사사절단은 한반도의 지형이 산악과 하천이 많아서 전차부대의 운영

---

98) 국방부 군사편찬연구소, 『6·25전쟁사 1』, pp.180-181.
99) "북한·소련정부 간 의정서," 『소련비밀외교문서』 제3권, p.18.

이 부적합하다고 판단하여 전차 242대만을 지원하기로 결정·시행하였고, 김일성과 최용건 등 북한의 지도부가 조·소회의를 통해 정치적 문제를 고려하여 공군의 건설을 지연시키는 데 불만을 제기함으로써 스탈린은 김일성에게 항공기 150대의 추가지원을 약속·이행하였다.[100] 우선 전차전력의 증강에 관해 살펴보면 1949년 1월 하순에 1,500여 명의 몽골 전차병력이 입북한 데다가 T-34형을 개량한 중형급과 독일 타이거 로얄형을 혼합한 중량급 KVII 신형전차도 동해안 항구에 도착하였다.

이에 쿠바노프 장군과 카투코프 장군은 원산에서 군수품을 접수하고, 코르데예프 장군과 스티코프 장군은 연료저장고를 건설하느라 분주하였으며, 일부 군사사절단은 몽골인민군 전차조종자 및 기술자의 지원을 받아 북한의 전차병력 양성에 집중하였다. 특히 사절단 단장 스티코프 장군은 태평양연안에 정유시설이 없기 때문에 원산 근처에 작은 정유시설을 서둘러 만들어 가지고 연간 10만 톤의 휘발유 생산능력을 확보함은 물론 장진호 근처 지하에 비밀정유소를 건설하여 이 지방에 풍부한 역청탄을 활용, 연간 12만 5천 톤의 휘발유 생산능력을 확보키 위해 노력하였으며, 따라서 1950년 봄에 조선인민군 기계화부대가 사용할 충분한 유류를 확보할 수 있게 되었다.[101] 전차가 도입되고 전차병력이 양성됨으로써 1949년 5월 16일 제105전차연대는 제105전차여단으로 중·개편되었고, 1950년 6월 초 전차 30대를 보유한 독립전차연대를 추가로 편성했으며, 6·25전쟁 중에는 99대의 전차로 제16전차여단과 제17전차여단도 창설하였다.

다음으로 1948년 12월 말 소련군 철수 시 제공받은 100대의 항공기로 항공연대를 편성한 조선인민군 공군은 1949년 3월 스탈린이 김일성에게 항공기 150대 추가 원조를 확약하고 1차로 1949년 8월 중순 IL-10기

---

100) 장준익, 앞의 책, pp.111-113.
101) 김창순, 앞의 글, pp.371-377.

및 YAK-9기 30대를 지원해주자 1949년 12월 항공연대를 항공사단으로 승격시켰다. 그리고 북한 공군은 소련으로부터 1950년 4월에 2차분 60대를 제공받았을 뿐 아니라 1950년 6월에 3차분 60대를 제공받음으로써 200여 대의 항공기를 보유하게 되었다. 이로 인해 북한군은 170대의 전투기 및 폭격기와 31대의 연습기 및 정찰기를 보유한 데 반해, 남한군은 연습기 및 정찰기 22대만을 보유하였다. 그리고 남한군은 단 1대의 전차도 보유하지 못한 데 반해 북한군은 전차 242대와 자주포 176대 등 418대를 보유하였다. 이처럼 남북한의 군사력 격차가 심화되자 김일성은 북한군 전력의 절대 우위를 확신하고 스탈린에게 남침전쟁의 승인을 간청한 것으로 흐루시초프의 회고록은 밝히고 있다.

끝으로 소련은 북한에 전쟁원동력을 적극적으로 제공해 주었다. 제2차 세계대전 말기 북한에서 일제는 소련군이 진주해 오자 1,034개소의 중·대형 공장과 발전소 중 1,015개소를 파괴시켰기 때문에[102] 소점령군은 북한의 전후복구를 중요한 과제로 인식하였고, 스탈린이 총참모부에 북한의 군사적 잠재력 설립에 관해 도움을 주라고 지시함에 따라 전쟁원동력 부여에도 관심을 집중하였다. 그런데 전쟁 원동력의 부여에 관해 미군정과 소민정의 생각은 달랐다. 미군정은 "남한군은 남한경제의 수준에 맞게 유지해야 한다."고 생각했을 뿐 아니라 남한 내에서 군수물자를 확보하여 미국의 대한 군사원조를 줄이려 하였다. 이에 영향을 받아 주한미군사고문단은 1948년 11월 중앙조달본부를 설치하고, 미육군물자구매 및 계약절차에 따라 운영하도록 지도·감독하였다.

그 결과 ①중앙조달본부가 국내조변가능품목을 1년간 ECA기술자 및 서울대교수의 협조로 조사한 바에 의하면 향후 병참(100%), 의무(95%), 공병(45%), 통신(25%), 병기(15%) 물자 등이 조변가능하다고 판단했으며, ②군복공장이 1949년 6월 가동되어 1950년 6월 하루 1,200벌의 상

---

102) 안드레이 란코프 저·김광린 역, 앞의 책, p.62.

하의 전투복의 생산이 가능케 되었을 뿐 아니라 병참부대에서는 하루 1,200벌의 전투복과 500켤레의 군화를 수선할 수 있었고, ③병기공장에서는 총신을 제외한 99식소총의 각종 부품과 탄약(월간 30,000발)을 생산했으며, 수류탄, 지뢰 등도 시험제작단계에 돌입하였다.103) 이에 반해 북한에서 소민정은 1946년 8월 국유화정책을 추진 시에 모든 대기업 및 중소기업과 함께 군수공업을 국유화의 대상으로 삼아 통제권을 행사해온 데다가 스탈린이 1946년 7월 김일성과 박헌영을 모스크바로 소환하여 국가방위에 기여할 설비공장 건설의 불가피성을 역설하고, 총참모부에 북한의 군사·기술원조 수행을 위한 구체적 방안을 마련하도록 지시했음을104) 감안하여 북한의 전쟁원동력 회복 및 부여를 위해 노력하였다.

더욱이 스탈린이 북한을 '공산혁명의 수출을 위한 기지'로 건설하기 위해 무기 생산에도 관심을 갖고 있음을 확인한 스티코프와 김일성은 평양으로 귀환하여 1946년 8월 주요산업국유화 조치 단행과 더불어 '포병기술훈련소'라는 병기기술자 양성소를 설립·운영하였다. 이어서 평양교외의 평천에 병기공장을 세우고 기관단총의 제작·생산에 주력해온 결과 1948년 12월 12일 기관단총(다발총)이 제작되어 시험사격행사를 거행할 수 있었다. 이때 김일성은 박격포와 수류탄 그리고 소총탄과 포탄 등을 생산하는 새로운 공장을 건설하였고, 1949년 2월에는 이 공장을 '제65호공장'으로 명명하여 6·25전쟁 전에 소화기와 탄약 등을 생산하였다. 그리고 1949년 8월 30일 원산조선소에서는 북한 최초의 철제경비정(경비함 제41호)을 제작·진수시키고 '로동호'라고 명명했으며, 이어서 남포조선소에서도 경비함 제51호를 제작·진수시켰다.105)

---

103) Robert K. Sawyer, *op.cit.,* pp.98-99.
104) 가브릴 코로트코프 지음·어건주 옮김, 앞의 책, p.243.
105) 『조선전사』 제24권, pp.276-282.

제5장

전쟁으로 치닫게 되는 창군

I. 6·25전쟁의 원인

6·25전쟁의 원인은 미국의 소극적인 대남군사력건설정책과 소련의 적극적인 대북군사력건설정책의 영향으로 인해 심화된 남북한 간의 군사적 불균형으로부터 찾아야 할 것 같다. 북한의 김일성은 남북한의 군사력 격차가 심화되자 북한군의 전력이 남한군의 전력에 비해 절대우위에 있음을 확신하게 되었다. 이에 김일성은 무력통일을 위해 스탈린에게 남침전쟁의 승인을 간청하여 이를 스탈린이 승인하고 지원하자 모택동도 동의하여 참여의지를 표명함으로써 1950년에 6·25전쟁이 발발하게 되었다.

미국은 대한반도 점령정책의 목표를 당초에 미·소·영·중 4개국에 의한 신탁통치를 실시하여 독립적·민주적인 통일한국의 단일정권을 수립하는 데 두었다. 그러나 미·소 공위가 실패하자 한국문제를 유엔에 이관시키고 남한에 친미·반공의 단독정권을 수립하는 정책으로 전환하였다.[1] 그러므로 미 점령군은 당초 남한의 군사력을 소규모의 국경충돌 내지는 치안유지에 적합한 방어형 성격의 무장력으로 건설코자 하였고, 따라서 경비업무를 분담할 2만 5,000명 수준의 경비대를 창설·유지해 왔다. 그러나 1947년 후반기에 접어들어 한국문제를 유엔으로 이관시키고 주한미군을 철수시킬 계획을 추진하게 되자 남한의 군사력을 50,000명 규모로 증편하게 되었다.

이에 반해 소련은 대한반도 점령정책의 목표를 "점령지역에 부르주아 민주주의 정권을 수립하라"는 스탈린의 지령에 따라 북한에 친소적인 단독정권부터 수립하고, 이를 기반으로 무력통일을 통해 한반도에 공산 단일정권을 수립하는 정책으로 전환을 기도하였다. 그러므로 소점령군은 북한의 군사력을 혁명수출을 위한 무장력으로 육성하기 위해 선제타격능력을 갖춘 공격형 성격의 무장력으로 건설코자 하였고, 따라서 정규군의 창설을 집중적으로 지원하여 오다가 1948년 소련군의 철수를 계기로 북한군을 남침에 충분한 군사력 수준으로 증강조치를 단행하였다. 바로 이러한 미·소의 점령정책과 군사정책으로 인해 남북한의 군사력 격차는 심화되어갈 수밖에 없었다.

온창일은 『한민족전쟁사』에서 6·25전쟁을 구체화시킨 직접적 원인을 크게 3가지 범주에서 찾아볼 수 있다고 지적하였다.[2] 첫째, 북한을 점령한 소련의 적극적인 대한정책과 전략에서 찾아 볼 수 있고, 둘째는 남한을 점령한 미국의 소극적인 대한정책과 전략에서 찾을 수 있으며, 셋째는 한국인 특히 남북한 정치지도자들의 민족의식 결여에서 찾아 볼 수 있다는 것이다. 즉 북한을 점령한 소련과 남한을 점령한 미국의 대한정책 및 전략개념과 개입정도의 차이는 한반도 내 전략적·군사적 불균형을 초래·심화시켜 전쟁의 원인이 되었다는 것이다.

---

1) 한용원, "남북한 군대의 창설과정 비교," 『남북한정부 수립과정 비교』(한국정치학회, 2006), pp.72-73.
2) 온창일, 『한민족전쟁사』(집문당, 2000), pp.460-461.

이는 이호재가 『21세기 통일한국의 이상론』에서 제시한 한반도 중심의 동북아 지역국제체제 8개 모형 중 '미·소 양극체제하의 2개 한국대결체제'에서는 군사적 불균형이 야기될 가능성이 클 수밖에 없다는 주장과 그 맥을 같이하는 것이다. 이호재는 한반도 중심의 지역적 소국제정치체제 모델로 ①중국 일제국 지배체제, ②중·일·러 불완전 세력균형체제, ③일본 일제국 지배체제, ④한반도의 중립화체제, ⑤미·소 양극체제하의 2개 한국대결체제, ⑥4강 체제하의 남북평화공존체제, ⑦동북아 5개국체제, ⑧동북아 연방체제를 제시했는데,[3] 이 중 미·소 양극체제하의 2개 한국대결체제는 일본의 패망 후 전승국으로 등장한 초강대국 미·소가 38선을 경계로 한반도를 분할 점령한 후 한국의 통일정부 수립 협상에 실패하고 남한과 북한에 각각 적대적 정권수립으로 구축된 체제를 유형화한 것이다.

제2차 세계대전 후 한반도에서 처음 현실화된 이 체제는 미국과 소련을 두 외세역자로, 그리고 친미적 남한과 친소적 북한 정권을 내세적 행동역자로 상정한다면 한반도 및 동북아에서 패권을 다투는 미·소가 직접적으로 대결하는 데다가 그 외세의 지원을 받는 남북한이 전 한반도의 지배를 위한 패권경쟁을 계속 획책하기 때문에 지역분쟁이 심화되어 갈 수밖에 없는 것이다. 이러한 맥락에서 대전 후 미·소의 대한반도 정책 및 지원에서의 차이는 남북한의 군사적 불균형을 심화시키는 요인으로 작용한 것으로 보인다. 와다 하루키는 "남한을 점령한 미국은 자신의 정책 목적에서 당초부터 전 한반도에 깊은 관심을 표명하고 있는 데 반해, 소련은 처음부터 자신의 정책목적에서 북한에만 관심을 집중시킨 것이 대조적이었다."고 미국과 소련의 대한정책을 비교분석하였다.[4]

와다 하루키의 지적처럼 소련의 잠령정책의 목표는 점령지 북한을 남

---

3) 이호재, 『21세기 통일한국의 이상론』(화평사, 2003), pp.24-52.

4) 와다 하루키, "소련의 대북한정책 1945~1946," 『분단 전후의 현대사』(일월서각, 1983), p.263.

한에서 떼어내어 북한에 그들의 체제를 이식하는 것이었다. 그리고 소련은 미·소 공위를 통해서 북한에 친소적 단독정권을 수립하는 데 필요한 시간을 버는 한편, 38선 이남으로의 사회주의 혁명 수출을 위한 전진기지로서 북한을 발전시키고자 하였다. 특히 스탈린은 혁명수출의 목적을 달성하기 위한 수단으로 북한에 정규군을 창설·육성하고, 남침에 충분한 수준으로 전력을 증강시켜 주었다. 이로 인해서 남한군은 경비대를 불면하는 군대로 머문 데 반해, 북한군은 최신예의 정규군으로 변모된 데다가 남한군은 소총과 훈련기로 무장한 데 반해, 북한군은 전차와 전투기로 무장한 현상이 현실화되었다. 따라서 북·소·중지도부에서는 남북한 간에 심화된 군사적 불균형 현상을 통해 북한군의 군사적 절대우위를 확신함은 물론 전쟁에서의 필승을 확신하고 1950년 6월 전쟁을 도발하였다.

그런데 6·25전쟁은 내전이자 국제전이고, 국제전이자 내전이지만 발발을 모의한 단계에서는 국제전적 성격이 결정적으로 영향을 미쳤다고 보아야 할 것이다. 즉, 이완범이 지적했듯이 6·25전쟁은 '국제적 성격이 우세한 복합형 분단' 구조가 '국제적 성격이 우세한 복합전'을 발발하게 한 성격을 지니는 것이다.5) 이완범은 제2차 세계대전 후 분단된 국가들은 ①국제적 요인에 의해 분단된 국제형, ②민족내적 요인에 의해 분단된 내쟁형, ③내외적 요인이 복합적으로 작용한 복합형으로 유형화할 수 있는데, 한반도가 분단된 초기의 분단구조는 '국제적 성격이 우세한 복합형 분단' 구조라고 주장하였다. 그리고 그는 전쟁의 근본적 발생요인을 ①내인에서 찾는 내전론, ②외인에서 찾는 국제전론, ③내외인에서 공히 찾는 복합전론으로 단순하게 유형화한다면 6·25전쟁은 전쟁을 모의한 단계에서는 '국제적 성격이 우세한 복합전'의 성격을 지닌다고 주

---

5) 이완범, "한반도 분단의 초기 성격과 6·25전쟁의 성격," 『한국전쟁의 성격과 맥아더 논쟁의 재조정』(한국전쟁학회, 2006), p.48.

장하였다. 이러한 맥락에서 볼 때 6·25전쟁의 원인은 미·소의 대한반
도정책과 남북한의 군사적 불균형에서 찾아야 할 것이다.

1. 미·소의 대한반도 정책 차이

미국의 대한점령정책은 1945년 10월 13일자 「기본군정지침」이 규정
한 대로 미·소에 의한 잠정군정기로부터 미·소·영·중에 의한 신탁통
치를 거쳐 최종적으로 유엔회원국으로서 독립국가에 이르는 단계적 발
전을 계획하고 있다.6) 그러므로 미국의 대한점령정책은 한반도에 단일
정권을 수립하는 데 그 목표를 두었고, 따라서 3부조정위원회는 하지 장
군에게 소련군사령관과 협의하여 미·소 군정의 통일부터 꾀하도록 지시
하였다. 그러나 소련의 대북점령정책은 1945년 9월 20일자 「스탈린의
지령」을 통해 소련군의 점령지역에 부르주아 민주주의 정권을 수립하라
고 지시했는데, 이는 점령지 북한을 남한으로부터 떼어내어 단독정권을
수립하라는 것으로서 미국의 대한정책과는 상충되는 데다가 12월 25일
자 「북한의 정치상황」이라는 슈킨의 비밀보고서를 통해 북한에 세워질
부르주아 민주주의 정권은 소련의 정치·경제·군사적 이익을 지켜줄 인
물들로 구성해야 한다고 강조하였다.7)

그러나 미국은 미·소 공위를 진행하면서 결론 없는 협상과 이에 수반
된 남한사회 내부의 갈등관리에 지친 나머지 한국에 대한 전략적 평가를
통해 1947년 9월 한국의 독립문제를 유엔 제2차 총회에 제기하고, 남한
에 반공적 단독정권을 수립하는 정책으로 전환하였다. 그리고 소련은 북
한에 친소적 위성국가를 건설할 수 있는 토대와 여건을 형성하자 북한을
전진기지로 삼아 남한에 사회주의혁명을 수출함으로써 한반도에 공산화

---

6) James F. Schnabel, *Policy and Direction: the First Year* (USGPO, 1972), p.19.
7) 이지수, "북한체제형성과 소련의 영향," 「한국행정학회 2001년도 창립 45주년기
념 국제학술대회 발표논문집」, p.333.

된 단일정권을 수립하는 정책으로 전환하였다. 그렇다면 미·소의 대한 정책이 왜 이처럼 변화를 맞게 되었는지를 분석해 보아야 할 것이다. 당초 한반도에 단일정권을 수립하려던 미국의 대한정책은 현상변경이 전제되어 있었기 때문에 소련의 협조를 받기가 곤란했을 뿐 아니라 즉각적인 독립을 바랐던 한국인들의 공감도 얻기가 곤란하였고, 따라서 미국은 한국문제를 유엔에 이관시키고 한반도에서 명예롭게 퇴진할 수 있는 길을 찾게 되었다.

이에 반해 북한에 단독정권을 수립하려던 소련의 대북정책은 현상유지가 전제되어 있었기 때문에 북한의 친소화와 공산화를 보다 적극적으로 추진할 수 있었다. 다시 말하면 분단의 변화를 지향하는 미·소 공위가 작동함에도 소련은 분단의 고정화를 전제로 하여 취해져야 할 토지개혁, 산업의 국유화, 정권적 조직의 창설 등 정책을 북한에 추진하였다. 따라서 소련은 이러한 북한의 친소화·공산화를 배경으로 하여 남한에 사회주의 혁명을 수출하기 위해 미군의 철수를 종용하는 한편 북한군의 강화를 추진케 되었다. 그런데 한국문제를 유엔의 문제로 만든 트루먼 행정부의 결정은 미국이 "만약 곤경에 처할 경우 빠져나오기 위한 계산된 의도가 반영된 것"으로서 이 결정은 미국이 한반도의 신탁통치안을 완전히 포기하고 단독정권을 수립하는 길로 들어섰음을 의미하는 것이었다.[8]

그리고 한국문제를 유엔의 문제로 만든 결정은 주한미군의 철수 결정이기도 하였다. 미국의 군부는 미군정이 시작된 이래 일관되게 군사전략적 가치가 거의 없는 한국에서 조속히 철수하자고 주장해 왔으며, 하지 장군도 이같은 견해를 가지고 있었다. 하지 장군은 웨드마이어 조사단과의 회동에서 "만약 미국이 남한에 계속 머물기로 결정한다면 '실질적인 지원'과 '엄청난 재정지원'이 필요하지만 그렇지 않을 경우에는 미국의

---

8) 차상철, "미국의 대한정책, 1945~1948," 『한국사 시민강좌』 38(일조각, 2006), p.12.

체면과 위신이 훼손되지 않는 범위 안에서 가능한 빨리 철수하는 것이
바람직하다."고 했으며, 방한한 드레이퍼(William H. Draper, Jr.) 육군
부 차관을 위한 브리핑에서도 "미국의 계속적인 남한점령은 엄청난 대가
를 지불해야 하기 때문에 조기철수가 바람직하며, 특히 한반도에서 미·
소 양국의 점령군이 동시에 철수하는 방안이 바람직하다."고 했다.9)

이러한 가운데 유엔이 한국문제를 의제로 채택하자 소련은 "1948년
초까지 미·소 점령군이 동시에 철수하자"고 제의하였다(1947.9.26). 이
제의에 관해 하지 장군은 "미국으로 하여금 체면을 잃지 않고 철수할
수 있는 길을 제공한 것"으로 간주하였고, 마샬도 소련의 동시 철수 제
안은 미국이 한국에서 빠져나올 수 있는 길을 마련해 주었다고 생각하였
다.10) 나아가 한국문제를 유엔의 문제로 만든 결정은 한반도에 이념과
체제를 달리하는 단독정부가 수립될 수 있는 결정적 계기를 조성하였다.
유엔총회가 한국문제에 관한 미국안을 가결함(1947.11.14)으로써 유엔
감시하의 총선거 문제가 주요 쟁점으로 등장하였다. 미국안의 골자는
"인구 비례의 총선거를 1948년 3월 31일까지 실시하여 국회를 구성하고
정부를 수립한 후에 동 정부와 점령군 간의 협상으로 점령군을 철수시키
자는 것과 총선거에서부터 점령군의 철수에 이르기까지 전 과정을 감시
할 한국임시위원단을 설치하자"는 것이었다.

그러나 이같은 유엔에 의한 한국의 통일 노력은 소련이 유엔한국임시
위원단의 북한 입국을 거부함으로써 그 첫 단계에서부터 암초에 부딪쳤
다. 1948년 1월 8일 총선거를 감독하기 위해 유엔한국임시위원단이 서
울에 도착했으나 소련이 이 위원단의 입북을 거부함으로써 유엔소총회
는 1948년 2월 '가능한 지역 내에서 선거를 실시'하기로 결정하였고, 따
라서 유엔에서의 한국통일문제 논의는 남한만의 단선으로 귀결되고 말

---

9) 같은 글, pp.13-14.
10) Walter Millis, ed., *The Forrestal Diaries* (New York: The Viking Press, 1951),
    p.321.

았다. 유엔에 의한 남한만의 단선 실시는 전후 미국 외교정책의 일대 전
환을 의미하였다. 미국의 대외정책은 전시에 구축된 연합국 협조체제로
부터 1947년 3월 트루먼독트린에 의해 소련의 공세와 팽창에 대결과 봉
쇄로서 맞서는 전략으로 변경되었다. 따라서 미국은 남한에 우호적인 단
독정부를 수립하는 것을 최소한의 새로운 목표로 설정하였다.

미국의 단정 수립계획은 1947년 여름 제2차 미·소 공위가 실패할 때
까지 대비책으로만 존재했을 뿐 미국의 공식적 정책으로 채택되지는 않
았으나 트루먼 행정부는 유엔한국임시위원단이 서울에 입성도 하기 전
에 소련이 유엔위원단의 북한 방문을 불허할 것이라는 전제하에 남한만
의 총선거 실시를 결정해 놓고 있었다.11) 따라서 하지와 유엔위원단은 남
한지역에서만 1948년 5월 10일 총선거를 실시하기로 결정하였다. 5·10
총선거를 통하여 대한민국정부가 수립되었으나 대한민국은 통일국가가
아닌 분단국가의 모습으로 등장하였다. 한편 북한의 최고인민회의도
1948년 9월 9일 조선민주주의인민공화국의 수립을 선언하였다. 이렇듯
두 개의 이질적·적대적인 남북한정부의 동시 출현은 한반도의 앞날이
결코 순탄할 수 없음을 예고하는 것이었다.

2. 남북한의 군사적 불균형 조성

한국에서 전쟁이 일어난 가장 결정적인 원인은 38선을 경계로 남한을
점령한 미국과 북한을 점령한 소련의 대한반도정책과 전략 그리고 이들
국가의 지원의 차이로 인해 남북한 간에 전략적·군사적 불균형이 조성
된 데 있는 것이다.12) 이처럼 남북한 간에 전략적·군사적 불균형이 조
성된 것은 미국의 군부가 한국의 전략적 가치를 낮게 평가하여 주한미군

11) 차상철, 앞의 글, p.15.
12) 한용원, 앞의 글, pp.59-71.

을 빨리 철수시켜야 할 것이라고 주장한 데서 비롯되었다. 미국의 군부에서는 한국에 미군을 주둔시키는 것은 '밑 빠진 독에 물 붓기'와 같은 것이기 때문에 주한미군을 철수시켜야 한다는 철군론을 제기·확산시켰고, 따라서 1947년부터 군부에서는 주한미군의 철수론이 일반적인 분위기로 자리 잡게 되었다.

그렇기 때문에 트루먼독트린이 발표되자(1947.3.12) 한국문제특별위원회가 "한국에서 소련의 팽창을 억제시키는 것이 중요하다."는 견해를 표명했음에도 육군부에서는 "트루먼독트린이 한국에까지 확대 적용되어서는 안 된다."는 입장에 섰으며, 따라서 패터슨 장관은 한국문제를 유엔에 이관시키고 주한미군은 명예롭게 퇴진해야 한다고 주장하였다. 그런데 미국의 국가안전보장회의(NSC)가 주한미군의 철수정책을 최종적으로 결정할 때에 미합동참모본부의 전략적 평가서와 웨드마이어 사절단의 비밀보고서가 많은 영향을 준 것으로 알려지고 있다.[13] 미합동참모본부의 「합동전략분석위원회」는 「국가안보면에서 본 미국의 대외원조」라는 보고서(1947.4.29)에서 "미국은 군사적 관점에서 한국에 군대나 기지를 유지해야 할 전략적 이해관계가 거의 없을 뿐 아니라 극동지역에서 적대행위가 발생할 경우 현재 한국에 주둔하고 있는 미군은 미국에게 오히려 군사적 부담이 될 것이다."고 평가하고, 한국을 미국의 국가안보의 중요도에서 주변지역으로 분류하여 여력이 남을 경우에 한해서 한국에 원조를 제공하자고 건의하였다.

웨드마이어 비밀보고서에서도 "가상적국이 한반도를 점령하여 부동항으로 사용하거나 강력한 해·공군기지를 확보하는 것을 저지시키는 목적을 제외한다면 미국이 한국에 부대와 기지를 유지하여도 군사적 이점은 거의 없을 것이며, 오히려 주한 미군은 극동지역에서 전쟁이 일어난다면 미국에게 군사적 부담이 될 가능성이 많다."고 지적하는 한편, 그럼에도

---

13) 국방부 군사편찬연구소, 『6·25전쟁사 1』(2004), pp.115-119.

소련이 북한을 점령하고 있는 한 미국도 남한에 부대를 계속 주둔시키지 않을 수가 없기 때문에 한국에 있어서 미국이 취할 최선의 군사적 방책은 소련군의 철수와 동시 미군이 철수하는 방안을 강구해야 할 것이라고 주장하였다.14) 그리고 이 보고서는 이를 위해 미국이 가능한 한 소련과 협상을 하여 동시에 철군토록 해야 할 뿐 아니라 주한미군을 철수시키기 전에 북한으로부터의 위협에 대처하기 위해 한국에 필요한 원조를 제공하고 방위부대를 창설하여 훈련시켜야 할 것이라고 건의하였다.

이같은 미합동참모본부의 한국에 대한 전략적 평가서와 웨드마이어의 보고서는 주한미군의 철수문제를 담당한 국무부·육군부·해군부·공군부의 4부정책조정위원회(SANACC)에 많은 영향을 주었다. 4부정책조정위원회는 「한국에 관한 미국의 입장」이라는 문건을 작성하여 합동참모본부와 협의한 데 이어 1948년 4월 2일 이를 국가안전보장회의에 제출하여 국가안전보장회의 문서 NSC-8로 채택하고 4월 8일 트루먼 대통령의 최종승인을 받았다. 그러나 4부정책조정위원회가 주한미군의 철수정책을 수립하는 과정에서 한국을 미국의 국가안보의 중요도에서 주변지역으로 전제하였기 때문에 트루먼 행정부는 한국군의 육성을 위한 군사목표를 치안유지와 소규모의 국경분쟁에 대처할 수준으로 설정함으로써15) 남한의 군사력 건설은 심대한 타격을 받게 되었다.

이에 반해 소련은 스탈린이 일본의 패망을 중국, 한국 및 아시아국가들에 사회주의 건설을 확장시키려는 원대한 계획과 연관시키려 했기 때문에 북한의 혁명의 수출을 위한 군사력의 건설을 적극 지원하였다. 북한에 소련점령군이 진주했을 때 북한에는 공산주의운동이 아주 미약했던 데다가 소련공산당과의 연계가 별무했으며, 대부분의 공산주의자들이 남한에서 활동하고 있었기 때문에 평양에서의 우익의 영향력은 서울

14) Albert C. Wedemeyer, "Report to the President: Korea"(USGPO, 1951), p.III.
15) 국방부 군사편찬연구소, 앞의 책, p.122.

에서보다도 현저하게 강했던 상황이었다.16) 이러한 당시의 북한상황은 지역공산주의자들에 의지하여 소비에트화정책을 추진했던 동유럽의 상황과는 상이하였기 때문에 스탈린은 1945년 9월 20일 지령을 통해 "북한에 소비에트정권의 기관을 수립하지 말고, 부르주아 민주주의 정권을 수립하라"고 지시하였다.

이는 한국문제에 대해서 미국과의 교섭 또는 타협의 결과를 기다리지 말고 소련군의 점령지역에 단독정부부터 수립토록 하라는 의미를 담고 있는 것이었다. 다시 말하면 소련의 점령정책의 목표는 점령지 북한을 남한에서 떼어내어 북한에 그들의 체제를 이식하는 것이었다. 그러므로 소 점령군은 북한의 친소화와 공산화 그리고 단독정권의 수립에 매진하였다. 이는 1945년 가을에 스탈린이 '38선 이남으로의 소련 영향력 확대'를 위한 교두보 내지 전진기지로서 북한을 준비시키려는 결정을 내림으로써 더욱 본격적으로 추진하게 되었다.17) 더욱이 스탈린은 한국의 통일문제를 해결하는 길은 조선공산주의자들의 도움이나 소련의 외교수단의 구사에 있는 것이 아니라 '군사적 힘'이 가장 중요한 무기라고 믿었다. 그러므로 그는 북한군대를 조속히 창설케 하고 북한의 군사력 건설을 적극 지원해줌으로써 조·소 간 군사동맹을 강화시키고 북한군의 혁명수출 역량을 강화시키려고 하였다.

따라서 그는 1946년 7월 스티코프 장군으로 하여금 김일성과 박헌영을 모스크바로 소환케 하고 그들에게 "최단 시일 내에 북한에 군대를 창설하고 소련군의 경험을 전수받도록 하라"고 지시하였다.18) 이러한 스탈린의 지시에 의해 스티코프와 김일성은 보안간부훈련대대부를 창설하여(1946.8.15) 치안유지를 담당하는 일반보안대를 제외한 철도보안대

---

16) E. van Ree, *Socialism in One Zone* (Munich: Berg, 1989), p.87.
17) 가브릴 코로트코프 지음·어건주 옮김, 『스탈린과 김일성』(동아일보사, 1992), p.234.
18) 같은 책, p.236.

와 국경경비대 등을 정규군으로 전환시키는 작업을 추진하여 인민집단
군으로 재편성(1947.5.17), 1948년 2월 8일 '조선인민군의 창군'을 선포
하였다. 그리고 소련군이 1948년 10월 중순 철수하면서 장비를 북한군
에게 이양해주었을 뿐 아니라 소련군이 철수를 완료하기 직전에는 모스
크바에서 북·소·중 3국 군사대표자회의를 개최하고 향후 18개월 이내
로 남침에 충분한 수준으로 북한군의 전력을 증강시켜 주기로 합의함으
로써 북한의 군사력은 급증하게 되었다.

　이상에서 논의한 미국의 군사관련 대남정책 및 지원수준과 소련의 군
사관련 대북정책 및 지원수준의 차이로 인해서 남북한의 군사적 불균형
은 점차 심화되어 갔다. 남북한의 군사적 불균형 실태를 정부수립 시, 점
령군철수완료 시, 전쟁발발 시로 3분하여 비교해 보면 우선 한국문제를
유엔으로 이관했던 1947년 9월 이전 남한의 군사력은 9개 연대 2만 5,000
명 규모의 경비대였으나 1948년 3월 10일 5만 명으로 증강 조치함으로
써 8월 15일 정부 수립 시에는 경비대에 불과한 5개 여단 15개 연대(장
교 1,403명, 사병 49,087명)의 병력을 확보하게 되었다.[19) 그러나 북한군
은 1947년 5월 17일 인민집단군이라는 정규군으로 재편성된 데 이어
1948년 2월 8일 조선인민군 창설 선포 시 2개 사단 1개 여단과 항공대대
를 보유했으나 9월 9일 북한정권수립 시로부터 12월 말까지 3개 사단
1개 여단과 항공연대 및 전차연대를 보유하였다.

　당시 남북한 군대의 보유무기를 보면 1947년 9월 이전에 남한군대는
일본군의 유기무기인 99식 및 38식소총을 장비했으나 1947년 9월 이후
에는 미제무기인 M1 및 카아빈소총을 일제무기와 함께 장비하게 되었
다. 이에 반해 북한군대는 인민집단군으로 재편된 1947년 5월 소련제
기관단총과 경·중기관총 및 각종 박격포로 장비하였고, 특히 사단에는
76밀리곡사포, 45밀리대전차포, 120밀리중박격포, 82밀리박격포 등을

---

19) 육군본부, 『창군전사』(1980), pp.312-314.

장비하였다.

다음 점령군의 철수완료 시 남북한의 군사적 불균형 실태를 살펴보면 남한의 경우 정부 수립과 동시 대한민국 국군을 창설하고 미군정의 경비대를 편입시켜 연대증편 및 사단편성을 추진함으로써 1949년 6월 20일 8개 사단 22개 연대를 보유하게 되었다. 그리고 주한미군이 철수하면서 제공한 방어용 무기로 장비했는데, 육군이 보유한 무기는 기본무기인 소총이 85,000정이었으며, 이 중에서 20%는 일제 99식 및 38식소총이었다. 박격포와 중기관총은 태부족한 상태였던 데다가 105밀리곡사포는 52문에 불과하였고, 대부분의 무기가 노후화되었을 뿐 아니라 각종 부속품 및 조준장비가 부족하였다. 각 사단이 보유한 차량은 평균 196대로서 사단장비표(T/E)의 337대에 비해 52%에 불과하였고, 그나마 노후화된 차량이 많아 실제 가동차량은 40%에 지나지 않았다.[20]

해군은 1947년에 미군으로부터 상륙정(LCI) 6척, 소해정(AMS) 18척, 소해정(JMS) 11척, 유조선 1척 등 36척을 양수하였고, 1949년에 각 함정에 37밀리포와 중기관총을 장착케 되었으며, 1949년 4월 15일 해병대를 창설하였다. 한편 1948년 9월 5일 미군으로부터 L-4형연락기 10대를 인수하고 출범한 항공부대의 최용덕, 김정렬 등 간부들은 공군독립을 관철시키려 노력함으로써 미군으로부터 L-5형연락기 10대 L-4형연락기 4대 등 14대의 연락기를 인수하고 1949년 10월 1일 항공부대를 육군으로부터 분리시켜 독립된 공군을 만들었다.[21]

이에 반해 북한군은 소련군이 철수하면서 제공한 전폭기(IL-10)와 전투기(YAK-9) 등 100대의 항공기를 인수하여 항공대대를 항공연대로 증편하였고, 소련의 전차사단이 철수를 개시하면서 제공한 10대의 전차를 가지고 1948년 10월 말 전차대대를 창설한 인민군 제105전차대대는 소

---

20) 한용원, 『창군』(박영사, 1984), p.108.
21) 같은 책, pp.116-117.

련의 마지막 전차연대가 철수하면서(1948.12.3) 제공한 T-34전차 60대, 76밀리자주포 30대, 싸이카 60대, 차량 40대를 인수하여 전차연대로 중편하였다.[22] 그러므로 소련군의 철수 완료 시 북한군의 군사력은 3개 보병사단 및 1개 보병여단과 1개 항공연대 및 1개 전차연대로 산정해 볼 수 있을 것이다. 그러나 북한군은 소련 및 중공의 지원을 받아 6·25전쟁을 도발할 때까지 계속적으로 전력을 증강시켰는데, 주요한 조치로는 ①중공군에 소속된 한인부대의 인민군 편입, ②민청훈련소를 설치하여 3개 사단의 신편, ③소련의 항공기 및 전차의 추가 지원으로 항공부대 및 전차부대의 증편 등을 들 수 있는데,[23] 이는 북·소·중 3국의 군사대표자들이 모스크바의 전략회의에서 결정한 사항들이었다.

끝으로 전쟁발발 시 남북한의 군사적 불균형 실태를 비교해 보면 남한군은 ①어느 미국 군사고문관이 언급했듯이 1775년 미국독립전쟁 당시의 미국 민병대 수준에 불과했던 데다가, ②38선에 배치된 전방사단은 북한군의 잦은 도발로 인해 경계에 여념이 없었고, 후방사단은 공비 및 인민유격대의 토벌을 위해 각지에 분산 투입되었기 때문에 교육훈련이 불가능한 상태였다. ③더욱이 미국은 주한미군을 철수시킨 이래 조병옥 박사가 특사로 파견되어 미국의 조야에 대한군사원조를 요청하고 있었음에도 한국에 대한 군사원조의 제공을 기피하였다. 이에 반해 북한군은 1948년 12월 초에 모스크바에서 북한·소련·중국의 3개국 전략회의(또는 3개국 군사대표자회의라고도 지칭)가 개최되어 18개월 이내로 조선인민군을 남침에 충분한 수준으로 증강시키기로 결정함에 따라 전력이 급격히 증가하게 되었다.

한인부대 중심으로 형성된 중공군 3개 사단을 입북시켜 인민군 3개 사단을 편성하고, 신의주·숙천·회령에 민청훈련소를 설치하여 신병훈

22) 장준익, 『북한인민군대사』(서문당, 1991), p.105.
23) 같은 책, pp.108-129.

〈도표 5-1〉 6·25 당시 남북한 병력 비교

구분	남한	북한
육군	8개 보병사단(22개 연대) • 1개 독립보병연대 • 기타 지원 및 특과부대 소계: 94,974명	10개 보병사단(40개 연대) • 1개 전차여단 및 연대, 766부대 등 • 기타 지원 및 특과부대 소계: 182,680명
해군	7,715명	4,700명
공군	1,897명	2,000명
해병대	1,166명	9,000명
총계	105,752명	198,380명

자료: 장준익, 『북한인민군대사』(서문당, 1991), p.135

련을 실시, 3개 사단을 신편함으로써 북한군은 10개 보병사단을 보유하게 되었다. 당시 남한군은 <도표 5-1>과 같이 8개의 보병사단을 보유했기 때문에 북한군과 비교하여 수적으로 2개 사단 정도가 부족한 것으로 보이나 실제로는 배 이상의 전력 차이가 날 수밖에 없었다. 그 이유는 남한군 8개 사단 중 5개 사단만이 1개의 포병대대를 가지고 있고, 3개 사단은 포병대대가 없는 데다가 4개 사단은 3개 보병연대 편성이나 나머지 4개 사단은 2개 보병연대 편성이었는데 비해서 북한군 10개 사단은 모두 3개 보병연대에 1개 포병연대(4개 포병대대)를 가진 완편 사단이었다. 그러므로 인민군은 총 40개 연대인데 비해 한국군은 총 22개 연대 규모로 열세하였다.

또한 북한군은 남한군이 보유치 못한 1개 전차여단과 1개 전차연대의 전차부대와 모터찌크 연대와 같은 기동부대를 보유하고 있었다. 그리고 <도표 5-2>와 같이 6·25 당시 남북한 주요 장비를 비교해 보면 한국군은 인민군에 비해 곡사포는 8분의 1, 박격포는 2분의 1로 열세하였고,

〈도표 5-2〉 6·25 당시 남북한 주요 장비 비교

구분	남한		북한		비고
	Type	수량	수량	Type	
곡사포	105밀리	88	728	122·76·2밀리	1:8·2
박격포	60·81밀리	960	2,318	120·82·61밀리	1:2·4
대전차포	57밀리RR 2·36인치RKT	140 1,900	550	45밀리대전차포	1:0.27
전차 및 장갑차	전차 장갑차	0 24	242 54	T-34 장갑차	0:242
항공기	전폭기·전투기 연습기·정찰기	0 22	170 31	전폭기·전투기 연습기·정찰기	0:170
경비정		28	30		1:1·07

자료: 국방부 전사편찬위원회, 『한국전쟁사』1(1977), p.110

대전차포는 4배나 많은 양을 보유했으나 T-34전차를 파괴시킬 수 없는 무기였다. 그리고 한국군에 단 한 대도 없었던 전차와 자주포를 인민군은 418대(전차 242대, 자주포176대)를 보유하고 있었고, 한국군은 22대의 연습기만을 보유했으나 인민군은 전투기 170대를 보유하고 있었다.

3. 북·소·중의 전쟁 도발 결정

전쟁을 불러일으키는 직접적인 원인은 대치하고 있는 전쟁 당사자 간 전략적·군사적 불균형이 조성되고, 이에 기초하여 어느 한 당사자가 무력사용의 효용성과 승리의 가능성이 있다고 판단하여 무력을 사용하는 데 있다.[24] 다시 말하면 잠재적인 전쟁당사자 중 하나가 무력을 사용하여 정치적·이념적 목적을 달성할 수 있다고 판단할 정도로 전략적·군사적 불균형이 조성되어 있을 때 전쟁이 현재화되기 마련이지만 전략적·군사적 불균형이 조성되어 있는 상황에서도 전쟁의지가 없을 경우 전쟁은 일어나지 않는 것이다. 하지만 전략적·군사적 불균형을 전쟁의지를 가진 측이 인위적으로 조성하였을 경우에는 이것이 전쟁의 직접적 원인이 되는 것이다. 6·25전쟁도 김일성과 스탈린 그리고 모택동의 전쟁의지에 의해 남북한의 군사적 불균형이 인위적으로 조성되었기 때문에 야기된 것이었다.

소련의 특별군사고문단의 일원으로 활동한 바 있던 칼리노프 중령이 1949년 서방세계로 탈출하여 밝힌 바에 의하면 소점령군이 북한으로부터 철수 중이던 1948년 12월 중순 모스크바에서 불가닌 국방상 주재로 북·소·중 3국의 전략회담이 개최되어 향후 18개월 이내로 북한군의 전력을 남침에 충분한 수준으로 증강시키기로 결정했다는 것이다.[25] 그러므로 이러한 북·소·중 3국의 전략회담의 결정은 한반도의 무력통일을 위한 남침의지를 가지고 북·소·중 3국이 제휴하여 북한군의 전력증강을 추진한다는 의미를 지닌 것으로 볼 수 있을 것이다. 그런데 북한의 군사력 증강은 1949년 3월 5일 김일성과 스탈린의 모스크바 회담을 계기로 급진전되었다. 김일성은 3월 3일 북한의 사절단을 이끌고 모스크바에 도착하여 소련의 정치·군사 지도자들은 물론 스탈린과 3월 5일 및 3월 14일 양차에 걸쳐 정상회담을 실시하고 3월 17일에 조·소 경제·문화협정을 체결하였다.

스탈린과 김일성은 한반도의 통일문제에 있어 김일성이 제기한 무력에 의한 '조선통일방안'에 원칙적으로 합의를 보았다. 그러나 스탈린은 북한이 선제공격을 단행하는 경우와 남한의 도발을 유도하여 되받아치

---

24) 온창일, 앞의 책, p.475.
25) Kyrio Kalinov, "How Russia Built in The North Korea Army," *The Reporter*, Sep.26, 1950.

는 경우의 2가지를 상정하여 후자의 방안, 즉 반격의 시나리오를 채택할
것을 권유하였다. 다시 말하면 스탈린은 북한군이 남한군에 비해 절대적
인 우위를 확보하지 못한 상황에서 선제공격을 단행해서는 안 되며, 남
한에 대한 공세적 군사활동은 남한군이 도발한 침략을 격퇴시키는 경우
에만 이루어져야 할 것이라고 강조하였다. 그리고 스탈린은 북한의 해군
과 공군의 지원은 물론 소련군사학교에 북한군의 위탁교육 실시를 약속
하였다.26) 이러한 약속에 따라 김일성은 불가닌과의 회담을 통해 ①북
한군의 지상군 창설 및 증설에 따른 무기 공급, ②해군 창설에 필요한
소해정 및 전투함의 공급과 해군고문관의 파견, ③항공력 증강을 위한
훈련용 항공기의 공급을 다짐받았으며, 특히 남한에 미군이 주둔하는 한
청진의 소련해군기지를 그대로 유지하기로 합의하였다.27)

그러므로 김일성과 스탈린의 1949년 3월의 모스크바회담은 무력남침
에 의한 통일방안에 합의를 보았음은 물론 소련이 그에 따른 북한의 군
사력 증강 지원을 약속함으로써 북한군이 남한군과 비교하여 군사적인
절대적 우위를 확보할 수 있는 길을 틀 수 있게 되었다. 1949년 3월 17
일 체결된 조·소 협정은 당시 경제·문화협정으로 알려졌으나 해빙기에
공개된 크렘린 문서에 의하면 협정의 중점이 전쟁지원에 있었음이 밝혀
졌다.28) 북한은 5월 1일 조·소 협정에 따라 1차년도분으로 소총, 전차,
야포 등 장비와 함정, 항공기, 탄약, 무전기 등 각종 전쟁물자 110여 종
의 지원을 요청하였고, 소련은 6월 4일 이를 승인하였다. 따라서 엄청난
군수물자가 소련으로부터 북한에 유입되어 북한은 1949년 말까지 소련
으로부터 소총 15,000정, 각종 포 139문, T-34전차 87대, 항공기 94대
등 장비를 인도받았다.

이렇게 하여 북한군의 전력이 비약적으로 강화되자 9월 3일 김일성은

26) 외무부 역, 『소련극비외교문서』 제3권(1994), pp.9-10.
27) 『소련극비외교문서』 제4권, pp.28-31.
28) 국방부 군사편찬연구소, 앞의 책, pp.541-542.

소련공사 툰킨(G. I. Tunkin)에게 "머지않아 남한군이 옹진반도와 해주를 점령할 것이라고 하는데, 북한이 선제공격을 할 필요가 있다."고 주장하고, 스탈린의 충고를 외면한 채 옹진지역에 선제공격을 감행하였다. 이에 소련공산당 중앙위원회 정치국은 9월 24일 스티코프 대사에게 "북한의 남침을 승인하지 않는다."고 통고하면서 ①북한군의 준비는 아직 만족할 만한 수준이 아니며, ②미국이 이 문제를 유엔에 제기하여 북한을 비난하고 미군을 파견할 우려도 있는 데다가, ③북한이 남북한 인민들의 지지를 얻기 위한 평화적 통일의 호소 노력을 충분히 하지 않았다는 것이 불승인의 이유라고 적시하였다.29) 당시 소련의 지도부에서는 북한의 전쟁 준비가 덜된 상황에서 전쟁을 일으킨다면 지구전이 될 우려가 있고, 그렇게 되면 미군의 개입 동기를 제공하게 될 가능성도 있다는 점에 유의하고, 북한의 지도부에게 북한군의 강화와 병행하여 남한 내에 빨치산 활동의 강화와 인민봉기의 확산을 주문하였다.

　이러한 가운데 10월 1일 중국공산당이 정부를 수립하여 12월 장개석을 대만으로 축출함으로써 중국대륙을 석권한 데다가 미 국무장관 애치슨이 1950년 1월 12일 한반도를 미국의 극동방위선에서 제외시켰다는 사실을 발표하자 김일성은 이제는 조선이 남조선을 해방시킬 차례라고 확신하게 되었다. 그러므로 김일성은 1월 17일 외상 박헌영 주재 만찬에서 스티코프 대사에게 선제공격에 관해 스탈린의 승인을 얻고자 하니 회담을 주선해달라고 요구하였다. 김일성은 1949년 3월 스탈린과의 회담에서 무력통일 방안에 관해 합의는 보았으나 남조선이 선제공격을 할 경우에 반격하라는 지도를 받았기 때문에 행동반경이 제한된 데다가 남조선이 선제공격을 감행하지 않기 때문에 반격을 시행할 기회마저 없어져 남조선 인민의 해방과 국가 통일이 지연되고 있다는 불만을 포지하고 있었는데, 이 만찬석상에서 김일성은 스티코프에게 "이승만이 북침하지

---

29) 『소련극비외교문서』 제3권, pp.27-52.

않기 때문에 북한군 공격행동을 허락받기 위해 모스크바 방문이 필요하다."는 점을 강조하였다.[30]

그런데 이 당시 모택동은 1949년 12월 16일 모스크바를 방문하여 1950년 2월 17일까지 2개월 동안 스탈린을 비롯한 소련의 지도부와 회담을 갖고 '중·소 우호동맹상호협정', '장춘철도·여순, 대련에 관한 협정', '차관협정' 등을 체결했는데,[31] 이 기회를 통해 스탈린과 모택동 간에는 북조선의 군사력을 증대시킬 방안과 전쟁에 대비할 방안에 관해서도 협의한 것으로 알려지고 있다. 이러한 상황에서 스티코프로부터 김일성이 선제공격에 관한 승인을 받기 위해 모스크바 방문을 희망한다는 보고를 받자 스탈린은 1950년 1월 30일 국제정세의 변화 등을 고려하여 김일성의 방문요청을 수락하였다. 그리고 2월 4일 스티코프로부터 김일성이 3개 보병사단을 새로 편성해 총 10개 사단으로 증강시킬 계획을 제의해 왔다는 보고를 받은 스탈린은 2월 9일 "김일성을 찾아가 구두로 3개 사단의 편성에 착수토록 통보하라"고 지시하였고, 이를 통보받은 김일성은 스탈린의 전폭적인 지원에 사의를 표하였다고 한다.[32]

김일성과 박헌영은 소련이 제공한 특별기편으로 3월 30일 모스크바에 도착하여 4월 25일까지 머물렀는데, 이 기간 동안에 스탈린과 김일성은 세 차례 회담을 가졌다. 스탈린은 국제적인 환경이 많이 변하여 조선의 통일에 대해 보다 적극적인 대책을 강구할 수 있게 되었다고 언급하면서 그 이유로서 ①중국공산당의 승리로 인해 한반도에서 적극적인 행동을 취할 수 있는 환경이 조성되었고, ②중·소 간 동맹조약이 체결됨으로써 미국은 아시아의 공산주의자들에 대한 도전을 망설이게 되었으며, ③이같은 분위기를 소련의 원자탄 보유 사실이 더욱 고조시키고 있기 때문이라고 하였다.[33] 그리고 스탈린은 '해방전쟁' 수행에 필요한 호조건과 악

---

30) 『소련극비외교문서』 제2권, pp.20-21.
31) 국방군사연구소 역, 『중공군의 한국전쟁』(1994), p.93.
32) 온창일, 앞의 책, p.472.

조건을 따져 봐야 한다고 하면서 ①미국의 개입 문제와, ②중국의 승인
문제를 제기하자 김일성은 "미국은 북한을 지원하는 소련 및 중국과 대
전을 원치 않기 때문에 개입하지 않을 것"이며, 모택동은 수차에 걸쳐
"중국혁명이 완성된 후에 조선의 해방노력을 지원하겠다."고 했을 뿐 아
니라 "필요하다면 병력도 지원하겠다."고 했다고 밝혔다.

　이처럼 무력통일의 정세와 조건에 관한 논의에 이어 김일성과 스탈린
은 전쟁준비와 계획에 관해 협의하였다. 스탈린은 전쟁준비는 완벽하게
해야 하며, 그러기 위해 화력과 기동력이 증강된 정예 공격사단을 편성
해야 한다고 하면서 공격계획은 세 단계로 작성할 필요가 있다고 했다.
첫째로는 병력을 38선에 가까운 지정된 곳에 집결시키고, 둘째로 남한이
반드시 거절할 새로운 평화적인 통일방안을 제의하며, 셋째로 남한이 이
를 거부할 것이므로 바로 그때 공격을 단행하면 된다는 것이다. 그리고
그는 ①옹진반도에서 남한군과의 접전을 유도하여 어느 쪽이 먼저 전투
를 개시했는지를 위장하는 방편으로 이용하고, ②미국이 개입할 시간과
여유를 가질 수 없도록 전쟁은 신속하게 수행하며, ③미군이 개입하더라
도 소련이 관여해 줄 것을 기대하지 말고 모택동을 믿고 의지하라고 강
조하였다.34)

　나아가 스탈린은 김일성과의 회담에서 "전쟁은 반드시 전격적으로 이
루어져야 하며, 적이 제정신 차릴 틈을 절대 허용해서는 안 된다."고 주
장하고, 전쟁계획을 효과적으로 수립할 수 있는 바실리예프(Vassyliev)
중장 등 소련군 역전의 작전통장교들을 선발하여 1950년 4월 중순 북한
에 파견하였다. 즉 종전의 소련고문관들이 북한군의 창군과 정치 및 군
사훈련의 주역들이라면 새로이 파견한 고문관들은 작전통장교들로서 전
쟁계획 수립의 실력자들이었다. 그런데 북한의 무력통일을 위한 전쟁계

33) 국방부 군사편찬연구소, 앞의 책, pp.188-190.
34) 국방부 군사편찬연구소, 『한국전쟁의 새로운 연구 2』(정문사, 2002), pp.420-421.

획은 북한과 소련 지도부만의 합의로 이루어지는 것이 아니라 북한과 중국에 의해 공동으로 이루어져야 하며, 만일 중국 측의 의견이 부정적이면 새로운 협의가 이루어질 때까지 이 문제의 최종결정을 연기하기로 스탈린과 김일성 간에 합의하였다.[35] 이는 양자 간에 전쟁계획을 논의하면서 그 말미에 스탈린이 미국이 지상군을 파견하여 전쟁에 개입하더라도 소련은 전쟁에 관여할 수 없다는 것을 이해하고 동양의 사정에 정통한 모택동과 잘 협조할 것을 김일성에게 권유한데서 비롯되었다.

김일성은 1950년 4월 25일 평양으로 귀환과 동시 스탈린과의 약정대로 북한군 총참모장 강건에게 여름까지 전격전을 위한 북한군 총동원태세 완비와 남침작전 세부계획을 수립하도록 지시하였고, 스탈린도 소련군 총참모장을 통해 바실리예프 고문단장에게 전쟁계획의 수립에 참여하도록 지시함으로써 군사작전의 지도를 담당해오던 바실리예프 장군의 주도로 전쟁계획의 수립이 진척되어 갔다. 한편 모스크바회담의 결과에 따라 전쟁계획의 최종결정을 위해 김일성과 박헌영은 5월 13일 북경으로 모택동을 방문하였다. 김일성은 모택동에게 스탈린과의 모스크바회담 결과에 관해 설명하고, 최종결정은 중국과 북한 간의 협의를 통해 이루어져야 한다고 약정했다고 하자 모택동은 동 문제에 관하여 스탈린으로부터 직접 설명을 듣고 싶다고 요청하였다.[36]

모택동의 요청을 받은 스탈린은 "북한 동지들과의 회담에서 스탈린 동지와 그의 측근들은 현국제상황이 변하였음으로 남북한 통일사업에 착수하겠다는 북한 동지들의 제안에 동의하였다. 이와 관련하여 이 문제는 중국 동지와 북한 동지 간에 사전에 합의가 되어야 하며 만약 북한 측과 중국 측이 문제해결방법에 있어 이견을 보일 경우 문제해결을 위한 새로운 논의가 이루어질 때까지 미루어 두어야 한다고 합의했다."는 메

---

35) 『소련극비외교문서』 제2권, pp.23-24.
36) 같은 책, p.25.

시지를 보냈다. 모스크바의 메시지를 받은 모택동은 5월 15일 김일성 및 박헌영과 무력통일을 위한 전쟁계획에 관해 구체적으로 의견 교환을 하게 되었다.37) 그런데 한반도의 무력통일방안에 관해서는 1949년 봄부터 북·소·중의 지도부 간에 논의되어 왔다. 1949년 3월 북·소 간의 모스크바회담을 통해 무력남침에 의한 통일방안에 관해 합의한 직후인 1949년 4월 28일 북한노동당 중앙위원회 대표 김일이 중국을 방문하여 고강, 주덕, 주은래는 물론 모택동을 만나 김일성과 스탈린 간의 협의 내용을 설명하고 중국의 협조를 요청하였다. 이때 모택동은 "만약 1950년 초 국제정세가 유리해지면 남침 가능성을 배제하지 않는다."고 언급하고, "만약 일본군이 투입된다면 이에 대응하여 중국군도 파병하겠다."는 의지를 천명한 바 있었다.38)

이를 감안하여 김일성은 모택동과의 회담에서 전쟁계획을 위주로 설명하였다. 즉 김일성은 북한이 전쟁계획을 ①제1단계: 군사력을 준비하고 이를 증강하며, ②제2단계: 평화적 통일에 관한 대남제의를 하고, ③제3단계: 남한측의 거부 후 전투행위를 개시하는 등 3단계로 추진할 것이라고 설명하였다.39) 이러한 설명을 들은 모택동은 이미 주중북한대사 이주연에게 "조선의 통일은 평화로운 방법으로는 불가능하며, 전쟁을 통하는 길 밖에 없다." "한반도와 같은 작은 영토를 위해 미국이 제3차 세계대전을 일으키지 않을 것이므로 두려워할 필요가 없다."고 언급한40) 바 있음을 감안하여 ①한국통일은 무력에 의해서만 가능하기 때문에 이 계획을 찬성한다. ②계획된 작전을 수행할 수 있도록 치밀하게 준비해야 할 뿐 아니라 병력은 적군을 섬멸하는 데 집중 운영해야 할 것이다. ③일본군이 투입될 경우 전쟁이 장기화될 가능성이 있으나 현

37) 『소련극비외교문서』 제3권, p.72.
38) 양영조, 『한국전쟁과 동북아국가정책』(선인, 2007), pp.55-56.
39) 『소련극비외교문서』 제2권, p.26.
40) 『소련극비외교문서』 제3권, pp.68-69.

단계에서 일본의 참전 가능성은 거의 없으며, 만일 미군이 참전한다면 중국은 병력을 파견하여 북한을 돕겠다. ④남침 공격작전이 양군 간 공동의 과제가 되었으므로 이에 동의하고 필요한 지원을 제공하겠다고 약속하였다.

그런데 모택동과 김일성의 회담에 관해 1950년 7월에 주은래가 주중 소련대사 로신에게 밝힌 바에 의하면 모택동은 미군의 참전 가능성을 경계해야 한다고 언급한 반면, 김일성은 그럴 가능성은 거의 없다고 답변했다는 것이다.[41] 그리고 조·중 간 우호동맹상호원조조약의 체결문제도 논의되었으나 조약은 통일 후에 체결하기로 합의하고 김일성 일행은 1950년 5월 16일 평양으로 복귀하였다. 여하튼 김일성과 스탈린 및 모택동이 전쟁계획을 최종적으로 결정함에 있어 가장 고심한 사항은 미군의 개입 가능성 문제였다. 소련은 만에 하나라도 미국과의 대결이 야기되는 것을 피하고자 하였다. 그리고 북한 단독으로서는 미군에 대항하여 승리를 거둘 수 없는 것이 자명하다고 판단하고 있었다. 그러나 최종적으로 스탈린은 "소련이 원폭을 보유하고 있으므로 미국은 세계대전을 우려하여 참전하지 못할 것"이라는 결론을 내린 것이다.[42]

전쟁발발 직전까지 북한군은 육군 10개 보병사단, 해군 3개 위수사령부, 공군 1개 비행사단을 주축으로 하는 군대로 성장하여 남침작전의 수행에 충분한 것으로 판단되었다. 그리고 북한의 지도부는 전쟁도발에 임박하여 평화통일 공세를 강화시키고 특히 1950년 6월 10일 조만식 부자와 김삼룡·이주하의 교환 제의, 6월 16일 남한국회에 평화통일 방안 제의 등 연막전술을 구사하였다. 나아가 북한군 총참모장 강건과 소련 군사고문단장 바실리예프가 중심이 되어 5월 29일 소위 선제타격작전계획을 완성시켜 주북한대사 스티코프를 통해 6월 16일 스탈린의 동의를 받았음

41) 『소련극비외교문서』 제2권, pp.24-28.
42) E. P. Bajanov & N. Bajanova 저·김광린 역, 『소련의 자료로 본 한국전쟁의 전말』(열림, 1997), pp.41-42.

은 물론 남침일자가 6월 25일로 정해지게 되었다.[43] 그러나 북한정권은 7월 1일에서야 전시동원령을 선포하여 남침 사실을 은폐시키려 하였다.

II. 6·25전쟁의 성격

1950년 초부터 38도선 주변에서 소규모의 군사적 충돌을 일으켜 오던 북한은 6월 25일 전면남침을 개시하였다. 그러나 북한군의 전면적인 기습남침을 무초 대사로부터 보고받은 트루먼 행정부는 북한의 남침을 소련의 세계적화 시도의 일환으로 보아 즉각적인 개입을 결정하였다. 즉 남침 소식을 접수한지 채 2시간도 되지 않아 한국사태를 유엔을 통해 해결한다는 기본입장을 결정한 미국정부는 6월 25일 오후 소집한 유엔 안전보장이사회를 통해 북한군의 남침은 '평화의 파괴 행위'라고 규정하고, 북한에게 적대행위를 중지하고 병력을 전쟁전의 상태로 철수시킬 것과 유엔회원국들에게는 이러한 유엔의 평화 회복 노력을 지원할 것을 촉구하는 결의안을 통과시켰다. 그리고 미국정부는 동일 저녁 대통령집무실에서 최고민군정책보좌관회의를 개최하고 한국군에게 필요한 장비와 탄약을 제공하며 미국인들의 안전한 철수를 위해 해·공군작전을 수행하고, 제7함대를 대만해협으로 파견하도록 결정하여 맥아더 장군에게 하달하였다.

나아가 트루먼 행정부는 6월 27일 북한군의 침략을 격퇴하여 국제평화와 지역의 안전을 회복하는 데 필요한 원조를 한국에 해 줄 것을 호소하는 결의안을 유엔안전보장이사회에서 통과되게 함으로써 미국을 포함한 전 유엔회원국은 한국이 싸우는 데 필요한 모든 원조를 제공할 수 있게 되었으며, 따라서 이 결의안에 의해 미국은 한국에 지상군을 파견

---

43) 『소련극비외교문서』 제2권, p.29.

하게 되었고, 영국, 오스트레일리아, 뉴질랜드, 캐나다, 네덜란드 등은 한국에 전투병력을 파견하게 되었다. 한편 서울이 북한군의 수중에 들어갔다는 보고를 받은 맥아더 장군은 6월 29일 한국전선을 직접 시찰하고 해·공군의 지원만으로는 사태의 반전이 어렵고 지상군을 투입하더라도 적의 신장된 병참선을 차단하기 위한 전략적 우회기동작전이 필요하다고 판단하여 워싱턴에 "한국에 지상군을 파견하여 3군협동작전을 수행해야 한다."고 긴급 보고하였다. 맥아더 장군의 미지상군 파병을 요청받은 콜린스(J. L. Collins) 육군참모총장은 이를 육군장관에게 보고하고 대통령의 재가를 요청함에 따라 트루먼 대통령은 6월 30일 새벽에 미지상군의 한국파병을 결정하였다.

그리고 6·27 결의안에 근거하여 서방국가들의 전투병력 파병제의가 잇따르자 유엔안전보장이사회는 7월 7일 한국을 지원하는 미국과 모든 회원국군대의 법적 지위와 한국에서의 작전을 수행하는 유엔군의 지휘체계를 규정하는 새로운 결의안을 통과시켰다. 이 결의안에 따라 미국은 한국에서의 유엔군의 작전을 지휘·통제할 수 있는 권한을 부여받았다.44) 그러므로 이승만 대통령은 7월 14일 주한미대사를 통하여 맥아더 장군에게 정식으로 대한민국 육·해·공군의 작전지휘권을 현 작전상태가 계속되는 동안 이양한다는 공식서한을 전달하였고, 이 서한을 접수한 맥아더 장군은 7월 17일 무초 대사를 통하여 이승만 대통령에게 "대한민국 육·해·공군의 작전지휘권 이양에 관한 이승만 대통령의 결정을 영광으로 생각한다."는 답신을 보내왔다.45) 따라서 '유엔군사령부 설치에 대한 결의안'에 따라 한국에서의 유엔군 작전통제권을 위임받은 미국은 미국의 지휘체계를 그대로 활용하여 작전을 수행할 수 있게 되었다.

이상과 같이 한국의 사태를 유엔을 통해 해결키로 한 미국의 기본입장

---

44) Resolution Adopted by the United Nations Security Council, July 7, 1950
   FRUS, 1950, VII, p.329.
45) 서울신문사, 『주한미군 30년』(1979), p.169.

은 소련이 대만으로 쫓겨난 장개석 정부가 중국을 대표할 수 없다는 이 유로 안보이사회 참석을 거부하고 있었기에 가능할 수 있었다. 그러나 유엔안보리가 한국을 지원키로 결의하자 인도 측에서 "중공의 유엔가입을 조건으로 한국전쟁을 안보리 또는 그 밖에서 해결할 것"을 제의함으로써 공산권의 전쟁도발의 배후에는 중공의 유엔가입문제가 내재되어 있음을 감지케 하였다. 트루먼 대통령은 7월 19일 한국에 대한 북한의 침략에 대처할 뿐만 아니라 자유민주주의국가들의 공동방위를 위해 다음과 같은 3개 항의 범위 내에서 군사력 증강을 천명하는 특별성명을 발표하였다.[46] ①한국사태에 대처하기 위하여 병력과 장비보급품을 가급적 빨리 맥아더 원수의 휘하부대에 보낸다. ②세계정세는 한국에서 필요한 군사력 이상으로 우리 군대의 규모 및 물자보급을 대폭적으로 증가시키기를 원하고 있다. ③공동방위를 위하여 우리와 협력하고 있는 자유제국을 원조하여야 하며, 그들의 군사력을 증대시켜야 한다.

한편 전력의 절대우위를 확보하고 무력통일을 기도했던 김일성은 남침전쟁계획 수립 시 "미제국주의자들의 대병력이 동원되기 전에 이승만 군대와 이미 우리 강토에 침습한 미군을 단시일 내에 소탕하고, 인민군대가 부산, 마산, 목포, 여수 남해계선까지 진출하여 우리 조국 강토를 완전히 해방하며, 인민군대를 전 조선 땅에 기동성 있게 배치함으로써 미제국주의자들의 증원부대가 상륙하지 못하도록 해야 할 것"이라는 전략방침을 제시하였다.[47] 그러므로 남침작전은 제1단계로 서울점령과 수원북방에서 남한군의 전투역량을 섬멸하고, 제2단계로 남해안계선까지 진출하여 남한을 완전히 해방하는 데 목표를 두었다. 따라서 북한군의 전면남침 공격작전은 ①38선과 서울 사이에 3중의 양익포위를 실시, 남한군의 주력을 섬멸하고, ②수원에서 다시 양익포위를 실시, 후퇴한 주력을 섬멸하

46) 전사편찬위원회 역, 『미국합동참모본부사』(상), p.111.
47) 사회과학원 역사연구소, 『조국해방전쟁사』 제1권(1961), p.103.

면서 남쪽에서 올라오는 증원군을 차단, 섬멸한 다음, ③남한지역의 잔여 병력을 소탕하면서 남한을 점령하는 것으로 계획되었다.

그러나 남한군의 주력을 38선과 서울지구에서 섬멸하겠다는 북한군의 제1단계 작전이 실패로 돌아갔을 뿐 아니라 3일 만에 서울을 점령하고서도 7월 3일에서야 한강방어선을 돌파함으로써 북한군은 서울에서 시간을 허비하고 말았다. 이는 인민군 제1군단이 6월 28일 서울점령이라는 작전임무를 성공적으로 달성했으나 인민군 제2군단이 수원점령에 실패함으로써 수원북방에서의 남한군을 협격·섬멸할 계획은 수포로 돌아갔을 뿐 아니라 남한전역에 잠복해 있다는 20만 명의 남로당 당원이 봉기하여 남한정권을 전복하려는 활동을 전개하지 않은데서 비롯되었다. 개전 초기의 전투를 통해 북한군은 작전목표를 달성하지 못한 데 반해, 남한군은 전력이 거의 소진되어 반격전은 고사하고 지연전조차 수행할 능력이 없었다. 그러나 북한군이 서울에서 시간을 허비한 데 반해, 미국은 신속한 참전결정을 함으로써 미지상군이 한국전선에 투입되고 한국군의 전력 회복을 지원해 줄 수 있는 시간을 확보, 한·미 간 연합전선을 형성하여 지연전을 수행할 수 있었다.

북한군의 끈질긴 공격으로 사투를 벌이며 지연전을 전개해온 유엔군은 낙동강을 따라 방어선을 구축, 이를 고수하고, 이 선에서 반격을 실시키로 하였다. 그러므로 낙동강방어선에서 북한군의 '전 방향 압박전략과 전술'에 대해 유엔군은 '전 방향 땜질전략과 전술'로 맞서면서[48] 북한군의 신장된 병참선을 차단하기 위한 인천상륙작전의 준비를 완료하여 9월 15일 상륙작전을 감행, 성공하고 9월 29일 서울을 완전히 수복하였다. 인천상륙작전의 성공으로 유엔군은 반격을 실시하여 한국군은 10월 1일 38선을 넘었다. 그러므로 중공은 38선을 넘어 북진하는 유엔군에 대한 관심이 지대할 수밖에 없었다. 이미 스탈린은 미군이 참전할 새로운 상황

---

48) 온창일, 앞의 책, p.658.

에 대처하기 위해 7월 5일 모택동과 주은래에게 "적이 38선을 돌파할 경우 북한에서의 의용군 활동을 위하여 9개의 중국군 사단을 한만국경 근방에 집결시키는 것이 좋겠다."는 전문을 발송한 바 있었다.

그리고 스탈린은 모택동과 주은래에게 7월 8일 "북한에 중국대표를 파견하여 중국과 북한 간에 의사소통이 원활하게 이루어지도록 하는 것이 좋겠다."고 한 데 이어 7월 13일 중국이 9개 사단을 한만국경지역에 집결시키면 124대의 최신제트전투기를 보유한 전투비행사단을 중공군에 공급할 예정이라는 전문을 보냈다. 이는 스탈린이 미군의 전쟁 개입이 확실해진 상황에서 한국전쟁을 미국과 북한 및 중공 간의 충돌로 만들고 소련은 이를 간접적으로 지원하는 형태의 전쟁을 치르려는 의도를 가진 것을 의미하는 것이다. 즉 스탈린은 유엔을 통한 미군의 개입으로 전개된 새로운 상황에 대처하기 위해 한편으로 북한군의 효율적인 작전통제를 위한 조언과 북한군의 전력을 증강시키기 위한 지원을 약속하면서, 다른 한편으로 중공군의 개입 준비를 채근질함으로써 북한군과 중공군이 소련군 대신 미군과 싸우게 하는 대리전을 추진한 것으로 볼 수 있을 것이다.[49]

1950년 8월 말 모택동은 4명의 군구사령원을 북경으로 소환하여 중공군이 참전하게 될 경우나 중국이 미군으로부터 위협을 받을 경우에 대비한 제반사항을 논의하고, 조선인민의 항미구국투쟁을 지원하기로 결의한 데 이어, 1950년 10월 초에는 참전에 관한 찬성과 반대의 입장을 결정키 위한 중앙정치국회의가 개최되었다. 동 회의에는 모택동, 주덕, 유소기, 주은래, 임필시, 진운, 강생, 고강, 팽진, 동필무, 임백거, 등소평, 장문천, 팽덕회, 임표, 이부춘 등이 참여하였으며, 회의의 전반적 분위기는 참전반대 의견이 우위를 차지하였다. 그러나 10월 5일 속개된 중앙정치국회의에서 주은래가 참전하지 않으면 "침략자는 멈추지 않을 것"이

49) 같은 책, p.549.

라고 강조하자 팽덕회가 "빨리 공격하는 것이 현명하다."고 주장했으며, 회의 말미에 모택동은 "참전하면 반드시 이익이 클 것이다."고 하면서 참전을 확정지었다. 그리고 이날 모택동의 사령관 제의를 정식으로 수락한 팽덕회는 10월 7일 심양에서 북한의 연락책임자로 활동 중인 박일우를 만나 전황을 파악하였다.[50]

중국인민지원군사령관 겸 정치위원에 공식적으로 임명된 팽덕회는 동북군구의 고강이 일체의 후방지원을 담당한 가운데 10월 11일부터 북한으로 각종 저장용 물자를 수송하기 시작했는데, 10월 13일 소련은 공중엄호 지원이 2개월 후에나 가능하다고 통보해왔다. 중국 측은 소련 측과의 참전논의 과정에서 참전조건으로 소련공군의 엄호와 무기장비 지원에 합의한 바 있는데, D-데이를 얼마 남겨놓지 않은 상황에서 공중엄호 불가를 통보해 오자 10월 17일 제13병단의 지휘관들은 연명으로 "우리 군의 고사포화력이 너무 약한 데다가 공군의 지원 없이 출동하는 것은 단점이 많다. 그러므로 2~3개월 내 장비지급과 공중엄호를 확실히 보증할 수 없으면 출동시일을 미루어야 한다."고 주장하였다.[51] 그러나 팽덕회는 "어려움이 아무리 많더라고 출동해야 한다."고 지휘관들을 설득하고 10월 18일 중공중앙으로부터 참전이 결정되자 익일 입북하였다.

모택동은 유엔군이 평양을 공격하고 곧이어 압록강에 도달하게 될 상황에서 지원군의 파병결정을 연기시킬 수 없다는 결론을 내리고 지원군의 압록강 도하 개시시간을 10월 19일 저녁으로 확정하고, 13병단 소속 38, 39, 40, 42군을 도하시켜 작전 예정지역으로 급속히 진출케 하였다. 그리고 그는 10월 19일 북한의 대표단(박헌영, 유성철)을 접견하고 중공군은 '분리와 소멸'의 개념하에 군사작전을 수행할 것이라고 밝혔다. 즉 미군과 남한군을 분리하고 미군에 비해 전력이 약한 남한군을 먼저 포

---

50) 양영조,『한국전쟁과 동북아국가정책』(선인, 2007), pp.450-452.
51) 남상, "항미원조의 출병결정,"『한국전쟁관련 중국자료선집 II』, p.137.

위·소멸하면 미군은 측방을 노출시키고 퇴로가 차단되어 결국 소멸의 운명에 직면할 것이라는 것이다. 중공군은 1차 전역(1950.10.25~11.7)을 통해 중공군의 근거지를 확보하는 데 성공하였고, 2차 전역(1950.11.25~12.24)도 작전에는 성공하였다. 그러나 3차 전역(1950.12.31~1951.1.8)을 앞두고 팽덕회가 중공군의 2~3개월간의 휴식과 정비를 건의했으나 모택동은 국제정치적 관점에서 1951년 1월 15일 이전까지 38선을 돌파해야 하며, 38선 돌파와 서울 점령의 2가지 목표를 달성하여 조선 문제를 근본적으로 해결할 수 있는 계기를 마련하라고 명령하였다.

중공군의 신정공세는 38선 돌파에 이어 서울을 점령하는 것인데, 리지웨이 사령관이 유엔군의 축차방어계획에 의해 1951년 1월 3일 정오 서울 철수를 결정하고 준비명령을 하달함으로써 한국군과 유엔군은 물론 한국정부와 서울시민이 '1·4후퇴'를 단행한 상황에서 전개되었다. 그러므로 중공군이 서울을 용이하게 점령할 수 있었으나 휴식과 정비를 위해 추격을 중단함으로써 조·중 간에 알력이 발생하였다. 따라서 스탈린이 나서서 양국의 지도부 간 갈등을 완화시켜야만 했다. 스탈린은 남진강행을 주장한 소련고문단의 의견을 비판하고, 팽덕회를 비롯한 연합사지휘부의 판단이 정확했을 뿐 아니라 열악한 무기와 장비를 가지고 세계에서 가장 강력한 미제국주의 군대를 격퇴시켰다고 추켜세우면서 소련고문단이 더 이상 중국군의 지휘에 간여하지 말도록 지시하였다.52)

중공군의 전면 개입으로 한국전쟁이 '새로운 전쟁'으로 변모되자 동경과 워싱턴은 새로운 정책과 전략을 모색하게 되었다. 동경의 맥아더는 만주의 폭격과 중공의 해안 봉쇄는 물론 장개석 군대의 한국전 투입을 강력하게 요청하였다. 그러나 워싱턴의 정책결정자들은 "한국문제로 인해 중국과 전면전에 돌입하는 것은 안 된다."는 입장을 정리하고, 한국전

---

52) 청석, "소련비밀문서로 본 조선정전의 내막," 『한국전쟁관련 중국자료선집 II』, p.289.

쟁의 한반도 외 확전은 소련의 개입을 불러일으키고, 국부군의 한국전
투입은 유엔의 지원과 유엔군 배열을 위태롭게 하는 결과를 초래할 우려
가 있다면서 반대하였다. 이러한 상황하에서 미국의 조야에서는 미국이
한국에서 미국의 주적 소련이 아닌 후보팀과 싸우고 있다는 사실에 곤혹
스러워하면서 군부지도자들은 전면전을 치루거나 한국에서 철수하거나
양단의 결단을 내자고 하는 반면, 민간정책결정자들은 한반도의 어딘가
에 방어선을 유지하여 미국의 개입을 신속하고 명예롭게 종식시키는 방
안을 모색하다가[53] 동경과 한국전선을 방문하고 돌아온 육군참모총장으
로부터 맥아더 장군이 전쟁전의 상태에서 휴전을 모색하는 것에 반대하
지 않는다고 보고하자 정치적 협상에 의한 휴전을 통하여 전쟁을 마무리
하는 정책과 전략을 수립키로 하였다.

　한편 한국전에 유엔군을 파견하여 침략을 응징하려 했던 유엔총회는
중공군의 개입으로 한국전쟁의 성격이 변모되자 1950년 12월 14일 한
국전쟁의 평화적인 해결을 촉구하는 결의안을 통과시키고 휴전위원단을
구성하였으나 별다른 성과는 없었다. 1951년 1월 중순경 유엔총회 제1
위원회는 ①한국에서의 외국군 철수, ②한국임시정부 수립을 위한 유엔
감시하의 자유선서, ③휴전 후 극동문제 해결을 위한 미·소·중 간의
회담 개최 등 원칙을 제시하면서 한국에서의 휴전을 촉구하였다. 그러나
중국은 유엔이 제시한 휴전안을 거부하였다. 이에 미국정부는 중공을 침
략자로 규정하는 결의안을 상정하였고, 유엔총회는 1951년 2월 1일 중
공을 침략자로 규정하고, 평화적인 방법에 의한 한국에서의 유엔 목표
달성을 촉구하는 결의안을 다시 통과시키게 되었다. 다행스럽게도 이 당
시 한국전선의 상황이 안정되어 가고 있었기 때문에 이러한 전선 상황은
미국의 외교적 입장을 강화시켜 줄 수 있는 여건을 형성하여 전쟁의 평

---

53) Memo of Conversation at the White House, Dec.3, 1950, *FRUS*, 1950, VII,
　　pp.1336-9.

화적 해결 모색에 보탬이 되었다.

병력의 보존을 위해 자의적으로 1·4후퇴를 단행한 미8군은 적정을 파악하고 공세로 전환하기 위해 강력한 위력수색작전을 군단별로 전개 케(1951.1.15~1.22) 한 결과 한강 이남지역에서의 적 배치가 경미하다는 사실을 확인하였다. 그러므로 미1군단 및 9군단이 한강진출을 위해 서부전선 반격작전(Thunderbolt작전)을 전개한 데 이어 미10군단이 홍천진 출을 위해 동부전선 반격작전(Roundup작전)을 전개하자 춘계공세를 준비하던 중공군이 제4차 전역(1951.2.11~2.16)을 전개하여 횡성·지평리로 공격해 왔다. 이에 리지웨이 미8군사령관은 공산군에게 새로운 공세를 준비할 시간적 여유를 주지 않고, 작전의 주도권을 장악하면서 제천-영월 돌출부의 공산군을 격멸하기 위해 중동부전선 반격작전(Killer작전)을 전개하였다. 킬러작전 결과 한강에서 강릉에 이르는 연결된 방어선을 확보케 되자 전선의 중앙부분에 대규모 돌파구를 형성하여 서부의 중공군과 동부의 북한군을 분리시키는 중부전선 공격작전(Ripper작전)을 계획하여 전개하였다.

유엔군과 한국군이 서울을 다시 탈환하고 춘천을 점령하자 8군사령관은 리퍼작전을 확대하여 서부전선에서 임진강선까지 진격하는 작전(Courageous작전)을 수행한 데 이어 38선 확보작전(Rugged & Dauntless 작전)을 전개하였다. 38선 확보작전은 임진강에서 화천저수지를 거쳐 양양으로 이어지는 캔자스선(Line Kansas)까지 진출하는 작전(Rugged작전)과 평강·철원·김화지역을 연결하는 철의 삼각지(Iron Triangle) 진출작전(Dauntless작전)을 포함하였다. 이 작전은 유엔군과 한국군이 38선을 확보하고 공산군에게 계속적인 피해를 가하여 정치적인 협상의 기반을 조성하기 위한 군사작전이었다. 이 작전이 전개되고 있을 때 트루먼 대통령은 맥아더를 해임하고 후임에 미8군사령관이던 리지웨이를 임명하면서 리지웨이의 후임에는 1951년 4월 14일 밴프리트(J. A. Van Fleet) 중장을 임명하였다. 그리고 철의 삼각지 진출 1단계 작전이 완료된 시점에서 중공군의 4월 공세(제5차 전역 1단계 작전)가 전개되었다.

중공군이 일정을 앞당겨 1951년 4월 22일 단행한 4월 공세는 모든 면에서 준비가 불충분하여 성과를 달성할 수 없었다. 공산군의 지휘부는 한국군을 대량섬멸하여 미군을 고립시킴으로써 격멸시킬 수 있는 전기를 잡겠다는 의도하에 한국군이 방어를 담당하고 있던 동부지역에 주공을 둔 5월 공세(제5차 전역 2단계 작전)를 실시하기로 결정하였다. 따라서 한국군 제3군단이 중공군의 집중공격을 받아 붕괴되어 유엔군전선 전체에 치명적인 결과를 가져왔다.54) 그러나 중공군의 공격으로 인해 형성된 중동부전선의 돌파구가 과도하게 돌출됨으로써 이는 공산군 측의 약점이 되었다. 그러므로 유엔군은 중공군의 공격기세를 둔화시키는 방편으로 이 돌출부에 대해 반격을 감행하였다. 하지만 1951년 5월 중순부터 미국과 유엔에서 휴전논의가 활발하게 전개되는 가운데 전선이 교착됨으로써 한국전쟁은 진지전으로 전환되어 가게 되었다.

미국정부는 한국전쟁을 군사적으로 방어 가능한 전선을 확보한 후에 군사적 승리가 아닌 정치적인 타협에 의해서 종결한다는 방침을 세우고, '명예로운 휴전'이라는 해결책을 모색키로 하였다. 그러나 미국정부는 이러한 해결책을 전선에서의 군사적인 우위를 통해서 모색키로 하였다. 그리하여 미국정부는 한반도에서 통일된 민주독립국가의 수립은 정치적으로 계속 추구하되, 한국전쟁의 종결은 유엔을 통한 휴전협정으로 적대행위를 종결하는 선에서 마무리하고, 휴전선은 대한민국의 통치권이 38선까지 미칠 수 있도록 그 북쪽에 설정하며, 이러한 휴전이 이루어질 때까지 침략자에 대해서는 계속적인 응징을 가한다는 내용의 정책을 확정하였다.55) 이같은 정책에 의해 미 합참본부는 1951년 6월 1일 리지웨이 유엔군사령관에게 ①휴전협정으로 적대행위를 종식한다. ②38선 북방에

---

54) 나종남, "한국전쟁 중 한국육군의 재편성과 증강, 1951~53," 『군사』 제63호, pp.213-263.

55) 온창일, 앞의 책, pp.941-942.

서 방어 가능한 경계선을 확보하여 한국정부의 관할하에 둔다. ③한국에서 외국군의 철수를 가능하게 한다. ④북한의 재침을 억제·격퇴할 수 있도록 한국군을 증강한다는 내용의 지시를 하달하였다.

그러므로 한국전선의 유엔군은 38선 이북에서 확보하려는 방어 가능한 전선(캔자스-와이오밍선)을 중심으로 제한적인 공세를 취하여 공산군 측에 휴전을 강요하는 작전을 수행케 되었으며, 따라서 적에게 계속적인 피해를 강요하면서 유리한 지형을 점령·확보하는 작전이 이루어지게 되었다. 리지웨이 사령관은 미합참본부의 지시에 따라 1951년 6월 30일 라디오 메시지를 통해 "원산항에 정박 중인 덴마크 병원선에서 휴전을 위한 회담을 갖자"고 제의하였고, 회담 제의를 김일성과 팽덕회가 수락함에 따라 예비회담을 거쳐 7월 10일 개성시 고려동에서 휴전회담이 개최되었다. 그러나 공산 측이 8월 23일 유엔기가 개성을 폭격했다고 주장하면서 회담을 취소하자 연락장교회의를 열어 회담장을 판문점으로 옮겨 10월 25일 본회담을 재개하였다. 본회담에서는 유엔 측이 제시한 군사분계선과 공산 측이 제시한 군사분계선을 놓고 토의를 진행시켰으나 성과가 없자 10월 31일 공산 측이 접촉선에 기초한 4km의 비무장지대 설치안이 그들의 최종안이라고 주장하자 유엔 측에서도 접촉선을 군사분계선으로 설정하자는 데 일단 합의하였다. 그러나 공산 측은 협상 당시의 접촉선을 유엔 측은 휴전조인 당시의 접촉선을 각각 군사분계선으로 하자고 대립하였다.

이러다가 양 측은 11월 26일 군사분계선을 설정하고, 휴전회담이 그로부터 30일 이내에 조인될 경우 이 선을 최종적인 군사분계선으로 수용하기로 하였으나 그렇지 않을 경우에는 휴전조인 당시의 접촉선을 다시 설정하여 군사분계선으로 확정한다는 데 합의하였다.[56] 그리고 11월 27일 양 측은 '잠정적인 군사분계선을 확정·합의하게 되었으나 전투행위

---

56) 국방군사연구소, 『한국전쟁 (하)』, pp.215-218.

는 중단되지 않았다. 그것은 양 측이 휴전회담에서 군사적인 압박작전을 협상수단으로 충분하게 활용하려고 했기 때문이었다. 그러나 비록 잠정적인 성격의 것이긴 하지만 군사분계선 설정에 합의했다는 사실은 유엔군이 낙동강으로 다시 밀려갈 가능성과 공산군이 압록강으로 다시 밀려올라갈 가능성을 현실적으로 제거한 것을 의미하고 있었다. 따라서 한국전쟁에서 극적인 기동전이 정적인 진지전과 자리바꿈을 하게 되었고 이에 따라 유동적인 전선 대신 교착된 전선이 등장하게 되었다.57)

이상에서 논의한 바와 같이 6·25전쟁의 전개과정은 제1기: 북한군의 석권기(1950.6.25~1950년 9월 중순), 제2기: 유엔군의 반격기(1950년 9월 중순~1950년 10월 하순), 제3기: 중공군의 공세기(1950년 10월 하순~1951년 1월 중순), 제4기: 유엔군의 재공세기(1951년 1월 중순~1951년 4월 중순), 제5기: 중공군의 반격기(1951년 4월 중순~1951년 6월 중순), 제6기: 화전 양양기(1951년 6월 중순~1953.7.27)로 대별할 수 있을 것이다.

그런데 6·25전쟁의 기원을 보는 견해는 전쟁이 내쟁적 힘에 의해 시작되었다는 견해(내인론)와 국제적 힘에 의해 시작되었다는 견해(외인론), 그리고 내쟁적 힘과 국제적 힘이 복합적으로 작용하여 야기되었다는 견해(복합론)가 있다. 그리고 6·25전쟁의 개전을 누가 주도했는가를 위요하고도 '남측주도설'과 '북측주도설'로 양분되어 있는가 하면, 북측주도설도 스탈린주도김일성보조역할설, 김일성·스탈린공동주도설, 김일성주도스탈린지원설로 세분되고 있다. 이러한 맥락에서 6·25전쟁의 성격에 관한 논의는 남한군대를 창설한 미국과 북한군대를 창설한 소련의 6·25전쟁에서의 역할 규명이 필요한 것이다.

---

57) 온창일, 앞의 책, p.969.

1. 6·25전쟁에서의 미국의 역할

북한군이 1950년 6월 25일 기습남침을 단행하자 트루먼 대통령은 미국의 즉각적인 개입을 결심하였다. 그의 회고록에 따르면 그가 북한의 남침을 소련의 세계적화 시도의 일환으로 보았으며, 직접적으로는 미·일 군사안보체제에의 대항조치로 인식하여 한반도가 공산화하는 경우 그것이 일본의 국내정치에 미칠 영향을 걱정했기 때문이었다는 것이다.58) 트루먼 행정부는 국제연합안전보장이사회를 긴급 소집하여 6월 25일 오후 3시 북한의 무력공격을 '평화파괴행위'로 규정하고, 즉각적으로 적대행위를 중지하고 군사력을 38도선 이북으로 철퇴시키라는 결의안을 가결케 했으며, 이 결의의 실행을 국제연합한국위원단(UNCOK)에게 맡겼으나 아무런 효과가 없자 안보리로 하여금 6월 27일 "군사공격을 격퇴하고 그 지역의 국제평화와 안전을 확보하는 데 필요한 원조를 대한민국에 제공할 것"을 결의케 하였다. 더불어 트루먼 대통령은 맥아더 장군에게 대한민국에 대한 해·공군의 지원을 개시하라고 명하고, 미 제7함대로 하여금 중공군이 대만을 공격하지 못하도록 막으면서 동시에 장개석 정부가 중국본토를 공격하지 못하도록 조치하라고 지시하였다.

이어서 6월 30일 트루먼 대통령은 맥아더 장군에게 ①해·공군뿐만 아니라 지상군을 투입할 권한과, ②군사상 필요한 경우에는 38도선 이북의 군사목표를 공격할 수 있는 권한을 부여하였다. 따라서 주일미제24사단 제21연대 제1대대가 부산에 상륙함으로써 7월 1일 미지상군의 개입이 시작되었다. 그리고 바로 이날 미국은 영국과 프랑스가 "국제연합군사령부를 설치하고 국제연합회원국들의 무력원조를 미국정부의 단일지휘하에 둔다."는 내용의 공동결의안을 안보리에 제출하도록 종용하여

---

58) Harry S. Truman, *Memoirs, II: Years of Trial and Hope* (New York: Doubleday, 1963), pp.331-332.

이 공동결의안이 7월 7일 가결되도록 하였다. 이에 미국은 무초 대사에게 한국군의 작전지휘권 이양문제를 협의케 함으로써 이승만 대통령은 7월 14일 대전에서 무초 대사를 통해 한국군의 작전지휘권을 유엔군사령관 맥아더 장군에게 위임하였다.59) 그러므로 1950년 7월 중순까지 주일미군 4개 사단(24사단, 25사단, 1기병사단, 2사단)이 한국전선에 투입되어 한·미 연합전선을 형성하여 지연전을 전개했을 뿐 아니라 낙동강 방어전을 수행하였다.

인천상륙작전의 성공으로 유엔군의 반격이 실시되자 중립국의 일각에서 북한군을 38도선 이북으로 철퇴시키는 조건하에 유엔군의 진격을 멈추게 하자는 움직임이 제기되었다. 더욱이 8월 17일 유엔주재 미국대사 오스틴이 유엔군의 군사적 목표를 전전원상의 회복에 두지 않고 한반도의 통일에 두고 있다고 선언한 직후인 8월 20일 중공의 주은래 외무장관이 대유엔공식성명을 통해 "미제의 조선 침략이 중국의 안전을 중대하게 위협하고 있으며 중국인민은 그러한 미제의 조선침략을 허용할 수 없다."고 경고한 바 있는 데다가 9월 24일 주은래는 유엔사무국에 "미국의 공군기가 한·만국경선을 넘어서 만주의 안동에 공격을 가했다."는 전보를 발송하면서 "유엔의 회원국들이 전쟁의 불꽃을 중국으로 확대하려는 미국의 침략적 범죄에 귀머거리로 머물러 있어서는 안 된다."고 호소하였다. 이어서 9월 25일 중공군육군참모총장대리가 북경주재 인도대사 파니카르에게 "미국인들이 조·중국경선에까지 접근해오는 경우 중국인들은 팔짱을 낀 채 앉아 있기만 하지는 않을 것이다."고 경고하였다.

이처럼 중공의 강경발언이 반복되자 미국의 조야에서는 미국의 군사정책이 중공의 참전을 가져와 한국전쟁이 결국 중공과 미국의 군사적 대결로 확대되는 것이 아니냐는 우려가 대두되었다. 특히 트루먼 대통령과 애치슨 국무장관 및 마샬 국방장관은 모두 한국전쟁이 중공과 미국의

<hr>

59) 정일권, 『전쟁과 휴전』(동아일보사, 1986), pp.72-75.

직접적 대결로 확대된다면 그것은 결국 소련이 파놓은 함정 속에 미국이 빠져드는 것이라고 판단하여 중공과의 대결을 피하는 범위 내에서 군사작전을 수행하도록 맥아더 사령관에게 훈령하였다. 즉 트루먼 대통령은 9월 27일자 훈령을 통해 맥아더 사령관에게 "38도선 이북에 진격하는 것은 소련 또는 중공의 주력군이 북한에 진입하고 있지 않거나, 또는 참전 기도에 대한 발표가 없거나, 그 밖에 북한 안에서 군사적으로 소련군 및 중공군의 위협에 직면하지 않으리라는 확신이 있을 경우에 한한다." 고 전제하고, "어떠한 경우에 있어서도 또한 어느 휘하 병력을 막론하고 만주국경이나 소련국경을 넘어서는 안 되며, 정책상 소·만 국경에 인접한 지역일지라도 한국인 이외의 부대를 사용해서는 안 된다. 이와 동시에 38도선의 이북지역에서 작전할 경우 육·해군의 지원작전이 소련과 만주 영내에 미쳐서는 안 된다."고 강조하였다.60)

이러한 상황이 전개되고 있는 가운데 한국군과 유엔군이 서울을 수복하고 북진을 계속하여 10월 1일 한국군은 38도선을 넘어섰고, 유엔군은 38도선 북상을 허용해 줄 것을 요청한 서방측의 공동결의안이 유엔총회에서 통과되기를 기다리고 있었다. 그러므로 중공으로서는 이 표결의 통과를 막지 않으면 안 되었다. 따라서 주은래는 10월 1일 심야에 북경주재 인도대사 파니카르를 외무부로 불러 "만일 유엔군이 38도선을 넘어 북진하는 경우 중국은 전쟁에 개입하지 않을 수 없다."고 선언하고, 그러나 "한국군만이 38도선을 넘을 경우 중국은 그러한 조치를 취하지 않을 것"이라고 밝혔다.61) 이에 파니카르 대사가 주은래의 발언을 즉시 본국 정부에 알림으로써 인도정부는 이것을 미국정부는 물론 소련과 영국 및 스웨덴정부에도 중계하였다. 그러나 트루먼 대통령은 파니카르 대사가 과거에 수차례 중공을 위한 게임을 벌여왔다는 선입견을 갖고 있었기

---

60) 김학준, 앞의 책, p.168.
61) K. M. Panikkar, *In Two Chinas: Memoirs of a Diplomat* (London: George Allen & Unwin, 1955), p.108.

때문에 그의 전언을 '중공 선전의 전달'로 여긴 데다가 주은래의 의도를 유엔군의 북상안이 통과되는 것을 막기 위해 유엔을 협박하려는 '대담한 시도'라고 판단하였기 때문에 그의 경고를 무시하였다. 따라서 유엔총회는 10월 7일 마침내 유엔군의 38도선 북상을 허용하는 서방측의 공동결의안을 찬성 47표, 반대 5표, 기권 7표로 통과시켰다.

이 결의안은 우선 한반도 전체에 안전상태를 보증하기 위한 모든 적절한 조치를 취할 것을 권고하고, 이어 한반도에 통일·독립·민주정부를 세우기 위해 유엔 관리하에 총선거의 실시를 포함하는 모든 입법적 조치들을 취할 것을 요구하며, 그리고 그 목적을 이룩하기 위해 국제연합한국통일부흥위원단(UNCURK)을 설치해 이미 있던 국제연합한국위원단과 대체키로 한 것이었다. 이 결의안을 주도한 미국이 한반도에 통일정부의 수립보다 한반도 전체의 안정상태의 보증을 앞세운 것은 미국이 중공이나 소련의 개입에 의해 북한 전역의 점령이 어려워지게 될 경우 국제적 위신을 손상 받지 않고 곤경에서 벗어날 수 있는 정치적 유연성을 확보코자 했기 때문이었던 것으로 보인다.62) 이 결의안이 통과되자 주은래는 10월 10일 "조선전쟁은 처음부터 중국의 안전에 대한 중대한 위협이었다."고 규정하고, 이 전쟁에서 중국인민은 수수방관하지 않을 것이라고 선언하였으며, 박헌영은 10월 14일 "미국이 조선전쟁에서 일본군인을 사용하고 있다."는 전보를 유엔안보리에 보냈다.

한국전쟁이 발발하자 미국은 주일미군을 한국전선에 투입하고 치안유지를 위해 경찰예비대를 창설하는 한편, 해상보안청 요원을 기뢰소해 활동에 활용하고, 일본인 기술자 및 노무자를 군수품의 생산 및 수송 활동에 활용하고 있었다.63) 그런데 1950년 2월에 체결된 중·소 우호동맹조약에 "일본 또는 일본과 제휴한 나라에 의한 침략의 재개에 두 나라는

---

62) 김양명, 『한국전쟁사』(일신사, 1976), pp.229-230.
63) 양영조, 앞의 책, pp.394-415.

공동으로 대처한다."고 했기 때문에 이에 근거하여 중국과 소련의 전쟁 개입 추측이 확산되었다. 이처럼 중공의 참전가능성이 농후해지자 트루먼 대통령은 이 문제를 협의하기 위해 맥아더 장군과 10월 15일 웨이크도에서 전략회담을 가졌다. 이 전략회담에서 트루먼 대통령은 맥아더 사령관으로부터 군사작전 수행 시 9월 27일자 훈령과 관련된 문제에 관해 논의코자 했으나 맥아더 사령관은 "중공의 참전가능성은 거의 없으며, … 한국전쟁은 이제 끝난 것이나 다름없다."고 주장하였다.

그러나 이 회담으로부터 불과 4일이 지난 1950년 10월 19일 야간에 중공군은 압록강을 건너 한국전선에 투입되었다. 그리고 중공군은 10월 25일부터 '운동간 공세전'을 전개하여 유엔군과 한국군의 북진강도를 약화시키고, 10월 28일 야간부터 본격적으로 한국군 중심으로 공격해왔다. 이에 맥아더 사령관은 유엔에 11월 5일 중공군의 참전을 보고하면서 '완전히 새로운 전쟁'이 시작되었다고 했다. 중공군은 제1차 전역과 제2차 전역에 이어 제3차 전역을 전개하여 12월 26일 38도선을 돌파하고 서울로 진격하였다. 이렇게 되자 맥아더 사령관은 12월 30일 미합참본부에 대해 ①중공 해안의 봉쇄, ②중공본토의 군수산업시설 폭격, ③장개석군의 파한, ④장개석군의 중국본토에 대한 견제공격을 건의하여 확전론을 전개하였다. 그러나 미합동참모본부는 제한전을 추구하는 트루먼 대통령의 9월 27일자 훈령을 감안하여 "일본의 방위와 유엔군의 전력 보존에 유의하면서 손실을 방지하기 위해 축차적인 방어작전을 수행하라"고 답변했을 뿐이었다.

그러자 맥아더 사령관은 "유엔군의 전면철수를 피하기 위해 중공에 대해 보복조치를 취하든지, 아니면 일본의 방위와 유엔군의 전력 보존을 위해 한반도를 포기하든지 양자택일을 해야 한다."고 맞섰다. 이에 대해 트루먼 대통령은 "최악의 경우 유엔군은 제주도와 같은 남한 연안의 섬으로 철수하여 전투를 계속할 수도 있다."고 말하여 이견을 보였다. 이처럼 쌍방간 이견이 오가는 사이에 유엔군은 전세를 수습(1951.3.15 서울

재탈환)하고 공세로 전환하였다. 이렇게 되자 국련에서는 곧 전전원상의 회복이 이루어질 것으로 내다보면서 다시 휴전문제를 제기하고, 심지어 참전국 중에서도 38도선의 재북상에 반대하는 국가가 나오게 되었다. 이러한 분위기 속에서 트루먼 대통령은 중공과의 정치적 협상을 통해 휴전을 성립시키기로 작정하고 1951년 3월 20일 맥아더 사령관에게 그러한 취지의 성명이 곧 발표될 것이라고 통고하였다. 이러한 통고를 받은 맥아더 사령관은 3월 24일 본국정부와의 아무런 협의도 없이 "국련이 전쟁을 한반도에만 한정시키려는 참을성 있는 노력을 포기하고 중공연안이나 내륙으로 군사작전을 확대한다면 중공은 그 순간 군사적으로 참화를 면치 못할 것이다."는 대중공 공식성명을 발표하였다.[64]

이에 트루먼 대통령은 맥아더 사령관의 해임을 결심하고 애치슨 국무장관, 마샬 국방장관, 브래들리 합동참모본부의장 등 보좌관을 소집하여 의견을 물었는데 그들도 맥아더의 해임에 동의하였다. 트루먼 대통령은 4월 10일 라디오 방송을 통해 맥아더 장군을 극동군사령관직에서 해임한다고 발표하고, "우리가 한반도에서 추구하고 있는 목표는 제한전에 의한 제3차 세계대전의 방지"라고 선언했다. 그리고 맥아더 장군의 후임으로는 워커 장군의 사망으로 인해 1950년 12월 26일 미8군사령관이 된 리지웨이 장군을 임명하였다. 맥아더 장군의 해임 소식이 알려지자 중공으로의 확전을 걱정했던 서방국가들은 크게 안도하였고, 군부의 지도자들은 제한전의 개념에 충실하게 군사작전을 수행하는 모습을 보였으며, 유엔군과 공산군 간에는 휴전회담이 제의·수락되어 1951년 7월 10일 휴전회담이 개최될 수 있었다. 그리고 휴전회담의 영향으로 인해 기동전이 진지전으로 전환되어 교착된 전선이 등장하게 되었다.

---

64) 맥아더 장군이 해임될 때까지의 과정은 Ronald J. Caridi, *The Korean War and American Politics: The Republican Party as a Case Study* (Philadelphia: Univ. of Pennsylvania Press, 1968), 제6장을 참조할 것.

전선이 교착화되어 가자 한국전선의 미군지도부에서는 한국전선의 절반 수준을 담당하고 있는 한국군부대들의 재편성과 전투력 회복을 본국정부에 건의하였고, 이는 수용되어 한국군의 재편성 프로그램과 전투력 증강 프로그램이 추진됨으로써 한국군은 새로운 현대적 군대로 성장할 수 있게 되었다. 그리고 1952년 유엔군사령관으로 취임한 클라크(Mark W. Clark) 대장은 8군사령관 밴프리트 중장이 추진하고 있던 한국군 재편성 및 전력증강 정책의 효과를 극대화시키기 위해 한국군의 규모를 20개 사단 수준으로 증강시키는 조치를 추진하여 유엔군을 점차적으로 한국으로부터 철수시키려 하였는데, 이는 휴전을 앞두고 한국정부를 회유하려는 계획과 맞물려 아이젠하워 대통령이 1953년 5월 한국군 20개 사단 증강안을 승인함으로써 달성될 수 있었다. 아이젠하워 대통령은 이승만 대통령이 휴전의 성립을 방해하자 로버트슨(Walter S. Robertson) 특사를 파견하여 한국군의 증강을 포함한 한·미 상호방위조약을 체결해 주었다. 그러므로 한국군은 이 조약에 힘입어 미군의 현대식 무기 및 장비와 군사기술 뿐 아니라 현대식 기획·관리제도와 노하우도 받아들일 수 있게 되었다.

2. 6·25전쟁에서의 소련의 역할

유엔이 한국전쟁에의 개입을 가능케 한 중요한 결의안이 통과된 1950년 6월 25일 유엔안전보장이사회에 소련대표는 불참하였다. 소련대표 말리크(Jacob Malik)는 "중화인민공화국이 유엔에서 중국을 대표해야 하는데 이것이 거부되고 있음에 항의한다."고 주장하면서 1950년 1월부터 안보리에 불참해 왔다. 그렇다고 해도 북한의 남침계획을 알고 있고, 안보리의 소집을 예상했다면 출석하는 것이 진영을 위해 유익했을 것이다. 더욱이 개전 초기 소련이 나타낸 공식반응은 너무나 미온적이었다. 울람 교수가 지적했듯이 소련은 "남조선이 북침을 개시했다"는 북한의 주장을 미국이나 유엔에 전달하지 않았고, 오히려 미국으로부터 "북한군의 38도 선 이북으로의 후퇴를 위해 영향력을 행사해줄 것"을 요청하는 6월 27일 자 각서를 전달받았다. 이에 관해 소련은 6월 29일 "남조선이 북침했다 는 것이 우리의 정보"라고 하면서 "조선의 내부문제에 외세의 간섭은 용납될 수 없다."고 지적하는 것으로 그쳤다.[65]

개전 초기 소련정부는 미국과의 직접적인 대결을 회피코자 하였고, 따라서 소련의 매체들은 7월 2일까지 한국전쟁을 소홀히 취급하였으며, 소련의 대북군사원조도 7월 10일까지 전무하였다. 스탈린은 7월 1일 스티코프 대사에게 상황보고를 제대로 않는다고 질책하면서 북한이 미국의 공습에 대해서 항의 성명을 발표케 하라고 지시하고, 북한이 요구한 탄약과 장비는 7월 10일까지 지원될 것이라고 하였다. 이에 스티코프는 강계와 청진에 대한 미군의 공습으로 인해 보급로의 확보가 어려우니 보급품을 만주에서 안동·신의주를 거쳐 평양으로 신속하게 전달해주면 좋겠다고 하면서 김일성이 추가적인 보병, 전차, 해군부대의 증설을 요구하고 있다고 스탈린에게 보고하였다. 이러한 보고를 받은 스탈린은 7월 5일 북한에게 2개의 사단, 2개의 전차연대, 12개의 독립대대를 장비할 수 있는 전차와 장비 및 탄약을 안동과 신의주를 거쳐 지원할 것이라고 하면서 새로운 부대의 창설보다 사단규모를 12,000명 수준으로 확대 편성하는 것이 매우 중요하다고 스티코프에게 지적하였다.[66]

스탈린은 7월 5일 모택동과 주은래에게 미군이 참전한 새로운 상황에 대응하는 차원에서 적이 38선을 돌파할 경우에 북한에서의 의용군 활동을 위해 9개 중국군 사단을 한만국경 근방에 집결시키는 것이 좋겠으며, 그럴 경우 소련이 이들 부대들을 공군력으로 보호하겠다는 전문을 보냈다. 그리고 7월 13일 재차 모택동과 주은래에게 중국이 9개 사단을 한만

---

65) Adam B. Ulam, *Expansion & Coexistence: The History of Soviet Foreign Policy, 1917~1967* (New York: Praeger, 1968), p.521.
66) 『소련극비외교문서』, 4, pp.76-80.

국경지역에 집결시키면 124대의 최신 제트전투기를 보유한 전투비행사단을 중국에 공급하겠다는 전문을 보냈다.[67] 이로 미루어 스탈린은 미군의 개입이 확실해진 상황에서 한국전쟁을 미국과 북한 및 중공 간의 충돌로 만들고, 소련은 이를 간접적으로 지원하는 형태의 전쟁을 치르려는 의도를 가진 것으로 볼 수 있는 것이다.[68] 그러나 이 당시 중공은 국제연합에서 북한의 입장과 상반되는 입장을 취하고 있었다. 당시 북한은 한국문제의 유엔 해결은 물론 모든 평화적 해결방안에 관해서 전혀 관심이 없었으나 중공은 1950년 7월 13일 인도가 대만이 아닌 중공에게 유엔대표권을 주고 유엔안보리에 출석시켜 한반도문제를 평화적으로 해결할 것을 제의하자 북한의 묵살에도 불구하고 유엔대표권의 획득을 위해 이를 수락하였다.

그러나 이같은 인도의 제안에 관해 미국 측이 "중공의 유엔가입문제가 전쟁도발에 대한 토의의 대가로 거래될 수 없다."[69]고 반대함으로써 인도의 제안이 무산되어 북한과 중공의 이해 상충은 더 이상 진전되지는 않았다. 이러한 상황하에서 1950년 8월 17일 유엔주재 미국대사 오스틴이 유엔군의 군사적 목표를 전전원상의 회복에 두지 않고 한반도의 통일에 두고 있다고 선언하자 유엔주재 소련대사 말리크가 8월 22일 "공산군의 증원으로 전쟁이 불가피하게 확대될 것이라"고 경고한 데 이어 10월 2일 주은래 중공외무장관은 "국련군이 38도선을 넘어 북진하는 경우 중국은 조선에 개입하지 않을 수 없다."는 강경자세를 표출시켰다. 그리고 10월 7일 유엔군의 38도선 북상을 허용하는 서방측 공동결의안이 유엔을 통과하자 10월 10일 주은래는 "조선전쟁은 처음부터 중국의 안전에 대한 중대한 위협이었다."고 규정하고, "이 전쟁에서 중국인민은 수수방

---

67) 같은 책, pp.81-82.
68) 온창일, 앞의 책, p.548.
69) James F. Schnabel, *Policy and Direction: The First Year* (OCMH, US Dert. of Army, USGPO, 1972), p.103.

관하지는 않을 것"이라고 선언하여 중공의 참전 가능성을 분명히 시사하였다.[70]

1950년 9월 29일 한국정부의 환도식이 거행되던 날 북한 수상 김일성과 부수상 박헌영은 '조국의 자유와 독립을 위해 투쟁하는 조선인민'에 대한 스탈린의 애정과 원조에 감사한다는 인사말에 이어 미군의 개입으로 인한 사태의 악화를 지적한 다음 "적군이 38선을 넘어서고 있는 지금 북한은 소련의 특별하고 직접적인 군사원조가 절실하게 필요하다."고 밝히고, 만약 어떤 이유로 소련이 직접적인 군사 원조를 할 수 없을 경우에는 중국에게 국제의용군을 창설하여 북한을 도와주도록 협조요청을 간청해달라는 공한을 발송하였다.[71] 이에 스탈린은 10월 1일 중국이 김일성정부를 돕는 것이 옳다는 결론을 내리고 이러한 내용을 담은 전문을 모택동과 주은래에게 발송하고, 지원군으로 위장하여 최소한 5~6개 중공군사단을 북한에 파견, 중공군의 보급하에 북한군이 다시 전력을 조직화할 수 있도록 하는 것이 바람직하다고 강조했다. 이러한 스탈린의 제안에 대해 모택동은 10월 2일 중공군에 대한 공중 엄호와 무기 지원에 대한 소련의 확실한 보장이 없는 상태하에서 중공군의 한국전 개입은 무리라는 점을 부각시킨 답신을 작성, 스탈린에게 보냈다.

그리고 그는 장비가 빈약한 중공군이 미군과의 전투에서 승리한다는 보장이 별무하고, 중공의 개입이 소련의 개입을 강요하는 구실이 될지도 모른다고 하면서 이러한 중공의 입장을 설명하기 위해 주은래와 임표를 보낸다고 덧붙였다. 한편 스탈린은 중국에 대한 공군지원을 약속하면서도 소련공군이 최초 한반도에서 작전하는 중공군의 직접 엄호는 곤란하다는 입장을 표명하였다. 그리고 그는 미국은 대전을 치를 준비가 제대로 되어 있지 않은 데다가 일본은 미국에게 원조를 제공할 처지가 못

---

70) 김학준, 앞의 책, pp.171-172.
71) 『소련극비외교문서』, 4, pp.71-72.

되기 때문에 미국은 한반도에서 소련의 지원을 받는 중국에 굴복하고 말 것이라고 하면서 중공군의 개입을 촉구하였다.[72] 그럼에도 중공의 지도부가 파병을 꺼리자 10월 12일 스탈린은 이를 김일성에게 알려주면서 "빠른 시일 내에 북쪽으로 퇴각하여 한반도에서 철수하라"는 지시를 내리기도 했지만[73] 10월 13일 중국공산당 중앙정치국이 소련의 지원이 미흡하더라도 북한을 지원키로 결정함으로써 중·소 간 중공군의 참전을 위요한 갈등은 봉합되었다.

소련은 평양이 함락될 위기에 처하자 중공의 동북지방에 1개 항공사단을 배치하여 북한군은 물론 북한에 투입할 중공군 부대의 배후를 지원할 계획을 가지고 있었으나 투입되는 중공군을 근접 지원할 공군전력은 확보하지 못한 상황이었다.[74] 이러한 가운데 중공군이 참전하자 맥아더 사령관이 11월 5일 중공군의 참전을 유엔에 보고한 데 이어 중공외무부도 11월 11일 중공의 '인민지원군'이 한국전쟁에 참전했다고 밝히자 NATO 회원국들은 "소련이 중공으로 하여금 미국과 유엔의 힘을 견제케 함으로써 미국의 유럽방위력증강을 방해하고 있다."고 보았다. 그러나 인민지원군 명의로 한국전쟁에 중공군을 파견한 것은 중국의 안전을 도모하고, 소련과의 우호관계를 유지하며, 동북아지역에서 미국의 위상을 손상시켜 일본과 대만에 대한 미국의 영향력을 감소시키려는 정치적 목적을 함축한 것이었다. 이미 모택동은 1950년 7월 초 미국의 개입이 가시화되자 25만 5,000명의 병력을 만주 요양, 안동, 집안, 통화 등지로 이동시켜 동북지역의 방위에 임하도록 조치하고 있었다.

이는 스탈린이 김일성의 남침을 승인하면서 어떠한 경우에도 소련의 지상군 참전은 불가능하다는 점을 명백히 했을 뿐 아니라 김일성에게

---

72) 『소련극비외교문서』, 3, p.100.
73) Stalin to Kim Il Sung, October 12, 1950, quoted in *The Korean Conflict, 1950~1953*, pp.101-102.
74) 김학준, 앞의 책, p.183.

모택동과 협의하여 최종결정토록 함으로써 모택동이 김일성에게 미군이 참전할 경우 중국은 병력을 보내 북한을 돕겠다고 언약한 바에 따른 조치이기도 했다. 더욱이 유엔군이 평양을 공격하고 곧이어 압록강에 도달할 상황하에서 모택동은 중공의 안전을 위해 스탈린이 요구한 병력보다 많은 12개 사단 병력을 10월 19일 야간에 일제히 압록강을 도하하도록 지시하였다. 중국의 중앙군사위원회는 7월 13일 「동북변방보위에 관한 결정」을 내려 하남, 광동, 광서, 호남 등지에 분산 배치되어 있던 13병단의 38, 39, 40, 42군과 포병 1, 2, 8사단, 1개 고사포연대, 1개 공병연대 등 25만 5,000명으로 '동북변방군'을 조직하였다. 동북변방군으로 편성된 병력은 8월 중순경 요양, 안동, 집안, 통화 등지에 집결하여 정비 및 훈련에 들어갔으며, 9월 6일 호북의 50군도 동북변방군에 편입시키고, 상하이지역의 9병단과 서북지역의 19병단도 동북변방군을 지원토록 하였다.[75]

모택동은 10월 8일 동북변방군을 '중국인민지원군'으로 개칭하고 출동준비를 갖추도록 예비명령을 하달했으며, 팽덕회를 인민지원군 사령원으로 임명하여 인민지원군을 10월 19일 압록강을 도하, 전장에 투입토록 하였다. 중공군은 제1차 전역(1950.10.25~11.7)에 이어 제2차 전역(1950. 11.25~12.24)을 전개하여 한국군과 유엔군의 철수를 강요하였고 모든 군사작전은 모택동과 팽덕회의 지도하에서 효과적으로 수행되었다. 그리고 스탈린은 모택동의 장비공급 요청을 최대한 충족시켜 주면서 장차 중국군이 현대적인 군대로 발전해 나갈 수 있을 것이라는 말을 덧붙여 격려해 주었다.[76] 예컨대 제1차 전역 시기에 중국 측은 제2차 전역의 보급을 위해 소련이 제공키로 한 수송차량 3,000대 중 500대를 우선 지원해 줄 것을 긴급 요청했을 뿐 아니라 36개 보병사단의 장비공급을 긴급 요청했는데도 소련 측이 11월 26일 보내주겠다고 회답하였다. 그러나 중공군은

---

75) 국방부 군사편찬연구소, 『중공군의 한국전쟁사』 1(2002), pp.6-9.
76) 양영조, 앞의 책, p.456.

제3차 전역(1950.12.31~1951.1.8)의 작전수립단계에서 38선 돌파문제로 격론을 벌인 데다가 작전을 완료한 시점에서는 남진의 강행문제를 놓고 북한지도부 및 소련군사고문단과 심각한 갈등을 겪었다.

팽덕회는 제2차 전역을 끝내고 1951년 봄까지 중공군의 휴식과 정비를 건의했으나 모택동은 소련과 북한 측이 38선을 돌파해 유엔군을 대량살상하고 조기에 전쟁을 종결하기를 바라니 38선 돌파계획을 추진한 연후에 휴정에 들어가도록 지시하였다. 그러므로 팽덕회는 제3차 전역을 추진하여 38선을 돌파하고 서울을 점령하였고, 1951년 1월 8일 추격 중지 명령을 하달하여 휴정에 들어갔던 것이다. 이렇게 되자 제2차 전역이 종료될 무렵 38선 부근에서 추격을 정지한 데 불만을 표시했던 북한의 지도부와 소련의 군사고문단은 유엔군의 1·4후퇴에도 불구하고 팽덕회가 1월 8일 공산군의 추격중지 명령을 하달한 데 대해 강력하게 반발하고 나섰다. 그러므로 계속적인 남진을 종용하기 위해 찾아온 김일성은 팽덕회와 1월 10일 심각한 설전까지 벌였으며, 이러한 설전은 다음날에도 재연되었다. 이에 스탈린은 조·중 간의 갈등을 완화시키기 위한 중재에 나서서 남진의 강행을 주장한 소련의 군사고문단의 의견을 비판하고, 중국군의 군사계획이 일리가 있다는 데 동의하였다.

스탈린은 "팽덕회 등 연합사 지휘부의 판단이 정확했으며, 그것을 이행해야 했었다."는 의견을 제시하였다.77) 아울러 "팽덕회가 열악한 무기와 장비를 가지고 세계에서 가장 강력한 미제국주의를 격퇴시킨 당대의 천재적인 군사지도자"라고 추켜세우면서 소련의 군사고문단에게 더 이상 중국군의 지휘에 간여하지 말도록 지시하였다. 그리고 그는 중국군의 지원문제에 더욱 적극성을 보여 차량 6,000대와 37개 보병사단에 장비를 제공하고 무상으로 MIG-15기를 제공하여 격려하였다. 그러나 중공군의 제3차 전역 이후에 신속하게 진행된 유엔군과 한국군의 위력수색

---

77) E. P. Bajanov & N. Bajanova 저·김광린 역, 앞의 책, p.135.

작전과 반격작전은 공산군을 매우 당혹스럽게 만들었기 때문에 모택동
은 스탈린에게 유엔군 측이 공산군의 휴식과 정비에 필요한 시간을 주지
않고 화력과 장비의 우세를 바탕으로 공산군 측에 소모전을 강요하고
있을 뿐 아니라 유엔군이 해안포격과 공중폭격을 통해 후방보급로의 차
단폭격을 계속함으로써 추진된 보급품의 60~70%만이 전방에 도달되고
있는 설정이라고 보고하면서 공중 엄호 요청을 주문하였다.

이에 스탈린이 1951년 3월 15일 소련공군의 2개 비행사단을 한국전
선 중공군 후방에 배치해 주겠다고 회신하자 주은래는 소련공군비행단
이 안동에서 안주 사이에 있는 4개의 비행장을 사용하고, 이들 비행장에
대한 대공방어도 소련군이 해줄 것을 요청하였고, 스탈린은 이를 승인하
고, 소련 공군비행사단과 대공부대는 소련군 지휘관의 지휘를 받을 것임
을 확실히 하였다. 그리고 MIG-9전투기로는 유엔군 전투기를 상대할 수
없으니 372대의 MIG-15전투기를 중국에 지원해 주겠다고 하였다. 한편
한국전쟁을 명예로운 휴전으로 끝낸다는 정책을 확정한 미국정부는 소
련의 정책적 의도를 탐색키 위해 케난으로 하여금 말리크를 접촉케 했는
데, 6월 5일 말리크는 케난에게 "빠른 시간 내에 한국전쟁이 평화적으로
해결되기를 희망한다."는 소련정부의 의사를 전달하면서 소련이 휴전협
상에 참여치 않으려 하기 때문에 미국은 북한과 중공에게 직접 접근하는
것이 바람직할 것이라는 의견을 첨가하였다.[78]

그리고 말리크는 6월 23일 유엔 라디오를 통해 "쌍방이 전투를 종결
시키기 원한다면 38선에서 병력을 철수시킨다는 조건하에서 휴전회담을
개시할 수 있을 것"이라고 하였고, 그로미코(Andrei Gromyko) 외상은
모스크바 주재 미국대사에게 "양측 군사대표단들이 정치적인 문제나 영
토적인 문제를 다루지 않고 휴전을 성립시켜야 한다."고 했다. 이러한

---

78) George F. Kennan, *Memoirs, II, 1960~63* (Boston: Little Brown & Company,
     1972), pp.36-37.

소련 측의 암시를 감안하여 6월 28일 미국무부와 합참본부는 회의를 통해 정치적인 사안을 의제에서 제외시킬 수 있도록 리지웨이 유엔군사령관이 휴전회담을 제의하는 것으로 결정하였다. 한편 스탈린은 공산군의 5월공세(제5차 전역) 직후 반격을 개시한 유엔군의 진출 저지에 필요한 원조의 요청과 더불어 조·중연합군이 작전을 수행하는 데 직면한 작전지도와 후방방호문제 등을 협의하기 위해 모스크바를 방문한 김일성 및 고강과 회담을 갖고 ①휴전은 유익할 수 있으며, ②작전지도를 위한 고문관은 파견해줄 것이고, ③60개 사단을 무장시킬 수 있는 무기와 장비의 원조 요청에도 반대하지 않겠다고 언급하였다.

스탈린은 전방과 후방의 작전 지원을 위해서 16개 비행사단 중에서 8개의 비행사단을 투입할 필요가 있으며, 머지않아 미국과 영국이 휴전을 제의해올 것이므로 강력한 방어를 취하여 그들 군대에게 제압당하지 않도록 하라고 덧붙였다. 리지웨이 사령관은 6월 30일 라디오 메시지를 통해 원산항에 정박 중인 덴마크 병원선에서 휴전을 위한 회담을 갖자고 제의하였다. 리지웨이의 휴전회담 개최 제의를 받은 모택동은 동일 스탈린에게 "북한의 군사기지로 사용되고 있는 원산은 회담장소로 부적합하다."는 의견을 제시하면서 38선상에 위치한 개성이 어떤가를 묻고, 시간이 촉박하니 직접 김일성에게 회담을 지도하고, 그 내용을 자기에게도 알려주기 바란다는 메시지를 보냈다.[79] 이에 대해 동일 스탈린은 모택동에게 회담장소는 개성으로 하고, 소련은 회담의 후원자에 불과하니 귀하가 직접 회담 진행에 대한 지도를 실시하라고 지시하면서 리지웨이에게는 김일성과 팽덕회가 답하고 "개성에서 7월 10일과 15일 사이에 회담할 준비를 하겠다."는 내용으로 하라는 전문을 발송하였다.

김일성과 팽덕회가 휴전회담 개최를 수락함에 따라 7월 8일 예비회담을 거쳐 7월 10일 본회담이 개최되었다. 정전협상이 개시되자 스탈린은

---

79) 『소련극비외교문서』, 3, p.138.

중국지원에 더욱 적극적이었다. 그는 휴전회담 개시 직후부터 몇 달 사이에 안주비행장 건설, 대공포연대 파견, 소련군사고문단(단장: 자하로프 원수) 83명의 추가 파견, 6억 루블의 추가군사차관 제공에의 동의, 10개 사단 훈련지원 등 일련의 중국군 지원을 확정하였다.[80] 이처럼 하여 중국군이 한국전쟁에 참전, 현대전을 배우고, 군사개혁을 주진할 수 있도록 스탈린이 도와줌으로써 참전기간 중 중국군 전체부대의 2/3가 순환되어 현대식 군사장비를 갖출 수 있게 되었다. 그럼에도 한국전쟁의 휴전을 앞두고 스탈린이 사망하자 중·소동맹 관계에 금이 가기 시작하였다. 중공은 한국전쟁 때 소련이 보인 소극적 태도 때문에 소련에 대한 불신감을 갖게 되었고, 이로 인해 중·소분쟁으로 치닫게 되었다.

3. 국제적 요인이 우세한 복합전 성격

전쟁의 기원을 보는 견해에는 전통주의적 견해와 수정주의적 견해가 존재한다. 이러한 차원에서 냉전의 기원에 관해서도 전통주의자들이 공격적 소련과 방어적 미국의 맥락에서 냉전의 출현을 해명하는 데 비해서 좌파수정주의자들은 공격적 행동을 보인 쪽은 미국이며, 소련은 방어적·수세적 대응을 보였다고 주장한다. 그러나 이러한 책임전가식 담론에서 벗어나 개디스(John Lewis Gaddis) 등의 후기수정주의자들은 미·소 모두에게 책임이 있다는 양비론적 견해를 제시하고 있다. 6·25전쟁에 관해서도 전통주의 시각은 스탈린의 공격적이며 팽창주의적인 대외정책이 6·25전쟁의 원인이 되었고, 따라서 김일성의 대리전론을 주장하는 데 반해, 초기 수정주의 시각은 제2차 세계대전 이후 미국의 '제국주의적 야욕'이 6·25전쟁의 원인이 되었고, 따라서 이승만의 대리전론을 주장한다. 그리고 한국전쟁을 보는 전통적인 시각은 한국전쟁을 전

---

80) 양영조, 앞의 책, p.464.

형적인 '침략전'이며 엄연한 '국가 간 전쟁'으로 보는 데 반해 수정주의
적 시각은 한국전쟁을 '조국해방전쟁'이나 '인민해방전쟁'으로 본다.

6·25전쟁의 기원에 관한 견해는 크게 국제적 요인을 강조한 외인론
과 내전적 요인을 강조한 내인론으로 대별할 수 있는데, 초기의 수정주
의가 6·25전쟁의 발발에 미국의 책임을 묻는 외인론적 경향을 견지했
음에 비해, 1970년대 미국이 6·25전쟁 관련 비밀자료를 공개하자 대두
된 1980년대식 수정주의(대표적 학자는 커밍스와 메릴)는 남북대립이라
는 내전적 상황을 전쟁의 기원으로 강조하는 경향이다. 그러나 분단과
전쟁의 근원적인 계기를 제공한 것은 외인이 분명하지만 좌우대립이나
남북대립은 전쟁의 원인(遠因)에 불과한 것이다. 그리고 커밍스의 경우
한국전쟁은 식민잔재청산과 사회개혁에 성공한 북한이 그렇지 못한 남
한을 해방시키고자 한 혁명전쟁이었다고 주장하여 민족해방전쟁론에 힘
을 실어주고 있지만 이같은 주장이 설득력을 갖기 위해서는 전쟁 이전에
미국이 남한을 군사적으로 강점하려는 시도가 있었다는 사실을 역사적
으로 입증해야 할 것이다.

하지만 미국은 6·25전쟁 직전에 세계전략적 차원에서 한국의 전략적
가치가 낮다고 평가하여 철군론이 대두된 데다가 1948년 유엔이 미·소
점령군의 철수를 결의하자 1949년 6월 30일 군사고문단 240여 명만 남
기고 주한 미군을 모두 철수시켰다. 그러므로 미국은 한국을 강점하려고
한 것이 아니라 발을 빼려고 시도했던 것이다. 여하튼 전통주의와 초기
수정주의는 6·25전쟁 발발 당시 남한이나 북한이 스스로의 운명을 통
제할 능력이 없었다고 보았다. 외인론적 해석에 치중한 분석은 남북한의
정책들이 그들의 동맹국인 미국·소련의 정책을 수행한다고 믿어왔다.
즉 전통주의와 초기 수정주의는 미·소 양 강대국이 남북한을 지배하였
으며, 한국전쟁은 미·소 간의 대리전 성격을 지니고 출발하였다고 보았
다. 그런데 1980년대식 수정주의는 내인론적 해석에 치중하는 경향이다.
커밍스의 경우 전통주의자들이 한국전쟁을 국제전으로 시작되었다고 강

조하는데 비해, 한국전쟁이 내란으로 시작되었다고 강조하고 있다.

커밍스는 한국전쟁을 내전이자 혁명전으로 보지만 한국전쟁의 기원을 외부로부터의 개입에서 구하고 있다. 즉 그는 내전이 있게 한 기원으로 미·소의 분할점령을 지적하고, 한국전쟁이 발발할 때 이미 강대국이 각 축을 벌리고 있었음을 지적한다. 그리고 그는 6·25전쟁이 배태되었던 상황적 조건에 더 큰 관심을 가졌으며, 따라서 6·25는 한국전쟁의 시작이 아니라 1945년 해방 이후부터 시작되었던 갈등에 대단원의 막이 이루어진 계기라고 주장하기까지 하여[81] 한국전쟁에 뛰어든 미국의 개입 정책에 대한 비판을 위해 내전론을 폈다. 내전론(내인론으로도 지칭)은 미국의 개입을 막기 위하여 공산 측이 주장한 내전론과 미국의 개입을 비판하기 위하여 내놓은 수정주의자들의 내전론이 있다. 한국전쟁을 내전이라고 부르는 공산 측의 논리는 ①공산권이 지지하는 북한정부는 정통성 있는 정부인 데 반해, 남한정부는 그렇지 않다는 이념적 고려에 근거할 뿐 아니라, ②소련이 이미 북한군을 충분하게 강화시켰기 때문에 내전의 명분을 내세워 미국의 개입을 차단하면 북한의 남한점령이 가능하다는 실리적 판단에 근거를 두고 있다.

그러나 내전론 주장은 현실적으로나 법적으로 타당성을 인정받기 곤란한 것이다. 당시 한반도에는 실질적으로 2개의 정부와 국가가 수립되어 있었고, 국가로서 제기능을 수행하고 있었으며, 유엔도 북한의 남한 침공을 국경을 넘는 침략행위로 간주하여 회원국들의 참전을 요구하였다. 따라서 한국전쟁은 현실적으로나 법적으로 엄연한 '국가 간 전쟁'이었다.[82] 그러나 6·25전쟁은 내전적 성격과 국제전적 성격을 모두 갖고 있다고 보아야 할 것이다. 6·25전쟁에 내전적 요소가 없었던 것은 아니지만 미국과 중국이 전쟁에 개입함으로써 국제전적 요소가 우세해졌다.

---

81) Bruce Cumings, ed., *Child of Conflict: the Korea-American Relationship, 1943~ 1953* (Seattle: Univ. of Washington Press, 1983), p.41.

82) 온창일, 앞의 책, p.1028.

그리고 6·25전쟁에 내전적 상황이 하나의 배경을 형성하는 것은 사실이지만 전쟁의 직접적 발발 원인은 북방3국 조·소·중 국제공산주의자들의 공모에 있었으므로 6·25전쟁은 내전적 상황을 이용한 국제전에서 출발했다고 할 수 있을 것이다.[83]

6·25전쟁은 국제적 성격이 우세한 분단이 그 근본적 배경이었던 데다가 스탈린의 남침승인이라는 외인이 결정적 영향을 미쳤기 때문에 시작부터 국제적 성격을 지녔다. 그러므로 6·25전쟁은 초기에는 내전과 국제전이 복잡하게 얽힌 복합전이었지만 전쟁 중에 미국과 중국의 개입으로 인해 국제전적 성격이 더욱 강화되어 국제적 성격이 우세한 복합전이 되었다. 매트레이(James I. Matray)는 6·25전쟁의 발발이 내부요인에 의한 것임은 틀림없는 사실이지만 국제환경이 김일성의 남침을 가능케 했다고 주장하였다.[84] 즉 전쟁의 배경이 된 한반도의 분단이 미·소의 분할점령에서 연유하였고, 소련의 지원을 통한 북한의 군사력 증가와 그 군사력에 의해 남침이 자행되었으며, 전 세계적인 자본주의와 사회주의의 대립구조 속에서 미국과 중국이 전쟁에 개입했기 때문에 6·25전쟁은 국제정치적 맥락을 우선 고려하지 않을 수 없다는 것이다.

이상의 논의를 통해 6·25전쟁에 관한 연구는 국제적 요인을 강조한 견해, 곧 외인론과 내전적 요인을 강조한 견해, 곧 내인론으로 분류할 수는 있겠으나 한반도의 분단과 전쟁에 귀결될 때에는 외인과 내인이 서로 없어서는 안 되는 조건이 됨을 알 수 있는 것이다. 즉 외인이 없었다면 전쟁의 근본적 계기를 제공했던 분단이 형성되지 않았을 것이므로 전쟁은 일어나지 않았을 것이며, 아무리 강요한 분할이었지만 좌우대립이 없었다면 분단과 전쟁으로 전화되지는 않았을 것이다. 그런데 1970년대에 흐루시초프 회고록이 출간되고, 1980년대에 소련거주 공산권 인

---

83) 이완범, 앞의 글, p.39.
84) 김철범·매트레이 편, 『한국과 냉전』(평민사, 1991), pp.57-58.

사들의 증언이 이어진 데다가 1990년대에 소련연방이 몰락하면서 소련
측 문서들이 공개됨으로써 6·25전쟁의 진상에 더욱 가까운 분석의 계
기를 마련케 되었을 뿐 아니라 전통주의자들의 입장을 보완시켜 줌으로
써 전통주의가 다시 힘을 얻기 시작하였다. 따라서 전통주의에다가 고증
을 더하는(orthodoxy Plus archives) 후기수정주의가 자리 잡을 수 있게
되었다.

그리고 누가 개전을 주도했는가는 전쟁의 성격을 규명하는 데 핵심적
과제인 것인데, 냉전이 해체되고 소련의 자료가 부분적으로 공개된 상황
에서 이승만-맥아더-장개석의 음모설, 즉 남측주도설 내지 북침설은 설
득력을 상실했으며, 김일성-스탈린-모택동의 음모설, 즉 북측주도설 내
지 남침설이 정설로 자리 잡게 되었다.[85] 남침설도 ①스탈린이 주도하
여 한반도 내부 상황을 이용했다는 스탈린주도김일성보조역할설(김영
호), ②김일성과 스탈린이 공동으로 주도했다는 김일성-스탈린공동주도
설(서주석), ③김일성이 주도한 전쟁을 스탈린이 정신적·물질적으로 지
원했다는 김일성주도스탈린지원설(김학준, 신복룡, 박명림), ④김일성이
주도한 전쟁을 스탈린이 승인·지원하고 모택동이 동의·참여했다는 김
일성주도스탈린지원 및 모택동참여설(온창일) 등으로 분류해 볼 수 있을
것이다.

6·25전쟁의 발발에 있어 ①좌우익대립에 의한 분단정부의 수립이라
는 내전적 기원,[86] ②김일성의 개전의지, ③스탈린의 승인과 지원, ④모
택동의 동의와 참여 등의 변수가 서로 유기적으로 결부되어 역동적으로
상호작용을 일으킴으로써 전쟁으로 귀결될 수 있었다. 이같은 변수 중에
서 내전적 기원과 김일성의 개전의지는 내인을 형성하고, 스탈린의 승인
과 지원 그리고 모택동의 동의와 참여는 외인을 형성하는 데, 앞서 북·

---

85) 남침설이 정설임은 1950.7.20 노획한 '인민군 정찰명령 제1호'와 '인민군전투명
   령제1호'에 의해 이미 밝혀졌다(장준익, 『북한인민군대사』, p.260).
86) 내전적 기원은 좌우익 대립은 물론 38선상의 군사충돌을 포함한다.

〈도표 5-3〉 유엔군 참전 현황

참전국	병력	한국 도착일	지상전투 참가일
미국	지상군 해군, 공군	1950.7.1 6.27	1950.7.5
영국	지상군 해군, 공군	1950.8.29 6.30	1950.9.5
캐나다	지상군 해군, 공군	1950.12.18 7.30	1951.2.15
오스트레일리아	지상군 해군, 공군	1950.9.28 6.30	1950.11.5
뉴질랜드	지상군 해군	1950.12.31 7.19	1951.1.22
터키	지상군	1950.10.17	1950.11.10
프랑스	지상군 해군	1950.11.29 7.29	1950.12.10
그리스	지상군 공군	1950.12.9 12.1	1951.1.27
네덜란드	지상군 해군	1950.11.23 7.19	1950.12.3
벨기에	지상군	1951.1.31	1951.3.6
룩셈부르크	지상군	1951.1.31	1951.3.6
타이	지상군 해군, 공군	1950.11.7 11.7	1950.11.23
필리핀	지상군	1950.9.19	1950.9.29
에티오피아	지상군	1951.5.7	1951.8.15
남아프리카공화국	공군	1950.10.4	1950.11.19
콜롬비아	지상군 해군	1951.6.15 5.8	1951.8.1

의료지원국	지원부대	한국 도착일	지원 개시일
덴마크	병원선	1951.3.7	1951.3.7
스웨덴	병원선	1950.9.23	1950.9.23
노르웨이	병원	1951.6.22	1951.6.22
이탈리아	병원	1951.11.16	1951.11.16
인도	병원	1950.11.20	1950.11.20

자료: 온창일, 『한민족전쟁사』(집문당, 2001), p.1066

소·중의 전쟁도발 결정과정에서 살펴보았듯이 스탈린이 김일성의 남침 계획을 승인하면서 모택동이 동의해야 최종적으로 계획이 결정된다고 못 박았기 때문에 스탈린은 모택동의 참여를 전제로 하여 김일성을 지원할 복안이었다. 이러한 맥락에서 볼 때 남침설은 온창일의 김일성주도스탈린지원 및 모택동참여설이 가장 근접하게 부합하는 논리인 것이다. 그러나 6·25전쟁은 국제적 성격이 우세한 복합형 분단구조로 인해 국제적 성격이 우세한 복합전을 발발케 하였고 전쟁 중 미국과 중국이 참전함으로써 이러한 성격의 복합전 양상은 더욱 강화되었으며, 동서 진영의 대리전으로서 <도표 5-3>과 같이 전 세계의 많은 국가가 참여한 국제전이었다.

한편 6·25전쟁의 또 다른 성격은 6·25전쟁이 국지전이며 제한전이라는 것이다. 즉 ①전쟁은 한반도와 근해 및 그에 해당하는 공중으로 한정되었으며, 만주와 중국 그리고 소련영토는 제외되었다. ②공격목표도 국지적으로 제한되어 한만국경선을 침범할 수 있는 수풍발전소와 소련의 군수물자가 들어오면서 소련과의 접경 가까이에 위치한 나진항의 공격은 치열한 전투가 진행되었던 상당기간 동안에도 금지되었다. ③사용무기도 재래식 범주의 것으로 제한하였을 뿐 아니라 핵무기의 사용은 제한하기

로 결정하였다. 이는 미국의 제한전쟁정책과 전략에 기인했는데, 미국은
한국전쟁을 미·소 간의 범세계적인 대결의 양공적인 발단으로 보았기
때문에 한국전쟁으로 인한 대규모적인 확전가능성을 염려하였고, 한국전
쟁에서 미국의 군사력을 과도하게 소모하면 유럽과 같은 중요한 지역에
서 적의 침략을 막아낼 수 없다고 보고 전쟁목적을 제한하였다.

미국은 유럽에서 한국전쟁과 같은 사태가 발생할 경우에 대비, 적절한
전략예비를 보유해야 한다는 견지에서 중국본토의 군수산업시설 폭격
등 맥아더 장군의 확전 계획을 거부하고, 핵무기의 불사용 결정과 국부
군의 참전 거부 등 한반도 내에서 군사작전의 규모를 엄격히 통제하였
다.[87] 이처럼 미국이 한국전쟁의 전장을 한반도로 국한시키고, 공격목표
와 사용무기도 제한함으로써 한국전쟁은 국지제한전(local, limited war)
이 되었다. 그러나 남침을 개시한 북한이나 이를 저지하려 했던 남한의
입장에서 보면 한국전쟁은 국지전도 아니고 제한전도 아니었다. 남북한
에게는 자국의 생활영역이 전쟁터가 된 데다가 참전국의 지원을 받아
전쟁을 수행하는 처지였기 때문에 한국전쟁은 총력전이 아닐 수 없었다.

III. 6·25전쟁의 영향

6·25전쟁은 한반도를 거의 황폐화시킨 데다가 막대한 인적·물적 손
실을 초래하였다. 한반도의 산야가 입은 피해는 백마고지나 단장의 능선
등에서 찾아 볼 수 있을 것이나 전시에 어느 산야도 이러한 피해로부터
자유로울 수가 없었다. 인적 손실을 살펴보면 전투원의 경우 ①한국군은
158,000여 명의 전사, 사망 및 실종자와 45만이 넘는 부상자를 포함한
60만 명 이상이 피해를 입었고, 군번 없이 싸운 28만여 명의 학도병도

---

87) 양태호, "한국전에 있어서 미국의 제한전쟁 수행방식에 관한 연구"(1983) 참조.

7,000여 명이 전사하거나 실종되었으며, 전투에 참가한 경찰과 청년단도 19,000명이 넘는 전상자를 내었다.[88] ②북한군은 52만여 명이 사망하고 40만 6천여 명이 부상하여 92만 명 이상이 피해를 입었다.[89] ③유엔군 은 총 545,908명의 피해자를 내었는데, 이 중에서 미국은 연병력 572만 여 명이 참전하여 전사 및 사망 54,246명, 부상 468,659명 등 528,083명 이 피해를 입었고, 연병력 17만여 명이 참전한 영연방국가 등은 영국 4,731명, 터키 3,623명, 호주 1,583명, 캐나다 1,557명, 프랑스 1,289명, 타이 1,273명, 콜롬비아 809명, 에티오피아 657명, 그리스 647명, 네덜 란드 585명, 필리핀 468명, 벨기에 441명, 뉴질랜드 103명, 남아프리카 공화국 42명, 룩셈부르크 17명 등 17,825명의 피해를 입었다.[90] ④연인 원 300만 명이 투입된 중공군도 사망 148,600명, 부상 798,400명, 실종 3,900명, 포로 21,700명 등 972,600명의 피해를 입었다. 비전투원의 경 우 ⑤한국민간인 100만여 명이 전쟁으로 인해 사망, 학살, 납치, 행방불 명되거나 부상당했으며, 이 중 여자들의 피해가 25%에 달하였다. 그리 고 전쟁은 1,000만에 이르는 피난민과 400만에 가까운 전쟁이재민, 30 만이 넘는 미망인 및 6만여 명이 넘는 전쟁고아를 발생시켜 이들의 운명 을 바꾸어 놓는 피해를 기록하였다.[91] ⑥북한민간인의 손실도 200만여 명에 달하였다.

나아가 유엔군과 공산군의 전투손실과 남북한의 물적 손실을 살펴보 면 ①미군의 경우 777대의 전차가 파괴되거나 수리불가로 유기하였고, 944대의 항공기가 파괴되거나 손상을 입었으며, 5척의 함정이 침몰되는 피해를 입었다. ②중공군과 북한군도 총 1,178대의 전차와 2,186대의 항 공기가 파괴 또는 손상되는 피해를 입었다.[92] ③남한에는 민간가옥 62

---

88) 국방군사연구소, 『한국전쟁피해통계집』(1996), pp.33-34, 46-47, 67-72.
89) 유완식·김태서, 『북한 30년사』(현대경제일보사, 1975), pp.137-138.
90) 국방군사연구소, 앞의 책, pp.110-139.
91) 『조선일보』, 1984년 6월 24일자.

만여 채가 소실되었고, 50% 이상의 산업시설과 수도, 수송망 및 항만시설이 파괴되었으며, 가축이나 기타 개인 재산의 손실도 대단하였다. 그러므로 전재민의 수가 200만여 명에 이르렀고, 굶주림에 직면한 인구가 전체인구의 20~25%나 되었다. 또한 농업 생산은 27%가 감소하였고, 국민총생산은 14%가 감소되었다. ④북한에는 90만 에이커의 농지가 손상되었고, 60만 채의 민가와 5천 개의 학교 및 1천 개의 병원이 파괴되었다.[93] 그리고 1949년 수준에 비해 광업생산력의 80%와 공업생산력의 60% 및 농업생산력의 78%가 감소하였으며, 북한전역에 굶주림이 만연하였다. 그러나 이러한 남북한의 인적손실과 물적손실 못지않게 심각한 손해는 전쟁으로 인해 민족내부의 불신과 적대감이 증대된 것이며, 따라서 민족분단이 심화된 가운데 남한의 반공주의와 북한의 반제주의로 인해 남북한사회에 중도적인 이념과 정책을 추구하는 세력이 성장하는 데 제한을 받게 되었다.

또한 6·25전쟁은 한반도에 국한하여 전투행위가 진행되었지만 전쟁의 국제전적 성격으로 인해서 한반도 내부와 주변은 물론 전 세계적으로 다양한 영향을 미쳤다. 동서이념대립구조에서 전초전의 성격을 지닌 6·25전쟁은 미국과 소련을 중심으로 전개된 양 진영 간의 이념 대립을 정치·군사적으로 제도화시킨 계기를 제공하였다.[94] 미국은 NATO와의 동맹관계를 더욱 공고히 하면서 세계 여러 지역에서 여러 가지 형태의 동맹관계를 정착시켜 나갔고, 이를 군사적으로 뒷받침하기 위해 군비를 강화시키면서 재래식 전력보다 우세를 확보한 핵전력을 강화시키고 이를 이용한 '보복'에 중점을 두었다. 소련 역시 영향권역의 확장보다는 확보된 영향권의 결속에 중점을 두고 미국의 봉쇄에 맞섰으며, 바르샤바조약기구의 결속을 강화시키고 북한을 포함한 확보된 진영의 전초국가

---

92) 국방군사연구소, 앞의 책, pp.139-146.
93) 김학준, 앞의 책, p.348.
94) 온창일, 앞의 책, p.1030.

들과 우호적인 관계를 다져 나갔다.

미국 콜롬비아대학교의 제르비스(Robert Jervis)는 제2차 세계대전이 끝난 때로부터 1950년대 말까지 한국전쟁만큼 국제정치 전반에 큰 영향을 준 국제적 사건은 없었다면서 한국전쟁이 국제정치에 미친 영향을 다음과 같이 분석하였다.[95] 첫째, 미국이 세계 최강의 군사대국으로서의 자리를 확고히 굳히게 되었다. 한국전쟁은 미국의 조야에 공산침략에 대해서는 대량보복으로 강경하게 대응해야 한다는 교훈을 줌으로써 미국은 국방예산이 증액되어 최강의 군사력을 보유할 수 있게 되었다.

둘째, 한국전쟁은 서방동맹을 강화시켜 주었다. 즉 한국전쟁에 의해 만들어졌거나 강화된 동맹은 20년 이상 존속했을 뿐 아니라 오늘날까지도 본질적인 수정 없이 유지되어 오고 있는데, 그 대표적 사례가 NATO라는 것이다. 이와 관련하여 지적되어야 할 사실은 서독과 일본의 재무장으로서 서독은 재무장을 바탕으로 서방진영에, 일본은 재무장하여 남방3각동맹에 각각 편성되었다.

셋째, 한국전쟁은 국제공산주의 운동을 분열시키기 시작하였다. 즉 한국전쟁을 중·소동맹의 산물로 보고 서방진영이 공동대처했음에도 공산권은 오히려 균열하게 되었다는 것이다. 한국전쟁 후 중·소 갈등과 분쟁이 심화되고, 북한의 소련으로부터의 이탈 현상도 초래되었다.

넷째, 한국전쟁은 미국과 소련의 냉전관계를 더욱 악화시켰다. 그로 인해서 두 나라가 냉전관계를 완화시키는 데는 한국휴전으로부터 20여 년 가까운 세월을 필요로 하였다.

다섯째, 한국전쟁은 재래식 무기에 의한 마지막 국제전쟁이라는 인식을 강대국들에게 심어 주었다. 그리하여 미국과 소련을 비롯한 강대국들은 핵무기의 개발에 집중적인 노력을 기울였고, 이를 계기로 국제정치는

---

95) Robert Jervis, "The Impact of the Korean War on the Cold War," *Journal of Conflict Resolution*, Vol.24, No.4(Dec.1980), p.563.

'핵무기 대결의 시대'로 접어들게 되었다.

나아가 6·25전쟁은 한반도 내의 질서뿐만 아니라 남북한 사회에 절대적인 영향을 미쳤다. 6·25전쟁은 정치적으로 정착된 분단을 군사적으로 고착시켜 분단 상태가 자리를 잡도록 만들었다. 6·25전쟁을 통하여 군사력의 호용성과 필요성을 체험한 남북한은 군비 확충을 시작했을 뿐 아니라 전략적 균형을 유지시켜야 된다는 판단으로 군비 경쟁을 가속화시켜 나갔다.[96] 북한의 김일성은 박헌영 등 남로당은 물론 연안파와 소련파까지 숙청하여 자신의 독재 권력 기반을 구축하였고, 이에 이견을 제시하는 소련과 중공의 간섭을 배제하기 위한 방편의 하나로 주체사상을 내세우기도 하였다. 남한의 이승만도 반공을 국가정책의 중심이념으로 설정하여 정치적인 유연성을 제한함으로써 모든 분야에서 경직성이 강화되기도 하였다. 이상의 논의를 바탕으로 6·25전쟁이 미·일·소·중에 미친 영향은 물론 남한과 북한에 미친 영향을 각각 고찰키로 한다.

1. 6·25전쟁이 미·일에 미친 영향

1947년부터 미국은 한반도가 소련의 지배하에 들어가지 않도록 하는 범위 내에서 주한미군을 철수시킨다는 구도를 가지고 남한을 지원하고 있었으며, 미국정부가 비록 1948년 4월 미군철수를 전제로 "남한을 보호할 수 있도록 경비대를 증강 무장 훈련시킨다."는 「NSC-8」을 결정했으나 한국군의 증강은 남침에 대한 방어력의 확보에 주안점이 있었던 것이 아니라 내부치안유지를 위한 정도에 머무는 것이었다. 그럼에도 소련의 원폭 보유와 중국 공산정부 수립 및 중·소 회담에 대응하여 미국은 필리핀과 일본을 연결하는 도서방위전략을 강화시켰는데, 이 전략의 요체는 일본을 동북아의 중심으로 삼고 이를 위해 일본의 재무장과 부흥을 도모

---

96) 온창일, 앞의 책, pp.1030-1031.

하려는 구도를 가진 것이었다. 이러한 구도하에서 미국은 남한지원정책을 검토하고 아시아방위전략에 여전히 한반도문제를 포함시켰다. 그러므로 북한군의 남침에 의해 발발한 6·25전쟁에 미국의 참전은 소련과의 직접적인 충돌을 피하는 범위 내에서 예측 가능한 것이었다.

미국이 참전한 6·25전쟁은 미국의 조야에 반공·반소 분위기를 높였으며, 따라서 로젠버그 부처(Julius and Ethel Rosenberg)의 원폭간첩사건 및 원폭제조계획에 참여한 오펜하이머(J. Robert Oppenheimer) 박사의 해임사건과 더불어 연방상원의원 매카시(Joseph R. McCarthy)의 선풍이 미국사회를 강타하였다. 이러한 배경에서 미국은 공산침략에 대해 대량보복으로 대응해야 한다는 개념에서 상비군을 확대시키고 국방예산을 크게 늘리게 되었다. 국방예산의 경우 1950년에는 연간 국방예산이 120억 달러였으나 1953년에는 500억 달러로 증가되었다. 이처럼 급증한 국방예산으로 인해 재래식 무기는 물론 육·해·공 3군이 급속히 팽창될 수 있었다. 특히 공군의 전략공군사령부는 해외의 기지를 확장시켰고, 해군은 핵운반함의 건조를 시작하였다.

그러나 미국은 당시 핵병기의 확장에 최대의 관심을 집중하였다. 6·25전쟁이 발발했던 때에 미국은 400기 미만의 원자무기를 갖고 있었으나, 휴전 무렵에는 이미 1,000여 기로 증가하였다. 이때 소련이 보유한 원자무기는 100~200여 기였다. 그리고 운반수단에 있어서도 미국은 이미 B-47제트폭격기를 보유하고 있었으며 소련보다 월등히 앞서 있었다. 또한 미국은 열핵무기의 개발에 있어서도 한국전쟁 중에 상당한 진전을 보였다. 1951년 5월에는 최초의 열핵반응이 '그린하우스' 실험에서 성공했으며, 1952년 11월에는 태평양의 에니웨토크(Eniwetork)에서 원시적인 열핵장치의 폭발이 이루어졌다. 그러므로 미국은 열핵무기의 개발에 있어서 소련을 앞지르고 있었을 뿐 아니라 압도하고 있었다.

이처럼 미국은 군비를 강화하면서 서유럽에서는 북대서양조약기구(NATO)를 강화해 나갔고, 태평양지역에서는 태평양안보체제를 창설해 나갔다.[97] 1949년에 창설된 북대서양조약기구는 한국전쟁이 일어나기 이전에는 '종이 기구'에 지나지 않았지만 한국전쟁의 발발과 더불어 미국과 서유럽 모두 이 기구의 강화 필요성을 절실히 느끼게 되어 한국전 발발 직후에 열린 NATO 이사회는 나토상비군의 확대에 합의하였다. 그리하여 서유럽에 주둔하는 미군의 규모를 최소한 6개 사단으로 늘리고, 영국과 프랑스로부터의 파견군 규모도 늘리기로 합의했으며, 동시에 서독의 재무장을 결정하고 서독을 서유럽 동맹 속으로 받아들였다. 곧이어 나토사령부가 수립되고 1950년 말에는 나토군 최고사령관직이 창설되어 아이젠하워 원수가 사령관으로 취임하였다. 그리고 1952년 가을에는 나토강화책의 일환으로 그리스와 터키의 나토 가입이 이루어졌다.

다음으로 태평양지역에서는 우선 미국이 소련을 제외한 48개 연합국과 함께 1951년 9월 일본과의 평화조약 및 태평양 안전보장조약을 체결하였다. 샌프란시스코조약이라고도 불리는 미·일 평화조약은 미군의 일본 주둔을 합법화했을 뿐 아니라 태평양안보조약의 초석이 되었다. 일본과의 평화조약 체결 직후 미국은 호주 및 뉴질랜드와 더불어 앤저스(ANZUS)조약을 체결하였고, 필리핀과 상호방위조약을 체결했으며, 동남아조약기구(SEATO)와 중앙조약기구(CENTO)를 체결하였다. 그리고 한국과는 정전협정이 체결된 뒤에 한·미 상호방위조약을 체결하였다. 이러한 미국의 태평양 안보체제의 창설은 1950년 2월에 성립된 중·소 동맹에 대항한다는 전제에서 출발하였고, 이러한 맥락에서 미국의 베트남 군사개입이 한국전쟁 정전 후에 심화되었다.

한편 패전의 상처를 안은 채 미국의 점령 통치하에 놓여 있던 일본은 한국전쟁의 발발로 인해 재무장은 물론 경제부흥의 계기를 맞게 되었다. 북한군이 6·25 남침을 감행함에 따라 미국이 참전을 결정하여 6월 27일 해·공군을 파견한데 이어 7월 1일 지상군을 파견하게 됨에 따라 주

---

97) Robert Jervis, op.cit., pp.379-381.

일 미군 4개 사단을 한국전선에 투입할 수밖에 없게 되었고, 따라서 일본의 치안질서유지를 위한 무장력이 필요하게 되었다. 그러므로 점령군 사령관 맥아더 장군은 1950년 7월 8일 요시다 수상에게 4개 사단 규모의 75,000명의 경찰예비대 창설과 해상보안청 요원의 8,000명 증원 권한을 부여한다는 서한을 발송하였다.[98] 당시 일본에는 경찰법에 의해 공인된 경찰이 자치제경찰 95,000명과 국립지방경찰 30,000명 등 125,000명이 존재한 데다가 평화헌법으로 인해 재무장을 할 수 없는 상황이었기 때문에 경찰예비대의 창설목적을 경찰임무에 한정한다고 규정하여 조심스런 입장을 보였다.[99]

일본은 경찰예비대의 창설로 인해 재무장의 발판을 마련할 수 있었다. 경찰예비대는 내각의 직접 통제를 받았을 뿐 아니라 임무와 기능 면에서 기존경찰과는 완전히 독립되어 있었으며, 장비도 최초에는 미군의 카빈총으로 무장했으나 그후 경기관총, 중기관총, 박격포, 로켓발사기, 경전차, 105밀리유탄포 등이 추가되었고, 1952년 5월에는 전차, 대공포, 레이더 같은 중장비로 무장할 계획을 수립하였다. 그리고 일본해역주변에 방치되어 있던 기뢰를 소해하기 위해 일본구해군 소해부대 병력 일부를 활용해 왔던 해상보안청도 증원이 허용됨으로써 13,000명을 보유할 수 있게 되었을 뿐 아니라 곧이어 10월에는 '구직업군인추방령'을 해제시킬 수 있게 되었다. 더욱이 1951년 1월 26일 덜레스(John F. Dulles) 사절단이 방일하여 대일배상청구권 포기와 일본의 유엔 가입 추진 등 미국정부의 대일관계 강화문제를 협의하면서 요시다 수상에게 일본이 한국전쟁에 대해 공헌하기를 기대함과 아울러 경찰예비대를 조속히 35만 명 규모(10개 사단 규모)로 증강시키도록 주문하였다.[100]

이러한 과정을 거쳐 일본은 1952년 10월 28일 평화조약을 통해 미점

98) 석정영삼(石井榮三), "자위대탄생비사," 『군사연구』(1977.3), p.79.
99) 같은 글, p.98.
100) 양영조, 앞의 책, pp.393-394.

령기구로부터 독립하여 국제적인 지위를 획득하고 해상보안청을 중심으로 해안경비대를 창설했으며, 10월 15일 보안청을 신설하여 경찰예비대를 보안대로, 해상경비대를 경비대로 각각 개편하는 보안청법을 확정하였고, 1954년 6월 9일(7월 1일부 시행) 방위청 예하의 육상·해상·항공 자위대를 설치하였다. 다음으로 한국전쟁은 일본의 전후 경제부흥의 계기를 마련해 주었다. 미국의 국가안전보장회의가 1951년 3월 한국전쟁에 소요되는 군수품을 일본에서 제조하기로 결정함에 따라 일본은 유엔군의 장비와 보급품의 병참기지로서의 역할을 수행하게 되었으며, 이같은 전쟁의 특수 수요는 일본의 외화획득의 주요한 원천이 됨으로써 일본의 산업계는 활기를 되찾을 수 있게 되었을 뿐 아니라 '천우신조'의 기회를 전후 경제부흥의 계기로 삼음으로써 한국전쟁 발발 후 일본은 1년간 46%의 생산상승률을 기록할 수 있게 되었다.

전쟁 직후 일본의 공장들은 미군의 특수주문을 받아 장비 및 보급품을 생산·수리하기 시작하였다. 대전차지뢰의 생산, 의약품 및 위생물자의 공급, 자동차의 생산 및 수리 등으로 전쟁 발발 후 1951년 6월까지 1년 동안 일본이 생산한 장비 및 군수품의 총액은 3억 3,816만 달러였고, 그 후 생산품의 종류가 모포, 철도화차, 배터리, 철조망, 조립가옥 등으로 확대되었으며, 1952년 3월 19일 병기생산금지완화조치에 의해 박격포 등 각종 화포, 자동차, 비행기는 물론 함선의 수리 및 제조 부문으로 생산이 확장되었다. 그 결과 한국전쟁 3년 동안 일본이 생산·공급한 무기와 의료 및 식품의 총액은 24억~25억 달러에 이르렀다.[101] 나아가 한국전쟁은 일본의 주권을 조기에 회복시켜 주도록 작용하였다. 한국전쟁 중인 1951년 9월에 미국은 대일강화조약과 태평양안보조약을 체결하여 일본의 안전을 책임 맡는 한편 일본의 주권을 회복시켜 주었는데, 대일강화조약은 패전국에게 무척 너그러운 조약이었다.

---

101) 같은 책, pp.399-400.

미국은 1952년 2월 일본에게 경찰예비대를 토대로 방위대를 발족시킬 수 있도록 해줌으로써 재무장을 허용하고, 4월에는 트루먼 대통령의 선언을 통해 일본과의 전쟁상태를 공식으로 끝내는 조치를 단행하였다. 이는 리스(David Rees)가 지적했듯이 미국이 한국전쟁에 자극받아 일본과의 평화조약 및 안보조약의 체결을 서두른 결과인 것이다.102) 끝으로 일본의 구해군 소해대는 미점령군의 지시를 받아 북한군이 부설한 소련제 기뢰의 소해활동을 전개한 역사를 남겼다. 당시의 정보보고에 의하면 북한군은 3,500여 개의 기뢰를 남북한의 동서해안에 부설하였고, 원산부근에는 1,500여 개를 집중적으로 부설했다는 것이다. 그러므로 일본의 소해대는 소해정 연 43척과 순시선 10척 및 구해군 연 1,200명을 투입하여 소해정 4척이 침몰되고 2척이 파괴되었을 뿐 아니라 22명의 사망자를 내는 피해를 입었다. 그러나 일본의 소해대는 소해활동을 통해 유엔해군의 작전을 지원한 역사를 남기게 되었다.

2. 6·25전쟁이 소·중에 미친 영향

미·소 공동위원회가 결렬되고 한국문제가 유엔으로 이관되어 단정의 수립이 가시화되자 소련의 대한반도 정책목표는 수정되었다. 소련은 남한의 소위 '반동체제'를 파괴시키고 전 한국의 통일과제를 달성하기 위해서는 한편으로 북한인민군을 강화시키고 다른 한편으로 남한인민의 무장봉기를 획책해야 한다고 보고, 북한의 단정 수립 후인 1949년 3월에 스탈린은 김일성과의 회담에서 이를 강조하였다. 그리고 1950년 4월 스탈린은 김일성과의 비밀회담에서 소련의 핵무기 보유와 중공정권의 수립으로 인해 국제환경이 유리하게 변화되고 있다고 하면서 북한이 통일

---

102) David Rees, *The Korean War: History and Tactics* (London: Orbis Publishing, 1984), p.125.

과업을 달성키 위해 선제남침을 개시하는 데 동의하였다. 하지만 이 문제의 최종결정은 "북한과 중국에 의해 공동으로 이루어져야 하며, 만일 중국 측의 의견이 부정적이면 새로운 협의가 이루어질 때까지 결정을 연기하기로 한다."는 것이었다. 스탈린의 조건적인 수용에 따라 김일성은 5월 13일 모택동을 방문하여 전쟁을 위한 행동지침과 미군의 참전가능성 문제 등을 토의하고 선제남침에 대한 동의를 획득하였다.

이러한 맥락에서 볼 때 6·25전쟁을 주도적으로 준비하고 실행한 것은 북한이었으나 소련과 중국 역시 전쟁을 통한 대한반도 공산혁명의 의지를 가지고, 전쟁의 최종결정단계에까지 깊숙이 개입하였음을 알 수 있는 것이다. 그러나 소련은 한국전쟁에 직접 참여하지 않았기 때문에 한국전쟁이 미국이나 중국에 준 영향보다 적었을 것으로 추측된다. 하지만 한국전쟁이 미국에게 반공 분위기를 고조시켰듯이 소련에게는 반미 분위기를 고조시켰다. 그 결과 정치적인 조작극에 '미제의 간첩'론이 등장하여 1953년 1월에 '미제의 앞잡이 의사들의 음모' 사건이 발표되었다. 즉 소련의 수뇌급 지도자들을 제거하려던 미제의 사주를 받은 9명의 의사들이 1948년에 소련공산당 정치국원 주다노프(Andrei Zhdanov)와 소련군 비밀경찰 두목 슈체르바코프(Alexander Shcherbakov)를 의학적으로 살해했다는 것이다. 이같은 발표와 더불어 소련의 관영매체들은 '반역자들의 숙청'을 강조하였다.

소련의 독재자 스탈린이 한국전쟁 중인 1953년 3월 5일 사망하자 소련의 국내정치와 대외정책은 큰 영향을 받게 되었다. 약 24년 동안 소련의 최고 집권자로서 절대권을 행사했던 스탈린의 죽음은 무엇보다도 국내정치에 있어서 '긴장의 완화'를 가져왔다. 이러한 분위기로 말미암아 공포정치의 도구였던 비밀경찰 두목 베리아(Lavrenti Beria)의 처형으로 이어졌고, 1956년 이후에는 비스탈린화가 본격적으로 추진되었다.[103]

---

103) 김학준, 앞의 책, p.338.

다음으로 한국전쟁은 중·소 동맹 관계에 금이 가도록 만들었다. 중공은 한국전쟁 때 소련이 보인 소극적 태도 때문에 소련에 대한 불신감을 갖게 되었다. 더욱이 스탈린이 죽고 말렌코프(Georgi Malenkov)와 흐루시초프(Nikita Khruschev)가 권력의 정상부에 등장하자 중공의 모택동은 소련에 대해 보다 더 독자적인 자세를 취하게 되었다. 그러므로 스탈린과 모택동 간에 체결된 중·소 우호동맹상호조약(1950.2.17)에도 불구하고 스탈린 사후 중·소관계는 중·소분쟁의 길로 치닫게 되었다.

나아가 동유럽에서는 스탈린의 사망과 그것에 따른 긴장의 완화로 인해 자유화운동을 촉진시켰으며, 따라서 1953년 동독에서 대규모 시민저항운동이 일어났고, 이어서 1956년에는 헝가리와 폴란드에서 각각 반소운동이 일어났다. 이렇게 볼 때 한국전쟁이 정전된 이후에 미국과 서유럽의 동맹은 강화된 반면에, 소련과 동유럽 및 조·중과의 동맹관계는 약화되었다. 특히 소련에 전적으로 의존했던 북한마저도 소련을 평가절하하고 자신을 구출해 준 중공과의 관계를 두텁게 해 나갔다. 이러한 국제환경의 변화를 감안하여 소련은 한편으로 핵무기체계의 개발을 서두르면서 바르샤바조약기구를 강화하고, 다른 한편으로 동서 간의 긴장완화를 위해 서방과의 평화공존을 추진하였다.

한편 한국전쟁이 중공에 미친 영향은 즉각적이면서도 광범위하였다. 중공군은 최초에 참전전략의 목표를 "최소한의 희생으로 유엔군을 방어하고, 또한 소련으로부터 장비를 지원받아 중국군을 정규화·현대화한 다음 반격작전을 수행한다."는 것으로 설정하였다. 이러한 전략목표는 전황에 따라 다소의 변화를 겪기는 했으나 기본적으로는 지구전을 통한 중국지원군 개혁이라는 방향으로 나아갔던 것이다. 그러므로 한국전쟁은 중국군의 현대화를 촉진시키는 계기를 조성한 것으로 볼 수 있을 것이다. 지원군 사령원 팽덕회는 매 전역이 끝날 때마다 소련에 대해 많은 양의 장비를 요청하였고, 중국군의 순환보충계획도 추진하여 1953년까지 중국군 전체의 2/3 수준이 순환되도록 하였다. 스탈린은 팽덕회의 반격준비 명분을 내세운 많은 양의 장비 요청이 중국군에게 현대장비를 갖추기 위한 방편이라는 사실을 간파하면서도 지원을 담보로 중국군이 미군의 전력을 계속 소모시켜 줄 것을 기대하고 있었다.104)

또한 팽덕회 사령원은 중앙군사위원회가 1952년 4월부터 1953년 6월까지 중국군의 정규화·현대화를 추진함에 따라 소련의 선진적 군사과학을 학습하여 지휘기술을 제고시키자고 강조하는 한편, 1952년 가을부터 중국군의 순환보충계획을 본격적으로 추진하여 순환부대가 현대식 군사장비를 갖출 수 있게 하였는데, 이는 스탈린이 정전협상이 개시된 후부터 "장기전은 중국으로 하여금 현대전을 배우게 해 줄 것"이라는 입장을 견지하고 중국군에게 현대식 군사장비를 제공했기 때문에 가능할 수 있었다. 다시 말하면 중국군은 참전기간 동안 현대장비로 무장된 미군과 전투를 수행함으로써 현대전쟁의 중요성을 인식하게 되었고, 그 결과 중국군은 점차 소련식 현대장비로 교체하여 "전쟁 중에 전쟁을 학습하자"는 구호하에 군사개혁을 실천하였다.105) 중공의 중앙은 '지구전을 통해 중국군을 개혁'하려던 팽덕회의 전략을 수용하게 되자 1952년 4월 12일 그를 중앙군위로 소환하여 전체 중국군 개혁안을 수립해 군사개혁을 주도하도록 하였다.

다음으로 한국전쟁은 중국공산당 내부에서 모택동의 권력을 더욱 강화시키는 계기가 되었다. 1949년 가을 중화인민공화국을 수립했을 때만 해도 중국공산당에 대한 저항세력이 꽤 많이 남아 있었으나 중국군이 대거 참전한 한국전쟁이 장기화하면서 저항은 약화될 수밖에 없었고, 중국공산당은 전인민의 동원체제를 확립하면서 자신의 통치권의 기반을 쉽게 확대시킬 수 있었으므로 중공중앙 모택동의 권력도 강화되었으며, 전시체제를 장악한 모택동은 한국전쟁이 끝나면서 자신의 반대파를 숙청

---

104) 양영조, 앞의 책, pp.465-466.
105) 같은 책, p.447.

할 수 있게 되자 중화인민공화국 부주석 고강을 '반당분자'로 단죄하였다. 나아가 한국전쟁은 중공의 대외관계에 부정적 영향과 긍정적 영향을 함께 주었다. 부정적인 측면을 보면 국제연합으로부터 '침략자'로 낙인 찍힘으로써 상당기간 국가의 명예가 실추되었을 뿐 아니라 미국과의 적대관계가 장기화됨으로써 국내외적으로 많은 부담을 안게 되었다. 긍정적인 측면을 보면 중공의 발언권이 증대된 것인데, 이는 한국전쟁에의 참전을 통해 아시아의 실력자로서의 지위를 굳혔기 때문이었다.

　중공의 참전이 미군이 주축이 된 유엔군의 일방적 승리를 저지시켰고 북한을 구출했다는 인식은 중공지도층의 자존심을 고양시켰으며, 따라서 아시아 문제의 해결에 있어서는 중공지도층의 발언권이 필수적이라는 태도를 시현하였다. 중공의 이러한 지위는 1954년 4월부터 6월 사이 제네바에서 열린 19개국 회의에서 확인되었는데, 인도차이나 문제와 한반도문제를 다룬 이 회의에서 중공은 미·영·불·소와 더불어 '5대강국'으로 공인되었다. 특히 중공대표단을 이끈 총리 겸 외무장관 주은래의 능란한 외교술은 중국의 위신을 크게 고양시켰다.106) 이러한 긍정적 측면에도 불구하고 부정적 측면을 무시할 수 없었기 때문에 국제연합은 1971년 10월에 와서야 중화인민공화국에게 유엔에서의 중국 대표권을 부여하였다. 그리고 한국전쟁 기간에 중화인민공화국과 중화민국 사이에 대결관계가 빈발하여 중국의 분단이 더욱 심화된 것은 재론의 여지가 없는 것이다.

3. 6·25전쟁이 남북한에 미친 영향

　한국전쟁은 한민족 전체에게 가장 큰 피해를 안겨주었다. 우선 인적 손실 면에서 볼 때 남한은 약 200만 명이 손실되었고, 북한은 약 300만

106) 김학준, 앞의 책, pp.340-341.

명이 손실됨으로써 당시 남북한의 인구를 3,000만 명으로 상정할 때 6명
중 1명의 손실이 발생한 셈이 된다. 더욱이 북으로부터 남으로 피난해
온 사람의 수는 약 300만 명에 달하는 데다가 남북한을 통틀어 이산가족
의 수가 1,000만 명에 달함으로써 전후에 지속적인 민족문제로 남게 되
었다. 다음으로 물적 손실 면에서 볼 때 남북한 공히 사회경제적 기반
이 거의 철저하게 파괴되었으며, 따라서 남한은 미국으로부터, 북한은
소·중으로부터 각각 원조를 받아 전후경제의 복구를 추진해야만 했다.
그러나 이러한 인적·물적 손실에 못지않게 심각한 손해는 민족 내부의
불신과 적대감이 생성된 것이다. 다시 말하면 남북한 주민은 공히 상대
방에 대한 피해의식과 적대의식이 심화되어 상당기간 동안 '제2의 한국
전쟁'에 대한 의구심을 버리지 못하고 있었다는 것이다.

한국전쟁은 우선 남한에 우익적이며 반공적인 국가질서를 강화시켰다.
휴전에도 준전시상태가 지속되는 가운데 국민들의 북한에 대한 피해의식
과 적대의식이 지속됨으로써 국가는 반공이데올로기를 절대다수 국민의
능동적 동의 내지 수동적 동의를 유도해 낼 정도로 확산시킬 수 있었고,
따라서 반공이데올로기는 정치적 도구와 슬로건뿐만 아니라 정치사회화
와 국민교육의 기본가치로 정립되기에 이르렀다. 더욱이 1950년 5월 30
일 총선에서 득세한 남북협상파와 중간파에 대한 국민적 신뢰가 북한의
남침으로 인해 크게 실추된 데다가 그러한 노선을 추구했던 정치지도자
들이 전쟁 중에 월북·납북되거나 사망하였다. 김규식, 조소앙, 안재홍,
원세훈, 김약수 같은 정치인들이 그 대표적인 예이며, 이들의 부재로 인
해 중간노선 또는 협상노선이 정치세력으로 집결되기는 어려웠다.[107] 그
리고 이는 반공주의라는 이름 아래 권위주의 또는 독재주의가 합리화되
는 경향이 나타나도 이를 제어할 안전판이 없어지게 되었다.

---

107) Sung Joo Han, *The Failure of Democracy in South Korea* (Berkeley: Univ.
of California Press, 1974), p.78.

다음으로 한국전쟁은 남한의 경제에 큰 타격을 주었고, 따라서 미국의 원조로 전후 경제를 복구시켜 나가야 했다. 전쟁으로 인해 남한은 생산 기반이 파괴되고 생활기반이 황폐화되었다. 공업부문의 피해상황은 총 1억 1,526만여 달러에 달하는데, 원상에 대한 피해비율로 보면 건물의 경우는 44%, 시설의 경우는 42%에 각각 해당한다. 더욱이 전쟁으로 인해 생활기반이 황폐화되었기 때문에 전후경제의 복구는 구호적인 성격의 복구로부터 출발하지 않을 수 없었고, 따라서 소비재의 도입과 소비재 가공산업 위주의 산업화가 추진될 수밖에 없었다. 그런데 미국의 원조를 받아 배분 역할을 담당하게 된 국가는 참전·반공세력의 비호와 원조물자 가공의 시급성 때문에 '집중적 배정'이 불가피하게 되었고, 따라서 소수의 독점적 재벌이 형성·성장되어 나가게 되었으며, 이로 인해 남한은 1950년대에 <원조 – 국가 – 재벌>의 체제가 형성되고, 국가독점적 축적구조가 배태되었다.108)

그러므로 한국전쟁은 남한의 국가성격을 변화시켰다고 볼 수 있을 것이다. 즉 ①제헌헌법에 규정된 주요산업의 국유화와 은행의 국유화 조항이 1954년 개정헌법에서 삭제되고 완전한 자유경쟁적 시장경제체제를 지향토록 수정됨으로써 '비자본주의적 발전의 길'이 배제되었고, ②미국의 경제·군사원조에 의존하게 되어 대미예속성이 심화됨으로써 국가의 대외적 자율성이 쇠퇴되었으나 <원조 – 국가 – 재벌>체제가 형성되어 국가가 자본가를 통제할 수 있게 됨으로써 국가의 대내적 자율성은 제고되었다. ③전쟁으로 인해 군부와 경찰 등 억압적 국가기구가 과대성장했을 뿐 아니라 국가관료조직의 강화와 권위주의 정치로 인해 강성국가화되어갔다.

나아가 한국전쟁은 남한의 대외관계에 많은 영향을 주었다. 남한주민

---

108) 김태환, "한국전쟁과 한국자본주의," 『한국전쟁과 남북한사회의 구조적 변화』 (경남대극동문제연구소, 1991), pp.76-79.

은 한국전쟁을 계기로 미국이 남한의 구원자이며 은인이라는 믿음을 가
지게 되었을 뿐 아니라 미국과의 동맹을 국가의 안전을 위한 필수적인
요소로 받아들이게 되었다. 그러므로 휴전 후 남한은 친미외교를 더욱
강화시켰고, 거의 예외 없이 미국의 외교정책을 지지하였다. 그러나 남
한의 친미외교는 1960년대 초까지만 해도 제3세계에 대한 접근을 가로
막아 인도와 같은 친서방 중립국조차 용공시하고, 반제와 반식민을 내세
우는 비동맹국가들과 외교적 접근을 기피하였다.109) 그리고 한국전쟁은
남한의 국제연합에 대한 신뢰를 강화시켰다. 남한주민은 국제연합이 북
한의 남침으로부터 국가를 건져 주었다는 인식을 견지하였기 때문에
1950년부터 1974년까지 국제연합 창설일을 공휴일로 삼았을 뿐 아니라
국제연합을 대상으로 한 외교를 중시하였다. 이러한 배경으로 인해 한국
정부는 통일문제에 관해서도 1970년대 중반에 이르기까지 남북대화의
방식보다는 국제연합을 통한 해결방식을 채택하게 되었다.

끝으로 한국전쟁은 한국군을 급격히 성장시켰을 뿐 아니라 현대화시
켰다. 전쟁 발발 시 10만 명도 못 되던 한국군은 휴전 직후에 65만 명
규모로 6배가 성장하였으며, 전쟁 중에 밴프리트 장군과 클라크 장군이
한국군의 재편성과 전투력 증강을 추진함으로써 한국군은 미군수준에
근접할 정도로 현대화된 군대로 변모되었다. 그러므로 전쟁 전에는 한국
군의 수준이 1775년 미국 독립전쟁 당시의 미국 민병대의 수준에 비유
되었으나 전쟁 후에는 '진짜 전쟁할 수 있는 멋진 군대'로 평가받게 되
었을 뿐 아니라 한국사회에서 가장 현대적이고 능률적인 조직이라고 평
가받게 되었다.110) 그러나 군부의 현대적 기술과 경영기법이 군부의 사
회에 대한 영향력을 증대시켰을 뿐 아니라 반공이데올로기가 군부의 지
위상승 유지와 선택적 친화성을 가짐으로써 1961년 5월 16일 쿠데타를

---

109) 김학준, 앞의 책, pp.359-360.
110) Se-Jin Kim, *The Politics of Military Revolution in Korea* (Chapel Hill: Univ.
of North Carolina Press, 1971), p.66.

계기로 하여 군부가 정치에 개입하게 되었고, 따라서 군부의 정치적 중
립 전통이 깨어지는 불행한 사태를 맞게 되었다.

한편 한국전쟁은 북한사회에 반제·반미 이데올로기를 확산시켰을 뿐
아니라 빨치산파에게는 반대세력의 숙청기회를 제공하였기 때문에 반미
투쟁을 내세운 김일성체제가 강화될 수 있었다. 전쟁 중 북진하는 한국
군과 유엔군을 북한주민들이 환영했음을 감안하여 김일성은 휴전 직후
부터 정치교화작업을 철저히 벌여나갔다. 그는 정치교화작업의 핵심적
주제를 '반미주의'로 설정하고, '미군의 재침' 가능성을 강조하면서 '미
제와의 끊임없는 투쟁'을 선동하였다. 그리고 북한의 권력구조 내부에
공존하게 된 국내파, 연안파, 소련파, 그리고 김일성을 중심으로 한 빨치
산파 간에 '전쟁의 책임' 문제를 위요하고 갈등이 야기되자 김일성은
1950년 12월 평양 실함의 책임을 지워 연안파 무정을 숙청하였다. 그리
고 연이어 휴전을 전후해 김일성은 '속죄양'으로 국내파 남로당 계열을
대규모로 숙청하였다. 북한당국은 1953년 8월 3일 박헌영을 비롯한 13
명의 남로당 출신이 미제의 고용간첩으로서 미제와 결탁하여 북한정권
의 전복을 위한 쿠데타를 음모했다고 발표하였다.

최고재판소 특별군사재판에서 이승엽, 조일명, 임화, 박승원, 이강국,
배철, 설정식, 맹종호, 조용복, 백형복 등은 사형을 받았으며, 박헌영에
대한 재판은 1955년 12월 15일에 진행되어 당일로 사형선고가 내리고
익일 처형되었다. 그리고 1956년 2월 흐루시초프가 스탈린 1인 독재를
비난하는데 고무되어 같은 해 여름 연안파가 일부 소련파의 동조를 받아
반김일성운동을 벌이자 원조자금 확보차 소련과 동유럽을 순방하던 김
일성이 급히 귀국하여 소련파 박창옥, 박의완, 연안파 김두봉, 한빈, 최
창익 등을 숙청하였으며, 특히 전쟁에 참가한 인민군 장성의 95%를 김
일성이 숙청하였다.111) 이처럼 김일성이 '반미투쟁의 선봉장'이 되고 반

---

111) 임은, 『북한김일성왕조비사』(한국양서, 1982), p.208.

대세력을 무자비하게 숙청함으로써 북한에는 1958년까지 김일성의 유일독재체제가 확립될 수 있었다.

다음으로 한국전쟁은 북한의 경제에 치명적인 타격을 가하였다. 그러므로 북한은 전후에 경제복구를 1차적 과제로 삼지 않을 수 없었다. 따라서 북한은 1953년 12월 말까지 경제복구계획을 수립하여 1954년 1월부터 3개년계획(1954~1956)에 들어가 경제의 각 분야에 걸쳐 전전의 수준을 회복하였다. 3개년계획을 추진할 때 북한당국은 소련으로부터 10억 루블, 중공으로부터 8억 원의 무상원조를 비롯하여 도합 56,000만 달러의 외원을 받았으나 외원은 예산 총액의 23.6%에 불과했기 때문에 3개년계획을 주민의 노력동원에 의해 추진하지 않을 수 없었다. 그리고 북한당국은 토지개혁에 이어 농업의 협동화를 추진하여 1958년 8월까지 생산관계의 사회주의적 개조를 완료하는 한편, 전후 인민경제 복구·발전의 기본방향을 자립적 민족경제건설 노선에의 부합, 기존의 식민지적 파행성의 극복, 사회주의 공업화의 기초 축성, 전쟁참화로 인해 영락된 인민생활의 안정과 향상을 목적으로 '중공업 우선 경공업·농업 동시 발전'으로 결정·추진하였다.112)

즉 중공업 우선정책은 민족자립경제의 선결조선이고, 국방의 자위를 위한 인민군의 기술무장에 필수적 조건일 뿐 아니라 인민경제의 확대재생산의 기초라는 것이다. 그리고 중공업은 중공업을 위한 중공업이 아니라 전체 인민경제를 끌고 가는 중심고리로서 예컨대 트랙터나 이앙기 등을 우선시켜 경공업·농업을 견인코자 하는 것이라고 강조하면서 북한당국은 제1차 5개년계획(1957~1962)을 추진하였다. 그러나 5개년계획의 경우 외원이 약 4억 달러로 줄어든 데다가 계획안에 대한 소련의 비판마저 겹쳤기 때문에 주민의 노력동원을 통한 추진이 불가피하였다.

---

112) 강정구, "한국전쟁과 북한사회주의 건설,"『한국전쟁과 남북한사회의 구조적 변화』, p.184.

1959년 3월부터 시작된 '천리마운동'은 그러한 노력동원이 더욱 조직화된 것으로 볼 수 있을 것인데, 이같은 체계적 노력동원을 통해 북한은 점점 '동원체제'로 굳어져 가게 되었다.

나아가 한국전쟁은 북한의 군사력을 급격히 팽창시키는 계기가 되었다. 한국전쟁이 발발하기 전에 20만 명에 근접한 병력을 확보했던 북한군은 휴전 직후 육군 317,000여 명, 공군 19,000여 명 및 해군 4,000여 명을 포함하여 약 41만 명의 규모로 확대되었다. 그리고 한국전쟁에서의 북한군의 경험은 1950년 12월 21일 별오리회의의 전략적 반성을 통해 북한군의 성장·발전의 방향으로 정립되었다. 이렇게 정립된 북한군의 성장·발전의 방향에 따라 북한로동당은 1962년 12월 4대군사노선을 정립·발표하였다. 4대군사노선은 전인민적·전국가적 방위체계에 의거하고 전군간부화, 전군현대화, 전민무장화, 전국요새화를 기본내용으로 하는 자위적 군사노선이었다. 북한당국은 1958년 10월 중공군이 철수하자 1959년 1월 노동적위대라는 민병대를 조직하였고, 이를 계기로 전인민의 무장화 개념을 터득하게 되었다. 그리고 전쟁의 경험을 통해 군사시설에 대한 견고한 방어대책이 절실하다고 판단해 왔기 때문에 전국토의 요새화 개념을 도입하였다.

이렇게 해서 전인민의 무장화와 전국토의 요새화가 결부됨으로써 북한은 전형적인 병영국가로 치닫게 되었다.[113] 동시에 북한당국은 전군간부화와 전군 현대화를 추구하였다. 전군 간부화 정책을 통해 동원되는 전력을 신속하게 상비전력화할 뿐 아니라 상비군의 전력을 강화하고, 상비군사력의 정예화를 도모했으며, 전군 현대화 정책을 통해 군사전력수준을 향상시켰을 뿐 아니라 지리적 여건에 부합하는 전력을 갖추고, 자주적 방식으로 전력을 확보하였다.[114] 그리고 4대군사노선을 추진하면

113) 이민룡, 『북한군대해부』(황금알, 2004), p.41.
114) 같은 책, pp.47-51.

서 기존 군수공장을 더욱 확장시킴으로써 1960년대 후반까지 북한은 지상군사단급 수준에서 보유하는 무기를 직접 생산하는 단계로까지 도달할 수 있었다. 그러나 4대군사노선개념이 1990년대 말에 '선군정치' 개념으로 바뀐 데다가 군사력 건설의 방향이 비대칭적 대응의 방향으로 전환됨으로써 핵무기와 생화학무기의 개발이 추진되는 불행한 사태를 맞게 되었다.

종 장

조선 말 보수정치세력이 쇄국주의를 강행하여 자율적 문호개방의 기회를 잃게 됨으로써 결국 일본의 강요에 의해 문호를 개방하게 되었는데, 대비 없는 문호개방으로 인해서 조선은 일본의 식민지로 전락하게 되었고, 따라서 을미사변으로부터 8·15광복에 이르기까지 의병군 20년, 독립군 25년, 광복군 5년 등 50년간에 걸쳐 독립운동을 전개해야만 했다. 그러나 히로시마와 나가사키에 원자탄이 투하되고 소련군이 관동군을 격멸하기 시작하자 일제는 연합국에 무조건 항복하게 되었고, 이에 한반도에는 38선이 획정되어 이남에는 미군이, 이북에는 소련군이 각각 점령하기에 이르렀다. 그리고 남한과 북한에 각각 진주한 미군과 소련군은 그들의 권력과 자금에 의해 각각 남한군과 북한군을 창설하였다.

미군은 그들의 경비업무의 부담을 덜기 위해 남한에 미군정의 경비대를 창설한 데 반해, 소련군은 소비에트화 추진의 도구로서 북한에 보안대를 창설하여 치안용 보안대를 제외한 보안대를 정규군으로 전환시켜 나갔다. 미국은 "한국의 정규군은 한국이 독립할 때 창설될 문제"라고 하면서 미군정의 경비대부터 창설하여 민족자생적 창군운동단체들을 해산시켜 그들의 에너지를 경비대로 흡수하는 정책을 추진하였다. 이에 반해 소련군은 북한에 깔로들이 중심이 된 적위대를 결성하여 치안대와 자위대를 압도케 한 연후에 이같은 민족자생적 단체들을 해체시키고 평민(사실상 적위대)을 중심으로 보안대를 결성했으며, 김일성과 협의하여 보안대를 연안파 조선의용군의 무장해제, 신의주 학생의거의 무자비한 탄압, 조만식의 조선민주당 조직의 약화 등 정치공작 추진의 도구로 활용하였다.

이와 같은 소련군의 지원과 보안대의 무장력을 배경으로 하여 북한의 정치권력을 접수한 김일성은 1946년 7월 크렘린으로 소환되어 스탈린으로부터 조선군의 창설을 서두르도록 지시 받고 귀국하여 보안대를 정규군으로 전환시키는 작업을 추진할 보안간부훈련대대부를 창설, 인민집단군을 형성하고(1947.5.17), 조선인민군으로 개편하였다(1948.2.8). 이처럼 남한군과 북한군이 미국과 소련의 권력과 자금에 의해 각각 외생적으로 형성되었지만 남한의 경비대는 치안유지능력 수준의 방어형 무장력으로 밖에 성장하지 못한 데 반해, 북한의 인민군은 혁명수출에 적합한 수준의 공격형 무장력으로 급성장하게 되었다. 따라서 남북한 간에 군사적 불균형이 조성됨으로써 남북한의 창군은 곧 전쟁으로 치닫게 되는 결과를 빚게 되었다.

한국전쟁은 한반도를 거의 황폐화시키고 막대한 인적·물적 손실을 초래한 반면, 미국이 지배하는 새로운 세계질서를 구축하고 생산과 교역이 번성하는 자본주의 세계시장을 구축함에 있어 결정적 전환점을 제공키도 하였다. 즉 제2차 세계대전 당시 '다중심체제'였던 자본주의 세계체제가 한국전쟁의 결과 미국이 주도권을 장악한 헤게모니체제로 등장하였고, 대전 후 경기 침체에 빠져 있던 미·일·유럽에 공산품 생산이 17% 증대하게 되었다. 그리고 한국전쟁은 냉전구조의 공고화와 전 지구적 확산에도 기여하였는데, 미국의 경우 한국전쟁을 통해 공산진영에 대

항하는 자유진영을 구축하게 되었고, 소련과 중국의 팽창의도 및 압력을
봉쇄시켰으며, 일본을 미국의 안보구조 속에 묶어둘 수 있었다. 그리고
한국전쟁이 동북아지역의 냉전구도를 더욱 공고화시킴으로써 한반도의
분할이 한국, 동아시아 그리고 세계를 사회주의 대 자본주의로 분할하는
'3중의 분할'로 고착되게 만들었다.

  그런데 미·소의 남북한 군대창설의 영향은 60여 년의 세월이 지나고
탈냉전시대를 맞게 된 오늘날까지도 남북한 주민의 의식과 삶의 방식
속에 비록 변화된 모습이기는 하지만 잔존하고 있는데, 그 대표적 쟁점
은 다음과 같은 3가지로 집약될 수 있을 것이다. 첫째, 남북한의 정통성
문제인 것이다. 제2차 세계대전 후 탈식민지사회였던 남한과 북한의 국
가 형성과 국가기구의 형성은 각각의 중심부국가였던 미국과 소련의 권
력과 자금에 의해 외생적으로 형성되었고, 따라서 어느 쪽이 보다 정통
성을 확보하는지 하는 문제를 제기하는 것이다. 둘째, 남북한의 민군관
계 문제인 것이다. 남한군은 전쟁 중 미국의 적극적 지원으로 현대화를
이룩하여 조국근대화의 기수역할을 담당할 수 있었으나 정치에 개입하
는 불행한 사태를 초래하였고, 북한군은 4대군사노선 이래로 군사우선
정책을 북한의 체제유지 수단으로 활용해 오다가 김정일시대에 접어들
어 선군정치를 구사하고 핵무기를 개발하는 불행한 사태를 초래하였다.
그러므로 남북한 내부적으로나 남북한 간에 민군관계 문제가 제기되는
것이다.

  셋째, 남북한의 동맹관계 문제인 것이다. 냉전의 산물인 북방3각동맹
과 남방3각동맹은 탈냉전의 도래로 인해 많은 변화를 하게 되었다. 1990
년대 초 탈냉전이 도래하자 러시아정부는 '조·소 우호조약'이 규정한
자동군사개입의 폐기를 추진하는 동향을 보였고, 1990년대 말에 신냉전
이 도래하는 기운이 농후했음에도 남한의 진보정치세력의 반미의식은
오히려 확산되는 경향을 시현하였다. 따라서 남북한의 동맹관계 문제도
짚고 넘어가야 할 필요성이 제기되었다. 이러한 맥락에서 이 종장에서는

①남북한의 정통성 문제, ②남북한의 민군관계 문제, ③남북한의 동맹관계 문제에 관해 논의코자 한다.

I. 남북한의 정통성 문제

유엔에 의한 한국의 통일노력은 소련이 유엔한국임시위원단의 북한입국을 거부함으로써 그 첫 단계에서부터 암초에 부딪쳤고, 따라서 유엔소총회는 '가능한 지역 내에서 선거'를 실시하는 것이 유엔한국임시위원단의 임무라고 결의함으로써 5·10 총선거가 실시될 수 있었다. 5·10 총선거가 실시됨으로써 미 점령군의 군정을 종식시키고 1948년 8월 15일 대한민국정부가 수립될 수 있었으나 남북 분단의 기원을 이루게 되었다는 평가도 없지 않다. 38선 이북에서는 8·25선거를 통해 9월 9일 조선민주주의인민공화국이 수립되었다. 그런데 국가와 그 기구인 군대는 정통성을 공유하는 것이다. 그러므로 대한민국이 3·1독립정신을 이어받은 임시정부의 법통을 계승했다면 대한민국 국군은 의병군과 독립군의 독립투쟁정신을 이어받은 임시정부의 국군인 광복군의 법통성을 계승한 것으로 볼 수 있는 것이다.

남한사회에는 민족독립운동을 보는 시각이 민족사관, 식민사관, 민중사관 등 3가지가 있고, 국군사를 보는 시각도 광복군 모체론, 경비대모체론, 미제용병론 등 3가지가 있다.[1] 민족사관에 의하면 한민족은 1895년부터 1945년까지 50년간 항일무장투쟁을 전개하여 광복을 쟁취했다는 것이며, 민족독립운동사를 의병군→ 독립군→ 광복군으로 이어지는 흐름에 정통성을 부여한다. 그러나 식민사관에 의하면 일제 36년간 역사의 주체는 일본제국주의자들이었고, 8·15해방은 한민족의 투쟁의 결과

---

1) 한용원, "현대의 우리국군과 국군의 정통성," 『국군의 맥』(육군본부, 1992), p.488.

가 아니라 연합군이 안겨준 선물이라는 것이다. 그리고 민중사관에 의하면 민족보다 민중을 역사의 주체로 삼아 민족해방운동사를 3·1운동→ 노동자·농민운동(적색)→ 조선항일유격대의 무장투쟁으로 이어지는 흐름에 정통성을 부여한다.2)

한편 국군사를 국군의 정통성과 관련하여 보는 시각 중에 주류를 형성하는 논리는 광복군이 국군의 정신적 모체라는 것이다. 즉 대한민국 임시정부가 1940년 9월 17일 창설한 광복군은 의병군과 독립군의 후신으로서 정통·합법적 군대일 뿐 아니라 대한민국 국군의 정신적 모체이므로 군맥(軍脈)은 의당 대한제국국군→ 의병군→ 독립군→ 광복군→ 대한민국 국군으로 이어진다는 것이다. 그러나 군사영어학교출신 「창군동우회」에서는 경비대모체론을 주장하고 있는데,3) 이는 1946년 1월 15일 미군정이 창설한 경비대가 정부 수립 후 대한민국 국군의 모체로 편성된 데다가 이로 인해 의병군→ 독립군→ 광복군으로 이어진 군의 명맥은 사실상 단절되었다는 데 그 근거를 두고 있다. 그리고 1980년대에 민중운동권에서는 한·미 군사관계를 종속적인 관계로 보고 국군을 미제의 용병이라고 매도하는 미제용병론을 주장하여 군부정권을 압박하였다.

이상의 논의에서 처럼 민족독립운동사나 국군사를 보는 시각에 차이가 나는 것은 이념, 기득권, 실세의 관점도 있겠으나 근본적으로는 정통성의 판별기준을 잘못 이해한 데서 비롯되고 있는 것이다. 시대를 초월하여 정통성(legitimacy)은 합의 또는 동의를 의미하고 있다.4) 즉 정통성의 본질을 결정하는 가장 중요한 기준은 '합의된 인식' 또는 '공동의 동의'인 것이다. 동서고금을 막론하고 정통성의 판별기준은 국민다수의 의사 내지 최고통수권자의 실체, 법과 관습 그리고 합의된 인식 및 공동의 동의 등이다. 그리고 베버(M. Weber)가 정통성을 "믿음을 바탕으로 복

2) 이재화, 『한국 근·현대 민족해방운동사』(백산서당, 1988) 참조.
3) 한용원, 『한국의 군부정치』(대왕사, 1993), pp.103-121.
4) 『증보 정치학대사전』(박영사, 1983), pp.1377-1379.

종을 가능케 하는 개념"이라고 했음을 고려할 때 정통성은 수단적 차원의 것이 아니라 감정적·평가적 차원의 것이다. 다시 말하면 정통성은 형이하학적 차원의 것이 아니라 형이상학적 차원의 것이다.

더욱이 논자는 역사의 연속을 믿기에 민족사관에 입각하여 민족독립운동사를 보고, 광복군 모체론(정신적 모체론)에 입각하여 국군사를 보는 입장을 취한다. 군맥으로 볼 때 대한제국국군이 1907년 8월 1일 해산된 이후 그 맥은 의병군→ 독립군→ 광복군으로 이어져 왔고, 광복군의 정신은 대한민국 국군에 계승되었다. 혹자는 1946년 5월 16일「한국광복군복원선언」으로 광복군의 정통성이 단절되었다고 보기도 한다. 그러나 임시정부가 귀국하여「비상국민회의」,「국민의회」,「대한국민회」로 명맥을 이어오다가 그 법통성을 대한민국에 전승시켰기 때문에 광복군이 비록 귀국을 위해 복원선언을 했다 해도 임정의 군대인 이상 임정과 그 명(命)을 같이했다고 보아야 할 것이다. 다시 말하면 1907년 경술국치로 국권을 상실했어도 1919년 임시정부를 수립하여 국통을 유지하였고, 1940년 광복군을 성립시켜 군통을 강화시켰듯이 광복군의 명맥과 임정의 명맥은 그 궤를 같이한 것으로 보아야 할 것이다.5)

한편 북한의 이론가들은 항일혁명전통이야말로 조선민주주의인민공화국의 진정한 전통이라고 주장한다. 그들은 노동당 전사(前史)로서 내세우고 있는 항일혁명 전통의 골자로서 ①1926년 새세대청년공산주의자들이 중심이 되어 반제혁명조직인 '타도(ㅌ·ㄷ)제국주의 동맹'을 결성하였고, ②1927년 ㅌ·ㄷ조직을 공산당 창건을 위한 청년조직으로 확대시킨 '조선공산주의청년동맹'을 결성했으며, ③1930년 카륜회의에서 공청을 모체로 '조선공산당'을 조직하고 주체의 혁명노선을 표방하였고, ④1932년 공청을 중심으로 조선혁명군을 결성하여 노동자, 농민, 애국청년으로 확대시켜 '항일유격대'를 조직하고, 1934년 '조선인민혁명군'으

---

5) 한용원, 앞의 글, p.494.

로 개편했으며, ⑤1936년 5월 5일 당과 대중이 연계한 반일민족통일전선인 '조선광복회'를 창건하였고, ⑥1937년 6월 4일 조선인민혁명군이 국내로 진공하여 보천보전투를 승리로 이끌었다는 등을 주장한다.[6]

그러므로 항일혁명전통은 주체사상의 신화체계를 형성하게 되었을 뿐 아니라 북한정권의 정통성의 논거가 되었다. 그리고 조선인민군은 처음에는 '항일빨치산'의 전통을 이어받았다고 했다가 나중에 '조선인민혁명군'의 전통을 이어받았다고 변경시키기는 했으나 항일혁명전통을 조선인민군의 정통성의 근거로 삼고 있는 것은 확실해 보인다. 김일성은 조선인민군 창군 연설을 통해 "인민군은 항일빨치산의 전통을 이어받았다."고 강조하고, 2월 8일을 인민군 창군일로 제정하여 매년 기념해 왔으나 30년이 지난 1978년부터 인민군 창군일을 2월 8일에서 4월 25일로 변경하면서 노동신문은 사설을 통해 "김일성 수령이 조선인민혁명군을 창건한 날을 기념하여 혁명무력의 정통성을 더욱 뚜렷이 하기 위해 1932년 4월 25일을 인민군 창건기념일로 하게 되었다[7]고 밝혔다.

이러한 사례처럼 북한에서는 역사적 사실이 아닌 이데올로기적 규정에 따라 군대특성은 물론 혁명전통까지도 변조시켜 왔다. 인민군은 공식적으로 인민의 무장력이나 실질적으로는 당의 무장력으로 역할을 해 왔고, 남조선혁명을 추구하면서 인민군은 '혁명적 무장력'으로 규정되기에 이르렀다. 그리고 수령체제가 확립된 후에 인민군은 수령의 군대로서 수령의 교시에 따라 활동을 전개하고 관리되는 특성이 고착화되었다. 나아가 북한에서는 혁명전통의 상당 부분이 이데올로기적 규정에 의해 역사적 사실조차 변조되어 왔다. 1946년 최형우의 「해외조선혁명운동소사」, 1947년 한설야의 「영웅 김일성 장군」, 1949년 이나영의 「조선민족해방투쟁사」, 1968년 백봉의 「민족의 태양 김일성 장군」 등에 비추어 볼 때

---

6) 한용원, 『북한학』(오름, 1998), pp.54-55.
7) 『내외통신』, 자료관 제70호, p.11.

김일성이 북한의 권력을 장악한 강도에 따라 역사적 사실의 날조 정도도 심화되어 갔음을 확인할 수 있다.[8] 이처럼 북한의 이론가들은 ①이데올로기적 규정에 의해 역사적 사실조차 변조하고, ②역사의 연속을 믿지 않고 역사의 단절을 주장하며, ③역사를 날조해서라도 수령의 신격화와 북한의 정통성 제고에 온 힘을 쏟아 왔다.

이러한 맥락에서 볼 때 북한의 인민군이 2월 8일을 창군기념일로 정하여 1977년까지 29주년을 경축해 오다가 1978년부터 4월 25일을 창군기념일로 변경시키고 46주년이라고 선언한 것은 북한인민군의 정통성을 제고시키기 위한 목적에서 비롯된 것임을 알 수 있는 것이다. 북한인민군이 창군기념일을 변경시키자 남한사회에서도 1956.9.21 대통령령 제1173호로 제3사단 23연대 3대대가 최초로 38선을 돌파한 10월 1일을 국군의 날로 제정하여 오늘에 이르고 있는 바로 그 '국군의 날'을 변경시키자는 논의가 제기되어 왔다. 그러므로 군관련 단체에서는 국군의 날을 재설정하려면 광복군을 창설한 1940년 9월 17일로 재설정하거나 국군이 창설된 1948년 8월 15일로 재설정하자는 주장을 제기하였다. 그러나 이러한 주장은 「광복군 성립보고서」와는 어긋나는 것이다. 김구 주석과 조소앙 외무부장의 공동명의로 1940년 10월 15일 발표한 동 보고서[9]에서는 1907년 8월 1일 대한제국국군의 해산의 날이 바로 '독립전쟁 개시의 날'이요 '광복군의 창립의 날'이라고 규정하고 있다. 그러므로 국군의 날을 재설정하려면 대한제국국군이 해산된 날인 1907년 8월 1일로 재설정해야 할 것이며, 그렇게 해야만 북한인민군 창군기념일의 변경의도를 무의미하게 만들 수 있을 것이다.

---

8) 『북한학』, p.55.
9) 『독립운동문류』 제1집 7, 한국광복군총사령부성립보고서.

II. 남북한의 민군관계 문제

자유주의 사회에서는 민군관계를 광의로 해석하여 군대와 사회의 관계로 보는 군대사회학적 시각과 민군관계를 협의로 해석하여 군부와 정치의 관계로 보는 비교정치학적 시각이 있는데, 후자는 "지키는 자를 누가 지킬 것인가?"라는 명제를 주요한 관심사로 삼는다. ML주의자들은 민군관계를 본질적으로 군국주의라고 하면서 군국주의는 적대적으로 대립하는 계급사회의 상부구조 현상이라고 주장하고, 사회주의사회는 계급이 소멸된 사회이기 때문에 그곳에서의 군국주의의 대두 가능성은 선험적으로 불가능하다고 주장한다. 그리고 사회주의국가의 민군관계는 당·군관계로 볼 수 있는데, 이의 분석모델은 당·군 간 갈등을 전제로 한 갈등모델과 당·군 간 융합을 전제로 한 참여모델이 있는데, 갈등모델은 형식적인 통제기구의 중요성을 강조하는 데 반해 참여모델은 비형식적인 통제체제와 군과 당의 상호작용의 중요성을 부각시키는 특징이 있다.

그러면 먼저 남한사회의 민군관계부터 살펴보기로 한다. 자유주의 사회에서는 자유주의적 지적 유산으로 인해 군의 정치적 역할에 관해 저항의식이 강한 특성이 있기 때문에 지키는 자를 지키는 문제에 관심사가 집중되고, 따라서 정치권의 대군통제방식도 주관적 문민통제를 할 것인가? 또는 객관적 문민통제를 할 것인가?에 관심이 집중되고 있다.[10) 헌팅턴(S. P. Huntington)이 말한 주관적 문민통제는 군부의 세력을 민간정부의 권위에 비해 상대적으로 약화시키기 위해 특정한 통치제도·사회계급·헌법형태 등을 활용하는 것을 의미하고, 객관적 문민통제는 군의 직업주의의 극대화와 병행하여 군의 탈정치화·중립화를 추구하는 통제방식을 의미하는 것이다. 남한의 역대정권은 정권이 처한 상황에 따라 각기 상이한 대군 통제방식을 구사해 왔으나 공통점이 있다고 하면 그것

---

10) S. P. Huntington, *The Soldier and the State* (Harvard Univ. Press, 1957) 참조.

은 일종의 변종적인 주관적(또는 종속적) 문민통제방식이 대종을 이룬 것이라고 할 수 있을 것이다.

이승만 정권하에서는 헨더슨(G. Henderson)이 지적했듯이 이 대통령이 출신별·지역별로 형성된 군내의 그룹들로 하여금 갈등과 반목을 하도록 조장함으로써 군내에 파벌이 형성되었을 뿐 아니라 반항적인 정치적 행동주의를 낳게 되었다. 하지만 정치적 중립주의를 지향하는 세력이 정치적 개입주의를 지향하는 세력을 제어함으로써 쿠데타가 발생하지는 않았다.11) 그러나 장면 정권하에서는 집권당인 민주당의 내분에 의한 정치지도부의 분열과 일반 대중들의 참여폭발 현상 속에서 정권의 효율성이 저하된 데다가 대군통제를 소홀히 함으로써 1961년 5월 16일 쿠데타가 발생하였다. 장 정권은 국방장관을 당료출신으로 임명하여 문민우위를 확보하고 군부의 자율권을 존중하면서도 지연에 따라 서북출신을 참모총장으로 임명함으로써 객관적 문민통제와 주관적 문민통제를 혼용한 대군통제방식을 구사하였다.

그러나 장 정권은 군부에 정군운동이 전개되고 있음에도 유엔군사령관이 한국군에 대한 작전통제권을 행사하는 데다가 5만여 명에 달하는 미군이 주둔하고 있기 때문에 군의 정치적 중립이 보장될 수 있을 것으로 판단하여 대군통제를 소홀히 하였다.12) 더욱이 장 정권은 1960년에 10만 감군계획을 추진하려고 한 데다가 '정군파' 말썽장교 예편계획을 추진하려고 했기 때문에 장교들의 불안의식을 고조시켰다. 따라서 군부에 촉발요인(push factor)이 강화되어 유인요인(pull factor)과 맞물림으로써 쿠데타가 발생하였다. 박정희의 군부정권은 문민정권과는 달리 군부를 정치적으로 이용하기 위한 대군통제술을 구사하였다. 즉 박 대통령은 육군참모총장 등 군의 지휘계통에는 군 본연의 역할에 충실한 구직업

---

11) 한용원, 『한국의 군부정치』(대왕사, 1993), pp.160-167.
12) 강인섭, 『4·19 그 이후 군·정계·미국의 장막』(동아일보사, 1984), pp.86-89.

주의 정향의 군 간부를 충원하여 객관적 문민통제를 구사했으나 이 부분을 제외하고는 정치의 안정화 조치와 병행하여 '하나회'의 신군부를 육성하여 주관적 문민통제를 구사하였다. 그러므로 정군파를 중심으로 한 박정희의 구군부는 하나회를 중심으로 한 전두환의 신군부를 새로운 프레토리안(praetorian)으로 성장시키게 되었다.

박 정권을 이어받은 전두환의 군부정권은 하나회가 헤게모니를 장악한 군부에 대해 직업적 제도화를 추진하면서도 정권안보주의에 입각하여 인사를 관리·유지하고, 특히 하나회 회원을 참모총장, 보안사령관, 수방사령관에 보직하여 군부를 통제·감시하는 한편 제도적으로 군부를 활용할 태세를 갖춤으로써 주관적 문민통제에 더욱 비중을 두었는데, 이러한 경향은 노태우 정권에서도 지속되었다. 노 정권은 신군부의 정치개입 문제로 야당으로부터 정치적 압력을 받게 되자 12·12쿠데타 및 광주민주항쟁 진압 관련자 일부를 퇴진시키지 않을 수 없었다. 그러나 이같은 조치로 하나회세력이 노태우 직계의 9·9세력과[13] 비9·9세력으로 분열되었을 뿐 군부의 탈정치화를 완결시킬 수는 없었다. 김영삼 정권은 지연과 학연에 의해 군의 지도부를 형성했을 뿐 아니라 군부 내의 정치군인들을 예편시키고 율곡비리를 조사하는 등 충격적 요법으로 대군통제술을 구사하였다.

그러나 김영삼 대통령은 전직 대통령의 거액 비자금 비리가 폭로되자 5·18특별법을 제정하여 이들 정치군인들을 군사반란·내란의 주모자로 법정에 세움으로써 군의 직업주의 정향을 구직업주의로 전환시켰을 뿐 아니라 성공한 쿠데타라도 후에 결코 면죄부를 받을 수 없다는 역사적 교훈을 확립하였다.[14] 한국의 정치사상 최초로 여·야 간 평화적 정권교체로 집권하게 된 김대중 대통령은 군부의 자율권을 존중하면서도 지연

---

13) 9·9세력은 노태우 장군의 9여단장과 9사단장시절 직계 인맥을 일컫는다.
14) 한용원, "군과 정치의 바람직한 관계 정립방향,"『한국군사』제20호(한국군사문제연구원, 2005), p.128.

에 따라 군의 지도부를 형성함으로써 객관적 문민통제와 주관적 문민통
제를 혼용한 대군통제술을 구사하였다. 김대중을 계승한 노무현 정권도
한편으로는 군부의 자율권을 존중해주는 객관적 문민통제를 구사하면서
도 다른 한편으로는 지역연고주의에 입각하여 군지도부를 형성하는 주
관적 문민통제를 혼용한 대군통제술을 구사했으나 그와 코드(code)가
맞는 군 관련자들을 편애함으로써 그의 진보주의와 이념적 거리가 먼
군부의 보수주의적 현실주의와의 조화문제가 제기되어 왔다.

　이상에서 논의한 남한사회의 민군관계의 전개와 정치권의 대군통제방
식의 구사에 비추어 볼 때 바람직한 민군관계의 모형은 무엇이어야 할
것인가를 고민하게 된다. 탈냉전 후 범세계적인 추세는 서구의 다원주의
적 사회구조, 자유민주주의 정치체제, 자본주의 경제질서로 전환되고 있
는 상황이다. 오늘날 서구 선진국에서 민군제도의 보편적 유형으로 객관
적 문민통제 방식을 구사하고 있기 때문에 남한의 군부에서도 군을 군대
화(militarization of military) 시키고 전문직업주의를 극대화 시킨다는
차원에서 객관적 문민통제방식을 선호하는 입장이다.15) 그러나 객관적
문민통제는 군대의 권력과 사회의 이데올로기 사이에 적절한 균형이 유
지될 때 이상적인 형태로 실현될 수 있는 것이다. 다시 말하면 객관적
문민통제는 사회의 정치제도가 선진 수준으로 성숙되고, 군대의 가치관
과 규범이 철저히 내면화될 때 실현될 수 있는 것이다.

　그런데 한국의 정치제도의 현 수준은 국가조합주의적 성격도, 다원주
의적 성격도 아닌 '전환기적 이익집단정치'의 상황을 표출시키고 있어
선진국 수준의 시민사회형 정치제도로 성숙하려면 상당한 시간을 요할
것이다. 그리고 한국군의 가치관은 다원화되고 전문화된 사회에서 국방
업무에 전념하는 직업군인으로서의 가치관이 확고하기보다는 신직업주
의적 인식16)을 완전히 청산하지 못했을 뿐 아니라 민주적 지휘·통솔을

15) 화랑대연구소, 『한국군과 국가발전』(1992), p.297.

구현하려는 노력 또한 결여되고 있는 실정이다. 이러한 상황하에서 객관적 문민통제를 구사하려면 군의 자율성을 보장해 주는 과정에서 군과 모체사회를 격리시켜 민군 간에 거리감을 조성할 우려가 있고, 군의 전문직업주의의 강화가 단체적 이익의 보장을 추구하게 만들어 공공조직으로서의 공평성과 중립성이 감소될 우려가 있는 것이다. 그렇다고 남한의 역대정권이 그러했듯이 객관적 문민통제와 주관적 문민통제를 병행 구사하는 것은 적합성을 결여하는 것이다.

즉, 주관적 문민통제는 군을 지배적인 특정한 사회세력의 일부로 만들거나 또는 민간화 시켜 군부의 세력을 민간의 권위에 비해 상대적으로 약화시키는 데 목적을 두지만, 객관적 문민통제는 군을 군대화 시켜 군부가 군사문제에 전념토록 하는 데 목적을 두기 때문에 양자를 혼용한 모형은 한편으로 군부의 자율성을 보장하면서도 다른 한편으로 군부의 직업주의를 저해시키는 결과를 초래하기 때문에 운용상 문제점이 야기될 수 있는 것이다.17) 그러므로 남한사회에서 바람직한 민군관계의 모형은 장기적으로는 객관적 문민통제의 모형을 지향하지만 중·단기적으로는 노드링거(E. A. Nordlinger)의 자유주의적 모형과 헌팅턴의 객관적 문민통제 모형을 혼용한 모형을 지향해야 할 것이다. 노드링거의 자유주의 모형과 헌팅턴의 객관적 문민통제 모형을 혼용한 모형은 한국의 실정이 민주발전을 위해 군이 정치적 중립을 고수하고 문민우위원칙을 내면화해야 하며, 국가안보를 위해 군의 전문직업화가 이루어져야 하기 때문에 적합성이 있는 것이다.

노드링거의 자유주의 모형은 민간엘리트가 국내외의 정책목표를 결정하고 법집행을 관리하며 집단 간의 갈등을 해결할 의무를 갖는 데 반해, 군부엘리트는 폭력의 경영을 담당하여 외부의 공격으로부터 국가를 방

---

16) Alfred Stepan, *The Military in Politics: Changing Pattern in Brazil* (Princeton Univ. Press, 1944), pp.36-42.

17) 한용원, 앞의 글, pp.131-132.

어하고 국내적 폭력사태로부터 정부를 보호하는 의무를 수행하도록 역할을 엄격히 구분하여 군부엘리트를 안보영역 이외의 부분에 개입하지 못하게 하는 것이다.[18] 이 모형의 적용을 위해서는 ①군부엘리트가 문민권위에의 예속을 가치관 및 신념으로 내면화해야 하고, 이를 위해 시민윤리(civic ethic)에 의해 민주화되어야 하며, ②민간엘리트는 군부를 적절한 수준으로 존중해주어야 할 뿐 아니라 정치적 목적을 위해 군부를 이용하거나 인사관리 및 조직운영을 간섭해서는 안 되는 것이다. 그러나 이 모형은 외부위협이 항존하는 상황에서 군을 군대화 시키고 군사업무에 전념케 하는 측면이 약한 결함이 있다. 그러므로 헌팅턴의 객관적 문민통제 모형으로 조화롭게 보완시킬 필요가 있다. 그런데 이 모형은 헌팅턴의 집정주의 모형을 세련화·현대화시킨 모형이기 때문에 헌팅턴의 객관적 문민통제 모형과도 조화가 용이한 것이다.

다음으로 북한사회와 민군관계 즉 당·군 관계를 살펴보기로 한다. 콜튼(T. J. Colton)은 구소련에서의 당·군 관계를 고찰하기 위해 다음과 같은 3가지의 모델을 제시하였다. 첫째, 당과 군의 관계는 본질적으로 적대적 성향을 띤다는 것이다. 둘째, 당과 군은 동일한 가치관을 공유하여 공동의 목적을 추구한다는 것이다. 셋째, 군부와 민간엘리트 간에 어느 측도 절대적인 지배력을 갖지 않고 양자가 당의 주권적 권위를 공히 인정하면서 상호작용을 한다는 것이다.[19] 첫 번째 모델의 경우 군부는 당의 통제를 둔화시키고 군의 직업적 자율권 확보를 기도하는 반면, 당은 군이 당의 독점적 권력에 대한 잠재적인 도전세력으로 보고 정치적 사상 주입과 사찰기관의 감시제도를 통해 통제 강화를 기도한다는 것이다. 두 번째 모델의 경우 당과 군의 엘리트 간에 때로는 의견 차이가 생기기는 하지만 군의 전문적 기질이 정치적으로 중대한 태도를 유발시키지는 않

---

18) E. A. Nordlinger, *Soldier in Politics: Military Coups and Government* (Prentice-Hall Inc., 1977), pp.10-19.
19) 민족통일연구원, 『김정일의 군사권력기반』(1994), p.22.

기 때문에 양자는 주도권을 다투기보다는 공동목표의 추구를 위한 협력
방안의 모색에 더욱 관심을 갖는다는 것이다. 세 번째 모델의 경우 군부
엘리트가 정치체계 내에서 자신들의 권력배분을 추구하지 않으면서 그들
의 직업적 전문지식에 근거하여 군사적인 결정에 참여한다는 것이다. 북
한의 경우 군에 대한 당의 엄격한 통제가 시행되고 있다고 해서 당과
군의 관계를 본질적으로 적대적 성향을 띤 불안정한 관계로 특징짓는다
면 이는 잘못된 것이다.[20] 일반적으로 북한의 당·군 관계는 체제공고화
단계에서는 갈등모델적 속성이, 유일지배체제 유지 단계에서는 참여모델
적 속성이 각각 부각된 특징을 시현해 왔다. 더욱이 인민군 내에 배치된
정치 및 당조직은 통제기구로서의 역할 수행과 병행하여 당사업에 대한
군의 참여를 유도하는 역할을 수행하는 특징이 있다.

　김일성은 유일지배체제의 안정을 도모하기 위해 물리적 힘을 구비한
군부세력을 철저히 통제해야 할 필요가 있다고 보고, 일찍부터 군부에
대한 효율적인 정치적 통제조직을 강화해 왔다. 당에 의한 군의 통제 원
칙은 공산주의 국가에서 보편적으로 적용되어 왔는데, 이는 레닌이 "군
사적 견해는 정치적 견해에 따라야 한다."고 주장해 온 데다가 모택동도
"당이 총포를 지배하는 것이지 총포가 당을 지배하는 것은 결코 용서하
지 않는다."고 주장해온 데서 알 수 있다.[21] 김일성은 6·25전쟁 동안
군대에 정치위원들을 파견, 군대에 대한 당의 영도와 정치 교양사업을
강화하기 시작하였다. 김일성은 1950년 10월 21일 노동당중앙위원회 정
치위원회에서 "인민군대는 우리 당에 의하여 창건된 혁명무장력으로서
당의 혁명위업을 무력으로 담보할 사명을 지니고 있기 때문에 인민군대
는 조선노동당에 의해서만 영도되어야 하며, 인민군대 내에는 조선노동
당 조직 외 다른 어떤 당조직도 있을 수 없다."고 주장하고, 군대에 대한

20) 김경준, "북한외교에 있어 군의 역할," 『북한학보』 제16집(1992), pp.52-53.
21) 북한문제연구소 편, 『북한정치』(1979), p.227.

당의 영도 강화책으로 민족보위성 문화훈련국을 총정치국으로, 각급 문화부를 정치부로 개편케 하였다.

김일성은 1956년 8월 발생한 종파사건을 마무리하면서 1958년 3월 8일 노동당중앙위원회 전체회의에서 '반당종파분자들이 뿌려놓은 수정주의 독소'를 뿌리 뽑기 위해 군대 내의 당정치사업을 개선·강화시킬 필요가 있다고 역설하였다. 그는 인민군대의 당사업이 집체적 지도와 통제를 받지 않고 정치부의 유일적 지도를 받음으로써 결함이 파생되었고, 인민군대 내에 이제까지 초급당조직만 있었기 때문에 군관당원들이 당 조직생활을 기피하는 등 결함이 파생했다고 지적하면서 총정치국장 최종학을 해임하고 당위원회제도를 군단·사단·연대 등 인민군의 모든 단위부대에 조직하라고 명령하였다. 그리하여 당위원회가 모든 당원들이 함께 참가, 집체적으로 토론하여 대책을 세우고 아래 단위의 사업도 집체적으로 감독·통제하되, 정치기관들의 사업지도와 정치·군사 지휘간부들의 당생활에 대한 지도·통제의 강화에 역점을 두도록 하였다.

나아가 김일성은 1969년 1월 인민군당 제4기 4차 전원회의에서 당위원회의 사업수행방식을 질타하고, 군지휘관의 명령이 정치위원의 비준과 서명이 있어야 효력을 발생할 수 있도록 제도개선을 단행하였다.22) 그는 군대 내의 정치일꾼들이 당 정치사업에서 형식주의를 없애지 못한데다가 김창봉 등이 군부 내에 도당을 형성하려 했을 뿐 아니라 군병력을 사병처럼 다루려고 함으로써 인민군 당조직을 마비시켰다고 지적하면서, 허봉학 외 10여 명의 고위장성을 숙청하고, 인민군당위원회를 보다 강화하여 모든 명령서에 정치위원의 서명이 있어야 효력을 발생토록 하였다. 그리고 김정일은 "부대 안에 유일사상체계를 튼튼히 세우는 것은 정치위원의 첫째가는 임무"라고 교시하는 한편 당의 군 통제를 보장하기 위해 사로청(사회주의 로동청년동맹) 조직을 적극 활용토록 하였다.

---

22) 조선로동당출판사 편, 『김일성 선집 2』, pp.463-464.

이러한 과정을 거쳐 군부에 대한 당의 통제가 강화되었는데, 1980년 10월에 개최된 제6차 노동당대회에서 개정한 조선노동당규약 제7장 46조 및 47조에서 "조선인민군은 항일무장투쟁의 영광스러운 혁명전통을 계승한 조선노동당의 무장력이며(46조)", "조선인민군대 내의 각급 단위에 당조직을 구성한다(47조)."고 명기함으로써 인민군대에 대한 당의 철저한 통제를 명문화하였다. 이는 김일성이 "인민군대는 주체사상에 의해 지도되며, 주체사상의 승리를 위해 투쟁하는 '우리당의 군대'라"고 교시함으로써[23] 확고한 원칙으로 자리매김하였다. 그리하여 북한인민군 내에서는 당규약에 의거하여 조선인민군 당위원회와 조선인민군 총정치국을 정점으로 하는 당중앙위 직속 당조직과 정치기관을 말단 분대에까지 배치해 군을 통제해 오고 있다. 북한인민군 내의 각급 단위에는 당조직을 두고 있으며, 그 중에서도 인민군 당위원회가 북한군 내의 전체 당조직을 망라하고 있다.[24]

조선노동당규약 제7장에 규정된 조선인민군대 내 각급 당조직의 주요한 기능으로는 ①전군을 주체사상으로 교양하고, ②군대 내 당의 유일사상체계를 공고히 확립하며, ③간부대열을 강화하고 간부후비대를 육성하며, ④공산주의 교양 및 사회주의적 애국교양을 강화하고 혁명화·노동계급화를 통해 당두리에로 결속시키며, ⑤인민군 내 사로청조직들을 강화하고 그들의 기능과 역할을 높이도록 지도하며, ⑥당군사노선과 주체적 전략전술을 수행하기 위해 군사사업에 관한 당위원회의 집단적 지도를 강화시킨다는 등이다.[25] 그런데 인민군대 내의 각급 당위원회들은 해당 군단위 정치지휘체계부문의 책임자와 군사행정지휘체계 부문의 책임자로 구성되는 해당 단위의 최고지도기관이며, 군대 내의 정치기관은 인민무력부에 총정치국, 군단·사단·연대·대대·중대의 정치부로서 이

23) 조선로동당출판사 편, 『김일성 선집 9』(1987), p.71.
24) 민족통일연구원, 앞의 책, p.15.
25) 『조선노동당규약』 제7장 48조 참조.

들 기관은 정치사상교양사업을 조직·수행하고, 군내 해당 당위원회 집행기구로서의 기능을 수행한다.

이상에서 논의한 북한의 당군관계의 발전추세를 종합해보면 ①초기 권력공고화과정에서는 콜코비츠(R. Kolkowitz)의 갈등이론이 시사했듯이 군내의 파벌주의 형성을 방지하기 위해 군내에 정치조직이라는 특수기관을 두어 군대에 대한 획일적 통제노력을 강화하였다. 그러나 ②정치조직에 의한 획일적 통제가 정치조직 자체의 돌출행위를 초래하고 군지휘계통의 반발을 야기시킴에 따라 '군당위원회'라는 새로운 당조직을 설치하고 집체적 지도·통제체계를 확립하여 동위원회에 정치부군관과 군지휘군관이 동시 참여하여 상호 비판과 협력을 강화토록 하였다. 이렇게 하여 ③당조직을 통해 인민군을 통제·감시하고 중요한 군사사항의 결정에 당이 적극 개입함으로써 군부의 당 또는 수령에 대한 충성을 확인하거나 이에 대한 적대행위를 사전에 방지할 수 있도록 하였고, 따라서 군을 당에 융합시키는 당·군 일원화체계가 발전될 수 있었다.

그러나 북한인민군 내 정치 및 당조직 기관의 기능은 감시·통제와 더불어 당사업에의 참여를 유도하는 양면성을 시현하였고, 체제가 안정을 유지할수록 군부의 정치적 영향력은 약화되는 추세를 시현하였다. 하지만 김일성이 사망하자 군부의 정치적 위상이 강화되었을 뿐 아니라 김정일이 선군정치를 시행하게 되었다. 선군정치는 인민군대의 강화에 최대의 힘을 넣고, 인민군대의 위력에 의거하여 혁명과 건설의 전반사업을 힘 있게 밀고 나가는 것이기 때문에 군집단의 정치적 영향력을 인정해주지 않을 수 없으며,26) 또한 이는 승계권력 구축의 전환기에 군부세력이 동요하지 않도록 잡아두려는 전략적 계산에서 나온 것임을 감안할 필요가 있는 것이다. 그러므로 향후 승계체제가 공고화되어 체제가 안정화되면 군부의 정치적 영향력은 약화될 것으로 보이며, 또한 그렇게 되어야 남북

---

26) 이민룡, 『김정일체제의 북한군대 해부』(황금알, 2004), pp.31-32.

한 간에 평화와 통일을 위한 진정한 대화가 이루어질 수 있을 것이다.

III. 남북한의 동맹관계 문제

적대세력과의 세력균형을 독자적인 능력으로 달성할 수 없을 경우에는 다른 국가와 동맹을 체결함으로써 적대세력과의 세력균형을 확보할 수 있는 것이다. 그런데 다른 국가와 동맹을 체결하기 위해서는 국가 간 공동이익이 존재해야 하는데, 냉전시대에는 통상 공동이익이 '적대진영으로부터의 위협'과 같은 부정적인 것이었다. 약소국은 강대국과 동맹을 체결함으로써 국가 간의 경쟁에서 힘의 열세를 역전시키고, 공격을 받을 경우 강대국의 보호를 받아 이를 물리치며, 중립 또는 불가침조약의 체결을 통해 강대국을 안심시킬 수도 있는 것이다. 특히 상호안보조약에 기반한 동맹을 체결한다면, 조약체결당사국은 위기 시에 협력을 공통으로 추진할 수 있는 이점이 있는 것이다. 일반적으로 동맹체약국 일방이 전쟁에 개입했을 경우에 타방은 ①동맹조약체결국들이 자동적으로 군사적 개입을 하거나, ②각국의 '헌법절차'에 의해 조치를 취하는 대응방식을 구사하게 되는 것이다.

그러면 이제 북방3각동맹관계 문제부터 살펴보기로 한다. 조·소 간에는 1949년 3월 17일 경제·문화 협정이 체결되었지만 1990년대 초 공개된 크렘린의 문서에 의하면 동 협정의 중점이 소련의 대북군사력 지원에 있었음이 밝혀졌다. 북방3각동맹으로 알려진 북한과 소련 및 중국 간의 군사동맹조약은 1961년 7월에 체결되었다. 1961년 5월 남한에 쿠데타가 발생하여 강력한 반공정권이 수립되자 북한은 이에 대처한다는 구실로 소련과 중국에게 군사동맹조약을 쌍무형식으로 체결해주도록 요청하여 1961년 7월에 조·소 우호협조 및 상호원조에 관한 조약과 조·중 우호협조 및 호상원조에 관한 조약을 각각 체결하게 되었다. 조·소 우호

협조 및 상호원조에 관한 조약에는 자동개입과 부수적 의무 조항을 제1
조와 제2조에 다음과 같이 규정하였다.

제1조에는 "체약 일방이 어떠한 국가 또는 국가연합으로부터 무력침
공을 당함으로써 전쟁상태에 처하게 되는 경우에 체약 상대방은 지체
없이 자기가 보유하고 있는 온갖 수단으로써 군사적 및 기타 원조를 제
공한다."고 하여 '자동군사개입'을 규정하였고, 제2조에는 "상대방을 반
대하는 어떠한 연합이나 행동 또는 조치에도 참가하지 않음에 대한 의무
를 진다."고 하여 북한의 '행동 제한의 수용' 의무를 규정하였다. 이외에
도 "조선의 통일은 평화적이며 민주주의적 기초 우에서 실현되어야 하
고, 그 같은 해결이 한민족의 민족적 이익과 극동에서의 평화유지에 부
합된다고 인정한다."고 하여 북한의 조국해방전쟁에 소련군을 파견 시
'극동에서의 평화유지에 부합'한다는 명분을 마련할 단서도 규정하였다.

그러나 중·소분쟁이 표면화·본격화되면서 북한이 소련과 중국에 대
해 양다리 외교를 전개하여 국익을 챙기는 데 급급하자[27] 조·소관계가
악화되어 오다가 소연방을 계승한 러시아정부에 이르러서는 동맹관계가
극도로 악화되었다. 1980년대 후반 고르바초프가 신사고외교(Perestroika)
를 추진하여 서울올림픽에 참가한 데 이어 1990년 9월 30일 한·소 간
국교정상화가 이루어지자 북한은 이를 '동맹국의 이익과 신의를 팔아먹
는 배신행위'라고 하면서 소련을 비난하였다. 그러나 1991년 8월 소연방
이 해체되자 소연방을 계승한 러시아정부는 북·러 간에 이데올로기적
동질성이나 유대가 존재하지 않는 데다가 심각한 경제난에 처한 북한이
러시아에 부담스런 존재가 되었고, 나아가 북한의 공산화통일노선이 더
이상 러시아의 국가이익 및 목표와 부합되지 않게 되었기 때문에 북한과
의 동맹관계는 소련정부 때보다 더욱 악화되어갔다.[28]

---

27) 『북한학』, pp.362-373.
28) 김계동, 『북한의 외교정책』(백산서당, 2000) 참조.

이러한 상황하에서 북한과 러시아 간에 1991년에 조·소 우호협조 및 상호원조조약을 5년간 연장하기로 합의하여 1996년 9월까지 동맹조약이 유효하게 되었으나[29] 러시아정부는 1992년 1월 북·러동맹관계가 한·러관계 발전에 장애요인이 된다고 인식하여 조약의 개정안을 제안하자 북한은 유효기간이 남았다고 하면서 이를 거부하였다. 하지만 러시아가 조약의 만료시한 1년 전인 1995년 9월 7일 조약의 폐기의사를 북한에 통고함에 따라 양국 간의 동맹관계는 1996년 9월에 정식으로 폐기되었다. 그러므로 1997년 1월 이후부터 북·러 간에는 조·소 우호협조 및 상호원조조약을 대체할 신조약의 체결 준비협상을 전개하였고, 4차례의 준비협상을 전개하여 1999년 3월 17일 신조약에 가조인하였다. 그리고 2000년 2월 9일 이바노프 외무상이 평양을 방문 시에 백남순 외무부장과 '북·러 우호선린협력조약'에 서명하였다. 북·러 우호선린협력조약에서는 자동군사개입조항이 삭제되고, "두 나라가 위협을 받을 경우 즉각 연락을 취한다."고 대체했으며, "유엔헌장의 목적과 원칙들을 존중하고, 양국 간 모든 분쟁을 평화적으로 해결한다."고 규정하였다.

2000년대에 들어와 러시아는 실추된 지정학적 영향력을 복구하기 위해 적극적인 개입정책이 필요하였고, 북한은 확고한 정치적·안보적 후견세력을 구축하여 국제적 고립으로부터 탈피해야 할 필요가 있었기 때문에 새로운 북·러관계의 확립이 필요하였다. 따라서 푸틴 대통령은 2000년 7월 북한을 방문하여 김정일과 회담하고, "상호 침략 또는 안전 위협 상황 발생 시 지체 없이 접촉함은 물론 미국의 TMD(전략미사일방어체계) 구축에 반대한다."는 '북·러 공동선언'을 채택하였으며, 2001년 8월에는 김정일이 러시아를 방문하여 한반도종단철도(TKR)와 시베리아 횡단철도(TSR) 연결을 주내용으로 하는 '북·러 철도협력협정'을 체결하고, "주한미군의 철수를 요망한다."는 '북·러 모스크바선언'을 채택하였다.

---

29) 『북한학』, p.367.

한편 북한과 중국 간에 1961년 7월 11일 체결한 조·중 우호협조 및 호상원조에 관한 조약에서도 제2조에 자동군사개입조항을 규정하고, 제3조에 부수적 의무조항을 규정하였다. 북·중 간에는 6·25전쟁으로 인해 혈맹관계가 정착되었을 뿐 아니라 지리적 인접성, 문화적 유사성, 이념적 동질성으로 인해 지속적으로 동맹관계의 유지가 가능하였다.[30] 그러나 중소분쟁이 표면화·본격화되면서 양국의 관계는 우여곡절을 겪은 데다가 1992년 8월에 한중수교가 이루어지자 북한은 중국을 '제국주의에 굴복한 변절자·배신자'라고 비난하기에 이르렀다. 하지만 소련의 붕괴 후 중국은 정치·경제적으로 북한의 유일한 지원국이 되었고, 북한도 김일성 사후에 "조중친선을 대를 이어 발전시켜 나가는 것은 위대한 수령 김일성 동지의 유훈"이라고 천명하였으며, 양국의 지도자(김정일, 강택민)가 상호교환방문으로 우호관계를 과시하였다.

중국은 1993년 유엔의 대북제재에 반대하고 북한을 보호했을 뿐 아니라 북한의 요청을 수용하여 1994년 12월 13일 판문점 군사정전위원회로부터 중국 대표단을 철수시켰으며, 1996년 5월 22일 북한과 경제기술협조협정을 체결하여 곡물과 에너지를 북한에 지원해 주었다.[31] 그러나 중국은 지속적인 경제성장을 위해 한반도의 현상유지를 원하며, 따라서 북한에 대해서는 변방외교를, 남한에 대해서는 실리외교를 각각 추진하고, 북한의 핵보유가 핵도미노현상을 초래할까 우려하여 6자회담을 주선·주도하고 있다. 그러므로 북·중관계는 2000년대에 들어와 1990년대의 '보호적 동맹관계' 또는 '시혜적 협력관계'로부터 변화의 전기를 맞게 되었고, 따라서 중국이 북한 문제를 바라보는 시각과 북한을 다루는 방법에 있어 과거와는 달라져가고 있다. 이는 장래에 북·중관계가

---

30) 정진위, "북한의 대중공관계,"『북한의 대외정책』, pp.220-224.
31) 이붕 총리는 1995.3.3 전국인민대표회의 제4차 회의에서 "조선민주주의인민공화국과 전통적인 우호관계를 유지·발전시키는 것은 중국의 대북한정책의 핵심이라"고 했다.

실리적으로 서로를 필요로 하는 '호혜적 협력관계'로 변화될 전망임을 시사해주는 것이기도 하다.

다음으로 남방3각동맹관계 문제에 관해 살펴보기로 한다. 남한과 미국 간에는 1953년 10월 1일 한·미 상호방위조약이 체결되었다. 동 조약 제1조에 "어떠한 국제적 분쟁이라도 국제적 평화와 안전과 정의를 위태롭게 하지 않는 방법으로 평화적 수단에 의해서 해결하고… 국제연합의 목적이나 국제연합에 대하여 부담한 의무에 배치되는 방법으로 무력에 의한 위협이나 무력의 행사를 삼갈 것을 약속한다."고 규정하고, 제2조에 "당사국 중 어느 일방의 정치적 독립 또는 안정이 외부로부터의 무력침공에 의하여 위협을 받고 있다고 어느 당사국이든지 인정할 때에는 언제든지 당사국은 서로 협의한다. 당사국은 단독적으로나 공동적으로나 자조와 상호원조에 의하여 무력공격을 방지하기 위한 적절한 수단을 지속하여 강화시킬 것이며, 본 조약을 실행하고 그 목적을 추진할 적절한 조치를 협의와 합의하에 취할 것이다."고 규정하였다.

제3조에는 "각 당사국은 타 당사국의 행정관리하에 있는 영토 또는 금후 각 당사국이 타 당사국의 행정관리하에 합법적으로 들어갔다고 인정하는 태평양지역의 영토에 대해 타 당사국이 무력공격을 받을 경우에는 자국의 평화와 안전을 위태롭게 하는 것이라고 인정하고 공통한 위험에 대처하기 위하여 각자의 헌법상의 수속에 따라 행동할 것을 선언한다."고 규정하고, 제4조에 "상호합의에 의하여 결정된 바에 따라 미합중국의 육군, 해군과 공군을 대한민국의 영토 내와 그 주변에 배치하는 권리를 대한민국은 이를 허여(許與)하고 미합중국은 이를 수락한다."고 규정하였다. 동 조약은 양국 국회의 비준을 거쳐 1954년 11월 18일부로 발효되었는데, 동 조약의 성립으로 미국은 한국의 방위를 책임져야 하는 입장에 서게 되었다. 동 조약의 체결은 한반도에서의 전쟁을 억제하기 위해 미군 주둔을 위한 제도적 보장 장치이며, 연합방위 또는 군사당국 간의 각종 안보 및 군사관련 후속협정들의 기초를 제공하고 있다.[32]

1978년 11월 7일 창설된 한·미 연합군사령부(CFC)는 한·미동맹의 상징이요, 연합방위체제의 중추역할을 수행해 왔다. 미군 4성장군이 사령관직을, 한국군 4성장군이 부사령관직을 맡는 한·미 연합군사령부는 그동안 유엔군사령부가 수행해온 한국방위 임무를 담당하게 되었고, 따라서 연합군사령관이 작전통제권도 행사하였다. 그러나 남한정부가 '한국방위의 한국화'를 꾸준히 추진함에 따라 미국정부는 '주한미군의 역할 변경'을 발표하기에 이르렀다. 동 구상은 동아·태시역의 전진 배치 선략을 그대로 유지하는 가운데 일부 지상군·공군 중심으로 전체 태평양 전력의 10~12%를 감축키로 하고, 주한미군의 단계적 감축과 함께 미군의 역할을 '주도적 역할'에서 '지원적 역할'로 점진적으로 변경하여 1996년 이후부터 한국이 주도적 역할을 수행하는 것으로 계획하였다.[33]

이 계획에 따라 1992년 1단계로 주한미군 7,000명의 감축이 이루어졌고, 주한미군의 역할변경에 있어서는 군사정전위원회 수석대표에 한국군 장성을 임명(1993.3)하고, 한·미 야전사(CFA)를 해체(1992.7)하며, 지상군구성군(GCC) 사령관에 한국군 대장을 임명(1992.12)하는 등 조치를 취하였고, 1994년에 평시작전통제권의 환수가 이루어졌다. 2000년대에 들어와 한·미 양국은 2003년 4월 이후 10여 차례의 공식·비공식 회의를 개최하여 한·미 간 군사현안과 미래 동맹의 발전을 위한 전반적인 정책 구상과 주요의제에 대해 협의하여 용산기지 이전을 2008년까지 완료하고 미2사단 재배치는 1, 2단계로 구분 이전하며, 12,500명의 주한미군 감축은 2008년까지 단계적으로 추진키로 하였다.[34] 그리고 한·미 양국은 2006년 제38차 한미연례안보협의회(SCM)에서 전시작전통제권의 이양문제에 관해 협의하였다. 전작권의 이양 시점을 놓고 미국 측은 2009년을 주장한 데 반해, 한국 측은 2012년 안을 제시하였는데, 당시 노무현

32) 국방부, 『한미동맹과 주한미군』(2004), p.34.
33) 같은 책, pp.38-39.
34) 같은 책, p.82.

정부와 부시 행정부 간 북핵문제와 관련 미묘한 갈등관계에 있었으나 미국 측은 한국 측이 주장한 대로 2012년에 이양키로 하였다.

한편 남한과 일본은 동맹관계에 있지 않지만 미국과 일본은 동맹관계에 있으며, 미일동맹은 1960년대 개정된 미일안전보장조약에 근거하여 유지되어 오고 있다. 그러나 미일동맹조약은 미국이 군사력의 보유와 집단적 자위권의 행사를 부인하는 평화헌법하의 일본과 체결하였기 때문에 태생적 한계성을 지녔으나 개정된 미일안보조약은 냉전기의 미일안보관계를 성공적으로 관리하는 기반이 되었다.35) 즉 일본의 경제력과 군사력이 성장하면서 이러한 태생적인 한계성이 문제시되기 시작한 데다가 걸프전을 계기로 일본의 국제적 역할문제가 본격적으로 논의되어짐에 따라 1996년 4월에 일본의 국제적 역할 확대 필요성을 미일동맹에 반영시킨 미일안보공동성명이 발표되기에 이르렀다. 일본은 미국과 협의하여 냉전시기인 1976년에 처음으로 책정한 방위계획대강을 냉전 이후라는 시대상황에 맞게 1995년에 개정하였고, 1995년에 개정한 바 있는 방위계획대강을 2004년 12월 새로운 전략환경의 변화(9·11테러사태)를 반영하여 수정하였다.

2004년의 신방위계획대강은 테러, 대량살상무기 확산, 게릴라 침투 등 새로운 위협에 실효적으로 대처하기 위해 전수방위의 기반적 방위에서 즉응성과 기동성에 입각한 다기능·탄력방위로 전환하는 것을 골자로 하고 있다.36) 그리고 신방위계획대강은 국제사회의 안정적 안보환경 유지가 일본의 안전에 직결된다는 인식하에 국제안보환경의 개선을 제2의 목표로 설정하였다. 이는 1976년의 대강에서 일본방위에 한정되었던 자위대의 역할이 1995년의 대강에서 지역안보 차원으로 확대되고, 2004년의 신대강을 통해 글로벌한 차원으로 확대되었다는 것을 의미하는 것이

---

35) 한국전략문제연구소, 『동북아전략균형』(2006), p.123.
36) 같은 책, p.150.

다. 그러므로 일본이 신대강에 의해 미국의 대테러전 등에 적극 협조할
수 있게 됨으로써 미일동맹의 전략적 범위는 지구적 차원으로 확대되기
에 이르렀다.

부시 행정부는 해외주둔 미군의 전면적 재편을 추진하되, 대규모의 중
무장한 해외 주둔군을 경량화, 기동화, 첨단화한 소규모의 신속대응군으
로 재편하고, 일본, 하와이, 괌으로 이어지는 기지군을 대폭 정비하여 해
공군력과 기동성 강화에 중점을 두되, 괌은 공군전력의 중추기지로 발전
시키고, 하와이는 수송의 거점기지로 발전시키려 하고 있다. 미·일양국
은 2005년 2월 19일 워싱턴에서 외무·국방장관회담(2+2)을 개최하여
미·일 양국이 추구해야 할 공통의 전략목표를 설정하였다. 지역 차원에
서는 ①일본의 안전확보 및 아태지역의 평화와 안정 강화, ②한반도의
평화통일, ③북한과 관련된 제문제의 평화적 해결, ④중국의 책임 있는
건설적 역할을 환영하며 협력관계를 발전, ⑤대만문제의 평화적 해결,
⑥평화롭고 안정적이고 활력 있는 동남아시아에 대한 지원 등을 전략목표
로 설정하였고, 세계 차원에서는 ①국제사회에서의 민주주의 등 기본적
가치 추진, ②국제평화협력활동에 있어서의 협력, ③대량살상무기의 확산
방지, ④테러방지 및 근절 등을 미·일 공동의 전략목표로 설정하였다.[37]

이와 같이 미국과 일본은 안보동맹관계를 밀착·일체화하면서 역내 잠
재적 안보위협에 공동으로 대처해 나갈 것임을 공개적으로 천명하고 있
다. 이같은 미·일 연합축의 공고화에 대응하여 중국은 러시아와의 전략
적 제휴관계를 준 동맹수준으로 강화하고 있으며, 러시아도 중국과의 안
보협력을 강화하는 가운데 미국을 견제하는 전략을 추구하고 있다.[38]

2006년 7월 5일 북한의 미사일 시험발사 사건을 기화로 하여 동북아
지역에서는 미국의 미사일방어체계 구축과 중국의 대응체계 구축을 통

37) 한국전략문제연구소, 『동북아전략균형』(2005), p.160.
38) 한국전략문제연구소, 『동북아전략균형』(2006), pp.1-2.

한 군비경쟁구도가 심화되고 있다. 북한의 미사일에 위협을 느낀 일본은 미국의 미사일방어체계 구축에 협조하고 있고, 중국은 미국의 미사일 방어체계에 대응하기 위해 러시아로부터 첨단 미사일 구축함을 도입하고 있다. 더욱이 한반도 주변국들은 과거와는 판이한 새로운 협력과 견제 구도를 구축해 가고 있기 때문에 한국의 안보에 부정적 영향을 미칠 우려가 제기되고 있는 것이다. 예컨대 과거의 미·일동맹은 한·미동맹과 함께 공산진영의 팽창에 공동으로 대응하는 전략적 축이었으나 오늘의 미·일동맹은 일본이 지역적 영향력을 확대하고 군사대국화를 추구하는 데 명분을 제공하기 때문에 향후에 한국의 안보에 부정적 영향을 미칠 가능성마저 제기되는 것이다.

나아가 한반도는 구한말에 강대국의 세력 각축장이 되었던 것처럼 앞으로 미·일 동맹축과 중·러 연대축의 충돌장소로 전락하게 될 소지마저 없지 않다. 최근에 중국은 미·일동맹의 밀착에 대한 견제의 차원에서 러시아와 공동으로 대규모 군사훈련을 실시하면서 한반도를 둘러싼 동해·남해·서해를 훈련장으로 사용하여 한국의 안보에 부정적 영향을 미친 바 있었다. 더욱이 오늘날 북한의 핵문제가 한국 안보의 최대 위협이자 동북아 및 세계 차원의 중대한 안보 도전이 되고 있는 때에 한·미동맹관계가 조정의 과정에서 진통을 겪고 있는 것이다. 특히 전시작전통제권의 한국 단독행사는 한·미 연합방위체제의 근원적 재설계를 수반할 수밖에 없을 것이고,[39] 그렇게 되면 한·미동맹관계가 유명무실해질 우려마저 제기되는 것이다. 향후 한국은 주변강대국들 간의 파워게임 소용돌이 속에서 생존과 번영을 확보해야 할 것이므로 부족한 안보역량을 동맹안보로서 보완하지 않을 수 없을 것인데, 그러기 위해 한국에게는 앞으로도 한·미동맹관계의 유지가 최선의 안보선택일 수밖에 없을 것이다.

---

39) 같은 책, p.65.

사항 색인

|ㄱ|

간부후보생학교(OCS) 201, 205, 214,
　　215, 217, 224
갈등이론 415
갑신정변 54, 59, 158
갑오개혁 51, 53, 55, 57-59
강건종합군관학교 288
강동정치학원 280, 284, 290, 291
강성국가 388
강제징집 268, 309
강화도조약 57
개병제 46
객관적 문민통제 403-408
건국실천원양성소 178
경보병사단 264, 283, 301-303
경비대모체 298, 299
경비대체제 157, 214
경비대 총사령관 101, 188, 219

경비사관학교 149, 152, 170, 172,
　　185, 188, 196, 197, 201-203,
　　210, 212, 214-217, 220, 223,
　　224
경비전문장교단 218
경제복구계획 391
경찰예비대 140, 145, 150, 157, 163,
　　169, 173, 196, 218, 220, 223,
　　232, 354, 380-382
경학사 68
계림회 157, 160, 162, 163, 166, 199
고려혁명여단 70, 71
고문정치 63
공격작전(Ripper작전) 347
공군사관학교 192, 213
공명첩 50
과대성장 국가체제 12, 14

관동군 23, 125, 289, 299, 395
관세자주권 57
광군(光軍) 37, 44
광복군 모체론 177, 398, 400
광복군 성립보고서 402
광복군 성립전례식 76, 193
광복청년회 178, 185, 205
광주민주항쟁 405
교육각서 제1호 221
교육각서 제2호 221
교전단체 64, 77
9·9세력 405
구례군경 충돌사건 219
구식군대 61, 62
구해군 소해대 382
국가안보위원회(KGB) 131
국경경비대 326
국공합작 250
국군 3대 선서문 184
국군의 날 402
국군준비대 95, 166-168, 171, 282
국권수호운동 60
국민대표회의 71, 72
국민부 74, 246
국민징용령 67
국민혁명운동 61
국방경비대 총사령부 101
국방부 훈령 제1호 202
국방전문장교단 218
국제공산주의 운동 376
국제연합안전보장이사회 351
국제연합한국통일부흥위원단

(UNCURK) 354
국제의용군 360
국제전 11, 318, 367-369, 372, 375, 376
국지전 372, 373
국지제한전(local, limited war) 373
군국주의 21, 58, 66, 132, 195, 403
군권쟁탈전 70
군대사회학적 시각 403
군대해산식 159
군벌의 군관학교 189, 194
군비 경쟁 377
군사대표자회의 27, 30, 124, 138, 143, 145, 149, 269-272, 297, 302, 306-308, 310, 326, 328
군사동맹조약 413
군사분계선 349, 350
군사안보체제 351
군사영어학교 149, 152, 169, 170, 172, 185, 196-200, 215, 216, 399
군사적 불균형 11, 32, 230, 315-319, 322, 326-328, 330, 331, 396
군사주권 38
군사평의회 115-119, 129
군수공업 313
군정체제 87, 119, 120, 125
군제개혁안 62
군포제(軍布制) 38, 45
귀주군관학교 189
극동방위선 30, 146, 149, 183, 230, 236, 333

기뢰소 354
기본군정지침 10, 88, 92, 319
기술주의 29, 184, 227
김삼룡·이주하의 교환 338
김종석의 부정·불온사건 219

| ㄴ |

낙양강무당 189
남만한인청년동맹 246
남반부인민해방군사령관 95
남방3각동맹 376, 397, 417
남북교역사건 184, 209
남북정치협상회의 137, 143, 305
남일(南日) 128, 280
남조선과도입법의원 선거 91
남조선과도정부 91, 98
남진주의(南進主義) 36, 43, 47
남침작전 세부계획 336
남침전쟁 27, 312, 315, 341
납포제 46
내전론 318, 368
내전적 기원 370
냉전체제 214, 239
노동적위대 392
노블레스 오블리주 정신 43, 45
노비안검법 37, 44
노조 248
농본주의 45

| ㄷ |

단기교육훈련과정 223, 224
당군(党軍) 292
대동강동지회 178, 185, 205
대동청년단 97, 101, 177, 178, 185,
205
대리전 343, 367, 372
대소방파제 102
대역제(代役制) 39, 45, 53
대일강화조약 381
대일배상청구권 포기 380
대중사대교린정책 38
대한군정서 73
대한독립군 69, 70, 75, 191, 192
대한민국 건국강령 77
대한자강회 60, 61
대한초기기본지령(훈령) 86, 88, 173
도서방위전략 109, 110, 146, 377
독립군기지 43, 65
독립운동기지 67, 68, 191
독립운동전선 66, 68, 70, 74, 75,
159, 193
독립전쟁기지 68
독립전쟁론 67, 68
독립전취론 156, 157, 244
독립준비론 66, 68, 156, 157, 162,
163, 244
독립협회운동 59, 60
독점적 재벌 388
동변도치안숙정계획 249
동북변방군 362
동북변방보위에 관한 결정 362

동북인민혁명군 248
동북조선의용군 253, 269
동북항일연군 75, 248, 249
동서이념대립구조 375
동원체제 105, 385, 392
동이전(東夷傳) 33, 34
동이족(東夷族) 33
2개 한국대결체제 317

|ㄹ|
라운드업(Roundup)작전 347
러·일전쟁 56, 58, 63, 158

|ㅁ|
마샬계획/마샬플랜(Marshall Plan) 106-
    108, 134
만세독립운동 65
만주사변 66, 75, 247
명치유신 57
모군제 46
모스크바 3상회의 13, 25, 86, 89,
    122
무단통치 65, 67, 162
무력봉기계획 159
무력통일 14, 25, 29, 117, 138, 145,
    315, 316, 331, 333, 335, 337,
    341
무장저항운동 61
무장혁명부대 124
MOONRISE 19, 109, 110

문민통제방식 404, 406
문화식민주의정책 43, 47, 49
문화제국주의정책 49
미·소 공동위원회(미·소 공위) 13,
    17, 24-26, 29, 86, 89-91, 93,
    116, 123, 137, 139, 141, 143-
    145, 169, 174, 227, 232, 267,
    288, 300, 301, 304, 315, 318-
    320, 322, 382
미·소 양극체제 317
미군사고문단 178, 216, 221, 222,
    227
미사일방어체계 420, 421
미쓰야(三矢) 협약 73
미육군군정학교 93
미일안전보장조약 419
미제7함대 351
미제의 용병 399
민군관계문제 397, 398, 403
민권신장운동 60
민정관리총국 120, 129
민족말살정책 66
민족연합전선운동 67
민족유일당운동 67
민족청년단 97, 177, 178, 185, 205
민족해방운동사 399
민주주의 민족전선 94
민주주의 통일전선 115
민중사관 398, 399
민중세계 45, 50, 53
민청훈련소 143, 269, 270, 309, 328

| ㅂ |

바르샤바조약기구 375, 384
반공주의 375, 387
반독립투쟁전선 160, 169, 186, 244,
　　280
반란사건 172, 178, 197, 205
반탁론 9
반혁명전략 12-14, 25, 29, 94, 96,
　　97, 102, 155, 168
방면군 편성 전략 248
방위계획대강 419
뱀부(Bamboo)계획 140, 170, 198
별기군 61, 62
별오리회의 392
병기생산금지완화조치 381
병농일치제 38, 45
병영국가 14, 392
보부상 62
보안간부학교 27, 136, 149, 152,
　　262, 265, 283, 284, 286, 289,
　　293, 294, 297, 300
보안대 10, 27, 32, 121, 131, 132,
　　135-137, 142, 145, 148-150,
　　243-246, 253, 256, 259, 262,
　　265, 273, 275, 283-285, 289,
　　291-297, 300-303, 325, 326,
　　381, 395, 396
보안청법 381
보안훈련소 136, 246, 258, 260, 262,
　　285, 300, 303
보천보전투 401
복합전 11, 32, 318, 366, 369, 372

복합형 분단구조 9, 372
볼셰비키혁명 244
봉급미 62
봉쇄정책 29, 106-108, 134, 146
부국강병론 61
부르주아 민주주의 정권 24, 25, 115-
　　119, 144, 245, 316, 319, 325
부일협력자 100, 254, 255
북·러 우호선린협력조약 415
북·러 철도협력협정 415
북대서양조약기구(NATO) 108, 361,
　　375, 376, 378, 379
북로군정서 68, 69, 73, 191
북방3각동맹 397, 413
북조선 철도경비대 259
북조선노동당 131
북조선인민위원회 123, 131, 132,
　　176, 304
북조선인민집단군사령부 137, 263,
　　295, 303
북조선인민회의 122
북조선임시인민위원회 116, 121, 123,
　　128, 131, 132, 286, 288
비무장지대 349
비자본주의적 발전의 길 388

| ㅅ |

사대주의 43, 49, 50
4대군사노선 392, 393, 397
4부정책조정위원회(SANACC) 112,
　　233, 324

사회주의 혁명 수출 142, 318
사회진화론 60
3국공영론 61
삼군부(三軍府) 49
3군협동작전 340
3부조정위원회(SWNCC) 85, 86, 88,
    93, 139, 140, 232, 319
삼정(三政) 45, 50
38도선 85, 86, 135, 299, 302, 339,
    351-356, 358, 359
38선경비대 269, 309
38선 확보작전(Rugged & Dauntless 작
    전) 347
상무정신 36, 37, 39, 46
상호방위원조법 229
상호방위원조협정 181, 229
상호방위지원법(MDAA) 181
새날소년동맹 246
샌프란시스코조약 379
서로군정서 72, 191
서북청년회 97, 101, 177, 178, 185,
    205, 210
서울 점령 345
선군정치 393, 397, 412
선더볼트(Thunderbolt)작전 347
선제공격 138, 331-334
선제타격능력 146, 150, 316
세계자본주의체제 57, 102
소련 제25군사령관의 명령서 256,
    257
소련 제88독립저격여단 249
소련 특별군사사절단 271

소련군사고문단 136, 263, 295, 301,
    303, 363, 366
소련군사령부 124-126, 129, 130, 257,
    287, 292, 299
소련특별군사사절단 143, 269, 272,
    307, 310
소비에트체제 134, 135
소비에트화정책 115, 118, 130, 145,
    255, 300, 325
속오군(束伍軍) 39, 53
쇄국주의 45, 54, 57, 395
수령체제 401
수상보안대 265, 289
숙군작업 172, 198, 205, 209
숙청사업 298
슈킨의 비밀보고서 25, 135, 319
스탈린의 지령 29, 115, 117, 118,
    120, 127, 129, 144, 316, 319
승계권력 구축 412
시민윤리(civic ethic) 408
시베리아 횡단철도(TSR) 415
신간회 75
신건친군영(新建親軍營) 62
신민부 72-74, 191
신민회(新民會) 58, 159
신방위계획대강 419
신분세습제 51, 53
신사고외교(Perestroika) 414
신속대응군 420
신식화폐조례 57, 58
신의주학생폭동사건 258
신의주항공대 259, 265, 266, 273

신탁통치반대 국민총동원위원회 89
신탁통치안 88, 105, 320
신한국군 건설의 요람 224
신흥강습소 68, 191
신흥무관학교 68, 161, 191
13도의군도총재 68
12·12쿠데타 405

|ㅇ|

아관파천 55, 63, 64
아시아방위전략 378
압록강동지회 178, 185, 205
애국계몽운동 60, 61, 65, 67, 68
애국기헌납운동 230, 237
얄타(Yalta)회담 17, 83, 114, 133
양다리 외교 414
양반불역론(兩班不役論) 45, 46
양반세력 43
양병론 52
여순10·19사건 98, 102, 113, 176,
     184, 202, 290
여순반란사건 234
여자정신대근무령 67
연통제(聯通制) 68
연합방위체제 418, 421
연합사지휘부 345
열핵무기 378
영암군경 충돌사건 219
OSS 특수훈련 78
5·10 총선거 96, 97, 99, 100, 102,
     175, 202, 322, 398

5·16 쿠데타 389, 404
5·18특별법 405
용병제 38, 45, 46
운남강무당 189
원수부(元帥部) 63
원폭간첩사건 378
원폭투하 22, 85
위성국가 106, 319
위수사령부 23, 27, 117, 121, 129,
     131, 134, 256, 289, 299, 338
위탁교육제도 226
유소기 343
유엔군 작전통제권 340
유엔안전보장이사회 339, 340, 357
유엔한국임시위원단(UNTCOK) 92,
     98, 321, 322, 398
유일사상체계 410, 411
육·해·공군출신동지회 156, 169,
     177, 178, 185
육군교육훈련센터 224
육군사관학교 181, 192, 197, 203-
     205, 208, 210, 214-218, 224,
     226, 227
육군종합학교 208
육군특별지원병령 66, 186
육군항공사관학교 197, 212, 213
육군훈련소 239
6연대반란사건 98
을미사변 55, 62, 395
을사5조약 43, 56
을사보호조약 60, 63, 64
이괄의 난 52

이농현상 45, 52
이산가족 387
2·7총파업사건 98, 99
인공중심론 9, 165
인민공화국 94, 163, 166, 167, 305
인민유격대 221, 328
인민집단군사령부 123, 143, 266
인민해군군관학교 265
인민해방전쟁 367
인천상륙작전 342, 352
일반명령 제1호 9, 15, 79, 85, 104,
    114
일반징병령 186
일본총독부체제 87
1·4후퇴 345, 347, 363
일심회 159, 161
일진회(一進會) 60, 61
임시군사고문단(PMAG) 113, 176,
    179, 180, 203
임시육군무관학교 191
임오군란 54, 62
임정봉대론 9, 165
임진왜란 42, 52

|ㅈ|

자동군사개입 397, 414-416
자립적 민족경제건설 노선 391
자위대 27, 101, 142, 245, 254-257,
    273, 292, 381, 396, 419
자유시참변(일명 흑하사변) 73, 191,
    192

작전지휘권 180, 340, 352
재향군인단 72
적위대 27, 142, 245, 247, 254-257,
    273, 292, 396
적자생존 60, 61
전시작전통제권 418, 421
전의회(全誼會) 161
전쟁계획 335-338
전초국가 375
전투공동체 31
점령해방군 245
정군파 404, 405
정규군 전환용 보안대 149
정규군체제 150, 157, 214
정미7조약 56
정유재란 52
정통성(legitimacy) 12, 32, 152, 194,
    368, 397-402
정판사 위폐사건 95, 97
제13병단 344
제1군관학교 288
제3군관학교 291
제3세계 13, 389
제5연대전투단 178-180, 203
제주4·3사건 97, 98, 100, 102, 202,
    290
조·소 경제·문화협정 124, 308, 331,
    332
조·소 우호협조 및 상호원조에 관한
    조약 413, 414
조·중 우호협조 및 호상원조에 관한
    조약 413, 416

조국해방전쟁 367, 414
조선경비대 141, 173, 174, 176, 177,
　　　200, 202-204, 212, 233, 234,
　　　236, 326
조선공산당북조선분국 121, 131
조선국군준비대 166-168, 282
조선노동당규약 411
조선민족전선연맹 76, 193, 249, 250
조선민족혁명당 76, 249, 250
조선소년군 161
조선신문 125
조선의용대 76, 77, 193, 249-251
조선인민군 27, 32, 123, 124, 137,
　　　143, 149, 150, 152, 176, 243,
　　　244, 246, 253, 265-270, 289,
　　　292, 293, 301, 304-306, 308,
　　　309, 311, 326, 328, 396, 401,
　　　411
조선인민혁명군 246, 267, 400, 401
조선임시군사위원회 165-167
조선청년전지복무단 250
조선총독부 65, 69, 73, 186
조선학병동맹 166
조선해안경비대 172, 177
조선혁명간부학교 76, 193
조선혁명군 74, 75, 247, 252, 400
조선혁명당 74, 76
종파사건 410
좌우합작운동 91
주관적 문민통제 403-407
주덕 8로군 총사령관 252
주리적(主理的) 정치이념 39, 50

주변기지전략 108
주요산업국유화 조치 313
주체사상 377, 401, 411
주한미군사고문단(KMAG) 131, 141,
　　　176, 179-184, 218, 223, 225,
　　　226, 235, 237-239, 312
중·소 우호동맹상호조약 384
중·소 우호동맹상호협정 334
중·소분쟁 366, 384, 414, 416
중·일전쟁 66, 75, 186, 194, 219,
　　　249
중공군 143, 222, 234, 235, 230, 231,
　　　237, 252, 269, 270, 296, 307,
　　　308, 328, 343-355, 360-364,
　　　374, 384, 392
중국인민지원군 344, 362
중국인민해방군 269, 277
중앙보안간부학교 27, 136, 149, 152,
　　　262, 265, 283, 284, 286, 289,
　　　293, 294, 297, 300
중앙정치국회의 343
중화주의 49
지구전 333, 384, 385
지역공산주의자 115, 118, 130, 255,
　　　325
지역국제체제 317
진관제도 49, 52, 53
집가공작(集家工作) 248
집중적 배정 388
징병제도 66

|ㅊ|

차관정치 63
찬탁론 9
참의부 72-74, 161
참전동지회 156
창군동우회 185, 399
창군운동단체 31, 95, 148, 150, 163,
    167, 168, 396
창의군(倡義軍) 64
천리마운동 392
천민·천군(天民·天軍)사상 35
천진조약 55
철도경비대 136, 259, 260, 262, 295,
    300, 303
철도경비훈련소 259, 262, 285, 300
철도보안대 136, 142, 243, 246, 253,
    258, 259, 273, 282, 285, 293,
    300, 325
청산리 대전 69
총정치국장 410
최고민군정책보좌관회의 339
추수폭동 95, 96, 171, 174, 219
치안용 경비대 149
치안용 보안대 131, 142, 145, 149,
    245, 253, 256, 258, 259, 273,
    283, 293, 295, 300, 395
친미외교 389

|ㅋ|

카륜회의 400
카사블랑카회담 82

카이로선언/카이로회담(Cairo
    Declaration) 82-84, 102
코메콘 134
코민테른 70, 75, 126, 248
코민포름 134

|ㅌ|

탈냉전시대 397
탈식민지사회 11, 12, 28, 139, 397
태평양동맹 체결 228
태평양안보체제 379
태프트·가쓰라 밀약 15, 56, 81
테헤란회담 83, 133
통위부장 177, 188
트루먼독트린 91, 98, 105-108, 134,
    322, 323
특교대(特敎隊) 173, 197, 210
특별교사양성소 128, 280
특별군사사절단 243, 270, 272, 296,
    307
TMD 415

|ㅍ|

8로군 포병사령관 무정 250, 275
8로군 해방구 251
8로군과 신4군 193, 252, 274, 275
8조금법 44
8형제배 159
팽창주의 16, 17, 21, 29, 86, 106,
    108, 146, 366

평시작전통제권 418
평양남도 건국준비위원회 254, 255
평화헌법 380, 419
포병기술훈련소 313
포위섬멸작전 249
포츠담선언(포츠담회담) 22, 84, 85,
　　103
포츠머스조약 56, 63, 81

|ㅎ|
하남군관학교 189
학도동원령 186
학병동맹 95, 166-168
한·만국경선 352, 372
한·미 군사합작합의 78
한·미 상호방위조약 231, 241, 357,
　　379, 417
한·미 연합군사령부(CFC) 418
한·미 연합방위체제 421
한·미 연합전선 352
한강방어선 342
한국광복군 77-79, 251
한국광복운동연합체 76
한국군의 작전지휘권 352
한국군재편성계획 224
한국군 증강계획 239, 240
한국대일전선통일동맹 76
한국독립군 74, 247
한국독립당 74, 76
한국문제특별위원회 105, 232
한국방위보장 선언 228

한국방위의 한국화 418
한국 보호국화 계획 63, 81
한국에 관한 미국의 입장 112, 233,
　　324
한국청년전지공작대 76
한국화정책 91
한만국경선 372
한만국경지역 343, 359
한미수호조약 81
한미연례안보협의회(SCM) 418
한반도종단철도(TKR) 415
한인화정책 97, 98, 102
한일신협약 56, 63
한일합방 56, 61, 65, 68, 82, 157,
　　159, 160, 186, 273
한중합작투쟁 75
합동전략분석위원회 110, 174, 233,
　　323
합동전쟁기획위원회 15
항미구국투쟁 343
항일빨치산집단 284
항일유격대 244, 246, 247, 268, 400
항일혁명전통 153, 283, 400, 401
해·공군우선전략 19
해군사관학교 192, 210
해군특별지원병령 186
해방군 24, 254
해방병학교 149, 172, 197, 210
해방전쟁 334
해사대 166
해상보안청 354, 380, 381
해안경비대 202-204, 265, 289, 306,

381
해안경비대간부학교 149, 289
핵무기 대결의 시대 377
행동준승 9개항 77, 78
헤이그밀사사건 159
혁명수출 29, 146, 148, 150, 258,
        291, 316, 318, 325, 396
혁명일심회 158
혁명전략 12, 13, 29, 94, 129, 145
호혜적 협력관계 417
화랑군 34, 35
화북조선독립동맹 251

화북조선의용군 251, 253
화북조선청년연합회 77, 193
화북조선혁명군사학교 252
화성의숙 246
화통도감 38, 48
황포군관학교 189, 194, 286
효충회(效忠會) 159, 161
훈련대(訓練隊) 62, 63
훈춘사건 69, 191
휴전협정 348
흐루시초프(Nikita Khruschev) 회고록
        14, 312, 369

인명 색인

|ㄱ|

강건 260, 264, 268, 274, 275, 288,
    295, 336, 338
강양욱 122
강태무 291
개디스(John Lewis Gaddis) 366
고로우코(Golouko) 307
고르바초프 414
그로미코(Andrei Gromyko) 304, 364
김광서 161, 188
김광협 264, 298
김구 71, 75-78, 88, 90, 91, 166,
    167, 194, 210, 402
김규식 72, 74, 76, 90, 91, 387
김대중 405, 406
김두봉 122, 251, 277, 390
김두환 95, 168,
김석원 160, 178, 188, 204, 210

김영삼 405
김웅(왕신호) 252, 253, 264, 277,
    282, 298
김일성(진치첸) 11, 26, 27, 95, 120-
    124, 129-132, 135-138, 141-
    143, 161, 245-249, 254-260,
    263, 267, 268, 271, 274, 275,
    277-280, 282-284, 286, 291-
    305, 311-313, 315, 325, 331-
    338, 341, 349, 350, 358, 360-
    363, 365-367, 369, 370, 372,
    377, 382, 383, 390, 391, 396,
    401, 402, 409-412, 416
김정렬 212, 213, 327
김좌진 68, 69, 71, 73, 74, 95, 188,
    191
김창덕 270, 277, 298, 308

김창봉 259, 274, 293, 298, 410
김홍일 178, 189, 194, 204, 205

|ㄴ|
노드링거(E. A. Nordlinger) 407
노태우 405

|ㄷ|
다이(W. M. Dye) 62
덜레스(John F. Dulles) 380
도너반(William Donovan) 78
드레이퍼(William H. Draper, Jr.) 321
등소평 343
딘(W. F. Dean) 101, 346

|ㄹ|
라스웰(H. Lasswell) 14
랭던(William Langdon) 88
레닌 20, 21, 71, 132, 191, 192,
    286, 409
레베데프(N. G. Liebediev) 129, 134
로마넨코(A. A. Romanenko) 120-122,
    129, 256, 258, 299, 300
로버츠(W. L. Roberts) 준장 179, 180,
    183, 203, 204
로버트슨(Walter S. Robertson) 241,
    357
로젠버그 부처(Julius and Ethel
    Rosenberg) 378

루스벨트(Franklin D. Roosevelt) 17,
    82-84, 102, 104, 114
리지웨이(M. B. Ridgway) 222, 239,
    345, 347-349, 356, 365

|ㅁ|
마샬(George C. Marshall) 84, 103,
    105, 107, 352, 356
마한(Alfred T. Mahan) 20
말렌코프(G. M. Malenkov) 307, 384
말리노프스키(Malinovsky) 307
말리크(Jacob Malik) 357, 359, 364
매카시(Joseph R. McCarthy) 선풍 378
매트레이(James I. Matray) 369
맥아더(Douglas MacArthur) 16, 20,
    86-89, 93, 105, 139, 140,
    174, 175, 229, 230, 232, 233,
    339-341, 345-347, 351-353,
    355, 356, 370, 373, 380
모택동 11, 23, 133, 277, 308, 315,
    331, 334-338, 343-345, 358,
    360-365, 370, 372, 383-385,
    409
무초(John J. Muccio) 대사 183, 203,
    230, 235, 339, 340, 352

|ㅂ|
바실리예프(Vassyliev) 144, 335, 336,
    338
바실리예프스키(A・M. Vasilevsky) 23

박병률 280, 290
박일우 193, 251, 260, 277, 295, 344
박창옥 275, 279, 289, 298, 390
박헌영 17, 27, 90, 122, 124, 131, 136, 138, 141, 246, 259, 260, 295, 300, 313, 325, 333, 334, 336, 337, 344, 354, 360, 377, 390
반 리(E. Van Ree) 119
방호산 270, 277, 298, 308
백남순 415
밴프리트(James A. Van Fleet) 222, 224-227, 231, 237-239, 347, 357, 389
베닝호프(H. Merrell Benninghoff) 87, 88
베리아(Lavrenti Beria) 383
베버(M. Weber) 399
불가닌 143, 269, 296, 302, 306, 331, 332

|ㅅ|

사울(J. S. Saul) 12
송호성 101, 189, 194, 201, 219
슈체르바코프(Alexander Shcherbakov) 383
슈킨(Joseph Schikin) 24-26, 115, 116, 119, 120, 135, 319
스미르노프(Smirnov) 136, 142, 144, 260, 263, 295, 301, 303

스탈린(Joseph V. Stalin) 10, 11, 15, 17, 20-27, 29, 83, 84, 106, 114, 115, 117, 118, 120, 122, 126, 127, 130, 132-136, 138, 141, 142, 144, 145, 245, 246, 254, 258-260, 271, 275, 278, 283, 288, 292, 294, 295, 300, 302, 305, 307, 308, 311-313, 315, 316, 318, 319, 324, 325, 331-338, 342, 343, 345, 358-367, 369, 370, 382-385, 390, 396
스티코프(T. F. Shtykov) 24, 25, 27, 116, 117, 120, 122, 124, 129, 136, 137, 141-143, 260, 269, 274, 288, 299, 300, 304, 307, 311, 313, 325, 333, 334, 338, 358
스팀슨(Henry L. Stimson) 103

|ㅇ|

아놀드(A. V. Arnold) 169
아이젠하워(Dwight D. Eisenhower) 103, 240, 241, 357, 379
안두희 소위 210
안재홍 91, 101, 166, 387
안토노프(Antonov) 소군 84, 115, 117
애치슨(Dean G. Acheson) 20, 109, 228, 333, 352, 356
앤저스(ANZUS) 379
여운형 17, 71, 87, 90, 91, 167

연개소문 36
오진우 274, 291
오펜하이머(J. Robert Oppenheimer)
　378
와다 하루키 116, 317
왕련(王連) 266, 271, 298
요시다 380
원세훈 71, 72, 387
원용덕 173, 188, 197, 198, 219
유동렬 158-160, 177, 188, 189
유성철 274, 279, 286, 293, 298,
　344
윤상필 244, 282
이그나체프(Ignatiev) 128
이동휘 68, 70, 71, 188
이든(Anthony Eden) 82
이범석 71, 78, 178, 184, 189, 191,
　194, 202, 204, 205
이성계 38, 48
이승만 71, 88, 90-92, 114, 120, 133,
　177-179, 184, 224, 228-230,
　240, 241, 333, 340, 341, 352,
　357, 366, 370, 377, 404
이승엽 290, 390
이응준 160, 165, 170, 188, 197-199,
　204
이종찬 160, 162, 188, 205, 226
이청천(池錫奎) 70-75, 160, 161, 166,
　188, 189, 191, 192, 205
이활(李闊) 265, 266, 271, 283
임표 343, 360

|ㅈ|
장개석 23, 76, 82, 83, 133, 183, 189,
　193, 194, 250, 277, 333, 341,
　345, 351, 370
장작림 69, 71, 73
장학량 247
전봉준 51
정약용 47, 53
제르비스(Robert Jervis) 376
제이콥스(Joseph E. Jacobs) 91
조만식 116, 121, 129-131, 255, 256,
　338, 396
조병옥 101, 228, 230, 328
조성환 69, 73, 166, 188, 189
조소앙 387, 402
주다노프(Andrei Zhdanov) 120, 383
주보중 248, 249
주은래 193, 250, 251, 308, 337, 338,
　343, 352-354, 358-360, 364,
　386
질라스(Milovan Djilas) 114

|ㅊ|
채병덕 160, 162, 188, 198, 204,
　209, 210
처칠(Winston S. Churchill) 82, 83,
　106
최용건 121, 131, 260, 262-264, 268,
　274, 295, 297, 307, 311
최용덕 178, 189, 204, 212, 213,
　327

최종학 275, 279, 298, 410
치스차코프(Ivan M. Chistiakov) 122,
　　134, 135, 244, 245, 256

| ㅋ |

카리노프(Kyrio Kalinov) 143
카투코프(Katukov) 270, 311
칼리노프(K. Kalinov) 중령(중좌) 269,
　　307, 331
커밍스(B. Cumings) 367, 368
케난(George F. Kennan) 107, 108,
　　364
콜린스(J. L. Collins) 340
콜코비츠(R. Kolkowitz) 412
콜튼(T. J. Colton) 408
쿠바노프(Kubanov) 270, 311
쿨터(John B. Coulter) 179, 180
클라크(Mark W. Clark) 222, 227,
　　231, 238-240, 357, 389

| ㅌ |

툰킨(G. I. Tunkin) 333
트루먼(H. S. Truman) 15, 17, 84, 85,
　　103, 105-108, 112, 114, 134,
　　174, 176, 228-230, 233, 239,
　　240, 320, 322, 324, 340, 341,
　　347, 351-353, 355, 356, 382

| ㅍ |

패터슨(Robert P. Patterson) 105, 323
팽덕회 193, 251, 343-345, 349, 362,
　　363, 365, 384, 385
펜코브스키(V. A. Penkovsky) 121
폴리(E. Pauley) 17, 114
푸틴 415
풍신수길 52

| ㅎ |

하지(John R. Hodge) 16, 17, 87-92,
　　94, 140, 165, 174, 175, 178,
　　179, 232, 234, 319-321
허가이(A. I. Hegai) 126, 127, 275,
　　279, 280
허봉학 274, 298, 410
헌팅턴(S. P. Huntington) 403, 407,
　　408
헐(Cordell Hull) 83
헨더슨(G. Henderson) 404
현준혁 255, 256
홉킨스(Harry Hopkins) 84

한미안보연구회 총서 제1집

남북한의 창군(創軍): 미·소의 역할을 중심으로

인 쇄: 2008년 9월 5일
발 행: 2008년 9월 10일

지은이: 한용원
발행인: 부성옥
발행처: 도서출판 오름
등록번호: 제2-1548호 (1993. 5. 11)

서울특별시 서초구 서초동 1420-6 통일시대연구소빌딩 301호
전화: (02) 585-9122, 9123 / 팩스: (02) 584-7952
E-mail: oruem@oruem.co.kr
URL: http://www.oruem.co.kr

ISBN 978-89-7778-302-7   93340   정가 19,000원

*잘못된 책은 교환해 드립니다.